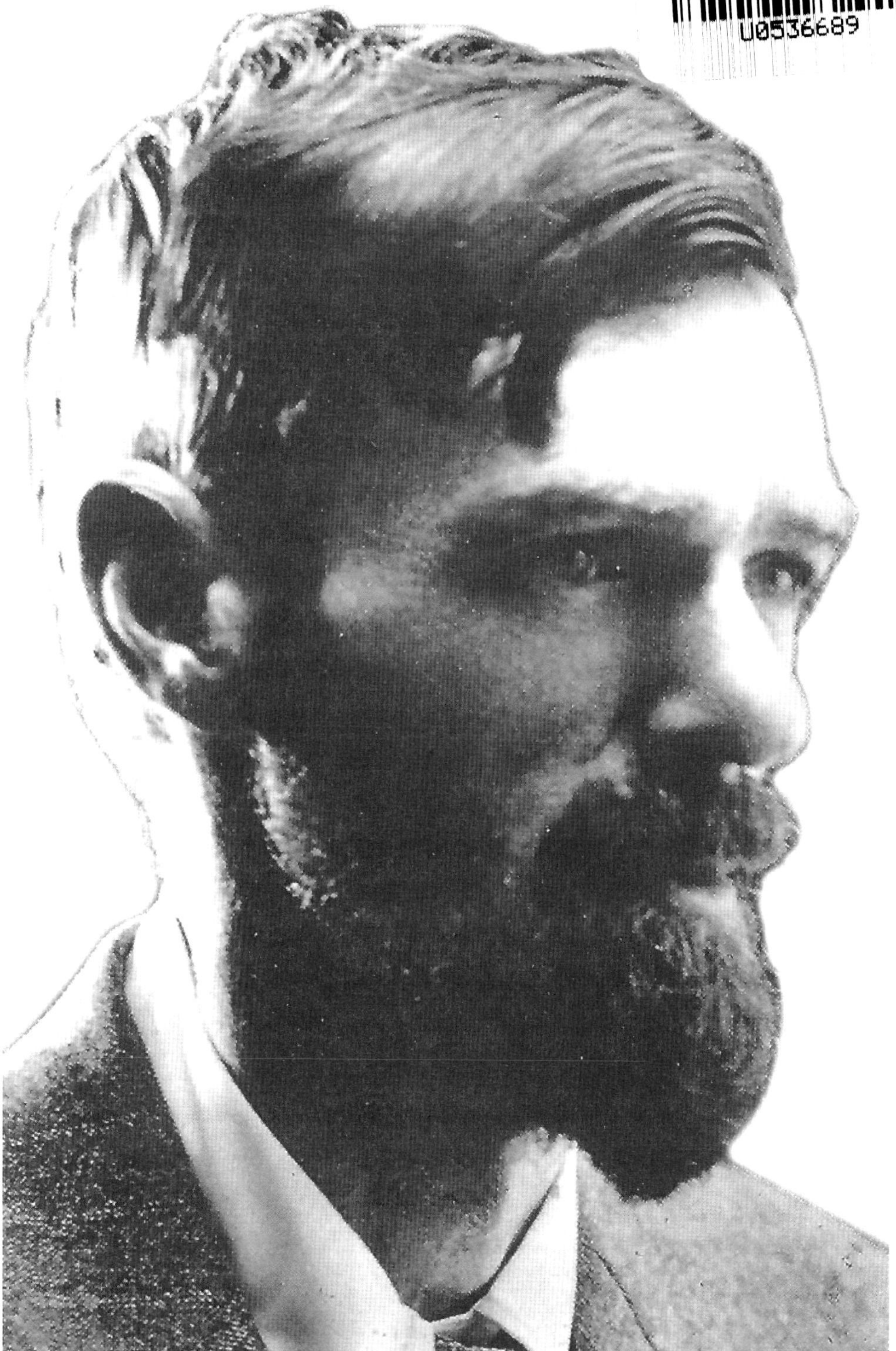

中国书籍编译馆

天才的画像
劳伦斯传

[英]奥尔丁顿 著

杨东英 等译

中国书籍出版社
China Book Press

翻 译 人 员

主　　译：杨东英（河北联合大学）

其他译者：李　宁（河北联合大学）

　　　　　杨东益（唐山工业职业技术学院）

　　　　　秦学锋（河北联合大学）

　　　　　郭惠敏（河北联合大学）

译 者 序

  光阴荏苒,岁月如梭,从着手翻译此书,到现在完成译著,整整两年过去了,回忆起整个翻译过程,真是百感交集,个中滋味,甘苦自知。记不清多少个夜晚,把儿子哄睡后,坐在书桌边,进入劳伦斯的世界,因他而喜,因他而忧,不知不觉中,天已破晓。儿子也伴随着我的翻译进程一天天长大,今年已经六岁,他会写的第一行字就是《劳伦斯传》,两年中他听到最多的就是这个名字,这个名字成了妈妈不能陪伴他的理由。年幼的他曾把原著偷偷藏起来,如今译著虽已定稿,但我对他的歉疚之情却难以抹去。

  理查德·奥尔丁顿是劳伦斯的好友,他以优美的文字记录了劳伦斯起伏跌宕的一生。书中描述了劳伦斯从一个无休无止哭哭啼啼的婴孩,到一个敏感多情的少年,到辗转欧洲的流放者,到妙笔生花的诗人、散文家的整个历程。在这个过程中我们看到这位才子游走于喧嚣繁华、闲适恬淡的城市与乡村之间,纠结于去国怀乡、故里难栖的情怀,沉迷于他从一位乡土作家起步,足迹遍及德国、意大利、法国、西班牙、瑞士、奥地利、美国、墨西哥和澳大利亚等国,最终声名享誉全球的经历。劳伦斯愤怒过,嫉妒过,失望过,为英国文学的性自由战斗了半个世纪,作品中真实地再现了他丰盈满溢的种种感情,淋漓尽致地演绎了作者才情悲壮的人生。他就像涅槃的凤凰,在炽热的火焰中狂舞,任凭烈焰燃烧、燃烧再燃烧,在燃烧中陶醉,在燃烧中熔化,在燃烧中重生，在燃烧中升华。他的人生如此沉重，沉重得刺痛了我们的心灵；却又是如此绚烂，绚烂得点亮了我们的灵魂。即使在弥留之际，在病榻上气若游丝，劳伦斯仍然眷恋着星空和晨曦，令人潸然泪下。我们不必为这位才子的英年早逝而惋惜，因为许多与他同时代、同国度的作家虽然在本国声名卓著，却鲜有国际影响。

劳伦斯就是劳伦斯，他是那样与众不同，所以倍受争议。首先，他背负了千夫所指的恋情——与有夫之妇弗里达私奔，此举挑战了当时英国传统的价值观。读完他的传记，我们才真正明白了这段费尽周折的婚姻正是他最明智、最幸福的选择，婚姻中两人可怒、可骂、可打、可愤然离开，可是不管发生了什么，过后都会烟消云散，他们依然那样深深地相爱，并得以相伴终生。虽然作为妻子的弗里达从不轻易屈服、顺从，却拥有一颗母亲般包容的心，深爱着他。有了弗里达，劳伦斯的世界不再需要第二个女人。其次，他对爱情、性、自由和健康的强烈的渴望和追求洋溢在每部作品的字里行间。他对情爱的大胆深入描写曾一度引发极大的轰动与争议，书被查禁、画作被警察拿走、抨击不绝于耳，但他依然不向世俗屈服，孤独地战斗着。更重要的是，他强烈反对工业文明对大自然造成的破坏的思想，自始至终从未动摇过。作为一位生态主义先锋诗人，他痛恨机械对人类活力的损毁，主张人与自然、男人与女人的和谐、平衡。我现在依然清晰地记得劳伦斯描述的那条正在饮水的蛇，他敬畏它，又想征服它，然而真正征服它后却懊悔不已，这种矛盾心态被表现得淋漓尽致，体现了人类与生俱来的优越感和丑陋的控制欲，人与自然的和谐与冲突在诗文中交织，而这恰恰是这位天才纠结一生的痛处。

劳伦斯的文采和观察独具特色。一草一木、一花一鸟、一人一事，都曾吸引了他敏锐的目光；他投身于荒野，看大漠夕阳，观沧海峰峦，亲吻绽放的各色花朵，在翩然吹落的花瓣中写作、就餐；他在美国陶斯农场里辛勤劳作，与大自然融为一体。他呈现给我们的广袤的沙漠、苍翠的松柏、神圣的太阳、灿烂的鲜花——将我们带到了一个世外桃源，一个属于劳伦斯的乐土。这样的生活情趣，这样的绚丽人生，让世人的攻击显得不足挂齿，甚至粗鄙不堪。我们应当感恩，感谢这位充满情欲的天才向我们展示的一种超凡脱俗的人生，感谢劳伦斯在短暂的生命中创作了小说、诗歌、散文、戏剧等50多部作品，感谢理查德·奥尔丁顿全程记录了劳伦斯所有作品，为我们研究劳伦斯的作

品、领悟他的人生、品味他的欢乐和忧伤提供了有价值的参考。

在翻译过程中，我们确实克服了很多困难。本书背景复杂多变。本书记载了劳伦斯生活的19世纪末到20世纪30年代的境况，以第二次工业革命在多国的兴起、一战的爆发、社会阶级矛盾的升级等诸多历史为背景，不仅描写了一位作家的生活轨迹，同时也成为作家生活时代的历史缩影，更是一本涉及文学、历史、政治、经济等领域的百科全书。另外，原作在英文中还夹杂着德语、法语、意大利语、西班牙语，涉及文学领域的许多作家，包括福楼拜、莫里、曼斯菲尔德、赫胥黎、宾纳、卡莱尔、但丁、高尔斯华绥、荷马、王尔德、毛姆、魏尔伦、韦尔斯、叶芝、歌德、布莱克等，涉及260多个地名、300多个人名、近70部作品。与此相比，更难把握的是劳伦斯的哲学思想和他那捉摸不定、反复无常的性情，要找到准确的翻译词汇，的确有一定难度，这些都是我们翻译过程中的挑战。为了避免失误，各位译者通过图书馆和网站查阅了大量资料，并和编辑做了大量的交流讨论工作。在此感谢我们的翻译团队(河北联合大学的李宁、秦学锋、郭惠敏和唐山工业职业技术学院的杨东益)，感谢我的学生们提出的宝贵意见，还要特别感谢李立云编辑严格审稿，字斟句酌，她严谨的工作作风和务实精神着实令人感动。正是大家的精诚合作共同造就了今天质量较高的译本。

由于译者水平有限，本书难免存在疏漏和误译，不当之处，恳请读者，特别是研究劳伦斯的学者批评指正。

杨东英
2014年7月31日于唐山

作者的话

《天才的画像——D. H. 劳伦斯传》是一幅画像，而不是详尽的传记。如果把所有素材都融入其中，篇幅得是此书的两三倍。其次，我在研读书籍和信函时，注意到几乎每个人随处都用到了这样的措辞："当然，劳伦斯是个天才，但是……"当人们谈论他的一生时，这样的说法是不可避免的，他们通常更强调"但是"而不是"天才"。劳伦斯自己也注意到并且记住了这点，那些有关他的评论，很少能逃过他那敏锐的洞察力，也很少能从他那超常的记忆中褪去。"在早年时期，他们总是说我有才华，"他在《散文集锦》中这样写道，"似乎是在安慰我没有他们那样得天独厚的优势。"多年以来，你仍然能听到人们用这种施以恩惠的口气评价他，可是，一个人生来有些才华又怎么样呢？看看其他人，有人的祖父进了《英语人名录》，有名牌大学的文凭，或者在让人厌烦的评论周刊上每周发表文章，与这些比起来，天生有才又算得了什么呢？

但是，什么是"天才"呢？对于那些吹毛求疵的人、衣着邋遢的妇女以及平等主义者而言，这个词已经过时了；但是，为什么让别人抢走我们想要的东西呢？人们一定认为，才子确实意味着什么，否则，他们不可能一致给

他贴上才子的标签,从第一个评论者福特·马多克斯·惠弗开始,劳伦斯就被称为才子,直到最后他奄奄一息时,黄色报刊上的没教养的人还称他为"浸透性爱的天才"。如果说才子的涵义"主要指精力",那么毋庸置疑,劳伦斯是个才子,因为在他成年后短短二十年的历程中,他的创作一直源源不断。他也有休息和调整的时候,但他的思想从不会枯竭。但值得肯定的一点是,人们说"才子"绝不单单指精力。毫无疑问,这个词意很宽泛,但他们的意思是,天才是天生具有独特洞察力的人,天生的禀赋令他们矢志追求卓越,而不是机械模仿。人们会说,释迦牟尼是宗教天才,亚历山大是军事天才,莫扎特是音乐天才,雪莱是诗歌天才,爱迪生是发明天才。抛开对术语吹毛求疵的无用争辩,我们可以发现这个词的广泛使用有一定的含义。D. H. 劳伦斯是个天才,但他是什么样的天才呢?这就是本书希望告诉大家的,但在开始,我要说劳伦斯在写作中和生活中是个天才,但是……

目 录

译者序 1
作者的话 1

1.1 2
1.2 16
1.3 36
1.4 52

2.1 76
2.2 92
2.3 106
2.4 117
2.5 123
2.6 132
2.7 145
2.8 159
2.9 166
2.10 175

3.1	185
3.2	193
3.3	198
3.4	204
3.5	212
3.6	222
3.7	235
3.8	247
3.9	257
3.10	265
3.11	275
3.12	282
3.13	292
3.14	299
3.15	306
3.16	312
参考文献	314

第一部分

儿子和情人

1885—1910

1.1

伊斯特伍德是个采煤村，位于英国诺丁汉郡与德比郡交界处，位于工业重镇诺丁汉西北方大约十英里。诺丁汉的工厂所需的煤是由附近的各个小煤矿供应的，其中伊斯特伍德的布林斯里煤矿就是这样的一座。19世纪末期的布林斯里"由一条主干道和上百间房屋组成，街道毫无生气，房屋也显得很小气……""这些房屋上满是灰尘，砖砌的墙和石板瓦屋顶"给人一种"劣质、渺小、卑贱、丑陋"的感觉，还夹杂着一种因常去教堂而产生的体面感。受工业革命影响，有很多很多像伊斯特伍德这样的社区，被草率地带到了这个丑恶的现实中。几十年来，罗斯金一直滔滔不绝地抗议和谴责工业革命的肮脏和堕落，不过效果甚微。

然而，伊斯特伍德还没有像谢菲尔德那么差。在谢菲尔德，仿佛从维苏威火山喷出的蘑菇状黑烟始终遮挡着太阳，毒害着人们的肺。伊斯特伍德也没有像真正的煤区那么糟，煤区有上百平方英里，不，上千平方英里的煤矿，到处是工厂的烟囱和肮脏的街道，成千上万张脸，灰白清瘦，他们或是逆来顺受，或是憎恨怨怼。伊斯特伍德的煤区小且相对较新，煤区新到让矿工们的住房实际上要比真正的贫民窟强很多，煤区小到可以让居民到田野和农场里寻求解脱。一些村舍甚至有广阔开放的视野。不论是伊斯特伍德村还是当地的人，都不是特别顺从机械化的一致性。"在英国中部漆黑的夜晚，在周六下午喧闹的足球场上，有一种潜在的野性和完整感，同时弥漫着怪异的刺激性和冒险精神。"有时，矿工们在周围半荒芜的野地里偷猎，许多矿工每周都会花钱喝啤酒，而这些"难得的钱"本来应该用于家庭开销的。当矿工喝得半醉高兴地回家时，也难怪妻子会对他们发火，对花掉了他们家那额外的五先令或十先令的酒吧厌恶至极呢，因为这笔钱对于她们家来说无疑能派

上不小的用场。然而，谁又能指责这些矿工呢？对他们来说，酒吧意味着温暖，意味着友谊，意味着欢乐，意味着从工作和担忧中得到片刻的休息。这些矿工和他们的家人都以自己特有的方式信仰宗教，都有着严格的社会道德标准和根深蒂固的看法。他们意识不到自己所在社区的丑陋，他们的生活一成不变，也不知道自己相比之下微不足道。总之，他们夸大了自身在英国经济中的重要性和在一般事物发展过程中的重要地位。

19世纪70年代，矿工约翰·亚瑟·劳伦斯和他的妻子利迪娅·博得萨尔来到了伊斯特伍德，利迪娅·博得萨尔于1875年12月27日在诺丁汉的斯纳顿教堂嫁给了约翰·亚瑟·劳伦斯，他们一辈子都住在伊斯特伍德，并养育了子女。

劳伦斯夫妇在许多方面都极为不和谐，正如他那位有名的儿子所说的那样，约翰·亚瑟·劳伦斯是英国最后一批免受义务"教育"的人。他从没有因上寄宿学校而变得顺从。他10岁就被送往煤矿干活，只能勉勉强强地签个名儿，在晚上费力地为他那不耐烦的妻子读报纸，或是一大清早地在做早餐时，也吭哧吭哧地读会儿报纸。一边蹲在烧得噼啪作响的壁炉前，在叉子上烤熏肉，还得用大块的面包去接从肉上滴落的油。他一辈子都在干体力活，在矿上，他辛苦地干活，在家里他也要笨手笨脚地干许多琐碎的家务事，喝酒、聊天。他也和工友们一起进行长距离的散步。他年轻的时候舞跳得很好，胳膊上的肌肉也很发达，头发又黑又密，胡子浓密，看起来"男人味十足"。他是个"包工头"，那时，工头就是公司和其他矿工之间的联络人。在分配给他的采煤区上，他雇佣"三四个矿工为他采煤，他用采煤获得的收入给矿工发工资"。因此，工头差不多是一位小小的雇主，无论如何，他是一个负责任的人，效益好的时候，每周能赚多达五英镑——那可是真金啊。不过，这情形发生在他刚结婚的那阵子，在他没有因嗜酒而伤身之前，在他没有出言冒犯他顶头上司（一个职位比他高的老朋友）之前，因为他得罪上司之后，就分不到好的采煤区了。他远远不是工业时代的机器人，还没有被政治、新闻、广播、电影和垃圾刊物所腐蚀。他的生活总是以矿为中心，不过他喜欢在清晨穿过满是露水的田野步行到矿上，他喜欢动物，了解动物，还能生动地讲说有关小动物的故事。他认为自己只有部分英国血统，因为他爷爷是法国人。工友们干活时他也干活，工友们罢工时他也罢工，丝毫不关心时事。至于其他的，"他天性是个享乐派"，尽情享受着自己的生活，拒绝让自己的生活一片阴霾。

他娶的那个姑娘，利迪娅·博得萨尔，不论在性格上还是教养上都与他截然不同。她认为自己"出身于一个古老的、家境良好的市民家庭，家人都是著名的无党派议员，曾追随哈钦森上校征战，而且一直是坚定的公理会教徒"。大多数家庭都会讲述自己这样或那样的家史，以此来说明他们那辉煌的出身。这种信念对生活的影响大于事实本身。利迪娅的父亲是舍尼斯造船厂的机械师领班，曾送她去一所小型的私塾受教育，她后来就在那儿当起了助教。"她博览群书，也写诗。她很有思想，大家认为她非常聪颖。她最喜欢和那些受过教育的人探讨宗教、哲学或政治。"即使在她没完没了地为丈夫和五个孩子操持家务时，她也会抽出时间到当地的图书馆看"成堆的书"，她固执自负。D. H. 劳伦斯年轻时的一位朋友杰西·钱伯斯，她以 E. T. 为缩写名进行写作，她说："她（利迪娅）的自信以及她对人和事儿的断言都极大地激起了我的好奇⋯⋯她特别肯定自己以及自己的正确性。"她从来不像她丈夫和其他矿工及其妻子那样说德比郡方言，她也很少跟邻居交流。她女儿阿达·克拉克这样描述她："她体形娇小消瘦，有一头棕色的头发，清澈的蓝眼睛里时常流露出无畏和坚定的神色来。"她的鼻子因为儿时的一次事故变得有些扭曲，她手小脚小，在她儿子眼里，她的双手很漂亮。

她在遇上亚瑟·劳伦斯之前，曾爱过一个认真的年轻人，这个年轻人想当牧师，但由于他父亲执意要他从商，他又害怕父亲，所以他只好学习自己不喜欢的生意。他也害怕为利迪娅做什么事儿，只能和她聊聊天并送给她一本《圣经》。后来他当了老师，娶了女房东为妻。而利迪娅一辈子都保存着他送的《圣经》。与这个年轻人分别四年后，利迪娅在诺丁汉的一场舞会上遇到了亚瑟·劳伦斯，这两个陌生人立刻被对方的陌生感所吸引了。"对于这位矿工来说，这位女士身上的某种神秘感把他迷住了"，而"她感觉他特别好，她从未见过像他这样的人"。她很快嫁给了他，然而她对这位矿工丈夫的生活方式和各种习惯却一无所知，也不知晓矿工的妻子将面临怎样的生活状况，显然她被自己的想法骗了，事实上，他没有她想的那么好。

尽管劳伦斯夫妇一直争吵不断，可是十二年来，他们生育了五个孩子，他们是乔治·亚瑟、威廉·欧内斯特、艾米莉、大卫·赫伯特和阿达。孩子们一天天长大，他们有时候很好奇，为什么像他们父母这样明显不般配的人会结婚，双方因互不了解而产生的魅力很快就消失了。这位大字不识的矿工

无法理解妻子对知识的兴趣，也无法使自己的那种强烈的享乐主义观念符合他妻子那既狭隘又自命不凡的理想主义。亚瑟·劳伦斯本来加入了希望戒酒会，在家操持家务，没过几个月，回家前他就开始去酒吧，和工友一起喝酒聊天。之后，他喝的酒越来越多，并长时间在酒吧粗鲁而亲切地聊天。而他妻子却终身滴酒不沾，她狠狠地谴责他，讨厌他自我放纵，还讨厌他喝酒浪费钱。"深夜里，她怒火中烧，坐等他回来。他一到家，她就爆发了，紧接着是一通尖刻的指责。""他有些醉了，原本还和气地心怀愧疚，可她这一通数落让他顿时变得蛮横粗暴了。"多年来，这种互相指责的不快场景让人很生气，有时太生气了就会升级为暴力。孩子们幼小的神经受到惊吓，他们在床上瑟瑟发抖。他们家外头的沃克街上，有一棵巨大的白蜡树，树枝在夜晚的强风中摇曳，其中还掺杂着父母的吵架声：

> 房前有这么大一片空地，让孩子们深切地感觉到夜晚，感觉到空旷，感觉到害怕。这种害怕来源于树的尖叫和家里父母的争吵所带来的苦闷。他熟睡了很长时间后就醒了，被楼下的重击声吵醒了，立刻就睡意全无了，听到父亲炸雷般的叫嚷声，父亲醉醺醺地回到家，他母亲厉声回应着，父亲的拳头砰砰地砸着桌子，他的嗓门越来越高，令人厌恶。屋外那棵巨大的白蜡树随风摇摆着，发出的声音又高又尖，盖过了屋里父母吵架的声音。孩子们不安地躺着，一声不吭，等着风停了听听父亲在做什么。他可能又打母亲了。黑暗中有一种恐惧，让人毛骨悚然。他们躺着，心被强烈的痛苦噬咬着。

所有的孩子都会过度简化对父母的记忆，记住他们印象深刻的事情，忘掉其余的。白蜡树不可能每天晚上都被风吹得呼呼响，父母也不可能每天晚上都吵架。熟悉劳伦斯的人谁会有丝毫怀疑那些争吵和夜晚的恐惧对他以后人生的巨大影响？另外一位英国作家的儿时记忆同劳伦斯的形成鲜明对比，尽管这位作家在某些方面与劳伦斯不同，可是在性格和社会观点方面他和劳伦斯有着奇特的相似性——二人关系密切，而且他们在文学上的影响都未得到承认。在《往昔》中，罗斯金这样写道：

> 我从没有见过我父母提高嗓门对彼此说话，也没见过他们的眼神中流露出生气、甚至轻微的受伤或是冒犯的神色来。我没听过哪个仆人受到斥责，父母也不会突然激动，严厉地责备哪个仆人。我在家里没见过

哪怕是一刻有麻烦，或出现混乱。没见什么事儿是匆忙完成的，也没见过什么事儿到期还没完成。我不知道什么叫焦虑。

罗斯金和劳伦斯谁也不是理想的丈夫，很显然两种极端都不会得到推荐。劳伦斯完全了解罗斯金，肯定读过这段文字，有人可能会设想，这么敏感的一个人，他的童年里忍受了许多家庭的争吵，肯定会运用他作为男人和作家的影响，让孩子们免受恐惧，免受他记忆犹新的强烈的苦闷。你会想，他有这样的经历，肯定会"强烈地意识到"在社会上自我控制的价值，温文尔雅的价值，礼貌的价值和宽厚的价值，尤其是亲密关系的价值。完全相反。他不仅继承了他儿时父母那争吵的恶习，还极力对已婚夫妇反复灌输这种恶习：

> 如果丈夫招妻子烦了，妻子就要对丈夫发脾气。如果妻子认为丈夫对别人太过温柔，太过溜须拍马，妻子就直接让他难堪，让他过得很悲惨，自己从来不会忍气吞声。有妻子或丈夫的人，请不要忍气吞声。忍气吞声会让你自己紊乱的。要一直竭尽全力攻击，从不忏悔，不管你塑造出怎样的人来。我们都有诸如柔情蜜意、虚情假意、缠绵悱恻、男女滥情之类的恶行……

在《无意识的幻想》中，他这样大放厥词，如果不为别人的话，那他就是竭尽全力为自己辩护，他是真的为粗鲁和残暴的举止感到耻辱。劳伦斯对自己童年的感受和在作品中对童年的叙述感觉完全不同，我们可以很容易地在劳伦斯其他作品的段落中找到与《无意识的幻想》里愤怒的描写截然不同的记叙。可是我们留意了许多场合，一致性对劳伦斯来说是不可能的，对罗斯金来说也一样是不可能的。毕竟，一致性是微不足道的批评家的美德，不是伟大的创作者的优点。亚瑟·劳伦斯攻击他在煤矿的上司，这导致他能分到的好煤矿越来越少，挣的钱也就越来越少，与此同时，为了借酒消愁，他还花越来越多的钱买酒喝，D. H. 劳伦斯强烈指责父亲这种"总是发脾气"的坏习惯，尽管劳伦斯曾赞扬过这一点，他把对"发脾气"的赞美抛到脑后，开始指责他父亲：

> 他在煤矿上通常对他的顶头上司很粗鲁。他一直是个工头，几乎从来没分到好煤矿，之所以这样，是因为他总是对管煤矿的顶头上司说无聊愚蠢的话。他几乎故意冒犯所有的上司，他又怎么能希望他们帮助他呢？人家没帮他时，他又抱怨。

儿子给父亲冠以这段评论，而同样的场景日后在儿子身上重演。

劳伦斯家的母亲和孩子们感到的是极度的贫穷，父亲把钱喝光，只给他们一周留下25先令过日子，这很痛苦，谁也不会否认这一点。然而这种情形是相对的，在饱受战争蹂躏的英国，人们处于半饥饿状态，他们家的情况并没有显得那么糟糕。他们居住的那些样式各异的房子是有点小，也很丑，不过那时的房子大多是那样的，或是几乎更差的廉价公寓。劳伦斯出生的那间房屋位于维多利亚街，最近一张照片显示，街上有一个橱窗，他母亲刚结婚那会儿在那儿卖过"蕾丝帽子、围裙和亚麻布"。房子确实又小又丑，不过即使现在也无法证明，他妹妹书中"矿工那破烂的屋顶"这类夸张的描述。劳伦斯两岁到七岁时住的那所房子大一些，还有个花园，一排尽头的那间房子叫布里奇。他们家在他七岁的时候又搬到了沃克街新建的配有六扇凸窗的房子里，从窗子一眼望去，可以看到海帕克树林。

很显然，劳伦斯家的孩子们在童年时期从来没认为他们家很穷，也不会总在父母的吵架声中备受煎熬。"家就是家，不论有怎样的煎熬，他们都很爱家。"他们认为在沃克街的家"很漂亮"，厨房"很舒适"。一把父亲的扶手椅，一把母亲的摇椅，一个沙发上面配有"漂亮的红色的印花棉布"和靠枕，一个化妆台，"摆满了书"的书架，"装饰着石板油画"。客厅有"红木和马鬃家具，放在镀金框里的石板油画"，当然了，壁炉台上有全家福。和成千上万的其他体面的工人阶层的家一样，可是劳伦斯家的孩子们认为，家里有一些东西"使得他们家和邻居家不一样"。我们从以上描述中猜测出不同之处在哪儿有些难度。也许与其说屋子里"缺少便宜俗气"的物品，不如说屋里有让人捉摸不透的东西，一种心理环境，家里人已经熟悉了这种环境，所以熟视无睹，而敏感的客人一下子就能注意到。杰茜·钱伯斯说，劳伦斯家有"一种奇怪的气氛"，这是她以前从来不知道的。空气中弥漫着紧张的气氛，好像有什么不平常的事儿随时都会发生，这让她很兴奋，然而"有些不舒服"。这种奇特的紧张气氛"从未消失过"，一直都能感觉到，而且是"一进屋子就能感觉到"这种气氛。和街上所有的孩子一样，劳伦斯家的孩子们也确实认为自己是精挑细选出来的，他们有一种极强的自身重要性和优越感，甚至认为他们是独一无二的，同样急于让人知道他们这一点。

劳伦斯成年后，特别强调了儿时那丑陋的周边环境，也乐于用那些难熬

天才的画像——劳伦斯传

（上图）劳伦斯全家福　前排：妹妹阿达，母亲劳伦斯夫人，D. H. 劳伦斯，
　　　　　　　　　　　　　父亲劳伦斯先生
　　　　　　　　　　　后排：姐姐艾米莉，哥哥乔治，哥哥威廉·欧内斯特
（左中图）劳伦斯的出生地　（右中图）海格斯农场　（下图）坑口的房子

的贫穷的经历来折磨朋友们。人们也许会接受这种矛盾的说法，因为孩子们不知道其他事情，而成年人则看到了整个世界。家用开销的细节偶然得以保存了下来，不过这些细节并未显出寒酸和贫穷。与现在贬值的纸币和上涨的物价相比，人们会产生误解；我们必须得注意，当时工资是用金子支付的，而生活必需品的零售价是很低的。

每周父亲和他同事的工资都是由劳伦斯去领，他那时还是个学生。我们偶然得知，这笔工资总额可达17英镑11先令7便士，扣除16.6先令后，剩下近17英镑，五人一起分配。当然亚瑟·劳伦斯比其他人多得一些。又有一次，劳伦斯长大挣钱后，我们听说，矿工们的工资很少，不过，工头还是比"日班工"挣得多。矿工以极低价买煤烧，但房租每周5先令。

领取周薪时，所有妇女都不得在场，这是那时的规矩。不过，莉迪娅·劳伦斯总能从儿子那儿知道领了多少钱。亚瑟·劳伦斯制定了一个比例，这样一来，挣40先令，自己就留下10先令，挣得少到16先令，就仅留下6便士。阿达·劳伦斯记得，父亲每周给母亲用作家庭开销的钱从未超过35先令。父亲他们五个人一共挣得10英镑11先令，而母亲"只能拿到少得可怜的25先令"，工资减少很可能是由于她丈夫对他的"小老板们"说了那些无聊愚蠢的话。

亚瑟·劳伦斯这个挣钱人"很莽撞，总是对危险掉以轻心"，因此遭遇了不少矿井事故。当家里人知道他没什么大碍，即将康复时，都特别享受这段宁静的时光，此时家境要比他工作时宽裕。出事故后，矿井会每周给伤者14先令的补贴，疾病俱乐部给10先令，伤残基金会给5先令，其他矿工给5—7先令，这样每周就有34—36先令，而且此时也不用供养病人，医院也几乎是免费的，所以家里明显要比他工作时好很多。这也就难怪孩子们会暗地里希望此类事故发生了。亚瑟·劳伦斯住院时，"家里人无比欣喜，无比平和"。不过似乎生病时所得的补助没有出事故时得的多了。他生病在家时，只能得到17先令，外加一部分数目不确定的"矿井利润"。但邻居们也会帮忙做家务，给孩子们做饭，"做点肉汤，送些鸡蛋，做点琐碎的小事"。即使工资最高的时候，钱还是不够花，这也就不难理解为什么劳伦斯在出名之后仍然痛苦地感觉到"贫穷带给尊严的耻辱"。

他们没钱娱乐，只好自己找乐子。孩子们收到的礼物少得可怜，无非是哪个姑娘收到"几张明信片"，哪个年长点的男孩收到"一把钢丝锯"或"一

块漂亮的木头"，劳伦斯收到过"一小管颜料或几张厚纸"。过圣诞节时，他们没钱买圣诞树，只有一支带浆果的冬青树枝，把保存了一年又一年的"宝贝"挂到树枝上，这些宝贝包括了"一个带翅膀的天使和几个发光的球"。圣诞节当天，早饭总是吃猪肉饼，正餐吃鸭肉——七个人吃这些东西其实并不多。但不知怎么的，母亲总能想方设法在孩子们的圣诞袜里"装满礼物，礼物最上头放着小猪型的糖果和肉馅饼"。有时亚瑟·劳伦斯会给自己买上一只金丝雀或一支精致的拐棍，而这些都不是圣诞节必需的，还得让妻子拿着家庭开销的钱去为他付账。我们仅听说他妻子花5便士为自己买了一只装饰着矢车菊的碟子，4便士买了几块三色堇和红色雏菊的根茎，这是仅有的一次。而所花费的9便士引来她无数次悔恨："我又坏又奢侈，所以活该受穷。"母亲从不向孩子们隐瞒缺钱的烦恼，反而常常让孩子们知道家徒四壁，"她总想让孩子们吃好穿好，可是无奈钱不够花，无法得偿所愿，也从未向孩子们隐瞒过这个事情"。

也许，孩子们必须时常了解家贫如洗的情况，但是却不该让劳伦斯这个敏感的孩子知道父母吵架及家暴的私密场面。不管劳伦斯是否主观臆造了，或夸大了父母在他出生几周前争吵的事情，可是他坚信发生过这样的事儿。他认为，父亲醉醺醺地回到家，跟妻子争吵起来，一气之下把她推到屋外那黑漆漆的小花园里，锁上门，自己趴到桌子上睡着了。很久之后，劳伦斯和他母亲以及钱伯斯一家在海边度假时，他"突然对父亲一顿乱骂"。他离开房间后，母亲脸上露出一丝奇怪的微笑，低头说到："我知道为什么他恨他父亲，事情发生在他出生前，有一天晚上，他父亲把我推到屋外，他注定会恨他父亲的。"她认为这很对，很自然，即使在临终前，"她还说丈夫呢。她现在特别恨丈夫，根本无法原谅他，甚至无法忍受他在屋里待着。再次想起那些更加让她痛苦的事儿后，把事情都告诉了儿子"。

很明显，劳伦斯是从母亲那儿知道自己儿时的故事的。他的教父是公理会的牧师，后来教他学法语和德语。有一次，教父来拜访，坐着喝茶时，亚瑟·劳伦斯回来了，狠狠地羞辱了妻子，并跟教父哭诉，说他工作有多么辛苦，他干得多么汗流浃背，他在尘土中多么口渴，他多值得同情。她一股脑地倒出了自己的苦楚和失望，这使儿子感到既生气又丢脸，饱受折磨，父母间的矛盾使他滋生了那种永恒的自我矛盾。

这就是那时的环境，冲突、压力、激情、偏见与补偿共生共存，劳伦斯就是在这样的环境下出生、成长的，如果说这样的环境对艺术家、诗人以及天才的成长都是极为不利的，那么这至少让人避免了中产阶级的平庸。这种环境意味着，即使是枯燥乏味的事儿，也不仅是普通的。在这种环境下，培养孩子们的性格，教育年轻人如何同其他人友好地相处，如何同亲密的人愉快地相处，也许是再糟糕不过的了。虽然劳伦斯天性情感丰富，待人友善，但是这种环境没有培养出他为别人考虑、温情友爱的品德，却让他心生强烈爱恨，说话极欠考虑。

　　这个过分敏感的孩子似乎还饱受一种更微妙、更深层的折磨。他的天性中似乎遗传或吸收了父母的矛盾性格，父亲天生喜欢享乐，母亲端庄正直、小心谨慎。她是家里的暴君，"以母亲那神圣的威严"管理着这个家。"……怀疑她的权威就像是亵渎神灵"。孩子们年少气盛，活力四射，她把威严特别倾注在几个儿子身上，尤其是大卫·赫伯特身上，以此来获得孩子们全部的爱，把孩子们从父亲身边拉走，傲慢地鄙视父亲这个"普通"的劳动者。儿子长大成人后，又阻挠他们全心爱女友。这就造就了大卫·赫伯特一辈子犹豫不决，自卑多疑，然而，母亲把自己令人难以承受的自信强加给他，一再使他的信念左右摇摆，心情阴晴不定，思维异想天开，计划变幻无常，也让他不由得用热烈而独断的语言来诠释短暂的生命。

　　劳伦斯身体不好，他觉得自己出生两周后就得了支气管炎。母亲回忆说，他还是个婴儿的时候，他的眉毛"特别地皱着"，"眼睛里流露出一股特别沉重的神色，似乎要弄懂什么痛苦的事情"。他4岁的时候，"弱不禁风，性格内向"。"这个乳臭未干的孩子，面色苍白，体弱多病，鼻子时不时抽搭一下"，他不留情面地称自己"像影子一样，摇摇摆摆地紧跟在母亲身后"。他总是一会儿"活泼好动，兴趣十足"，一会儿又"坐在沙发上突然就哭了，而且一哭就停不下来，很难解释他为什么哭。最后，母亲盛怒之下，把他连人带椅子一块儿搬到小花园里，'嗵'的一声把他放到地上，哭笑不得，说到：'哭吧，烦人精！'"劳伦斯在讲述这段故事时，似乎认为，处于婴儿期的自己多少有些神秘的怀旧之情。不过，像婴幼儿护士这些信奉唯物主义的人则认为，"皱眉"是因为消化不良，"痛苦"是因为喂养不当或没吃饱。他哭闹时父亲必定会大发雷霆，说到："要是他一直哭，我就打到他不哭为

止。"儿时的这两件事让他很郁闷，很可能是由于这两件事是母亲告诉他的。母亲想让劳伦斯知道他当时是多么孤立无助，痛苦难耐，虚弱无力，而只有她理解他、保护他。

虽然儿时的那些故事并不重要，但是在讲述时很可能被夸大了。劳伦斯相信母亲告诉他的一切，这点至关重要。有这么一件事儿，那时他还是个婴儿，坐在母亲腿上，和母亲一起无精打采地等着父亲从酒馆回来。当父亲喝得烂醉如泥回来后，不可避免的一幕发生了，母亲先是唠叨他，之后双方发生口角，随后破口大骂，那羞辱的语言激怒了父亲，父亲拿起衣橱的一节抽屉向母亲砸去。"抽屉的一角碰到了母亲的眉毛"，伤得很重，母亲差点晕过去，大滴的血顺着脸颊流下来，落到了包裹劳伦斯的襁褓里。父亲此时清醒了，惊恐地看着一大滴血"落到儿子那柔顺发亮的头发里"，"暗红色的血珠挂在那发亮的头发上，顺着发丝流淌了下来"。

不管这段痛苦的插曲是真事，还仅是个象征，这标志着年幼的劳伦斯同父亲的最后决裂，也标志着他完全倒向了母亲这一边。相比之下，当母亲跟他说父亲偷她钱包里的生活费买啤酒喝时，他淡然处之，或者漠不关心。成年后，劳伦斯发生了改变——他什么时候不变？——他支持父亲了。想想父亲在家里受到了什么样的待遇，妻子指责他，孩子们一本正经地盯着他，以他们那个年龄特有的可怕方式责备他，这也就难怪，他吃饭时炫耀从矿井里带出来的灰尘，还故意夸大他餐桌礼仪的平庸和粗俗。

我们有理由去思考一下，亚瑟·劳伦斯忘不了自己所受的耻辱，会在适当的时间以自己特有的幽默报复，或试图报复。1918年，劳伦斯和妻子被迫离开康沃尔一段时间，到德比郡避难，因为有人怀疑他们是间谍。亚瑟·劳伦斯退休后在这儿过着卑微的生活。劳伦斯记得父亲会修鞋，就让父亲帮他修，等他来取鞋时，发现鞋底整整齐齐地包上了锡皮。还有一次，儿子和儿媳出去散步，走了有一会儿，黄昏前父亲就在花园里点起了一大堆篝火。要是没扑灭这堆火，他们就得进监狱，因为当时是禁止有任何光出现的，这样做他们会被怀疑给莫须有的敌人发信号。

劳伦斯家的孩子们长大后，家里为孩子们要从事什么工作的事儿爆发了一系列的大战。亚瑟·劳伦斯咆哮着说，按规矩男孩子要下井干活，女孩子要做帮厨女工。妻子则不同意，她因"优越感"未得到赏识而愤愤不平，她

强烈信奉维多利亚时代的教义，不断向上，不断完善自我，（正如她自己的儿子所指出的那样）公立学校的老师们完全支持她的想法。利迪娅·劳伦斯痛下决心，不让孩子们从事任何体力劳动，一心想让孩子们进入所谓的白领阶层，希望一个或所有儿子能"出人头地，成为商界精英"。丈夫大吼大叫，硬是不同意大儿子做公司职员，她瞧不起丈夫那副样子。"干嘛要把他拴在凳子上变成书呆子呢？"她更瞧不起任何一个参军的年轻人——"当大头兵！——普通兵！——听口令做动作的兵！"她瞧不起伊斯特伍德任何一个在煤矿工作的年轻人。孩子们继承了母亲的"优越感"和远大志向，非常赞同母亲的观点。

劳伦斯说，大部分矿工的儿子都讨厌学校，希望取消学校，这样就可以"到煤矿干活了"，可是小学是义务教育，谁也逃不了。这些年轻人的母亲没有雄心壮志，也没有优越感，更不支持学校老师，所以这些年轻人瞧不起"书本知识"，更何况是被迫学习的。按照进程，劳伦斯小学毕业后，就被送到比奥瓦尔"寄宿学校"学习了，一到那儿就遇到了麻烦，因为他瞧不起自己的教名"大卫"。校长似乎总拿他同哥哥欧内斯特比较，哥哥理想远大，成绩卓著，深受校长喜爱。但劳伦斯反应灵敏，聪明机智，学起面前那古怪乏味的知识来倒也不费力。他12岁就获得了去诺丁汉中学读书的奖学金，这毕竟是他走向写作生涯的关键一步，因为他要是不接受中学教育的话，是很难成为作家的。起初，他憎恨学校，也憎恨校规，还得屈从于日常琐事："我不会忘记第一天的痛苦，那天我哭得撕心裂肺，我被抓住了，捆住了。"他后来意识到那笔奖学金是场灾难，自己体弱多病，每天坐火车来往于诺丁汉实在太伤身。从那时起，就犯下了致命的肺病。

同正规教育相比，宗教更深刻地影响了劳伦斯的童年。劳伦斯确实说过，自己16岁就"批评且掌握了基督教义"。正如他所描述的，神学教义在民众的宗教里从来都不重要，这种教义是集感情主义与道德上的恃强凌弱于一体的。劳伦斯全家都信奉公理教，为此他很自以为是，好像自己最终会被叫去坐在奥利弗·克伦威尔的右边。劳伦斯家的孩子们每个礼拜天都会去三次教堂，受滴酒不沾的母亲的影响，被迫加入了"希望戒酒会"。不要忘了，孩提时的劳伦斯既聪明过人又敏感多疑，他屈从于那强大的宗教情感和刺耳的宗教圣歌。不管他在年轻时或成年后理智上怎样反抗宗教，但是宗教情感对他的

影响从未完全离开过他。他在去世前不到二年曾这样写道：在那个荒凉丑陋的教堂里哼唱的旋律对他的影响"远比一首好诗要大得多"。他同样强调了《圣经》带给他的那种永不枯竭的力量。"不管你愿不愿意，也不管你能不能吸收，《圣经》都会一点一点地灌输到你童年的意识里，日复一日，年复一年，不管你是在走读学校，还是在主日学校，也不管你是在家、在希望戒酒社抑或是在基督教奋进会里，他们都会从教义上和道德上向你阐释《圣经》，日复一日，年复一年。"

这是一种全面、粗放的宗教宣传。很明显谁都无法摆脱对《圣经》的盲目崇拜，无法摆脱那长篇大论的布道，高声吟唱的圣歌。虽然劳伦斯心情不好时会嘲笑《圣经》，但是他却不讨厌《圣经》的粗糙。"我一辈子都感谢主日学校里的雷明顿老先生，他长着花白的络腮胡子，性格凶狠。他居然让我们唱歌！他喜欢有关战争的赞美诗。"这一点非常有吸引力，因为人们仿佛经历了一场同恶势力的激战，对手是那些有钱有势、骄奢淫逸之辈以及那些对异教徒颇有研究的人，他们既神秘又可恨。在宗教复兴派的会议上——因为母亲不赞成该教派，认为该教派很普通，所以他悄悄溜走了——他听到了其他恶人强烈谴责的话语，他们因失败而口不择言，也见识了"特殊的宗教颜面"这种颜面包含着"宗教的自我赞美、永恒的力量以及黑暗的一面"。

这种奇怪的宗教不讲忍耐和自夸，不知怎么地竟适合煤矿的工作性质。矿工们步行着上下班，有时在酒馆里痛饮，有时在足球比赛中大喊。坑口冒出浓烟和水汽，卡车排成一排，"轰隆隆"地把那来之不易的煤运走了，那泛着阵阵恶臭的矿渣山随之日渐增高。烟尘弥漫在这个肮脏的小镇，砂石随处可见，街上只有一盏昏黄的路灯，尽管如此，对劳伦斯来说，和小伙伴们在伸手不见五指的夜里打闹喊叫，这不失为一个浪漫的地方，一个让人心潮澎湃的地方。

真是造化弄人，劳伦斯处在这种充斥着暴力、偏见和冲突的环境中，他特立独行，和雪莱一样反应敏捷，却又敏感过度。矛盾冲突使雪莱早早地开始写作，作品不可胜数，却又不是什么传世巨著，他努力前行，超凡脱俗的举动让人们很是困惑，而且还引起了公愤。劳伦斯面对的问题更棘手复杂，不过我们得原谅他，他早期的作品中没有粗鲁恐怖的小说，也没有玛格丽特·尼科尔森式的无厘头诗。据奥尔德斯·赫胥黎所说，劳伦斯生活中的全部决定

都是为了本能地保护自己身上的艺术细胞。不管这是不是真的，没有人会否认，从小劳伦斯内心就有冲突，或一系列的冲突，所以就有了哲基尔医生和海德式的人格——既惹人怜爱又遭人嫉恨，既迷倒众生又绯闻不断，既才华横溢又乐于施教，有着双胎连体般的心理，既是朋友，又是敌人。

  劳伦斯刚步入成年期时，回看自己的孩提时代，对这一切洞如观火，以自己特有的诚恳对其进行了反驳，而这份诚恳也从未因现实生活发生改变。他记录了过去的自己，那年14岁，正读高中，当年那张"变幻不定的脸"早已像他父亲那样"写满了沧桑"。那时还是个孩子，那双天蓝色的眼睛炯炯有神，"观察着周围的一草一木"，眼里"满是活力和温暖"，"笑起来很突然，也很可爱"。但是这个年轻人还有另一面，他脾气乖戾，"要是脑中有想不开的事儿一闪而过，脸色就既愚蠢又难看，只要感觉自己受到误解，感觉自己受到冷落，就会又气又恼，不过，一旦感受到温情，就又可爱无比了"。

  劳伦斯小时候喜欢跟女孩玩，不喜欢跟男孩玩，上学时特别不喜欢板球和足球。大哥跟他的岁数"差得多"，不跟他玩。所以这个小弟弟从小就跟着"姐妹们"了。他不喜欢常规游戏，这并不是说他不喜欢玩，也不是说他自命清高，尽管有时的确很自命清高。他喜欢影响小伙伴们，喜欢动脑创造新游戏，不喜欢那些有既定规则的竞技类游戏。"他很有天赋，善于创造新游戏，尤其是新室内游戏。"虽然是个孩子，但是对周围事物洞若观火，在小伙伴们面前又活力四射。当他带着姐妹们穿过田野去散步，沿着铁道行走，"没有一朵花，一棵树，一只鸟"能逃得过他的眼睛。观察最先遇到的白屈菜，或早春开放的紫罗兰，对他来说这是场美妙的冒险经历。

  他能饶有兴趣地欣赏简单的事物。大哥威廉在伦敦捞得人生的第一桶金之后便回家过圣诞节了，他对此事的记忆仍新鲜而甜蜜。当时全家聚首，沉浸在喜庆的节日气氛中，于外界全然不觉。孩子们"搜遍田野，找来了冬青和槲寄生，客厅里挂上了彩色拉花"。"食品橱里第一次摆满了美味的食物，很奢侈。母亲"做的蛋糕又大又漂亮""感觉自己像个皇后"，还教孩子们"怎么去杏仁皮"，也弄不清母亲为什么会有当皇后的感觉。"家里有大大的葡萄干饼、米饼、果酱馅饼、柠檬馅饼、肉馅饼、西班牙式馅饼和奶酪饼等各类糕点，家里每个人都欣喜若狂。"

  劳伦斯把这次真实的亲身经历改编成了小说。大哥从伦敦乘火车回家，

他们三个孩子去车站接大哥，可是大哥的火车很晚才到。劳伦斯"迫切地想"让站长知道"他们在等从伦敦来的这趟车上的某个人：这样听着很有魄力"，哎呀，实际他"却非常害怕，不敢开口问谁，更别说问那戴着鸭舌帽的人了，那就更鼓不起勇气了"。两个多小时的痛苦煎熬后，终于等来了大哥。大哥谦虚地向他们解释说"这列火车是因为'他'才在这个小站停的"。他们各个心满意足地看着大哥带回的礼物，大哥还给母亲带来一把金柄雨伞，大家都"欣喜若狂"，不过劳伦斯非得向街上的小伙伴们炫耀一番才会快心遂意。确实，"家就是家，不管处境多艰难，孩子们还是一如既往满怀激情地爱着这个家"，当然这不包括因吹牛而引起他人嫉妒的乐趣。劳伦斯悄悄溜出去，跟眼红的邻居炫耀自己所得的糖果，有"真正的凤梨糖，还是切成片的，晶莹剔透——真好！"糖果太好了，他显然都忘了给邻居们分点。

1.2

在劳伦斯15岁到20岁出头的这段时间里，生命中最重要的人除了母亲外，就要数杰茜·钱伯斯了。她是《白孔雀》中的艾米莉，也是《儿子与情人》中的玛丽安，是劳伦斯早期几部小说的女主人公的原型。她以 E. T. 为缩写名，记叙了劳伦斯最有趣的青春岁月。颇具讽刺意味的是，这两个年轻人最初竟然是通过劳伦斯母亲才走到一起的。由于杰茜·钱伯斯在劳伦斯心中的地位首屈一指，使得他母亲一直盲目地记恨她，并同她进行了旷日持久的残忍的夺爱之战。钱伯斯一家是《白孔雀》中的萨克斯顿一家的原型，也是《儿子与情人》中利弗斯一家的原型。大约在1900年，钱伯斯一家住在偏僻的海格斯农场（也就是小说中的威利农场），那儿离最近的村子也要1英里远。劳伦斯太太在教堂里遇到了钱伯斯太太，向钱伯斯太太倾吐了好多烦心事后，便同意带着小儿子到农场喝茶。

这次简单的短途旅行在母子俩的生活中是一件大事，可以想象，日常琐事对劳伦斯一家和他们类似的家庭而言，羁绊有多大。劳伦斯对此次旅行念念不忘，还能准确生动地描述那些小细节，这表明这次旅行对他来说意义非凡。临走前，他还像情人般调侃了母亲的新衬衫。母子俩停下来看了看那矿坑入口，投之以赞赏的一瞥，因为那时劳伦斯还没有发现坑口的丑陋，也未发觉自己讨厌坑口。他害羞得有些病态，又怕受到怠慢，便羞怯腼腆畏缩不前，让母亲跟陌生人问路。他还记得穿过田野和小树林，记得路边的野花的名字，记得第一眼看到古老农庄时，围墙仿佛"在拥抱阳光"。在门口，劳伦斯看到一个围着脏围裙的女孩——杰茜·钱伯斯，大概14岁，"她脸色黑红，一头黑色的短卷发，很好看很随意，双目乌黑，有些害羞，有些疑惑，对陌生人还有些反感"。不久，两人正在花园里边走边说，劳伦斯注意到杰茜"面容友善美丽，与人保持着距离，举止相当高傲"。

杰茜记得看见"有一个精神饱满、体形瘦小的女人，带着一个清瘦的男孩"来到农场。自己害羞地躲进了厨房，"劳伦斯静静地站着，好奇地四下打量，看着她煮鸡蛋"，这着实吓了她一跳。劳伦斯故意盯着杰茜看，这让杰茜很不舒服，他那时穿着伊顿公学那带领子的校服，而杰茜没能上学，所以很嫉妒劳伦斯。随后，杰茜带着劳伦斯去看森林，看远处的群山，劳伦斯反而变得"害羞退却"了，好像有了许多新的感想。

农场生活与喧闹的矿区街道生活有着天壤之别，劳伦斯被深深地吸引了，每周三都会去海格斯。起初是农场主钱伯斯先生接待他，"像对待大人那样"跟他谈话，杰茜和兄弟们"见到他很害羞，怕他那副装腔作势的样子"。

杰茜和劳伦斯的友谊日渐亲密，不过两人的友谊因劳伦斯生活中的一些事情中断过一段时间。劳伦斯的哥哥威廉·欧内斯特现就职于伦敦，在他们眼里收入可观，年薪可达120镑，前途不可限量。劳伦斯太太鬼迷心窍，一心要"发家致富"，想让大卫·赫伯特步哥哥后尘，母亲决定了的事，他是无力抗拒的。1900年夏天劳伦斯一年12英镑的奖学金就结束了，母亲执意要他"在报纸上寻找招工启事"。结果他饱受那"不断缩减的自我意识的折磨"。所有同外界的接触都让劳伦斯这个敏感多疑、唯我独尊的孩子历经折磨，去学校的第一天就经历了"一场噩梦，一次折磨"，每周被父亲派去矿工办公室领工资，也要"经历该死的折磨"。这孩子"神经过敏得近乎荒唐"，母

亲一想到这点就"心疼他"。

现在找工作又给他带来了新的烦恼，这种致命的程序，可能破坏了，甚至扼杀了他身上潜在的艺术气质。而这种气质他一点也没有感觉到。因为恐惧，他一睁开眼，就"整个人都很纠结"，生活似乎暗淡无光，乐趣全无。被逼无奈，他每天都得去公共图书馆的期刊室，蹑手蹑脚地走在街上，受病态的自我意识的影响，想象着过往的行人都知道他要干什么，都在想"那孩子找不到工作，得靠他母亲生活"。尽管钱毕竟是她丈夫辛苦挣来的，可是母亲确实说过这样的话。最后，劳伦斯强迫自己去了图书馆，不过还是无法忍受有人看见他在寻找招工广告，所以内心"满是胆怯，备受煎熬"。报刊室里挤满了养伤或是失业的矿工，他"知道"他们都在琢磨这么大的孩子能从报纸里找到什么，但他却假装在浏览报纸。

在他人在场的情况下，翻阅广告栏找工作很让他羞愧，那时候他就会踱到窗边，"愁容满面地望向窗外"，希望人们早些离去。他感觉"自己已经是工业主义的囚犯""正受到束缚"。有一次他痛苦地站在窗边，看到酿酒车驶过，"马车夫坐在高高的座位上，身体随着座位一起剧烈晃动"，马车夫长着一个子弹头脑袋，胳膊和脸都是红红的，"晒着太阳，似乎要睡着了"。看着这强壮的马车夫那无意识的生活，"希望我能有他那么胖"，劳伦斯想着，"希望自己像一只晒太阳的小狗，希望自己是一只小猪，是赶着酿酒车的马车夫"。他那时已经认识到了自己那超人的天赋所带来的恐惧和痛苦，像他这样有才的人通常最先品尝让人羡慕、嫉妒、恨的滋味，却得不到人们应有的尊敬和爱戴，他本能地感受到了这一点。

从那痛苦的青春白日梦中醒过来，他看到报刊室终于没人了，就匆匆地偷抄了些招工广告，"如释重负般地溜走了"。

哥哥威廉·欧内斯特在伦敦是位成功的职员，为了帮助对工作不怎么热心的弟弟初涉工商业领域，欧内斯特特意为弟弟写了封恰当得体的"商业"求职信。这封信有幸得以保存下来，信中提到劳伦斯求职时只有16岁，1901年9月份他差不多刚过完生日就有了工作，任职于海沃德先生在诺丁汉开办的公司，这是家制造外科手术器材和外科整形器材的公司。雇主和劳伦斯母子见了一面，劳伦斯再次感受到了自我意识带来的痛苦，他在所有正式场合都会感到这种痛苦，只要和别人面对面相处，这种痛苦就会阻碍别人对他品

性的真正认识。"那个矮子让他出丑，他恨那个小个子"，实际上，面试官只是让他读一封法语信，告诉他"指头"这个词，要是和袜子联系起来，就是指"脚趾"，不是"手指"。

　　做职员时他周薪八先令。尽管在大家的印象里劳伦斯好像在那儿待了好长时间，实际上他在诺丁汉的职位上只干了3个月。干了几周后，家里便遭遇了飞来横祸，干劲十足的威廉·欧内斯特，受到母亲和自己的野心的驱使，过度劳累，体力不支，爱情的失意也让他受尽折磨，一下子就得了肺炎。丹毒的发作又加重了病情，最后，母亲亲眼看着他在伦敦的出租小屋内离开了人世。儿子的早逝如尖刀般刺伤了母亲那颗伤痛的心，母亲把生活中所有的希望都寄托在几个儿子身上，尤其是欧内斯特和大卫·赫伯特，尽管她附庸风雅，可是她真想让孩子们在生意上飞黄腾达。欧内斯特的棺材被抬回了家，棺材太大，几乎把整个小客厅都占满了，母亲的心都碎了，意志也几近崩溃。葬礼过后，劳伦斯太太就天天坐着，沉浸在丧子之痛中，也许在责备自己，是自己的勃勃野心间接造成了儿子的早逝。母亲甚至不理会自己最疼爱的大卫·赫伯特，任凭他在跟前哭天抹泪也不予理会。有一个冬夜，还没过圣诞节，劳伦斯感染了致命的肺炎，就从诺丁汉摇摇晃晃地回来了，此后，这场肺炎如阴云般笼罩了他的一生。母亲这才猛然从悲恸的麻木中醒悟过来，死亡已经威胁到了小儿子的生命。母亲后来意识到，不管有多爱大儿子，都比不了对小儿子的爱，"在母亲心中，谁都没有小儿子重要"。劳伦斯这场病挽救了神魂恍惚的母亲，母亲无微不至的照料也挽救了劳伦斯的生命。几周痛苦折磨后，劳伦斯终于度过了危险期，正在一点点地康复，母子关系更亲密了，"三月里，当母子俩一起沐浴在阳光下，如影相随，亲密无间"，母亲感觉自己的生命现在已经永远深深植根在劳伦斯身上了。

　　不能再打发劳伦斯去找招工广告了，他不止一次犯肺炎，父母必定要当心劳伦斯的结核病。劳伦斯从不承认自己得过肺结核，这是他的一大特点——是支气管炎，要么是我的支气管出问题了，要么是可恶的流感，要么就是重感冒，总之，从不承认是肺结核。他曾这样写到："意识到了病痛带来的那种可怕的崩溃感，体内的细胞躁动不安，即将崩溃，意识就像那摇曳的火苗，疯狂地作着垂死的挣扎。"从以上描述可以猜到，1901—1902年的冬天，劳伦斯身患重病，几近死亡的边缘。

尽管家里不富裕，父母还是谨遵医嘱，让劳伦斯休息6个月，不用上学，也不用上班。天才们由于身患重病，需要长期疗养，就免受日常劳动的折磨，也不用接受世俗的学校教育。无论如何，这种事在英国文学界很常见。劳伦斯就是这样一个例子，他写作的冲动主要是在海格斯农场同钱伯斯一家的相处中培养出来的，尤其是杰茜，他给杰茜化名为穆丽尔。

劳伦斯一康复，钱伯斯先生就让赶着送牛奶的马车接他来农场。"我不知道为什么父母那么疼爱劳伦斯，"杰茜·钱伯斯写到，"但父母待劳伦斯视如己出，他一康复，父母就喜笑颜开。"劳伦斯能唤起人们热情友爱的能力远不及他心中藏着的乖张的魔鬼，这魔鬼迫使他愤愤不平，厌恶自己所创造的情感，也许是因为他害怕喜欢他的人的占有欲。1902年春，钱伯斯先生像欢迎亲生儿子一样欢迎劳伦斯，告诉他什么时候想来农场就来。劳伦斯非常频繁地去农场，都让母亲心生嫉妒了，母亲刻薄地对他说，你干脆收拾衣服住到海格斯农场去。尽管母亲这么说，可是不管在农场，还是在去农场的路上，劳伦斯都很开心，甚至每个礼拜六都在农场度过。虽然他还是个孩子，但是钱伯斯家的每个人都深受他影响，他一进屋就带来一种"节日的气氛"。劳伦斯不仅能使农场里的人感到自己的友善，"还知道如何使人们彼此间关系更融洽"。他在家就习惯帮母亲做许多家务事，也做得很好。劳伦斯坚持要为钱伯斯太太"往厨房的锅炉里倒水，收拾壁炉前的地面，生火，甚至剥洋葱皮"，钱伯斯太太觉着劳伦斯"心地很善良，乐于助人，考虑周全"，连自己的亲儿子也做不到这点。"他眼中没有枯燥乏味的活，"杰茜·钱伯斯这样说到，"他干活时活力十足，能把劳动变得极有创造性。"在那段时间，那"隐秘的自我"还没有显现出来。"隐秘的自我"多是由于肺炎引发的，劳伦斯生机焕发，心情愉悦，热情似火，虎虎生风，很有性格魅力，深深地吸引着农场里的人们。

多年之后，劳伦斯还能准确无误、细致入微地回忆起第一次返回海格斯的情景。他记得那是个清新的早晨，白云"都争相赶往群山那头"，远处的湖泊在枯萎草地的映衬下湛蓝湛蓝的，正在发芽的树篱如孔雀石一样鲜艳，画眉和黑鸟清脆婉转地叫着。从死神手里逃回来后，劳伦斯感觉整个世界都大放异彩了，这个少年也初涉那令他着魔的爱情。他初见杰茜时，一眼就看到了她的花容月貌，"可亲的神色，端庄的举止，明亮的双眸"，劳伦斯为

自己的想法害羞，一开口没提到杰茜，反而提到了那早先开放的水仙花，这让害羞的杰茜吃了一惊，又有些失望。在那个早春时节，水仙花抽出嫩芽，不过劳伦斯感觉水仙"看上去很冷"，劳伦斯到原来那厨房里坐下，那儿有他喜欢的地毯，"地毯在壁炉前，是由麻布包拼成的，楼梯下有个小角落很好玩，稍弯下腰就能透过角落里的小窗户看到后花园的梅子树和远处那迷人的圆圆的小山"。

劳伦斯不仅对生活中闪现的情景有深入的了解，对人和事也有种捉摸不透的"意识"，他总是去本能地猜测别人的私生活和想法，这使得爱他和他爱的人感觉很奇怪，也让人害怕。与其说他视杰茜为恋人，倒不如说杰茜是他欺骗不了的艺术家。"杰茜能突然感到那双敏锐的蓝眼睛正盯着自己，这眼神似乎要看透她，随即她那破损的鞋子和旧衣裙让杰茜心生不快，她讨厌劳伦斯把一切尽收眼底。"他以相似的坦率和轻率向别人展示，他明白母亲是如何"把每件事，即使是一小件家务事，都提到宗教信仰的高度上来"，也向人展示那些粗俗的男孩子们对福音会宣扬的美德是如何深恶痛绝，以"粗鲁蛮横、目空一切"的态度来回应——虽然受到母亲理想主义的影响，"总是因内心深处的某些东西而焦躁不安"。

当天下午，劳伦斯和杰茜母女一起到花园去看鸫鹟巢。当他蹲下去看鸫鹟巢时，他以自己独有的方式向母女俩生动地描述了鸫鹟巢，母女俩感觉"鸫鹟巢似乎活了"。散步时，没有什么能逃得过劳伦斯的眼睛，他眼前那早先开放的白屈菜，如"片片金黄的扇贝"，杰茜感觉画面很生动，"此后白屈菜的魔力深深地吸引着她"。也许是杰茜的内心太过细腻多情了，她很欣赏劳伦斯这种奇特微妙的天赋，两人在"亲密微妙的气氛中"和"在对自然物的共同感知中"互生爱慕之意。是杰茜先爱上劳伦斯的，"劳伦斯是很久之后才意识到的"，然而劳伦斯同母亲那种牢不可破的母子情，生生地把他从杰茜身边拉走了。

在夏天，劳伦斯去斯凯格内斯看望姨妈，姨妈在那儿有套房子，可以提供食宿，他在那儿待了一个月，在此期间，劳伦斯同海格斯农场的亲密关系就中断了，少男少女的田园爱情也就此中断了。劳伦斯初次见到大海时，却没有留下什么记录，这很奇怪，不过自此他开始了自己的绘画生涯，还从斯凯格内斯寄回几幅素描画。他一生都在作画，很多时候是临摹，不过在15岁

到 20 岁时，似乎对绘画特别着迷。哪个读者都能看出来，劳伦斯的写作得到了多少视觉愉悦和造型感的启发。然而，作为一名画家，却没有多深的造诣，甚至没有掌握全部的绘画技巧。劳伦斯高中时厌恶机械地临摹石膏像，除此之外，只从陶器设计师那儿学过的一两节课。至于装饰屏风，画各种花和复制画的临摹，都是劳伦斯自学的，他当时想成为画家，不想当作家。

劳伦斯一回到伊斯特伍德，生活的中心就又回到了农场和农场的朋友们身上。他"喜欢那儿的人们，大家也都喜欢他"。他愿意在农场做些力所能及的轻活，学会了挤牛奶，他特别开心。干草成熟时节，劳伦斯每天都同钱伯斯先生和他的两个儿子在距离农场四英里外的格里斯利租赁的田地里干活，带上一大篮子食物，一整天都在那儿，在那儿吃饭。"在整个那段时期"，杰茜·钱伯斯说，劳伦斯"似乎很开心，又活蹦乱跳的了，四处走走对他来说都是场冒险，劳伦斯天生会制造气氛，加深同农场里人们的感情，把工作变为一种乐趣，农场里的人们都禁不住受到劳伦斯的勃勃生机和人格魅力的影响"。有些人心思细密，能回应劳伦斯，每个人都试图把劳伦斯对他们的影响记录下来，他们用"活力和魅力"这样的字眼，希望能表达无法用语言表达的东西，这是徒劳的。活力、魅力、魔力这样的词，随你怎么用，劳伦斯确实具有这样的品质，这些品质不仅吸引了女性，也吸引着农场里那些粗笨的、爱嘲弄人的小伙子们。钱伯斯太太竟然说希望在天堂挨着劳伦斯坐，她的农场主丈夫，总是既实际又不失赞赏地对劳伦斯说："伯特在场时，干活就像是玩乐，让工人们干活时一点也不费劲。"

年轻的劳伦斯已经冒险进入了更多的文化知识领域，只有杰茜关注着他，伴他左右。劳伦斯有几个月免受学校作业重担的压迫，便如饥似渴地徜徉于书海之中，俨然一副天生就是作家的样子，对于这二人来说，这段时间"我们享受着阅读的盛宴，几乎意识不到外界的存在了"。

海格斯农场以及那儿的人们带给劳伦斯的影响和记忆，贯穿于劳伦斯的许多早期作品，尤其是在《白孔雀》和《儿子与情人》中体现得尤为明显。这个偏远农场的某些凄凉的方面在《干草垛的爱情》中有所提及，在劳伦斯早期的那些天真、近乎结巴的诗作中，在《虹》的许多地方都有对这些方面的描写。这些描写是对劳伦斯封闭的、高度情感化的家庭生活的纠正，也是对地下黑暗矿井的补充，他家就是在矿井之上，矿井生活影响了劳伦斯的一

生。对于古代那些赶着牧群游走的人们和默默耕种的人们来说，冶金家和矿工们总是既神秘又可怕。居住在阳光下的居民们很胆怯，编出离奇的故事来，把他们同独眼巨人[①]、土地神和小精灵联系起来。反过来，矿工们则互相讲述住在露水滋润的田野里的人们的故事。

  劳伦斯从未摆脱矿井那黑暗的神秘和魅力的影响。对他而言，那就是无意识的象征，在他自己有些难解的象征中，"黑暗""黑暗的无意识"之类的东西，尽管这些都藏在地下，但一切都神秘地避开了世人的视线。这给睡眠增加了几分神秘，劳伦斯没有把睡眠的黑暗同一生在井下的父亲联系起来，反而同母亲联系起来，母亲试图用那种说不清的关系来独占他的爱，这些暗示很盲目，也很神秘。他"喜欢和母亲一起睡"。而且，"尽管卫生学家反对，但是和我们心爱的人一起睡是很美好的，温暖、安全以及灵魂的平和，与心爱的人接触所产生的那种特别舒服的感觉，和睡眠交织在一起，身心都得到了全面的治疗"。威廉·欧内斯特活着的时候，劳伦斯曾一度"不知不觉地嫉妒哥哥"。父亲受伤被送往医院后，劳伦斯高兴地跟母亲说："我现在是家里的男子汉了。"劳伦斯和母亲在诺丁汉待了一天后，感觉"很美好"，"夜色迷人，母子俩到家时，兴高采烈，容光焕发，又精疲力竭"。

  劳伦斯对学校生活和从商经历既惧怕又憎恨，神秘的矿井和自己敬仰的母亲的魅力不减反增，不过，逃离到农场象征着某件重要的事儿。逃离到农场意味着他正在不知不觉中奋力逃离他赖以生存的矿井，也开启了脆弱柔嫩的初恋，恋爱自然而然地会将劳伦斯全部包围，把他从母亲身边拉到妻子身边。母亲马上就意识到所发生的一切，决心要为此斗争到底。她开始厌恶他们所有人对劳伦斯的影响，厌恶他们家父母的影响，厌恶他们家儿子们的影响，（尤其是《白孔雀》里的乔治和《儿子与情人》里的"埃德加"），当然，尤其讨厌杰茜。在母亲和钱伯斯一家之间，钱伯斯一家正把劳伦斯从他其乐融融的家庭生活中拉走，带他体验冒险，初次开启属于自己的生活。

  尽管劳伦斯体弱多病，是母亲的掌上明珠，但是他从小就有冒险意识，有男孩子们对"探索"的喜爱之情。在他很小的时候，有一年夏末，征得大人允许后，劳伦斯就和其他孩子一起去采黑莓了，孩子们注意到劳伦斯总能比别人走得远些，"发现"的喜悦丝毫不亚于小筐里满载着黑莓时的骄傲。

[①] 此人是希腊罗马神话中的人物，音译为"基克洛普斯"，是独眼巨人。

离伊斯特伍德村不远处，有个废弃的采石场，《白孔雀》中描述过这个采石场，乌托邦式的小说《凤凰》中的片段也描述过。在劳伦斯的记忆中，采石场是个神秘的地方，"古老而深邃"，满是"橡树、欧洲荚 和簇簇石南"。这些开阔的地方因时节不同会绽放满园的野生紫罗兰、雏菊、金银花和有毒的龙葵草。在那些粗糙的石墙上有"可怕的小石洞"，劳伦斯想象着那儿有条条小毒蛇。这些小石洞在采石场"隐秘的那面"，让劳伦斯浮想联翩，重复着说"隐秘的那面……一个可怕的地方……总是那么神秘——你得在灌木丛中爬行"。

劳伦斯从不认为这个世界，以及自己的情感是见怪不怪的事，你可以准确无误地说，劳伦斯在骑自行车往返于海格斯的路上，总是会看到让他高兴的东西，他会立刻把这些赏心悦目的东西放到美好的记忆中去。劳伦斯再长大点后，多次组织乡村"徒步旅行"，鼓动并带领十多个年轻人"切实地探索乡村"，相比乘租来的车与劳伦斯母亲和妇女联合会组织到马特洛克短途旅行，年轻人更喜欢这些粗野累人的步行。劳伦斯让这些徒步旅行激动人心，其他人从未忘记这些旅行。25年后，杰茜·钱伯斯和劳伦斯的妹妹阿达写到，他们仍然对复活节去温菲尔德庄园的旅行记忆犹新，野餐时吃的"小牛肉三明治和烫手的酥皮小面包也历历在目"。劳伦斯被这样地旅行深深地吸引住了，尽管散步时侃侃而谈，但他注意到了每件事，"他是第一个看到兔宝宝和野公鸡的，也是第一个看到第一株报春花的"，他走路时"他迈着轻快的步子，不知疲倦地观察着，渴望把一切尽收眼底"。不管做什么事，他总是发起人和领导者。这次独特的旅行快要结束的时候，他们已经到了路边的车站了，离伊斯特伍德有几英里远，买完票就没剩下几个便士了，是劳伦斯把剩下的钱收集起来，决定去一户农家买面包和黄油，让大家都大吃一惊的是，劳伦斯用那么点钱买了那么多的东西。杰茜·钱伯斯评论说："我们都特别开心。"劳伦斯暂时搁置起"隐秘的自我"时，自己也很快乐，他有种奇特的能量，能给大家带来欢乐。

还有一次，散步时，发生了一段与破损的雨伞有关的小插曲，这把伞的象征意义和在人心理上的价值远比其实际意义要大。年轻人分散开来，有的三五一群地走着，有的独自走着，这时杰茜从枫树林里走出来，看到劳伦斯弯着腰，盯着路边一把破损的雨伞看，她被劳伦斯的态度震住了，"劳伦斯

弯腰的姿势表明他的感情很强烈，很痛苦"。她返回来问劳伦斯怎么了，"这是欧内斯特的雨伞，我把伞带回家，母亲要是发现伞坏了的话，会发疯的"。这当然是那把有名的"金柄雨伞"，是母亲过世的儿子送给她的圣诞礼物，她到去世都一直保存着这把伞。就在这时，杰茜发现自己爱上了劳伦斯，那时劳伦斯还未意识到杰茜的存在，杰茜对劳伦斯的那一瞥，便使她对劳伦斯倾心了；正如劳伦斯妻子弗里达一样，劳伦斯和两个小孩玩纸船的时候，全然忘记了她的存在，这时，她发现自己爱上了他。

然而那把破损的雨伞还有一个重要意义，劳伦斯的"痛苦"和雨伞本身没有联系，他"痛苦"是因为害怕母亲会悲伤生气。劳伦斯生活的中心还在母亲身上，由于母亲的缘故，劳伦斯讨厌长大，甚至也不刮胡子。女孩子们拿他下巴上参差不齐的胡子开玩笑，可是他仍固执地不肯刮胡子。他不想长大，部分原因是因为孩子不用承担责任，孩子的生活远比在诺丁汉办公室的工作要惬意得多。更重要的原因是不知不觉中希望维持完整的母子关系以及母子间独有的爱。

是时候该为劳伦斯的未来做出决定了——他们不能再供他游手好闲地找乐子了。亚瑟·劳伦斯很久以前就放弃了让儿子们"下矿井"的努力，他知道小儿子身体不强壮，而且他在与妻子的长期斗争中败下阵来，自己辛苦劳动养家糊口，在家却说不上话。实际的难题在母亲那儿，她无时无刻不在悔恨失望，最终放弃了所有的希望，劳伦斯不可能赶上已故的哥哥威廉·欧内斯特，取得哥哥那样的"商业成就"。劳伦斯自己十分清楚，母亲从来没有重视过他的艺术天分，只是关注他的艺术成就以及艺术成就带给他的物质回报。母亲对没有带来利益的天赋不感兴趣。她连连叹气，心灰意冷，同意劳伦斯和妹妹阿达于1902年秋以实习教师的身份去伊斯特伍德的英国学校。一年后，他俩转到了伊尔克斯顿的实习教师中心，杰茜也加入了他们的队伍，劳伦斯在那儿一直待到1906年。

1870年起，英国所有的儿童都要接受国家义务教育，从文化知识上讲，劳伦斯是当时的产物。作为受保护的国民之一，劳伦斯成了文学天才，没有成为孜孜不倦工作的小学校长，有人认为英国当局对劳伦斯的极端报复可能是由于，或部分由于他那独一无二的狂妄。公立实习教师的生活简单、无聊又累人，每周有两天半受教育，两天半去教那些不守规矩的孩子们，根本没

有薪水可言。与此相对的是，相对而言，可贵的是教师生涯中结识的同龄朋友，获取了在其他情况下可能被禁知识的钥匙，这让他很兴奋。他自负，却值得宽恕，很称职，付出得多，回报得少。

另外，对于那些穷人家的孩子来说，国家补贴的教育机构就像是中世纪的天主教教会和那些宗教修士会一样，正变得寒酸乏味。不过，这种教育事实上是逃离"工业化监禁"的唯一让人尊敬的方法了。这种教育摧毁了工人阶级的许多美德，制造了一大批不满的寄生虫，这对人们的影响并不大，只要这种教育为孩子们服务，或者说貌似为孩子们服务就行。劳伦斯已经工作过了，他在诺丁汉的雇主人很好，工作也很清闲，然而他就是讨厌工作，身体还垮掉了，还是当个校长更好吧。

劳伦斯自己只是简要地提起过在商界的第二次经历，这次从商经历发生在当实习教师期间，时间不太确定。好像是伊斯特伍德的猪肉小贩雇他在周五晚上算账单，每周五先令，每天两小时。尽管自身的优越感使他讨厌这份工作，不过为了母亲，他认为应该接受。一个周五的晚上，杰茜·钱伯斯看到劳伦斯站在一堆猪蹄和脊肉里，形象极不协调，杰茜·钱伯斯就"羞愧"地迅速离开了，感觉"看到劳伦斯那个样子很心痛"。这种经历仅持续了几周，伊斯特伍德这个繁荣的商业之地，能给它未来的诗人提供的只是给猪肉小贩算账单的工作，光是想想就很讽刺。

劳伦斯17岁时转到了伊尔克斯顿，这对他来说特别重要。他似乎至今还未意识到自己是个"天才"，自己有过人的智商、艺术细胞和过人的天赋。他没有重视实习教师的生活，沮丧万分地说到"三年来，他教育着野蛮的年轻矿工们"。但是在伊尔克斯顿，劳伦斯首次意识到了自己的天赋，部分是因为他当学生时取得的骄人的成绩，部分是因为校长的鼓励，校长跟他交朋友，还在其他学生面前读他的文章，附带很多溢美之辞。这种做法的用意很好，不过用在像劳伦斯这类任性自负、修养不足的人身上，未免有些不明智。我们已知道，他的家庭也会因不寻常的自信和自尊让自以为是的邻居们惊诧。劳伦斯深受母亲影响，曾这样描述母亲："（母亲）很固执、很肯定……似乎生活里从未有过疑虑。"校长公开赞赏劳伦斯那稚气未脱的文章，不但没有抑制，反而助长了劳伦斯专横自信的态度，他借这些来隐藏自己的犹疑不决和踌躇不定。在诺丁汉大学，为了制止劳伦斯，他们草草地处理了他的文章，

劳伦斯就不去上课，还傲慢地说他从此"按他们所希望的那样，写些小儿科的东西"。

公立学校无论如何不能也不会培养出极富天资的儿童来，而是旨在培养出越来越服从政府的人。如果说仅仅引用以上两件事里的做法是不明智的话，那么却也是不可避免的。最值得一提的就是，即使劳伦斯在早期不出名的时候，他的天赋也远远超过了他的缺点。不论在工作中还是在娱乐中，劳伦斯的性格使他不同于其他人，青年时期的劳伦斯，身上有某种不寻常的东西，吸引着那些感情细腻而深邃的女人们。"劳伦斯那勃勃的兴致，"杰茜·钱伯斯说，"给我们的快乐增添了热情。"杰茜·钱伯斯说，尽管劳伦斯不停地组织领导徒步旅行，可那时他的兴趣所在是建筑，总带着拥护他的人穿过乡村去看座座教堂和古堡。"不仅仅是去看那些标志性的建筑，"杰茜接着说，"他立刻就着魔了，似乎不看这些建筑就会错过生活中重要的时刻。"

杰茜·钱伯斯从伊尔克斯顿坐得满满的教室里看到了劳伦斯，劳伦斯坐在高年级的教室里，杰茜不由自主地注意到劳伦斯，"劳伦斯与众不同，完全不同于其他年轻人"。杰茜不是因为喜欢劳伦斯才看他哪儿都好的，而是因为对劳伦斯的爱能让她看到别人看不到的东西——"他头型很好看，小巧的耳朵，神情专注，比谁都生龙活虎"。也许杰茜比劳伦斯的母亲更同情他，知道他"神经敏感脆弱"，让他"承受不了伤害，敏感多疑"。毋庸置疑，我们不要忘了，劳伦斯后来野蛮恶毒地攻击这个世界，而这个世界是先笨拙恶毒地在他伤口上撒盐的。杰茜留意到了劳伦斯的头发皮肤和"灵巧的双手"后，又补充道："劳伦斯身上还有种快乐的气质从里向外散发出一种阳光"，从他那漂亮的蓝眼睛中能看到这种气质。

劳伦斯起初就为自己的天赋所困惑，也可以说是受环境影响而不知道该如何去表现自己的天赋。劳伦斯意识到了自己的"独一无二"，也意识到了校长对自己的赞赏，这使得他放出了天真狂妄的话，说"智商更高"的人有责任去"帮助他人"。"他人"是多么不想在那些方面得到"帮助"，劳伦斯还得在痛苦的经历中学到这方面的东西。不过，不管别人愿不愿意，劳伦斯下决心要帮助他们。他已经认真考虑过怎样发大财，"我想要一幢大房子，"他这么跟朋友吐露心声的，"我们住上一幢大房子，和母亲，和所有我们喜欢的人住在一起，这再好不过了，再合适不过了。"

劳伦斯计划在世界的某个地方建立一个"聚居地",那些喜欢他并且互相憎恨的人们可以住在那里——这就是劳伦斯不顾一切理智和经验,一直固执坚持着的计划的雏形。不管他是不是为自己制造了这种不幸,也不管这是不是对罗斯金的圣乔治互助会的追忆,劳伦斯在17岁时,就已经构想出了奥尔德斯·赫胥黎所说的"世外桃源",他会定时地用"世外桃源"来迷惑自己和朋友们。劳伦斯会草草地列出一张追随他移民的人们的名单,到西西里岛、弗罗里达州、太平洋岛屿或是新墨西哥州,在吹牛的洛伦佐的管理下幸福地定居下来。他的朋友们,不管是谁,迟早都会被要求或被迫在这张名单上签名。

与此同时,母亲和爱人之间正进行着一场无声的暗斗。确实,那时许多女孩子和少妇都着了劳伦斯的魔,以各种理由出入劳伦斯的处所,但是他对闲聊的人漠不关心,巧的是,这种天赋在劳伦斯以后的生活中起了很重要的作用。也确实,"所有女孩子都喜欢跟劳伦斯跳舞,因为他舞姿轻盈"。不过,劳伦斯真正在意的只有杰茜,母亲对这点了如指掌,也同杰茜作着艰苦卓绝的斗争。他后来自己也说,那些日子里,从母亲那儿汲取了"创作的力量和生活的温暖";但是正是杰茜"促使这种温暖到了白热化"。没有杰茜,劳伦斯就无法工作,因为他"受到激励才会有意识"。也许他需要的是赞美和鼓励,而这只有心爱的女人才能给他,但是他假装,或者说确实感觉到,只有通过杰茜对他作品的回应,他"才意识到自己无意识创作的作品"。

于是杰茜被命运安排去保持劳伦斯的艺术良知,这是一种几近不可能的情况,杰茜要感激劳伦斯的太多了。劳伦斯发现杰茜是蹬着破靴子,围着脏围裙的灰姑娘,为粗鲁无礼的哥哥们在厨房忙碌着,她的梦想不是大马车和马,也不是和王子跳舞,而是她那破碎的求知梦。她很悲惨,感觉自己由于缺乏教育,被"人类浩瀚的精神成果"拒之门外。她"因渴望知识和美"而饱受折磨。劳伦斯在教育方面挽救了她。劳伦斯对钱伯斯一家的影响使他说服了钱伯斯一家,带杰茜离开了厨房和奶牛场,重返校园,接受培训,成为一名教师。

不管劳伦斯是不是有意的,可是他已经开始帮助杰茜去实现宏图大愿了。在杰茜回到学校之前,劳伦斯已经开始给她补习法语、代数和其他应试科目了。尽管杰茜这个学生很专心好学,可是劳伦斯这个老师看起来似乎既不优秀又不耐心。他对神秘的代数所做的解释太过简单化了:"代数就是用字母

代替数字，你用'a'代替'2'或'6'。"懂代数的人都明白这点，可是那些不懂的人呢？他辱骂倒霉的杰茜，可是杰茜还在用自己"受祝福的灵魂"学习代数。多年后，劳伦斯拒绝接受进化论，只是因为他的"心窝里"没有"感受到"进化论，这一点让奥尔德斯·赫胥黎大吃一惊。劳伦斯没有给杰茜讲清楚那些代数符号，杰茜自然是云里雾里，当杰西吭吭哧哧地做题时，"劳伦斯就对杰茜一顿咆哮，暴怒后还责骂杰茜"。连杰茜温柔的母亲也介入了，乞求劳伦斯不要对她女儿那么严厉无情。可是劳伦斯就是控制不住自己。"劳伦斯冲杰茜怒吼"，劳伦斯有一天一怒之下还把铅笔扔到了杰茜脸上。

杰茜并没有像只野猫似的扑向劳伦斯，她甘受侮辱，默不作声，继续看着书，这一举动使劳伦斯"羞愧无比"，这也许就是杰茜失去劳伦斯的开始吧。他对自己粗鲁的行为感到羞愧，想表现得更耐心、温柔些，然而做不到。只要杰茜又很紧张——有这样一位老师谁又能不紧张？——杰西就发懵，无法按劳伦斯要求的那样学得那么快，"他的怒气像气泡一样一触即发"，想把铅笔扔到杰茜脸上再侮辱她一次。尽管如此，或是因为如此——谁又能了解一个女孩的心思呢——她对劳伦斯更着迷了；劳伦斯和他父亲一样刚愎自用，自我矛盾，于是他开始故意躲避杰茜，招摇地和杰茜的兄弟们交好了。杰茜忍受着这一切，因为她爱劳伦斯，渴望学习，劳伦斯慢慢又回到她身边了，不过这不是因为杰茜，也不是因为承认了杰茜对他的爱，而是"因为杰茜唤起了他心中的情感"。于是，不知不觉中，杰茜开始慢慢取代他那极度拈酸吃醋的母亲，对他的内心世界和心灵起到了重要作用。

劳伦斯在他也热爱的音乐和歌唱方面，向妹妹阿达求助。他很快学会了识谱，学会了好多首歌曲，主要是英德两国的歌曲，一有机会就用尖利的真声反复地唱这些歌，丝毫不顾及他人的感受。这些歌大多是民歌，后来，他感觉自己讨厌或是装出不喜欢任何形式的音乐艺术了。奥尔德斯·赫胥黎在《针锋相对》中描述了劳伦斯(兰碧昂)的一件趣事儿，劳伦斯固执地不肯接受贝多芬的《庄严弥撒曲》中的三圣颂——他本希望劳伦斯会欣赏这首曲子呢。劳伦斯当实习教师那会儿爱好广泛，买来谱子让妹妹为他弹奏，有"肖邦的华尔兹舞曲，柴可夫斯基和勃拉姆斯的音乐，以及布西的歌曲集和歌剧选段"。劳伦斯会挨着妹妹坐下，不停地让妹妹弹奏那些他想听却又不会弹的曲子，非让妹妹"弹到快哭了为止"。还让妹妹跟他一起唱门德尔松和鲁宾斯坦的

二重奏，但是当众唱歌又让他很窘迫，非常害怕遭人批评。

有一天妹妹不能按劳伦斯要求的那样快速地学习，他就很生气，很急躁，决定自己学弹钢琴。劳伦斯不曾有意识地学过写作和绘画技巧，也没接受过相关课程和科目的训练，天生就会写作和绘画，理所当然地认为音乐也是一样的。在三十多分钟里，听到他在做一些简单的练习，不过成效不大，"之后就听到了重击琴键的声音，这个年轻人满脸怒气，大步流星地走进了厨房，他再也没耐心了，再也不愿弹奏讨厌的音阶了"。也许从那时起，他就不喜欢音乐艺术了，开始沉溺于民歌，哼唱民歌是不用接受音乐训练的。

以同样过于自信的自学精神，劳伦斯开始专注于绘画和写作艺术。毋庸置疑，写作是非常适合他天赋的艺术，然而他却滥用了这种天赋。他坚持绘画的时间远比音乐要长，而且绘画小有成就，因为自学的绘画方法中包括对其他艺术家作品的临摹。从劳伦斯为妹妹所做的八幅作品中可以看出，尽管他没有掌握准确再现人体或裸体艺术的高难度技巧，可是他二十几岁时，绘画水平是很有进步的，这些进步使他后来能从事半原始的油画和刺绣。

我们有兴趣提一提劳伦斯模仿过的诸位画家以及他"特别喜欢的"作品。他为妹妹模仿了科罗、布朗温和格莱森哈根的作品。出于爱好，他又模仿了从加尔丁开始的英国所有的水彩画艺术家，再现了弗拉·安吉利科、卡巴乔生、皮耶罗迪·科西莫和洛伦采蒂等意大利艺术家和其他名家的作品，劳伦斯总花时间临摹名家名画，以此作为紧张写作之余的消遣。

劳伦斯早期热爱阅读，也初次尝试了写作，对花儿情有独钟，这些与劳伦斯的艺术天赋密切相关，且有象征意义，为此他那些天总去找杰茜·钱伯斯。那些日子里，他会找杰茜分享评价每位让他感兴趣的作家。有些作家深深地吸引并影响着劳伦斯，在这位年轻作家的生活里扮演着重要的角色。劳伦斯的家庭并不富裕，人们一般猜测劳伦斯的文学素养不高。事实却不是这样，当然尽管对此类造诣的估计是完全相对的——但是在专家们看来是浅显的知识，在读报纸的人看来却是冗长乏味的知识。

我们知道，劳伦斯的母亲喜欢读书，所以劳伦斯从小就认为书是生活的一部分，也习惯了书的陪伴。劳伦斯的母亲和孩子们都是公理会教堂下设的文学学会的成员，他们讨论的是各种宗教著作，亦或是大众兴趣点，我们就不得而知了。杰茜·钱伯斯和劳伦斯有六七年的时间关系特亲密，杰茜有幸

把两人一起读过的作家和作品列单保存了下来。

杰茜提到了100多位作家，几乎是所有英法作家和19世纪作家，也就是那个时期典型的学生读物。诗歌是那些有文学抱负的学生们最喜爱的娱乐方式，不过却没有按人们预期的那样在这份单子中得到完全的展现。他们所读诗歌的主要来源是帕尔格雷夫的《英诗精华》，劳伦斯曾一度总是随身携带《英诗精华》，且喜欢高声朗诵。劳伦斯粗略提及过莎士比亚和"玄学派"，由此可以看出他对他们的了解似乎主要来源于帕尔格雷夫和学校——无论如何，至少在那些天是这样的。除《英诗精华》外，他们还读了斯科特、华兹华斯、雪莱、科尔里奇、彭斯、布莱克、郎费罗、丁尼生、斯温伯恩、惠特曼、罗塞蒂、布朗宁和弗兰西斯·汤普森的作品。劳伦斯学生时代还读了《霍勒斯和弗吉尔》原著的选段，也读了他非常喜欢的波德莱尔和魏尔兰的作品。他在《杂文》的一篇文章中谈到"最终会塑造一个人生活的迷人的诗歌——济慈的颂、华兹华斯的抒情诗、莎士比亚的部分抒情诗、歌德的抒情诗以及魏尔兰的作品"。这对一位诗人来说确实很少，不过这显示出他二十岁出头的时候，所读的诗歌就那么多。杰茜·钱伯斯提醒我们说，劳伦斯那些日子里也读了许多别的作品，在克罗伊登也曾广泛涉猎群书。

这张书单确实没包括从荷马到安德烈·谢尼埃的欧洲所有最伟大诗人的诗歌。同样，不难推断出，诗歌的确不是劳伦斯在文学方面的最大兴趣之所在，特别是因为书单中所提到的作家有不下40位都是小说家。这些小说家包括除笛福、菲尔丁、斯莫利特和戈德斯密之外的最负盛名的英国作家。或许在那个压抑的时代里，前三位作家的作品"不适合"女孩子读。因为某些原因，劳伦斯强烈反对杰茜读《呼啸山庄》，我很难想象这是为什么，除非是因为劳伦斯认为希斯克里夫的浪漫激情太高调了，普通人赶不上。这张书单里还包括了19世纪的法国作家、部分俄罗斯作家、美国的库珀和奥尔科特，还有塞万提斯（很显然那些日子没读薄伽丘）。此外，乔治·摩尔、韦尔斯、班纳特和高尔斯华绥的作品也出现在了这张单子上。

总的说来，在众多哲学家、散文家和伦理作家中，罗斯金和卡莱尔也算最重要的人物，他们自以为是的口吻同劳伦斯如出一辙，劳伦斯的性格和观点同罗斯金很像，甚至对个人象征的抽象观点争论不休的积习也类似。你可能会补充说二者都对性感兴趣，罗斯金认为通过禁欲得到纯净，劳伦斯则认

为通过"愿望的满足"得到净化。尽管杰茜·钱伯斯没提起劳伦斯是如何深入研究罗斯金和卡莱尔这两个人的，可是劳伦斯的许多文章和小说，尤其是《虹》，都表明劳伦斯确实经历了一段异常强烈的"罗斯金时期"。而且，有一次，劳伦斯和杰茜同瓦奥莱特·亨特和福特·马多克斯·休弗（当时《英国评论》的编辑）共进午餐时，福特·马多克斯·休弗因劳伦斯对卡莱尔和罗斯金的了解大为敬佩，或者说假装很敬佩。

很明显，劳伦斯经历了所谓的"唯物主义时期"，他早期的作品，以及和他一起寄宿在克罗伊登的人们都可以证明这一点。此外，他那时读过或试着读过达尔文、T. H. 赫胥黎、海克尔和 J. M. 罗伯逊的作品。劳伦斯从小在正统信仰的影响下长大，这是母亲对他有深刻影响的又一个例子。他21岁时明显开始严肃认真地质疑正统观念，他显然懂得不该让杰西知道。但钱伯斯还是知道了，并深感遗憾，她说，这种怀疑的态度让充满年轻朝气的劳伦斯蔫了。他俩忍受着怀疑态度带来的痛苦，杰茜"万分痛苦，劳伦斯有着像利刃般的才智，她深爱的这个男人正审视着她赖以生存、行动和存在的宗教。但是他绝不会放过她。他竟如此冷酷。独处时，劳伦斯对杰茜更加残忍，似乎要扼杀杰茜的灵魂"。两人散步回来后，劳伦斯"痛苦得发疯"。劳伦斯为杰茜"生动地描述星云理论"，想就"不可知论"这个主题给牧师写一封措辞得体的信，一本正经地宣布他认为自己被迫站在理性主义者的立场上。他"冷酷无情"地，当然也很不公平地要求可怜的杰茜立刻为他提供证明上帝存在的证据。这些奇怪地做法不像贯穿其写作生涯的风格。

还记得劳伦斯没完没了地重复说自己会强烈地谴责"意识知识""头脑知识""智力"，以及"不加考虑地谈话"，杰茜记录的一些对话就足以让我们大跌眼镜。

  劳伦斯：好像你的理解力并不强。
  杰茜：我并没有认为我的理解力很强，而且从来也没有这么想过。
  劳伦斯：是，就是，你就是完全情绪化的。
  杰茜：好吧，即使我感情用事又有什么关系？
  劳伦斯：你看，那就说明你完全受感觉支配，你不是在"思考"，

而是在"感觉"，二者间有很大的不同，对吧？

杰茜：这也许是因为我对感觉的把握要比思维多一些吧。

劳伦斯：确实如此，可是你没发现，这证明了你没有智慧，

而我，确信自己有才智。

这是一幕难以避免的悲喜剧，此时，你回想一下，这位即将成名的作家因在这场辩论中滥用流利的口才谴责杰茜的立场，而此前他曾极力捍卫这种立场，并称自己的名望部分来自这一立场，同时又以轻蔑的态度向杰茜吹嘘某种态度，而此后他却一再表示瞧不起那种立场。他总是毫无必要地发怒，脸色苍白，出言不逊，经常猛烈抨击其他人，向杰茜独断地宣传自己的信仰——"对我来说，我完全相信智力"。那时，他似乎养成了这么个习惯，那就是为了效果而谈话，只为胜利而辩论，后来，有时也纯粹为了结果而写作。根据自己心情的好坏或只因别人提出的某个观点，就会突然改变，从一个观点转向对立的观点。

他会经常出风头，一出风头就不近人情，目空一切，而这种傲慢从根本上说只是因为心里没底，甚至在爱花这件事儿上他也是冷酷傲慢——爱花是他众多迷人的特点之一。杰茜·钱伯斯一生都在和花打交道，了解并喜爱英国的每一种野花。她禁不住有些奇怪，劳伦斯从小在大街上长大，居然掌握，或是假装掌握几乎是超乎寻常的知识。有一次，杰茜壮着胆子问劳伦斯，为什么他总说他知道所见过的每种野花的名字。为此，他生气地攻击杰茜："因为知道，所以知道，你竟敢问我是怎么知道的？"当然了，他生气恰恰说明他不知道，而自己也意识到了这点。我和他一起时，他曾一味固执地强烈坚持牛舌草就是琉璃苣，我把两种草并排放到他面前，并指出他的错误，他就感觉整件小事特别没劲，不再讨论这个问题了。

他们彼此对花的喜爱正如花冠般编织着少男少女的爱情。要是杰茜没有比劳伦斯更爱花，他会受伤生气。然而他性情乖戾，似乎很憎恨杰茜爱花，近乎神经质了，居然嫉妒杰茜抚摸那些花儿。一天傍晚，杰茜拉着劳伦斯到一大丛野玫瑰花前欣赏晚霞，杰茜看到美丽的野玫瑰花，很高兴，伸手去摸玫瑰花瓣，劳伦斯旋即转身并让杰茜走开。第二年春天，花园里满是金黄的水仙花，杰茜跪下去亲那些花儿，大叫着说："太美了。"于是劳伦斯酸酸地说："太美了！只不过是长得浓密些罢了——这些花只是好看而已。"

杰茜很恭顺，一声不吭，只是弯下腰继续亲吻水仙花，安慰自己。

"你为什么一定要抚弄花呢！"劳伦斯怒不可遏地说。

"我就是喜欢抚摸它们。"杰茜回应道，内心很是受伤。

"你喜欢它们，可是能不能不紧紧抓着他们，好像要把它们的心拉出来一样？你就不能克制一点、矜持一点吗？你把花儿的心都哄骗走了，而我就从来不会哄骗——任何时候都不会，我会直来直去。"

简直是胡说八道！这些问题也正是批评家们一直在追问劳伦斯的，尽管最后一句话多少有些侮辱了杰茜，不过都是废话。然而，我们注意到，这位年轻的清教徒不让人们抚摸亲吻花儿，也不让他们"哄骗花的灵魂"。他就不会这么做，哦，不，他会"直来直去"。然而，不久之后，他们在采流星花时，劳伦斯描述了自己是如何跪下来，"采最好的花，一直同花轻柔地说话"。他承认杰茜是"怀着崇敬的心情，亲切地"采花的，不过劳伦斯采的花束"比杰茜的更有天然美。劳伦斯爱花，好像花儿都是他的，他有权享有这些花儿。花儿朵朵都娇艳可人，他想吮吸花儿。他一边采一边吃掉那些金黄色的小喇叭状的花"。本章整整一章都在讲他自己做他不让别人做的事，他还有一段文字描述自己如何在月光皎洁的夜晚到花园里去"抚摸"花儿！"他发现了紫色的鸢尾，抚摸鸢尾那肉嘟嘟的花茎和紧紧握着的深色的手掌。"

"反复多变"，四个世纪前，蒙田先生找到这个词来表达我们人类生来多变的性格，这个词用来形容我们正在探究的特别多变的劳伦斯再好不过了。劳伦斯青年时代过去很久之后，丹麦画家高次契曾在墨西哥抱怨说"劳伦斯很做作，也很复杂"。这个表述很到位，说劳伦斯"做作"，高次契的意思是说劳伦斯意识到种种动机、目标与生活方式完全不同于自己西蒙般简单的民主观点；说劳伦斯"复杂"，是因为他只是承认超越个人经验之上的微妙和复杂之处。即使劳伦斯二十岁出头的时候，也是"反复多变的"，这说明劳伦斯在性情和行为上自我背离、自相矛盾，这让别人难以对他进行描述和分析。尽管杰茜很关心劳伦斯，但她还是很生气地宣称真希望自己能"迫使劳伦斯言行和思维一致"。一致性是那些政客和书生们身上的德行，令人欣慰的是劳伦斯设法回避这一点。惹怒杰茜的，也是杰茜尽其所能要表达的是劳伦斯很不可靠，他内心摇摆不定，外表却桀骜不逊，情绪大起大落，感情和思想摇摆不定。这种乖戾的性格跟他父亲一样，迫使他故意把朋友变为敌

人。劳伦斯曾给钱伯斯家带来无限珍贵的宝藏，使钱伯斯家充满了青春的温情和活力，钱伯斯一家也视他为儿子和兄弟。突然无缘无故地，"劳伦斯就专横地侮辱钱伯斯家，激怒钱伯斯家人"。为什么？连他自己都不知道为什么。他会忍不住把自己数周以来创立的友爱氛围毁于一旦。然而他又能一下子从怨恨转为温柔。他尖锐地嘲笑一位年轻女子，认为她太自我了，竟然提倡"女子有选举权"，他看到了或者说认为自己看到了女子脸上"痛苦卑微的神色"，他立刻"对每个人又变得温柔了，也温和地"对待杰茜了。

这些感情的激变，无论是毫无理由，充其量是主观上一时兴起，都无疑要比普通人的波动要更极端。这些激变不仅是大多数人经历的那些阶段和改变。四十岁的劳伦斯在许多方面都和他二十岁时一样。劳伦斯那时已经离开了偏狭的家和狭小的伦敦文学圈子去游历四方了。他不再那么天真愤青了，也不再那么抱有幻想了，不过他还是不像四十岁的人，集冲动和偏见于一身，这还是很难解释，尽管他为自己创造了极好的生活节奏，保持着自己光彩的岁月，这值得赞赏；在现实生活中，尤其是在钱上，他很精明；可是却处理不好人际关系。起初，他会毫不顾忌、掏心掏肺地把自己交给别人，然后，突然转变态度，收回自己说的话；先是给别人造成了错误的印象，转而又强烈指责"朋友"崇拜了一个自创的偶像。劳伦斯盲目崇拜自发性，以此作为借口来服从于脑中闪现的任何冲动。之所以很难同他辩论，是因为他会改变立场和原则来适应每一种紧急状况。他声称自己有权不谨言慎行，不自我控制，也有权不为他人考虑，可是若旁人对他稍加指责，他就会恼羞成怒。他会不择手段地利用自己的天赋来为不正当的事辩护，要是所有办法都无济于事，他就求助于"隐秘的灵魂"，要不就勃然大怒，乱扔东西。他是那么频繁地提醒人们有关人类灵魂中的柏拉图神话——那驾着黑白骏马的马车夫。很少有人灵魂中的骏马能像劳伦斯的那样难以驾驭——白马是那么的漂亮，黑马又是那么的邪恶乖戾，马车夫为了鞭打他人的灵魂，竟全然抛弃了自己驾车的职责。

我们不该因此把劳伦斯这个形象看得太灰暗，"人们将因所做的坏事遗臭万年"，相比承认天才的品质来说，天才的缺点更易冒犯别人。确实，劳伦斯去世和在世的时候一样，只能表现出最美好的一面来赢得他人同情。正如许多人厌恶他活着的时候那样，总有人本能地厌恶他的文学性格。这儿有

个明显的例子,所有了解并喜欢劳伦斯的人都不由得被他那双深邃的蓝眼睛中流露出的美和生机所吸引——那纯净的蓝色和奇异的活力是人们最先注意到的。一次劳伦斯和当时正春风得意的小说家约翰·高尔斯华绥共进午餐,约翰·高尔斯华绥在日记中写到,他见到了"偏狭保守的天才劳伦斯",这个天才,他不喜欢,因为他那双眼睛"死气沉沉的"。"别人看到的那双眼睛,或气恼,或嘲弄,或轻视,或好色,或邪恶,或欢笑,或机灵,或平静,但是他们看到的都是四射的活力。"这种描写因《福尔赛世家》的作者约翰·高尔斯华绥而保存了下来,他一时看到的是死气沉沉的景象,这让人们颇感沮丧。

1.3

伊尔克斯顿的校长是否明智呢?他支持劳伦斯,公开表扬劳伦斯的文章,因此增强了本不需要培养的虚荣心理;不过,在学术领域,校长有理由为他教育出的杰出的学生而感到骄傲。1904年12月,劳伦斯是全国范围内众多国王奖学金考试候选人之一,他以甲级一等生的身份脱颖而出,通过此次考试对于一位文学艺术家的创作生涯来说并不重要,或许是个不利因素,因为这加重了劳伦斯的学习负担。但能通过考试就是成就,这连那些愚蠢至极的人们也能看得出来。能通过考试也能自然而然地成功进入教师行业。这对于像劳伦斯这样有障碍的男孩来说确实是一大成就。一位实习教师,取得这样的成功,倘若继续工作下去,就会对自己的未来很有把握——他显露出学习晦涩难懂的自然科学和教书的天资能力,不做官方认为是丢脸的事情。

受学校规章制度的约束,劳伦斯被迫又在伊尔克斯顿待了6个月。在此期间,劳伦斯的朋友指导他去参加伦敦大学的入学考试,他也成功地通过了考试,那时离他20岁生日还有三个月,正值1905年6月份。想想在这之前他身体羸弱,学业时断时续,从这个角度看,这又是一个胜利。如果劳伦斯

顺着这条路走下去，成功地获得荣誉学位——谁又知道呢？——我们就会失去才子劳伦斯，取而代之的是大卫·H.劳伦斯教授。

　　我不清楚为什么劳伦斯取得那些学术成就后，没有立即进入伦敦大学。不过，肯定是有些规章制度影响了劳伦斯，这使他第二年就在伊斯特伍德的一所学校里当了老师，那时他还没有教师资格证。也许国王奖学金不足以维持劳伦斯的生活，我们知道，他"节省下了所有的积蓄来应对大学开销"，尽管我们不知道这笔钱的具体数目——但肯定不够，这一点是毋庸置疑的。根据《儿子与情人》里的记载，是一周一磅，他那时只有21岁，那是1906年9月份，他去诺丁汉大学师范系接受了为期两年的培训课程——"师范"指的是学术计划，而不是指学生的性心理。他开始在那儿攻读艺术学位，一位伊斯特伍德的公理会的牧师和他自己的一位教授额外资助他学习拉丁语。不幸的是——或许幸运的是——该教授过度劳累，无法继续上课，劳伦斯一冲动，立即放弃了这项计划。

　　我们很容易猜出这位才华横溢的年轻人是多么期望大学生活，满怀着微弱的希望，想去老师那里"学到些什么"。他一直都是这样，希望太大，自己很快就相当失望厌倦了。他和一位昵称为"植物学"的史密斯教授有些交情，这可能是由于二者都对野花和野生植物感兴趣吧；他喜欢唱歌课和英国诗歌讲座；他在诺丁汉大学所做的就是这些了。他认为在诺丁汉大学的两年荒废了，后来就希望要是能从外边考取教师证就好了。

　　为什么劳伦斯会在重要的高等教育前沿面前止步转身呢？可不是因为智力问题，劳伦斯在每件事上都很"精明"，可是他骨子里没有同情心，直觉告诉他这不是自己真正要走的路，直觉总是促使他去保护自己作为艺术家的原创能力，而不是去维护优裕的物质条件。然而他继续着在学术道路上的成功，在期末考试中取得了6项优异成绩，其中包括法语和植物学——既高兴又好笑！——不是英语。毕竟多年的自律和努力没有白费，最终水到渠成，他成为了合格的老师。让他厌恶的是，作为所在区的小学老师，周薪只有30先令。他没有接受这份工作，现在已有三个月没教书了，在海格斯农场无偿地干农活，进行写作。直到1908年10月，他接受了一份年薪95英镑的工作，去克罗伊敦的戴维森路学校做初级校长助理。劳伦斯在这件事上没有表现出自己一贯的精明，似乎没意识到，如此高的薪水意味着学校是不会在他生病时付给抚

恤金和补偿费的。

　　劳伦斯在所有这些琐碎的事情中谋生，养成了让人困惑的复杂多变的性格，作家天赋使他开始需要越来越多的想法和精力了。他痛苦地忍受着折磨，因为母亲和姐姐对他和杰茜的关系怀有难以和解的敌意。他们之间那稚嫩的爱情如一幕残忍的戏剧——当这份爱情结束的时候，他痛苦地写到"宛如被扼杀在母腹中的婴儿"——支配着他的生活。正是母亲鼓励他画画的，也许是希望他能为纺织厂设计图样来挣钱。然而，是杰茜鼓励他成为一名真正的作家的。如果说是杰茜造就了作家劳伦斯，这似乎有些夸张，但劳伦斯总是离不开女人，他的作品背后总有一位默默无闻的女性合作者，知道这点的人会明白劳伦斯欠了杰茜多少。从他所有的早期作品都能清晰地看到杰茜的身影。

　　值得一提的是，劳伦斯开始写作的时间通常要比天生就是作家的人晚好多，不管他们是不是天才。作家们一般十几岁就开始写诗，创作的大量作品或多或少都是模仿他人的，成年后就突然转变兴情，毁掉以前的作品，然后重新开始。有的成了诗人，更多的则是成为散文作家。学徒期的一些东西也偶然得以保存下来——蒲柏和布莱克各自保留了少年时代所写的好诗——不过劳伦斯那时狂热的激情在绘画中得到了满足。除去那些花朵水果的作品外，劳伦斯的其他绘画作品都是临摹的，要不就是一些对商业图案设计的失败的尝试。劳伦斯大概15岁时开始作画，首次尝试写诗则要追溯到"20岁的某个周日的下午"。我们发现他第二年就在写第一部小说《白孔雀》的初稿。但很明显，劳伦斯有四年时间专心以画画作为表达方法，后来才想到要写作。

　　我们把时间定位在1905年，几月份不确定，此时劳伦斯正和杰茜·钱伯斯在田野里散步，他突然问杰茜有没有想过要写作。杰茜回答说自己一生都在想，反过来问劳伦斯："你呢？"请注意了，劳伦斯的回答暗示了他起初想跟杰茜合作写作："是，我也是。那我们开始吧。我相信，我们尽力去做，就一定会做出什么的。我们说过的许多话，你说过的那些话，都将顺利地写进书里。"

　　劳伦斯开始以外行的口吻说——"我敢肯定，我的作品要比现今出版的多半作品都要好得多"。这很有趣。当然在这种情形下，凑巧是真的。话一出口，劳伦斯就因害羞而痛苦地退却了，过了一段时间后，劳伦斯向杰茜宣

布,他们要写的是"诗"。杰茜热烈地回应着,马上劳伦斯又害怕遭人嘲笑,遭人冷落,这种冷落感一直萦绕着他。"可是别人会怎么说呢?"他大声说道,"他们会说我是个傻子!矿工的儿子居然是诗人!"杰茜劝劳伦斯,父亲的职业和他当诗人没有丝毫关系,劳伦斯只是悲伤地"摇摇头"。劳伦斯那时的等级自卑感很强烈,这是他从未真正摆脱过的弱点。然而,尽管劳伦斯的言谈举止让人感到沉闷,"难以挣脱",可是杰茜本能地感觉到他俩之间正在形成"一些无形的东西"。杰茜被劳伦斯身上的力量深深地吸引了:"对劳伦斯根深蒂固的忠诚在我心底扎根成长;他在我心中的地位超越任何人,我见证了伟大,贫穷和默默无闻与此毫不相关。"

在此,我希望能避免文学批评,尤其是那些准说教式的评论。我想用劳伦斯的众多作品来阐释,如果可能,解释一下他的人生历程和复杂的性情。然而,一个作家的许多作品是他人生经历的写照,如果没有那些作品的存在,我们就无从知晓或了解这个作家。因此,"开始写作"的时间很重要,劳伦斯最早的那些诗是特别有趣的自传体诗歌。不幸的是,我们不知道保存下来的最初几首诗的时间(最早的两首肯定是被毁了),也不知道保存下来的这些诗是不是有确切的时间顺序。劳伦斯于1927—1928年重写了诗歌,据说是按照时间顺序重新安排的。为了不让读者厌烦这些技术层面上的争论,我只能说出这个大概的陈述。对有韵诗和无韵诗的划分也不再那么精确了——事实上,前10首"无韵诗"中有不下5首是有韵律的。

查阅劳伦斯的第一部原版诗集,我们不禁为之一振,除了女学生杰茜的鼓励外,这个土气的年轻工人完全是自己在孤军奋战,他开始写了些诗歌,这些诗歌没有响应维多利亚时代的诗人们,不过这些诗有了突出的原创特点,是新颖独特的非文学作品。这些诗甚至不顾诗歌技巧,这一点很有价值,那时诗歌技巧很盛行,完美无暇却又毫无生机,这就是理想中的诗。也许劳伦斯从哈代身上学到了什么,如果真学到了什么,也是以自己的直观经验作诗,同时抛弃所有华丽的美学修饰和流行的写法。劳伦斯写了些"虚构的诗歌",他真正的成就是新型的现实主义,是生动的印象派诗歌,是个人真实的经历。

细心的读者读劳伦斯早期的几部小说时,很快就会发现一些段落也同样在诗歌中出现过。已经引用过的《童年的杂音》就是如此。《樱桃大盗》中的经历就出现在了《白孔雀》和《儿子与情人》中。这无疑是写给农场里的

那个女孩杰茜的。这首诗应该让劳伦斯很满意,这几乎是他早期诗歌中唯一未被重写的诗歌:

> 那纤长的黑色枝条下,似宝石般红
> 东方少女的秀发中
> 垂着串串深红的樱桃,好似在滴血
> 血珠渗到丝丝卷发里。
>
> 亮闪闪的樱桃下,合翅而卧的
> 是三只亡鸟:
> 一对白胸脯画眉,一只黑鸟
> 是身染鲜血的大盗。
>
> 倚着草垛的少女冲我大笑
> 串串樱桃悬在耳际
> 递给我鲜红的果实:我要看
> 她眼中是否有泪珠在绕。

这是一首魏尔伦派诗歌,叫铜版画片或是剪影。诗中表达了天真烂漫的感情,最后一行看似使用了嘲弄人的词语,却不像道森和西蒙这些诗人那样让诗歌变得深奥微妙。使用"似宝石般红""好似在滴血"这些表达未免有些笨拙,还创造出"强盗"(robberling)与"翅膀"(wing)押韵。

正如对本诗的评论,要解释本诗所象征的种种情感,我们必须看一看这些小说。在《白孔雀》中,"西里尔"没有用樱桃果为"艾米莉"编织一个花冠,而是用几串深红色的绣球花果为她做了个花冠,唤起艾米莉的回应后,又说"总能从你的眼神里到你的灵魂,如此真诚却又惹出许多麻烦的灵魂",这让艾米莉感到害怕。这当然也发生在现实中,劳伦斯让杰茜感到害羞和痛苦。《儿子与情人》中的场景略微有些不同,更加微妙精巧。这次是劳伦斯在樱桃树上,看着树下的女孩,想她"站在那儿,是那么的小巧、温和、柔嫩"。他给她抛下串串樱桃,她像个孩子,边跑着边抓起樱桃串来挂在耳畔。他在树上看着落日余晖,从树上下来时,衬衣刮坏了。她答应给他缝缝,手指抚摸着他裸露在外的肩膀,说道:"真温暖!"随之而来的是他众多"黑色"

爱情场景中的一幕，这幕场景极大地伤害了当时的广大读者。那时的读者习惯了以完全传统的方式对待这些经历，然而劳伦斯却试着表达一些微妙的感觉和情感：

"我喜欢黑暗，"他说道，"我希望能再黑一点——美妙的浓浓的黑暗。"

"他似乎没意识到她是个人：那时她对他而言仅是个女人而已。她认为是这样。"

"他靠着松树树干站着，揽她入怀中。她任他摆布着自己，不过，她确实做出了牺牲，她很害怕，这个粗声大气、满不在乎的男人是个陌生人。"

他俩躺在松针上，细雨丝丝飘洒到身上，劳伦斯突然就变了性情，这似乎很难避免。此时，他"心中甚是凄苦悲凉，柔嫩万分"。二人站起来，手拉手默默地走开了。"我感觉如此的沉寂，"他这么说到，"那些冷杉树像是黑暗中的精灵：每棵冷杉都是一个精灵。一片寂静：整个夜晚都入睡了，不禁诧异了：我想这就是我们死后要做的吧——带着惊奇入睡。"

杰茜有段时间曾"害怕劳伦斯的野蛮残忍"，此时"更害怕劳伦斯的神秘难测"。杰茜害怕这样的爱人，复杂多变，揣摩不透，既风情万种又无理取闹。劳伦斯内心悲凉痛苦，崇拜死亡，却又百折不挠，同时又弱不禁风，严酷无情，自以为是却又摇摆不定，对杰茜很专横却又受杰茜敌人们的影响。他内心很纠结，很明显能迷倒众多女性，与其说他有虐待倾向，倒不如说他有同性恋倾向。请看《农场里的爱》这首诗。一个男人抓住一只活兔子，尽管这只兔子"眼中满是痛苦的神色"，乞求着他，可是他还是把兔子杀死了，进屋后，有人——是男的还是女的？——在等着他。

他轻轻把兔子扔到桌子上

向我走来：

啊！那抬起的掌锋

抵着我的胸膛

哦！那锐利的一瞥是在让我鼓掌

欢迎他回来！

他用手把我的脸转向他

手指轻抚我的脸颊，指间那恼人的气味

是那兔子皮毛的味！上帝，我落入圈套中了！

> 我不知道是怎样的金属线缠绕在喉间
> 我只知道让他的手指触摸
> 我的脉搏，他如白釉一样嗅着
> 欢乐地嗅着，要去饮血了。

你可能注意到，地主保护区的兔子们成群地滋扰着海格斯农场，兔子们造成的破坏让农夫很抓狂。兔子在劳伦斯早期的性象征中起了相当大作用，不过这种作用很晦涩难懂。甚至在后来的《恋爱中的女人》中，有一章叫"兔子"，这很让人好奇。一男一女两个成年人和一个孩子把一只大兔子带到了一个封闭的院子里。兔子在挣扎的时候抓伤了两个成年人，他们就放了兔子，兔子就如"出膛的子弹"一样绕着院子惊慌逃窜，突然又停了下来，开始轻轻地咬东西了。我们发现了这段令人费解的文字：他和她一样知道是咋回事。"他脸上隐隐漾起了一丝奇怪的猥亵的笑。她看着他，这让她一时感到很受挫败，心生抵触。"我必须承认，哪个地方猥亵，他们知道啥事，为什么他心生抵触，为什么她仅是那一刻有抵触心理，这些我一点都不知道。也许这确实意味着什么，可是意味着什么呢？

杰茜·钱伯斯肯定读过《农场里的爱》这首诗，因为杰茜是"劳伦斯的良心"，"劳伦斯总是想让杰茜看他写的东西"，诗歌一点也没有减轻杰茜对劳伦斯身上的"隐秘"的恐惧。看到下边的段落，她可能会再次满脸狐疑：

> 乔治坐在火炉边读书，我进来时他抬起了头，他抬头看我的样子让我特别爱他，他缓缓地、静静地道出一句"你好"，他的眼睛很漂亮，像是能娓娓道来——如他的吻一样，尽在不言中。

而乔治是根据杰茜的兄弟编出的角色，是老磨坊池塘沐浴场景的主人公：

> 他知道我有多么羡慕他那高贵白皙丰盈的体形，看到我忘了要擦干身子，就笑了，一把抓住我，轻快地给我擦起来，好像我是个孩子，更或者说，我是他深爱的却又不让他害怕的女人。我在他手中很柔弱，为了更好地抓住我，他搂住我紧贴着他，我们赤裸的身体彼此互相触碰，这种感觉真的美极了。这种方式满足了我灵魂深处那模糊不清、难以捉摸的渴求，也让他得到了满足。他把我擦拭得全身都暖了，放开了我，我俩笑盈盈地看着对方。此刻，我俩的爱是完美的，比我所知道的任何男女之间的爱都完美。

以上节选来自一部小说，所以不能照字面理解为个人经历；然而熟知劳伦斯写作方法的人是不会怀疑的，这就是个人经历。没有同性恋倾向的人是写不出来的。我们应该注意到，劳伦斯十分乐意原谅他小说中自我的"灵魂深处的渴望"，却会责备杰茜的"灵魂深处的渴望"。就像抚摸花这件事——杰茜抚摸花就是错的，而他偶然想抚摸时就是对的。我们想象一下，杰茜习惯于把劳伦斯的脸捧在手中，"深情地、探索性地"注视着他的双眼——杰茜的这一举动对于一个与劳伦斯相爱的人来说是很单纯的。然而他避开了杰茜的目光，拒绝了她，嘲笑她的"深情"，指责她"试图要和他进行灵魂上的沟通"。杰茜问自己，也在问劳伦斯的德尔菲神谕，劳伦斯是什么人？他想要她做什么？劳伦斯了解自己吗？但有时二人单独相处时，关系很愉快融洽。"我们所处的世界不同，"杰茜这么写到，"情感和思想都很炽烈，我们似乎触碰到了超越日常乏味世界的现实。"

然而劳伦斯的心境总是很"隐秘"，或是粗鲁无礼，或是目空一切，让人难以忍受，或是性情乖张，自相矛盾，或是杞人忧天，或是渴望死亡。最特别的是他对满月所带来的影响的反应。在以后的日子里，关于月亮，劳伦斯凭空想出较为严肃的象征，月亮不是一颗石头星球，而是一颗由一些未知的、发磷光的物质组成。大量事实证明，他有时确实体会到了满月带来的强烈影响，通常都是不好的影响，无论如何都会激发他那令人厌恶的"隐秘"面。虽然劳伦斯通常对多彩柔和的月光产生的艺术魅力反应强烈，但是还有些更神秘难测、令人不安的反应，让他产生奇怪吓人的暴力行为，以下是他对自己产生暴力行为的描述：

　　漆黑的乡村一片寂静。座座沙丘后面，大海在喃喃细语。他们默默地走着，突然，劳伦斯发作了。他浑身的热血似乎一下子燃烧起来，似乎很难呼吸了，那巨大橙色的月亮正在沙丘边上盯着他们。他站在那儿，盯着月亮看……血液如火焰般在胸膛聚集……火焰在血液中闪动……他自己都不知道怎么回事。

杰茜·钱伯斯承认这是事实，不是虚构的。不仅劳伦斯这次发作时她在场，还有两次，她也在场。从杰茜的话里得知，很明显，满月激起他内心不寻常的狂热情绪要比他暗示的还令人害怕。杰茜说似乎有什么"隐秘的力量"逐渐控制了劳伦斯，"什么东西在他体内爆炸了"。杰茜接续说：

> 我现在记不清他所说的了，不过他的话很疯狂，似乎内心极度痛苦，可能身体也痛苦吧……他狠狠地责备我，我抗议，他就责备自己，滔滔不绝地说着慷慨激昂的话。

确实，两人在开始散步前，劳伦斯的母亲表现出对杰茜的极大不满，母亲的态度在劳伦斯心中可能很有分量。可是，这并不能解释他发作时满月的光亮对他的"控制"，特别是这种不寻常的、近乎疯狂的行为在杰茜面前又发生了两次。一次是在"罗宾汉湾"，劳伦斯的言谈举止很疯狂，很难回忆起他到底说了什么，做了什么。不过，杰茜记得劳伦斯"像个陌生狂野的人，大步流星地走着，落下我一段距离，他一直在责备"。还有一次是在弗兰伯勒，劳伦斯的言行举止更没有理智，更让人害怕。在白色的满月下，他"从这块白色的巨石跳到那块上"，杰茜"差点就怀疑劳伦斯是不是人了"。杰茜"特别害怕""劳伦斯营造的不是死亡的气氛，毕竟死亡是人生的一部分，他完全否定了生命，好像他整个就不是人了"。

如何解释那些月亮影响下的狂热呢？这些狂热表现是不是与劳伦斯那些日子遭受的严重的头疼有某些关联？头疼使他总挂着红脸蛋，因此粗心的人们总会说他气色很好。像杰茜描述的那样，劳伦斯的头疼发作起来异常厉害，可是事实是，劳伦斯大多数时候都对月光有着不寻常的感受。生理学家或心理学家可能会给他这种状态定一个学名，不过，要是不与某种特定的心理和行为联系起来的话，我们是很难理解的。

这姑娘的爱人，性格专横，全然不顾他人感受，这使得他的麻烦事和缺点越来越多，而劳伦斯母亲对杰茜冷冷的敌意以及劳伦斯同母亲之间牢不可破的关系，更让杰茜头疼。要是劳伦斯不想摆脱母亲的控制，杰茜无论如何也不可能帮助他做到。劳伦斯狠狠责备了杰茜，因为杰茜让他以正常人的角度去做决定。他需要什么？母亲还是妻子？尽管劳伦斯后来醒悟了，也结了婚，并大谈特谈一气，可是他那时显然是不想要妻子的。他那时想同母亲生活在一起，以绘画谋生，周薪三十先令，需要的话找个情妇就可以了。

然而，劳伦斯太太对儿子恋人的敌意在二人交往的早期就有了。有一次，杰茜带着劳伦斯去看盛开的玫瑰花树，所以劳伦斯回家晚了，一进屋母亲便勃然大怒。"同杰茜的交往让他充满了温情，但他的心灵却因母亲的怒火而

缩紧了。"母亲讥讽杰茜，说她和劳伦斯一起走在回家的路上时，杰茜一定让劳伦斯"神魂颠倒"。这让劳伦斯很是"受伤"，不过，他并未像其他正常的年轻人那样，站出来为自己和杰茜辩护，只是感觉"自己不能硬下心来忽略母亲"。他虚弱地为自己辩驳着，好像喜欢杰茜是件特别坏的事儿。母亲突然轻蔑地说到——"真是恶心——毛头小子和黄毛丫头搞对象"。母亲明目张胆地说出了自己的嫉妒，以及自己的性占有欲。劳伦斯没有反抗母亲，只是弱弱地否认说没有"搞对象"，他们"只是说说话而已"……"只有上帝知道说到什么时间。"母亲突然尖刻地插了这么一句。劳伦斯最后鼓起勇气指出，母亲还让妹妹和她男朋友出去呢，母亲对此作出的回应很站不住脚，她说："他俩比你俩更理智！"劳伦斯问为什么，母亲只好说他妹妹"不是深情的人"，这是典型的劳伦斯式的回避法。这场口角让劳伦斯痛苦万分，他睡觉前吻了母亲的"前额，他熟知的前额"，"手徘徊在母亲肩上"。她获胜了，很显然总是能战胜任何阻止她占有儿子的女孩。

然而劳伦斯不能，无论如何也不能放弃杰茜。他甚至否认自己过去爱着，而且一直爱着杰茜，或许有些道理——他爱杰茜从来没有杰茜爱他深，可是他不会丢下杰茜一个人的。他还去看她，接受杰茜带来的灵感，接受她人格魅力带来的刺激，这只是因为"背后没有女人"是无法写作的，而且身边也没有可用的女人。请记住——劳伦斯的母亲从不重视他的艺术，只是看重艺术带给他的任何成功，这种形式的"鼓励"最让人泄气。

母亲和恋人之间的斗争还在继续，劳伦斯在这场斗争中举棋不定。劳伦斯家里的"一些琐事"和"侮辱人的微妙行为"，让杰茜下决心不再到他家里看他。杰茜告诉劳伦斯这些事儿后，劳伦斯不仅没有站在杰茜这一边，反而大动肝火，拒绝在任何人家和她见面。对杰茜来说，每周四晚上"那弥足珍贵"的相聚就被生生取消了。劳伦斯母亲听说这件事后，"心满意足地吸了口气"。杰茜所忍受的那些敌对情绪和冷酷无情通常是受母亲的怂恿抱怨所致；但他不承认这点。比方说，劳伦斯有一次指责秋天，因为"每个人在秋天都像脱离肉体的幽魂"。（然而，劳伦斯在第一部小说中写到："我生在9月，很喜欢秋天，秋天是最好的季节。"）劳伦斯还像往常一样去看杰茜，一起散步聊天，母亲知道后，陷入了痛苦的沉思中，公开说杰茜正"把劳伦斯从自己身边夺走"并且"乐此不疲"，大吵大闹地反对杰茜，说"她不像

是个普通的女人,不让我在他心中有一席之地"。劳伦斯在这种情形下同杰茜见面,势必会对杰茜冷酷残忍;不过,这次是在责怪春天。

在对杰茜的不公平的攻击中,劳伦斯伤害了自己,也伤害了杰茜,回家的路上,"劳伦斯饱受折磨,近乎疯狂,紧咬着双唇,泪流不止,迷惑不解"。为什么母亲这么受折磨呢?自己为什么要对杰茜这么残忍呢?为什么一想到母亲,就会对杰茜心生恨意呢?一进屋便歇斯底里地恳求母亲——"您为什么不喜欢杰茜,母亲?"只是听到母亲麻木、毫无意义地回应到:"我不知道,我尽自己最大努力去喜欢她了,我一次次尝试,可是我做不到—我做不到。"这就让母亲那盲目的嫉妒暴露无遗。

随着时间的流逝,或者说在劳伦斯的催促下,杰茜又有时到劳伦斯家看他。但有一天晚上,劳伦斯专注于谈话,一条价值两便士的面包在烤炉里烤焦了。尽管当时一直有另外一个女孩在场,可是母亲回来后,心里大为嫉妒。劳伦斯这次站起来维护杰茜,说母亲不像杰茜那样对书画感兴趣。对此,母亲竟荒唐地反驳道:"'你'没到我这年龄呢。"然而,这次争辩过后,他再次投降,甚至否认自己爱杰茜。当劳伦斯顺从地吻母亲,跟母亲道晚安时,母亲在道德的约束下很是受伤:"我无法忍受,"母亲抽泣着说,"我可以接受其他女人——但不是杰茜。她让我毫无立足之地。我从来——这你是知道的——我从来都没有丈夫——没有真正的丈夫。"这时——但也许事实的安排就是为了适应这出戏——正在被谈论的丈夫从酒馆回来了,父子俩差点又打起来。

即便劳伦斯和他人在讲述这个故事时,细节可能已经发生改变或者添油加醋,但有一点毋庸置疑,那就是劳伦斯初恋的故事基本上是个真实的悲剧。正如我们所看到的那样,劳伦斯很久以后也讥讽地说初恋"像胎儿般被扼杀在娘胎中了"。劳伦斯对待杰茜的行为很让人气恼,这点在他的自我讽刺中有所体现:"杰茜想知道为什么劳伦斯一发脾气,就说要自己很正常。"当他残忍地对待杰茜时,他自己很明白那是因为"杰茜爱他比他爱杰茜深"。

劳伦斯说是在复活节那天,从杰茜的叙述看则是复活节后第二天,杰茜完全体会到了复杂的母子关系及其邪恶的力量。很讽刺的是,劳伦斯头天晚上最后对杰茜说:"我明天会早点过来的。"可是劳伦斯并未早点出现,头天晚上劳伦斯和母亲闹得都很凄楚,他慢吞吞地出现在杰茜面前,没有对杰

茜"温情款款"，只是感觉"对他自己和一切都很不满"，深信"自己最深的爱属于母亲"。劳伦斯喝茶时，"情绪很不好，喜欢讽刺别人"。他嘲笑卫理公会教堂里那些落后的人们，感觉自己"太聪明、太残忍了"，眼神"坚定，却又满是嘲讽和恨"。然而，"劳伦斯特别渴望爱，渴望温柔"，随后他同小牛头犬在花园里玩，"粗鲁地撞到小狗的样子还真是可爱"。

两人之间已经没有什么爱了，尽管如此，劳伦斯还是按照事先跟母亲承诺的那样，来告诉杰茜这个打击性的消息。我们对这一心痛的画面有以下两三种描述。杰茜描述道，劳伦斯兜了一阵圈子后，"语气极不自然"，尴尬地说到："这个——我们之间的友谊——一直维持着——不平衡了，你怎么看？"劳伦斯自己的那个版本似乎更确切，因为他惯用笼统的话来掩饰自己的摇摆不定，他这些伎俩毫无意义："我能给的只有友谊——这就是我所能给的全部了——我有性格缺陷。事情偏向一边了——我讨厌颠倒的平衡。我们一刀两断吧。"整个蛮横无礼的倾诉中，没有一句真话，有什么能比他那句"我讨厌颠倒的平衡"更荒唐可笑的？

可是劳伦斯已经答应母亲要甩掉杰茜，向杰茜表明他俩是不可能成为恋人的。劳伦斯笨拙无情地告诉杰茜，自己同母亲和姐姐发生了争执，她们让他进退两难——他要么跟杰茜订婚，要么就"分道扬镳"。这是致命的一击，劳伦斯的薪水少得可怜，前途未卜，他俩怎么可能订婚呢？直觉的守护神嫉妒地保护着他身上的艺术细胞，从未允许他束缚在婚姻中。"我审视了自己的内心，"劳伦斯接着说，"我发现自己不能像丈夫爱妻子那样爱你，或许再过一段时间，我就可以那样爱你了。如果我发现自己能那样爱你的话，就会告诉你。你怎么想？如果你认为你爱我，就告诉我，那我们就订婚，你怎么想？"杰茜在这场闹剧中迷失自己了吗？劳伦斯这样的求婚让人羞辱万分，他想得到什么样的答案呢？

这件事结束后，劳伦斯想起自己很高兴地回到了母亲身边，"母亲是他生命中最强有力的束缚"。然而他一牺牲掉自己的爱情后，就突然发现自己是"如此深深地"爱着杰茜全家。他喜欢农场，喜欢钱伯斯家的大儿子和他父母，喜欢"狭小的厨房"，喜欢杰茜那"又长又矮的客厅"和"各个花园"——喜欢"杰茜和这儿的一切"！不，仅是因为"他不能放弃这些"，所以还像往常那样去农场，不过现在跟杰茜的兄弟们待的时间比杰茜更长。他甚至喜

欢钱伯斯太太,"他会感激涕零,因为她对他十分敬重"。他自以为是地对杰茜说了杰茜对他的感情以及他对杰茜的感情,突然说出实情:"不能从身体上爱她,是他的乖戾性格在作怪,因为他知道杰茜爱他,他蠢得像个孩子,他属于杰茜,他的灵魂需要杰茜。"

那么,杰茜到底在哪个位置上呢?也难怪杰茜会受伤,会感到茫然无措,心生怨怼。劳伦斯依旧来看杰茜,不过,不会单独和杰茜在花园里散步了,他答应母亲要这么做的。杰茜"感觉到诗人的傲慢,他只需要几个小孩和一只小狗无意识地陪伴着他,围绕在他身边!"

劳伦斯不是世界上第一个想吃爱情蛋糕又不想结婚,并把它写进书里的年轻人,也不是唯一一个爱上母亲、讨厌姑娘的人,也不是第一个无法下定决心,是要反抗家里还是要放弃爱人的小伙子,然而感到痛苦落寞、难以自控、把所有都归结于姑娘身上的人。但是,即使在落寞的时候,炙热的感情——即便是难堪的时候——以及对真相的记录,让这个平凡的爱情故事变成悲剧。

但这是多么特别的人物啊!因为在这场感情纠葛中,劳伦斯承认很屈辱,但不应据此推断他胸无斗志。他很早就决定会"证明母亲是对的,自己会是一个坚定的人,会以某种重要的方式改变地球的面貌"。劳伦斯身负如此重要的使命,坚信自己从不会错,这让他的命运极度悲哀,因为他弱不禁风,身无分文,空有一支笔。劳伦斯情绪摇摆,难以自控,不管是他自己还是别人都不知道,他每天如何感受,如何行动,因为这是一件尤其困难纠结的事。然而,每次改变,每次兴起,每次冲动的喜欢或是更持久的恨,都是在拼尽全力地维护着一个真理——带着使命的人从来不会错的真理:

你说我错了。

你是谁,你是什么人来告诉我错了?

我没错。

尽管这场景让人心碎,但劳伦斯绝没有终止跟杰茜的关系,即使他一时几乎全身心投入到母亲身上。母子俩像恋人那样,一起快乐地旅行,他们有次去看林肯大教堂。在火车上瞥见了远处的建筑,"蓝色的建筑在蓝天的映衬下显得十分高贵",劳伦斯猜想,这样的景色会让母亲意识到宿命和幻灭,而同样的景色,会激起劳伦斯的渴望——"用尽灵魂中的全部力气与之斗争"。劳伦斯对母亲的爱很离谱——"他想抓住母亲,抓紧她,差点就用锁链拴住

她了，感觉必须用手抓住她"。劳伦斯为母亲买了她认为是"太奢侈"的午餐，为她买了紫罗兰，告诉母亲"我想让人们认为我们俩是非常时髦的人，那就显得自信些，昂首挺胸，像一只扇尾鸽那样！"有人问，这么有才的人怎么可能落入"自鸣得意"之中？如果他们开心，有他们自己认为的十分之一"高贵"的话，那么林肯教堂里那些无关紧要的居民们怎么想又有什么关系呢？自豪的人是不炫耀的。

然而，幸福的日子注定会终结。母子俩一起去爬一个陡峭的山坡时，母亲上了岁数，心力交瘁，说不出话来，只好坐下来歇会儿。"他的心像是被热钳子挤碎了般，他很生气，想大喊，想扔东西。"母亲好了后，他突然荒唐又可怜地说道："为什么人不能有一个'年轻的'母亲？为什么你会变老？'为什么'你不能走了？'为什么'不能陪我到处走？"很可笑却又可怕，他不明白自己想要的竟是镜花水月、大逆不道的吗？他是要母亲做自己的恋人吗？她为什么冒险强求儿子对她的爱呢？为什么她不让儿子喜欢同龄的姑娘？

劳伦斯二十几岁时，身边除了杰茜外，还有其他姑娘吸引着他，这再正常不过了，很自然。比如说，《火车上的亲吻》《金鱼草》里的姑娘们，《逾矩的罪人》中的"海伦娜"，她的性格魅力让这部早期的小说独具一格，难以忘怀。就像他不能断绝同母亲的关系，全身心投入到杰茜身上那样，他也无法断绝同杰茜的关系，将身心投入到其他姑娘身上。这种感觉很强烈，杰茜是劳伦斯的"老朋友，爱人，她属于伊斯特伍德、家和劳伦斯的青年时代"，是劳伦斯的"良知"，劳伦斯在以"自己的灵魂"爱着杰茜，尽管他想到别的姑娘的"双乳和双肩的曲线"时，身上会有暖意。永远不变的就是改变，劳伦斯现在又"认为自己确实依附于"他的杰茜。然而，他过后又认为自己是"一张皮下的两个人"。他想要杰茜，又不想要她，想要其他姑娘，又不想要她们，或者更准确地说，他要杰茜做他的缪斯女神，来保护他的文学良知，却不想她是自己的妻子或哪怕是情人。他想要"一个女人来维持自己的良知，却不受她控制"。

在这出戏剧中，有一个人物正慢慢退出大家的视线，他就是劳伦斯的父亲。虽然现在孩子们能为家里出一份力，但是毕竟是他每天在井下辛苦地劳动才支撑了整个家庭的开支。妻子在他和孩子们之间构筑了一道无法逾越的鸿沟，他还一如既往地辱骂妻子，酗酒，故意夸张自己的粗鲁行为，以此来泄愤。

他五十多岁了，体力的下降就意味着收入的减少。也许就是从这时起，孩子们就有了这样的印象：父亲每周的工资不超过二十五先令。然而孩子们出的力，以及劳伦斯太太持家的能力大大补偿了日益减少的收入造成的影响。他们的新家林恩农场"是个舒适的住所，内部装修也很舒适"，劳伦斯为"自己的家感到骄傲"，认为"自己的家与众不同"，感觉壁炉前的地毯和靠垫很"很舒适"，"印花布的品味高雅，瓷器质地良好，桌布做工精美"。

劳伦斯数次抱怨"讨厌的贫穷"让他"羞辱万分"，这如何与上述情况相吻合就很难说了。除非是按劳伦斯式的逻辑，也就是劳伦斯想给人某种印象时就说他的家"很优越"，想留下另一种印象时就说他家"条件不好"。劳伦斯给贫困定的标准很高，因此他在《白孔雀》中明显带着厌恶的情绪，描述了牧场看守人一无所有的小屋和邋遢的家人，然而，劳伦斯的描述中提到孩子们的早餐有鸡蛋、熏肉、牛奶和果酱，午餐有糖蜜布丁。

生活如戏剧般进行，备战考试的学习任务非常繁重，但有一点值得注意，即劳伦斯一直在写作，同时也扩展自己的非学术性阅读。尽管现存的几首诗歌可以追溯到1908年——可能只有不超过18首，但是有一点很确定，劳伦斯一直在写作。有件事很奇怪，虽然家里只有矿工父亲一个人说方言，但是劳伦斯那时在创作诗歌时，对方言的运用要比对母亲和老师一直坚持他说的标准英语要娴熟。例如：以他儿时的记忆，有一次有人来报信说父亲受伤了。请看他对自己无助的含羞表现所做的嘲笑：

有人在敲门
母亲，下来看一眼。
——我估计是乞丐；
说我忙着呢。

不是乞丐，母亲
听，敲门声又来了！
——你这个胆小鬼
我要打你一顿。

大声问他要干什么，

我不能下去。
——是不是亚瑟·霍里德?
——说是那个家伙。

他说:告诉你母亲
你父亲在井下受伤了——
什么?我的天请别说这个,
不会发生的。

  与此同时,1906年,劳伦斯一上大学就开始写一部小说的初稿,写写停停,这部小说就是后来的《白孔雀》。劳伦斯似乎一开始写,心中就有了事实框架。劳伦斯告诉杰茜·钱伯斯,构建小说常用的方法就是"虚构两对人物,并找出他们之间的关系"。毫无疑问,此类方法可以在《白孔雀》中找到,因为整个故事就是基于莱斯利、莱蒂、乔治和梅格之间的关系展开的。《白孔雀》写了四次,共15万字,这也说明了劳伦斯投入的精力和毅力。劳伦斯虽然可能会草率地说出一部小说的技巧和框架,但是会严肃认真地写作。他把早期版本中的一个版本拿来给杰茜看,说到:"我想有人把他所有的东西都投入到一本书中,一本真正的书中。"虽然品味和技巧还有不足的地方,但是他有能力使自己的书与众不同,栩栩如生,源源不断。

  正是抱着这种如实写作的想法,劳伦斯写了第一批短篇故事,许多崇拜劳伦斯的人都感觉他擅长写短篇小说。1907年秋天,当地一家报纸要评选最佳短篇故事,奖金是三几尼。劳伦斯着手写有趣、实用、高效的短篇故事,想以此来赢得这个奖项。他写了三篇故事,有两篇是真实的,一篇是关于圣诞习俗的,有些伤感,文章叫《快乐圣诞的前奏》,他把两篇真实的故事署上自己和一个朋友的名字,一篇结构松散的文章署上了杰茜·钱伯斯的名字,寄了出去,是这篇结构松散的文章获了奖。没人告诉我们那位编辑是否知道自己受骗了。

  虽然《快乐圣诞的前奏》后来可能经过有意改编,成为《儿子与情人》中圣诞节的一幕场景,但是这篇文章并没有出现在劳伦斯的作品集中。其他两篇文章经过认真改写后,成了《白色长筒袜》和《彩色玻璃碎片》,这两篇文章都收入到了《故事集》中。正如每一位真正的作家一样,劳伦斯写文

章不是基于某个抽象的观点或情感，而是本能地基于触动自己想象的某个具体的象征——他捡起的一片彩色的玻璃，母亲年轻时生活中的一只白色的袜子。很可能这次赢得奖金就是在《儿子与情人》中描述的那次，只是《儿子与情人》中是一幅画面，不是一个故事。在小说和现实生活中，劳伦斯的一大特点就是对待自己的成功一点都不谦虚。

1.4

劳伦斯过完了23岁生日就离开了伊斯特伍德，前往克罗伊登的戴维森路学校任教了，克罗伊登在当时是伦敦的远郊区。除去那些短途旅行外，他所有的时间都在中部地区度过。他一直都想摆脱这受拘束的生活。"在荒凉的山谷中，云影像香客那样游走，我希望有些东西能把我从深深的孤独中唤醒。"但是他错误地判断了自己扎根于这个山谷和那些人民中的程度，他也没能预测出自己那过于敏感的神经在离开山谷之后让他何等的孤寂。到达克罗伊登的第二天，他就给恋人写了一封悲凉的信，犹如"恐惧的嚎叫"。他无法忍受周围陌生的新环境，"像个生病的女孩那样痛苦"，对白天和自己的工作感到无比的恐惧，他感觉离开过去的那些情感就无法生活下去，害怕"自己会变成像某种讨厌的鸟那样乌黑丑陋的东西"。

这就是这个23岁男人身上的天真，这也说明了他一直未曾失去忍受痛苦的能力。"斗争——斗争——忍受，在我看来，这就是你做的一切。"他母亲曾怀着既恼怒又无比同情的心情对他说过这番话。她说得很真实，这几乎就是他人生的格言。他人生的很多个阶段都在"斗争"和"忍受"，尤其在他未来一片渺茫之时，他在同自己"斗争"，也在同世界"斗争"。谁能估算出"天才"身上的负担和悲痛呢？普罗米修斯的秃鹰、尼索斯的血衣、致命的信天翁——这些象征都如同宿命中他所需承受的痛苦和拥有的刚毅。他

内心有一种疯狂统治的欲望，不甘心被命运摆布，他陷入了无尽的痛苦之中，在这个过程中，他逐渐认识到人生的艰辛和自己的无能为力。在无精打采、垂头丧气之时，死亡——仅仅是青春永生的另一种的说法——似乎不仅是他梦寐以求的，也是唯一的寄托。在那段时间，劳伦斯"对自己、自己的痛苦、自己的人生毫不在意，在外人看来令人心痛，这是一种慢性自杀"。

　　甚至他体验过身体上爱的巅峰之后，也不知道要休息，对他而言，那时"生活似乎是个影子，白天是白色的影子；夜晚、死亡、寂静和懒散似乎才是'存在'。而有生气、紧迫和坚持——那是'非存在'。最高的境界就是一切都融化在黑暗中，停留在黑暗中，同伟大的存在合为一体。"在这里——年轻人从过去到现在乃至未来，一直处于挫折、悲伤和徒劳中，这让他们心碎无比。

　　很难想象劳伦斯早期在克罗伊登时的模样，那时他完全不为人所知，作家的职业还一片渺茫，爱情陷入了迷途，内心一片混乱，身心束缚在母亲身上。劳伦斯有三张早期的照片得以保存下来。一张是他的婴儿照，另一张照片上是个张嘴要吮吸"奶嘴"的小男孩，第三张是他17岁时的照片，看起来——用他自己的话说——"像个穿着高领衣服的一本正经的小学究"，是个一个敏捷活泼的小伙子，但是撅起的嘴巴不好看。下一站照片就到了1914年，劳伦斯28岁了，尽管漂亮的双眸中还有阴影，但是确实像他后来的样子。他从母亲那儿遗传下来了漂亮的蓝眼睛，没有画作或照片能公正传神地描绘出他眼中的神韵，他那蓝色的眼睛和浓密的红发形成了鲜明的对比。

　　劳伦斯后来培养的"精神"之美在二十几岁的时候还没有显现出来，后来虽然有的女人确实发现了他的"精神"之美。1914年以前，我们对劳伦斯最近的了解可能是从大卫·加内特的描述中获得的。他第一眼就被劳伦斯"那双漂亮的炯炯有神的蓝眼睛"吸引了。有一点很明确，见过劳伦斯的人们，要是没注意到他眼中的美和生机的话，是不会以友好欢快的心绪来看待他的——他的双眸独一无二，你无法抵抗。"劳伦斯，"加内特继续说道，"体形消瘦，双肩和胸膛都很窄，不过，中等身材，运动时身轻如燕。身形轻巧让他很优雅。前额宽却不高，鼻子大而短，像红发男人那样面无血色，下巴很大（那时还没长出胡子），圆圆的像个发卡——是菲利普二世[①]那样的下巴——下唇在浓密的胡子下红红的，还有些潮。你一旦注视他的双眼，就

---

① 他指的是菲利普四世，菲利普二世总是留着胡子。

会完全着迷,他的双目顾盼神飞,活力无限,似乎在欢快地舞着,看你的时候,脸上扬起了笑容。"

把这个形象同劳伦斯的郁闷以及在克罗伊登时的绝望对比一下,你就会瞥见他极度灵活的一面和他矛盾的自我。加内特写的是劳伦斯到达克罗伊登四年后的情况,劳伦斯那时逃离了英国和教书,新生活过得十分愉快,知道自己是个作家——但不是高尔斯华绥那类作家。不幸的是,初到克罗伊登的那几周,劳伦斯难得有愉悦的时候,他一直在冲突中"搏斗",这暴露了他最不吸引人的几个特点。杰茜·钱伯斯现在只在假期的时候才来看他,所以关于这段时间没有信件来往可言(杰茜只拿出一些节选来),小说也沉寂了下来。所以我们只能看一下诗歌了,所幸这段时间保存下来的诗歌相当多。《最后的时刻》是劳伦斯临行前写的,描写了他高兴地躺在橡树下的草地上和花丛中闲看云卷云舒,嗅着车轴草的香味,听着蜜蜂满载着花蜜飞过,但是接着:

一列火车呼啸着穿过山谷往城里去了

我从草叶上听到了火车的声音

拖着我不断缩短的链子上的链环

向南驶去,啊!

劳伦斯在最后一刻都不愿离开。下一首诗描述了他清晨在西南部的弗莱特郊区的所见所闻,甚是沉闷:

红色的新房子如雨后春笋般冒了出来

一行行微红的牧草

耸立起来,方形的影子

也倾斜了

整体来讲,这首诗美化了他刚刚离开的令人神伤、沾满煤灰的街道。

在这些带有自传片段的诗中,最有趣的还是描述他的新学校和他教师生涯的诗作:《最好的学校》《下午最后一课》《郊外的学校》《纪律》《惩罚者》。这些可能会同《虹》中的厄休拉的教学经历进行对比,这些经历都是在事情发生好久之后才写成的,而这些诗歌在当时就引起了人们的注意。到劳伦斯放弃教育事业为止,我们从他所得的奖状中得知,他得到了学校权威的"高度认可",被委以重任,教授自然与艺术——听起来是最包罗万象的科目,综合了百科知识。不过,可能事实并非如此。当然学校权威们也可

能是在过分吹捧他,因为他们知道劳伦斯患有结核病,是不能再在公立学校教学的。然而那些奖状可能是真的,劳伦斯最后确实是一位成功的老师。

那段时间,这份吃力不讨好的工作,每天都得尽职尽责地做,精神高度紧张,很熬人,劳伦斯自己感觉如何呢?开始时,老师和学生都很新鲜,注意力也集中,劳伦斯开心又"激动"——这是他一直爱用的词。他感觉和孩子们融为一体了:

我感觉他们粘着我,依附我

如藤蔓急切地向上生长;他们把

我的生命和其他叶子缠绕在一起,我的时间

藏在他们的时间之中,他们的快乐就是我的快乐。

而到下午最后一节课,竟是天壤之别!劳伦斯早晨还喜欢的男孩子们现在就"变得没有教养,让人讨厌了",淘气包们把"书页涂抹得污迹斑斑","作业写得十分潦草"。劳伦斯感到十分难过,垂头丧气:

我病了,干这些事究竟有什么益处呢?

对他们有什么益处?对我又有什么益处?我丝毫看不到!

劳伦斯下决心不再为此"费力劳神"。

他们会不会描写一只小狗,

跟我有什么关系?

所以劳伦斯决定"坐等下课铃"来结束这节课,多像他的风格呀!他感觉新鲜高兴时,就喜欢那些孩子们,教育也变得很美妙。当他疲惫不堪、心烦意乱时,当孩子们不爱上课时,那就去他们的吧!教育到底好在哪儿?仅从劳伦斯个人的角度来看,坦诚地面对教育的一切是是非非,接受他们,然后对整个事情置之不理——这是他的风格!这种冷幽默经常出现在他的作品中,又总是被忽视。要是说老师和学生都真正在意的事是上课时间太长了,这也未免有些俗套。

诗歌《纪律》无疑是写给杰茜·钱伯斯的,这首诗同劳伦斯早期的诗作有很大不同。劳伦斯跟杰茜说自己"爱心满满地"去接近那些孩子们,手捧着热忱的心,"像一个爱心之杯,一个圣杯",深信爱可以克服一切、赢得一切。很遗憾,劳伦斯错了,爱并未起作用。现在他打算用纪律同孩子们斗争,他们"要学会不违反纪律"等等。也许,他也意图给杰茜上一课,她也"要

学会不去侵犯"他。

劳伦斯任教期间所作的最后一首诗是《惩罚者》，显示出他是一个严厉的法官。他站在那里解释着，"这个判决让我的眼中迅速充满怒火"，孩子们因忍受着他那"刺骨的寒风般"的责备而哭了起来。然而实行严苛的纪律所取得的成效并未比爱的教化显著，劳伦斯坦率地承认，孩子们会在几分钟内忘掉所受的责备，嬉戏打闹，他痛苦地抱怨道：

……我的头

很沉，心脏缓慢吃力地跳动着，

我的精神即将死去。

所以劳伦斯只是惩罚了自己，奖状上表扬了他"高水准"地维持了纪律，可是他必须先斗争，他的敏感在这场斗争中被击得支离破碎。在1910年6月21日给海伦科克的信中，有一条评论很让人好奇：

我反思了今天的事儿：怎么能责备孩子们违纪呢？可是，我不仅要责备，还要惩罚呢。我有一次对自己说："怎么能责备他们呢——为什么要生气？"接下来就是可怕的形势了。我现在说："气愤之极，两眼怒火，无法控制自己，我被气昏了头，几乎摆脱了上帝的掌控。怒火犹如一位大天使，手持利剑。上帝派遣了他来——这让我难以理解。"

责罚了几个小男孩，居然让他心生如此奇妙虚幻的感触来！

劳伦斯正是在克罗伊登做助教的这段时间里，通过在《英语评论》上刊登自己早期的诗作，低调地进入了文学界。当时《英语评论》的编辑是福特·马道克斯·休弗，也就是后来的福特。劳伦斯的成功，并不像他那部简短的自传里说得那么轻而易举，里面只是大略地提了提要出版圣诞节故事的事情，忽略了早在1908年春同杰茜·钱伯斯商量要出版作品的事。劳伦斯当时告诉杰茜，自己已经把作品寄给了一位定期给《日报》写文章的作家。这些作品里包括和杰茜讨论过的一些自认为不错的文章。不幸的是，不管那位《日报》作家是谁，他太忙了，没时间读劳伦斯的文章，耽搁了几个月后，他妻子把作品退了回来，还附带了一些有趣的信息。我们回忆一下，劳伦斯那害怕受冷落的病态心理和夸张的遭遇，就能够理解他收到《日报》作家回信时的反应了，尽管他认为那位作家无足轻重。

我累了，有人拒绝了我，我再也不试了，我才不在乎自己的东西能不能发表呢。

这纯粹是虚张声势——劳伦斯当然在乎了。毫无疑问，他不了解情况，希望第一个读他作品的文人能够给予热烈欢迎，后来他还得从自身经历中知道，一个勤奋的作家很少有时间和精力来读初学者的作品并提出建议。然而，劳伦斯坚持不再寄出自己的作品。差不多一年后，他和杰茜开始阅读《英语评论》，那时，所有刊物放在一起都不及《英语评论》那样有活力和进步性。杰茜试着劝劳伦斯寄出一些作品，可是劳伦斯一直对《日报》作家冷待他的事耿耿于怀。

"我不在乎作品会成为什么样子，"劳伦斯气哼哼地告诉杰茜，"我不会急着要出版，不会再寄出任何作品，再说他们也不会采用。"

你要是愿意的话，可能会相信这番言不由衷的话。劳伦斯显然和每一个青年作家一样，希望自己的作品能出版，却没胆量再次冒险，怕被拒绝。杰茜恳求劳伦斯试一试，于是劳伦斯完全妥协了，建议杰茜可以在他的诗作中挑选喜欢的诗寄出去。

给我取个笔名，我不愿克罗伊登的人们知道我在写诗。

也许，与其说动机是劳伦斯不愿"克罗伊登的人们"知道他在写诗，倒不如说他害怕"D. H. 劳伦斯"再次被拒绝。不幸的是，杰茜·钱伯斯后来不能准确记起她抄了哪几首诗并寄了出去，不过她记得其中包括一首叫《纪律》的校园诗，还有《梦》《老人和小孩》和《宝贝行动》，现在叫《赤脚奔跑着的婴孩》。她的判断很正确，把《纪律》放在了首位，可能在想人们当时都在写题为《反叛》的诗歌，以《纪律》为题肯定会引起大家注意的。

杰茜把要寄出去的稿子又抄了一遍，将诗放入封套，随信寄给了休弗，说明了劳伦斯当时作为男老师的处境，并询问如果诗歌能出版，是否能以理查德·格利斯里为笔名——这个名字不怎么样，不过格利斯里是杰茜和劳伦斯都喜欢的一个乡村的名字，但对诗人来讲这也是个让人讨厌的名字！劳伦斯假装根本不在意，然而却不能很好地自控，免不了要问杰茜是否把稿子寄出去了，说完马上再加一句："他们不会出版的。"他一生都在隐藏自己的感情，他的感情很容易在面具下受伤，然而还不是完全的伪装，还有些傲慢、好斗、讥讽和侮辱的成份。他杞人忧天、自我中伤，正如杰茜·钱伯斯所说，

每发生一次误会，劳伦斯都会在傲慢中躲藏起来，傲慢正是他"掩饰沮丧的面具"。杰茜注意到，甚至在那段时间里，他常常因人际关系问题而沮丧，可怕的痛苦和愤怒就会爆发出来，不仅背离常人举动，还很具破坏力。

据休弗回忆，杰茜·钱伯斯先是写信问他应该寄散文还是诗歌，他说都行；于是杰茜给休弗寄了"三首关于男教师生活的诗和《菊香》"。读罢短篇故事开篇，休弗没有继续读就全部接受了。他向"全伦敦"宣布，他此次发现了一位伟大的才子。现今，据休弗回忆——他描述自己是"印象派"——他总是绘声绘色，夸大其词，但不见得准确。也许真是像休弗说的那样，不过，单调的文献数据告诉我们，劳伦斯的诗，休弗直到1909年11月出版了五首，只有一首是关于"男教师"的。1910年2月，他出版了短篇故事《鹅市》；4月又出版了六首，据他讲，直到1910年6月，也就是休弗收到《菊香》一年后，这个故事才出版。要是休弗真的非常欣赏《菊香》，要是《菊香》真的让休弗接受劳伦斯的作品并宣布他是"一个大才子"，为什么要等到一年后才出版呢？

休弗说"第二天早晨"就给杰茜·钱伯斯回信了，杰茜6月份寄来的手稿，直到8月份才收到休弗的回信，这不免有些蹊跷，而劳伦斯那时已远在怀特岛了。休弗的回信措辞谨慎，赞扬诗歌有趣，作者一定才华横溢，但劝诫劳伦斯运气在文学事业上所起的作用很大，并问劳伦斯是否能去面见他，"这样有些事情可能就有戏了"。休弗可能没有年老的海顿为年轻的莫扎特欢呼那么热情，但总比冷淡的回绝强。杰茜回复说，但劳伦斯会在学校重新开学后去拜访他，但劳伦斯回到伊斯特伍德后，杰茜才把信交给了他，她是这么描述当时的情况的：

我收到了你的一封信。

他马上看了我一眼，眯起了眼。

《英语评论》回信了吗？是关于诗歌的吗？拿来给我看看。

我把信递了过去，他面色有些凝重。

"你是我的幸运女神，"劳伦斯压抑着自己的兴奋嘟囔道，"我拿给母亲看一下。"后来我就没见过那封信了。

休弗对于劳伦斯初次到访的描述很有趣，他说劳伦斯受到鼓舞后，有些飘飘然了，立刻由极度悲观转为极度乐观了，想象着自己是数一数二的作家，

一年就能挣两千英镑——杰茜后来也承认确有此事。劳伦斯不是以紧张的初学者、而是以得到大家首肯的成名作家的身份去拜访休弗的，俨然一副功成名就的样子，在考察《英语评论》是否配得上他并把他推向世界。劳伦斯在《英语评论》那不大的办公室里，趾高气昂地说："这不像是个能挣钱的地方。""嗯，"休弗说，"我们不在这儿挣钱，我们在这儿花钱。"于是，劳伦斯回答说："原来如此，这间屋子也许适合你的个人品位，却不适合我的风格，不过没关系。可这无法增强债权人和投稿人的信心。"

这是休弗的故事——或者说——故事梗概，说得很罗嗦，至于是不是真的，就不得而知了，也许是真的吧，劳伦斯则说得很简单：

> 休弗人很好，出版了那些诗歌，还让我去见他。杰茜像公主剪断缆绳让船远航一样，助我开启了文学之旅。

休弗还是很喜欢杰茜寄来的手稿的，他是唯一能帮助劳伦斯的编辑。福特·休弗用行动来抵制19世纪浪漫主义、理想主义运动，那些英国多少有些名气的亲戚显赫一时，他不幸的童年就在亲戚的压制下度过了。休弗的父亲是个有教养的德国人，来英国传播瓦格纳教义，成了《泰晤士报》的音乐评论员，娶了前拉斐尔派画家福特·马道克斯·布朗的女儿为妻。休弗母亲同父异母的妹妹嫁给了W. M. 罗塞蒂。休弗天性谦虚，每隔十分钟就会提一提"我的姨妈克里斯蒂娜"和"我的姨父加布里尔"。劳伦斯见到休弗时，休弗同瓦奥莱特·亨特交好，亨特的父亲是个山水画家，饱受奥斯卡·王尔德口中的"美妙的激进主义"的折磨。尽管福特缺点很多，也做不到完全的实事求是，可是他热心肠，总是很乐意帮助那些没出名的年轻作家。就像我说的那样，福特自诩为"印象派"来掩饰自己的缺点，而叶芝总是说"印象派"仅仅就是"记者"而已。无论如何，休弗的言传身教对劳伦斯产生的影响比一般人以为的要大得多。

虽已仙去但名声很大的亲戚们让休弗在文学界和当时的社交圈里有一席之地。否则，单凭个人才华，休弗很难获得认可。不管怎样，为了劳伦斯，休弗热情地动用了所有的影响力。不久，劳伦交给休弗他第一部小说《白孔雀》修改后的手稿。劳伦斯说，杰茜·钱伯斯"一直欣赏这部小说"，弦外之音就是杰茜·钱伯斯是个妇道人家，只会随声附和。他这样说未免偏颇。是杰茜·钱伯斯拿出《白孔雀》的早期版本找他谈话，他才让"条件优越的姑娘"

莱蒂斯嫁给了正直的普通人乔治，并说服劳伦斯修改安娜贝尔那"愤世嫉俗、残忍不堪"的形象，也就是劳伦斯着墨颇多的诸多有象征意义的牧场看守人当中的第一个。休弗并不是完全赞同终稿的，他和劳伦斯一起坐公交时，声音低沉地冲劳伦斯吼道："其他英国小说中有的错误，你的都有，"不过又补充道，"你有才华。"

老是"才华"！很明显在伦敦的文学圈子里，才华与其说是笔财富，倒不如说是块绊脚石。也难怪劳伦斯会尖酸刻薄地评论道："他们以前老说我才华横溢，好像在安慰我，因为我没有他们得天独厚的条件。"休弗仍然认为劳伦斯是个才子，一个没有跟约瑟夫·康纳德合作过的才子，也没有研究过可怕又复杂的遣词造句术的才子，给威廉·海格曼写了封信推荐劳伦斯，并于1909年12月把《白孔雀》交给了他。劳伦斯说《白孔雀》"立即被采纳了"，其实此书到1910年4月还前途未卜，直到1911年1月才得以出版。

1909年11月，劳伦斯的第一批诗歌刊登在了《英语评论》上，他本人也应邀参加了瓦奥莱特·亨特举办的小型午餐会，埃兹拉·庞德和休弗也出席了此次午餐会，杰茜·钱伯斯在这样的社交场合下有些害羞退缩，被忽悠得参加了此次聚会。也多亏了她，是她娴熟地记叙了此次聚会。劳伦斯和杰茜去了瓦奥莱特·亨特在肯辛顿的家，伦敦那豪华的场面让劳伦斯倍受鼓舞，他信心十足地对杰茜说："我一年就能赚到两千英镑！"这位初出茅庐的才子和女朋友享受着烤牛肉、抱子甘蓝、梅子布丁和香槟。瓦奥莱特·亨特肆无忌惮地恭喜杰茜"发现了一个才子"。在场所有人想当然地都以为二人订婚了，杰茜为此很是尴尬，因为劳伦斯已经告诉杰茜，他准备同一个女孩订婚，我们只知道她叫路易。

午餐后，休弗迈着沉重的步子和大家一起爬了坎普登山，他一走开，劳伦斯就迫不及待地问杰茜喜不喜欢午餐喝的香槟。杰茜心中很是不安，傻傻地回答说自己不知道那是香槟。劳伦斯又问杰茜是否留意到休弗走开时，嘟囔着要去看圣海利夫人。劳伦斯很看重头衔，"那真是光彩呀。"他小声说道。

与此同时，劳伦斯深信自己是"一年能挣两千英镑"的才子，认识了光彩的贵族富豪们，可是他快乐吗？这很难说。我们来读读《白孔雀》中描写他在克罗伊登生活的段落，书中那个地方是诺伍德，他这样写道：

我极力地忍受着流放到诺伍德的痛苦，好几周都在郊区的街上闲逛，好像内瑟米亚有神灵萦绕在侧，漫步在宁静的大道上，看着那昏黄的路灯在夜色下孤独地站在光秃秃的树中，似乎有一个奇怪的声音在呼唤我踏上山间小道。我又一次感到树林似乎在等着我、反复呼唤我；我冲着树林大喊，然而，我和树林间却隔着数里远。自从离开家乡的山谷后，我就不那么畏惧还有什么可失去的了。

其实劳伦斯不喜欢大城镇，尽管伦敦能以某种方式让劳伦斯"心潮澎湃"，唤起他对这座古城留下美好的印象，这是在1914年伦敦衰败之前。不过新奇一旦消耗殆尽，他就逃离这个地方了。一想到内瑟米亚（伊斯特伍德），他更想念的是那个地方了，而不是那里的人，林间草地，涓涓细流，通往海格斯的山间小路，这些对他来说，和对那里的人来说一样重要，甚至对他来说更重要，这些紧紧地抓住他内心最深处的感觉。

劳伦斯在克罗伊登时，还是那么冲动感性，爱与人唱反调，这最让人捉摸不透。他有时感觉生活在眼前徐徐展开，梦想着能给他带来丰厚收入的文学成就，他感到自己是一个喜笑颜开、活力四射的小伙子，敏感的女人们无法抵抗他的魅力。"他的真诚和温柔让女人们对他深信不疑。"然而她们需要当心，劳伦斯在克罗伊登时写道："我有时任性得有些神经质了，为此饱受折磨。"他口中的"任性"是说自己讨人厌的特点，总是想反驳、威逼跟他谈话的人，一时兴起就要"斗争——斗争"，简直是胡闹。劳伦斯跟他父亲一样，忍不住要辱骂可能会伤害自己的人，同时又和母亲一样，自负高傲地维护脑中闪现的任何念头。他承认自己是"一副躯壳下的两个人"，总是自相矛盾，想说什么就说什么，杰茜·钱伯斯现在"从不把劳伦斯关于人或事的论断当真"。

有一个人知道如何对付劳伦斯，并能让他马上不任性，这个人就是劳伦斯的母亲。很明显，劳伦斯那"黑暗的自我"在母亲面前会抑制得更多，心情不好时，会任性地对他人恶语相向，不过他从不会这么对母亲。在此，劳伦斯描写母子的对话，虽然有些经过改编，但却是真实的。

"您知道，"劳伦斯对母亲说，"我不想成为富裕的中产阶级，我最喜欢普通人，我也是普通人。"

"儿子，要是其他人这么说，你该不会哭吧。你可是自认为和任何

绅士都一样的呀。"

"我本人是和他们一样，"劳伦斯答道，"但我的阶层、所受的教育，以及行为举止，都和他们不一样，但我本人和绅士们一样。"

"说得好，那你为什么还把自己同普通人相提并论呢？"

"因为人和人的差异不在于出身，而在于人本身。人只有置身于中产阶级中才会迸发灵感，也只有从普通人生活中才能感受到温暖，你才能感受到他们的爱和恨。"

"很好，儿子，那你为什么不和你父亲的朋友聊天呢？"

"他们太不一样了。"

"根本不是，他们就是普通人，你和哪些普通人混在一起？是那些像中产阶级一样同你交流思想的人，其他人并不能引起你的兴趣。"

"可是——这里有生活——"

"我觉得米丽安的生活并不比莫尔顿小姐这类受过教育的人丰富多少，'你'对阶级有世俗偏见。"

劳伦斯的母亲总是在争论中荒唐地反驳别人，不肯承认自己说不过别人。劳伦斯明确地承认了自己的不足，连从母亲身上学到的这个毛病也承认了，他的坦诚值得赞扬。劳伦斯总是为了胜利而辩，从不为发现真理而辩。了解他的人，有时会听到他为了上述对话而争论不休。这个毛病让他小心翼翼培养起来的偏见变得神圣了，随时随地都会反驳他人，当然这得是母亲不在场，无法恰到好处、一针见血地评论。劳伦斯临终前的几个月，他撰文把这些毛病和不足都刊登在了伦敦的报纸上，整篇文章都弥漫着一股不肯悔改的气息，大家对该文章一定印象深刻。

劳伦斯除了阶级忧患意识外，现在又因自己缺乏对公理会教义的信念而烦恼万分了，母亲曾敦促他进入神职界，他秉承着一贯的不确定态度，竟去翻阅《圣经》寻求帮助了，随机三次翻开书，手指落到哪段上，就希冀按照上面的文字指示去做。如他所料："文本传达的信息没决定性。"虽然他举止教条，但他还是一副不确定的样子，讲出箴言般的话语："不可为了信仰而信仰，我认为乌鸦飞过天空时就是有信仰的。"他还说过："我觉得上帝没有那么了解他自己，也没有对万物了如指掌，上帝本身就是万物，他一定没有那么高尚。"可是，你若不了解某个事物，那么这个事物又有什么用呢？

不管劳伦斯把基督教当作神话、玄学还是心理学，基督教对他的艺术创作都很有用，他使出浑身解数去寻找其他综合的教义，为此忙得分身乏术，也不肯舍弃基督教。他脑中想的是符号，不是观点，思考的是情感和意象，不是抽象的东西和定义。这种思维习惯和罗斯金的很像，二人的宗教热情是真诚的，尤其面对正统教义时，二人的真诚甚至到了近乎渎神的程度。这种兴趣是断断续续的，"她再次看到劳伦斯缺乏宗教信仰，内心不安、变化无常。劳伦斯会像任性的孩子那样毁掉自己，没有宗教信仰，所关心的只因一时兴起，此外别无其他，没有更深入的东西"。

劳伦斯摆脱父亲的宗教信仰后，信仰上的空缺并不能使他平静，也不能耐心等待未知事物的到来，而是时不时提出某个自创的信仰作为普世的宗教，并大力宣扬，而日后他又强烈谴责这种信仰、或是干脆舍弃这种信仰。不管他多怀疑自己的宗教信仰，他总是乐于规劝他人，为此他还在克罗伊登给姐姐写了封信：

> 我知道你忍受着没有宗教信仰的痛苦，惋惜之情很难用语言表达出来：尤其是现在，没有宗教信仰让你很难受。然而，可能是这样：耶和华是犹太人观念里的上帝，不是我们的上帝，耶稣基督好得不得了，但和我们一样会死去，（他死去）仍有上帝存在，却不是某个人的上帝：一股巨大的冲动念头，闪着光向前边的某个终点靠近，我不知道是什么冲动的念头——不考虑渺小的个人，考虑的是芸芸众生。我们死后，会像下落的雨点重回闪光的大海那样，回到浩渺混乱的生活中去，我们称之为上帝，不管我们祈祷时叫他什么，我们指的都是同一个上帝，我们要心胸宽广。

听起来劳伦斯似乎刚刚一直在读《亚洲之光》，这么说更合适些，因为此后他就极力否定佛教了。他认为宗教和哲学就是一种心智，不是坚信绝对真理会随着他而改变，这时他还没有自诩为救世主。他确实要当作家，世界也会摇摆不定地倾听他。他依旧饱受性的折磨，母亲和杰茜的冲突旷日持久，让人疲惫不堪，也没有因他对其他女人的兴趣而变得简单，反而更错综复杂了。

劳伦斯在那个年代的文学界里少年得志，不可一世，脑中闪现的事他会口无遮拦地说出来，从不为读者考虑。在这个时代，尔虞我诈，虚情假意，人人沉默寡言，没有什么比性事更让人口是心非、三缄其口的了。似乎英国

那时的小说是太监写给贞洁处女看的，劳伦斯在其他事上直截了当，对性也直言不讳。拿出他在克罗伊登时的作品，从字面看，他的心绪很奇怪：

  他认为性行为本身已盘根错节了，本来可以否认想要和某个认识的女人发生关系的。性欲是独立的，不属于女人。

可能这种奇谈没那么复杂，无非是小伙子还没遇到想与之共度一生的姑娘而已——值得注意的是，尽管劳伦斯声称自己很坦诚，但他还是从母亲身上继承了清教徒严厉苛刻的思想，认为婚姻在本质上牢不可破，不用说他自己是说一套做一套的了。至于第二部分的叙述——"性欲是独立的，不属于女人"这句话到底是什么意思？诗中或许有线索，《贞洁少年》包括以下内容：

  旅人，火炬，
  只是徒劳。
  满腔的欲望之火，
  让你痛苦。

  黑暗，泛红的柱子，原谅我！我
  徒呼奈何，困在
  贞洁的暗礁上。你的
  奇怪的噪音莫名无声。

  我们在荒野中呼喊，原谅我，我
  开心地置身于
  婀娜多姿的女人的山谷之中，
  追寻你加速的双重的舞步。

六年后，劳伦斯回忆在青少年时以及刚成年时的"性饥渴"，写下了长诗《宣言》。自己对食物和知识的渴望得到了满足，但仍有"更神秘、强烈的愿望，……体内的渴望在呼喊……对女人的渴望"，劳伦斯把这种渴望喻为"残酷强大的莫洛克神"，"像叫不出名字的可怕的主"降临到他身上：

  然而，我们确实有欲望，
  必须彻底真实地满足这种欲望，
  否则毁灭这种欲望，没有选择余地。

我认为女人，任何一个女人，
仅仅是附属于我的女性。

他继续写道：
最终，女人满足了我的欲望，
多少女人不能给我的，这个女人能给；
我已经知道了。

她站在我面前，就像是我的财富
即使黑暗中，我痛苦，贪婪，被束缚，
羞愧，不可饶恕，邪恶。男人是那样害怕这种强烈的欲望，
这种恐惧就是残忍的根源。

这是劳伦斯多次展现人的身体和灵魂的诗歌之一，不过此诗属于他成熟期的作品，所取得的成就超越了克罗伊登时期的任何作品，本诗回顾了克罗伊登时期，所以相关。

自从本世纪初开始，公众对性的态度转变很大，一定程度上是由于劳伦斯的影响。19世纪的人们被迫假装正经，目的是净化男女关系，提升妇女地位。人们认为婚姻是"完全纯净的"，是唯一能对复杂棘手而又重要的性关系进行培训的手段，而完全的纯净就意味着完全的无知。很少能做到完全的纯净，社会上大部分人都不重视纯净的性，但只要文学作品一涉及到性生活的表达，就被认为是难以启齿、难登大雅之堂的污秽之物。托马斯·哈代因《无名的裘德》备受指责，就此封笔不再写小说，以示抗议。哈弗洛克·埃利斯被控下流，作品遭到查禁。G. K. 切斯特顿有篇文章（这是个笑话吗？）说"男人只要和女人谈论有关性的东西，那他就是禽兽"，我们偶然发现劳伦斯和杰茜·钱伯斯认真讨论过这篇文章。不管是不是笑话，劳伦斯和杰茜这两个乡下人都很认真，认为哈弗洛克·埃利斯才是禽兽，感觉自己似乎有些大逆不道。

两人为性做了深奥的决定，这是一回事，可是要摆脱舆论的压力和生活的制约就是另一回事了。不仅女孩们是这样，劳伦斯也是如此，他从未摆脱过母亲拘谨行为的影响。劳伦斯第一次去克罗伊登时他23岁，和一对小两口以及他们的婴儿住在一起。他跟母亲说了小两口婴儿的事儿，母亲撅着嘴一

本正经地说："听到婴儿的事儿，我很高兴，这样会使他'纯洁'。"劳伦斯怕母亲知道他和女孩们发生关系，就像是一位胆小的丈夫，害怕自己出轨的事儿传到小心眼又专横的妻子耳朵里去，他"宁愿去死，也不愿让母亲知道自己和别的女人发生关系，他倍感耻辱和尴尬，生活中有好多事都不能告诉母亲，性生活是要把母亲排除在外的"。

他和杰茜是多年的朋友，但劳伦斯只对他这位初恋女友提到过两次关于性的事，难怪两人关系结束时，他会这么说：

你不认为我们对他们所谓的纯洁太在乎了吗？你不认为我们这么害怕、这么讨厌（性），本身就是一种污秽吗？

为了保持明智，劳伦斯经历了痛苦的挣扎、疯狂的怀疑和万分痛苦。他花了好长时间才发现，人们确实有些"反常"，他们"确实在逃避自己想要的东西"。他有时断言，和杰茜只在"精神上有关系"，必须去"别处"满足性欲。不过他陷入不良反应或懊悔的旋涡后，就回到杰茜身边了，可是仍旧不满意，有时"他恨杰茜"，却"一直忠于她"，向杰茜献殷勤："我要不停地寻找，直到找到心仪的女人为止。"有一次他愠恼地说："跟谁结婚都无所谓！"

很明显，尽管母亲对劳伦斯有影响，可是劳伦斯不只是因为文学的缘故才不断地去看杰茜，陪伴他的两个孩子和一只小狗也遭到了他狠心的抛弃。时间过去很久了，不可能也没必要关注那次奇特的求婚的细节和劳伦斯的踌躇了。劳伦斯下不了决心，不知道是否要同杰茜结婚，抓紧她还是离开她。引用的最后一段话告诉我们，有一段时间劳伦斯对杰茜若即若离，我们可能会相信劳伦斯小说中的那幕：他突然告诉母亲，要同女孩分手，于是（母亲自然如愿以偿），母亲就"对他非常温柔了"。他记叙的同杰茜的对话——就是再次同杰茜分手的对话——让人出乎意料，却又非常典型，或许这次对话根本就是真的，值得仔细关注。要记得，这个女孩非常在乎他，他近期的言行举止也让女孩相信他一个（一个23岁的小伙子）最终可能会为了从母亲那儿获得自由而拼尽全力。他语出惊人，突然开口道：

"我在考虑，"他说，"我们该分手了。"

"为什么？"她吃惊地喊道。

"因为再继续下去也没什么意义了。"

"为什么再继续下去没什么意义呢？"

"没意义的，我不想结婚，从没想过要结婚，如果我们以后不结婚，再交往就没什么意义。"

"那你为什么现在才说？"

"因为我下定决心了。"

"前几个月的事情和你说过的话又算什么呢？"

"我控制不住自己，不想再继续了。"

"你对我没有任何留恋了？"

"我们分手吧，给我自由，也给你自由。"

"前几个月算什么？"

"不知道，我没跟你全部说实话，但我的感觉是真实的。"

"为什么你跟以前不一样了呢？"

"我没有——我没变，只是觉得再继续下去没什么意义了。"

"你还没告诉我为什么没意义呢。"

"因为我不想继续了——我不想结婚。"

"你向我求了多少次婚呀，我可是一次都没答应呀！"

"我知道，我想我们还是分手吧。"

这种场面即使发生在最好的氛围下，也是很棘手、很痛苦的，既然是虚构的，就没必要相信事情就是这么发生的。不过这种态度和词语表达都是劳伦斯独有的，他就是那么说话，蹩脚地寻找托辞，这是他典型的做法。跟一个无理搅三分的人争论有什么用呢？他一贯的原则是迅速说出自己当下的感受——不管他的感受是多么复杂变幻并且自相矛盾——这些对他这个艺术家有用，但也给作为思想者的他和他的人际关系带来无尽的烦恼。更显著的是，他竭尽全力说真话——不管对人对己有多么耿直——他也不为自己的任性找借口，也很少为自己辩护。当然在小说和故事里，劳伦斯以第一人称撰写的自己是完美无缺的人。

这种场面让人很受打击，但劳伦斯无法同杰茜一刀两断，结束二人的关系。想远离杰茜，又控制不住自己回到杰茜身边，这让杰茜心烦意乱。他曾逞能说要挨个找，直到找到自己心仪的女人为止。对劳伦斯来说，这话等于白说，以诗作《火车上的亲吻》中的片段为例，此诗让他受到指责，因为他愚蠢地

吹捧这首诗，而此时他母亲却时日无多了：
>她肌肤的芳香
>萦绕在我的鼻尖，
>我茫然的脸
>再度搜寻着她，
>有一种脉搏
>仍在世上跳动着。
>
>世界在欢愉中
>飞速旋转
>如同伊斯兰教苦行僧的狂舞
>摧毁
>我的感觉——理智
>像玩具一样回旋。
>
>我的心坚定地
>位于世界的中央；
>我的心和她的心
>完美地跳动在一起，
>像手握磁铁的人
>封闭了磁场。

顺便说一句，弥尔顿认为诗歌这种写作方式是"简单、赏心悦目而又充满激情的"，如果他的想法正确的话，那劳伦斯就是诗人。他对向姑娘求婚并被接受的经历激动万分，并随即宣布了那次订婚，而不久之后，又给前女友杰茜写信谈论这个女孩："她在这儿过周末，但是感觉并不美好，和她独处时就想逃脱。"多么热情忠诚的乡下情郎！没几周过后他就又给别的女孩写诗了：
>我四肢欲火涌动，
>从我的血液和骨头里
>喷出烈火熊熊

你，是我气息的沃土，我的钢铁
之石，迷人的白色欲望之源
你，没有名字。
我气息摇摆的土壤，
我呼吸不稳的存在
我无法和你分开，海伦。

你灌醉了阴沉的死亡风暴
我蓝眼睛中的死亡
被冲走了，我看到你了，美丽又可爱。
迷人，温顺，强大，我思慕的气息
吹拂你的脸颊。
我看到自己像清风，萦绕你身侧，
微不足道，不值一提。
可是你……

从劳伦斯这些早期的诗歌中很容易找出描写他恋爱经历的诗篇来，这些经历很普遍，记录了劳伦斯这位"天才"的经历，然后按照他天才的风格进行再创作。此举使得这些诗歌在同时代人中激起了波澜，他们觉得这些诗不合时宜。有首诗叫《另一位奥菲利亚之歌》，尽管此诗与《金鱼草》和梅瑞狄斯的《山谷之恋》有相似之处，可是从艺术角度看却是败笔，《金鱼草》中因有对性虐待的描写而被过度引用。我们若想了解这些事情是如何让劳伦斯心怀不满、灰心失望的，就必须读读《订婚者的手》，结尾处突如其来的讥讽刺痛人心：

她双手握着我的地方，对她来说，
男人的地方；
双手深深地压在她胸前，
这是我该待的地方，
她合上强有力的臂弯，
拥我入眠。

啊，她双手抵着墙，
按压着墙，亲吻她那硕大黝黑的双手，
然后散开黑色秀发，那一抹深色，
从少女的发带下滑落。

她痛苦地坐在深色秀发编织的夜里，
做着梦——上帝才知道是什么梦，对我来说
她还是那个深爱着我的订婚少女，守护着
她的贞操和我的美名。

劳伦斯为什么在给海伦的诗里告诉她"她灌醉了阴沉的死亡风暴"的时候，还把他蓝眼睛中的"死亡冲走了"？这确实不是年轻诗人对死亡的异想天开，仅仅是死亡仿佛就能象征无尽的欲望。对年轻人来说，死亡太遥远了，似乎很难成真。在劳伦斯恋爱、教学和写作生涯中，死亡侵袭了他最深切、最珍贵的爱。1910年8月24日，劳伦斯去了位于莱斯特的姨母家里，母亲也在那儿做客，她因剧痛病倒了，被迫说出了自己长期隐瞒的事：肋部长了个毒瘤，"有两个拳头那么大"。起初，劳伦斯并没有意识到这是致命伤，或者以为就像自己得肺结核一样，因为心理原因，拒不承认这个事实。不管怎样，他都是弱弱地说"肿块之类的东西"，希望"不严重"。两个月后，劳伦斯给出版商写信，央求出版商提前把《白孔雀》的样书寄给他，越快越好：

我急切地需要这本书，不是为了自己，而是想让母亲意识清醒时看到这本书，母亲病得非常严重。

劳伦斯在这两个月和以后数月忍受了多少的痛苦，简直无法想象。当然，劳伦斯真心期盼病情"不严重"，不过，这些愿望注定会加速破灭。母亲的癌症绝不可能动手术的，母亲说出自己的病情时，劳伦斯花了两个月的微薄薪水，咨询专家的意见，不过为时已晚，母亲只能坐等死神的降临了，靠着吗啡减轻病痛。这场突如其来的灾难给劳伦斯的打击很大，生命中没有什么事比母亲患不治之症更让他悲伤了。母亲病危的主题一再出现在他的散文诗歌里，无论是写作还是回忆，无不流露着痛苦和绝望。那些最了解劳伦斯的人中，有人说劳伦斯"陷入了深深的孤独的悲哀中"，劳伦斯的遭遇上升到了悲剧的程度：

悲伤像身上的疼痛那样发作，劳伦斯紧闭着大门，紧咬着双唇，弱弱地叫着"母亲"！悲伤给身体带来了阵阵强烈刺骨的痛楚，他差点就站不起来了。他也不知道这悲伤痛楚从何而来，为什么会这样。这和他的思想没有关系，和他本人也没什么关系。痛苦紧抓着他不放，无奈只好顺从。整个灵魂的浪潮，聚集着未知的东西朝着死亡扩展开来，让他无依无靠，思想意识一片空白，思绪如波涛般汹涌，所到之处比以往任何时候都要遥远。

劳伦斯尽全力去表达难以忍受的悲伤和绝望，人生的曲调从欢快、自鸣得意陡然转为悲恸。那种难以言说的深爱一直在控制他的人生，很快劳伦斯就知道，这种深爱即将结束了。他手提皮箱高兴地来姨母家度假时，就感觉到了紧张的气氛，"奇怪的感觉"涌上心头，"似乎身边阳光尽失，一片黑暗"。劳伦斯放下箱子，跑到母亲的房间，母亲竭力显得欢快，而他跪在母亲床前，脸埋在被单里，痛苦地哭着叫着"母亲——母亲——母亲！"血液似乎都化成了泪水，"恐惧而痛苦"地哭了起来，"泪水打湿了每一寸肌肤"。

二十五年来，劳伦斯的生命和母亲合二为一，两人一起生活，没有哪个女人能取代她的位置，别的儿子能通过爱的转移来缓和这场必然的离别带来的影响，而对劳伦斯而言，这是场残酷无比的灾难。对于一个如此敏感、富于想象的人来说，恐惧和凄凉的感觉涌上心头，心爱之人缓缓死于这场不治之症，残酷无比。要是死神能突然降临，带给母亲的痛苦能少些的话，劳伦斯可能就不会那么艰难地熬过8月、9月、10月和11月，孤独地过了一周又一周，每天每时都和母亲一起煎熬。起初，他用治疗和康复的希望来麻醉自己，后来，甚至连他的爱也不得不听任于她的死亡：

哦，我的爱，今夜我轻轻摇着你

疾病痊愈的希望渺茫

也无法补偿

你生命中的询问和绝望，

今夜，我的一部分即将逝去。

那个秋天很凄凉，劳伦斯每隔一周都会从学校请假，白天陪着母亲坐在那儿，机械地在膝头的画板上作画。只是机械地临摹别人的画，这能分散他的悲伤。他精神恍惚时，还试图自己作画，"机械地画着，竟不知自己画出

了好作品"。劳伦斯经常帮助姐姐护理母亲，虽然这让他感到撕心裂肺。一次他说服母亲倚靠他的胳膊走一走，然而他的这次失误让母亲疼得晕倒了：

> 劳伦斯抱起母亲，迅速地下了楼，把她放在了病榻上。母亲又轻又弱，面如死灰，青紫的嘴唇紧闭着。她睁开眼，那双天蓝色脉脉含情的眼睛看着儿子，乞求儿子原谅自己。劳伦斯喂母亲喝白兰地，可母亲不再张嘴了，一直亲切地看着他，对他深感抱歉。他泪如涌泉，但面容呆滞。他双唇惨白，四目对视，彼此就都明白了。母亲的眼睛那么蓝——那种美妙的勿忘我的蓝！劳伦斯感觉如果他们的眼睛不是那么蓝，他会好过些，他的心在胸膛撕扯着。

出版商特意提前为劳伦斯印了一本《白孔雀》寄给了他。劳伦斯在母亲还有知觉时，把书放到了母亲手上。母亲意识到儿子即将享誉全球，然而，这对母亲而言什么都不是。劳伦斯很早就意识到这点，并痛苦地牢记于心，母亲一点都不关注他的艺术，只在乎他的成功。母亲已深深地处于死亡的阴影中，除了对儿子的爱，什么都不重要。正是由于对儿子的爱，母亲才绝望地挣扎着，痛苦地忍受着生命的煎熬。劳伦斯给母亲画了一幅画像：生命垂危的老妇人，面容憔悴，披着披肩，盖着毛毯，坐在花园里，腿上放着他的书。多亏了杰茜，劳伦斯才写了这本书，可是他把书从杰茜手里拿过来，给了母亲。

这场离别持续得太久了，带来的打击和痛苦让劳伦斯心生极度厌恶之情。现在，相比活下来而言，劳伦斯更想让母亲解脱、安息，好让他饱受折磨的心从徒劳的痛苦中解脱出来。他写了首诗叫《悬念》，另外一首叫《无尽的忧虑》，不过他现在正焦虑地"等待着"母亲最后"解脱"的消息。不管什么时候，只要看到送电报的男孩骑着红色自行车沿街而下时，心头不禁一揪——他会带来母亲逝去的电报吗？只见那个男孩骑着自行车，漫不经心地路过大门口时，他不知道自己该是如释重负还是"知道母亲尚在人世而更加痛苦"。

劳伦斯陪着母亲时，渴望解脱的想法愈加强烈。注视着母亲的脸，"那种因注射吗啡而死灰般的脸"，他再也无法忍受了，希望母亲早点解脱。他是应该痛苦地想象，还是应该残忍地说出那些残酷又充满爱意的话呢？也许应该说："母亲，如果我能死，我就去死，我'愿意'去死。"小说里，他确实让母亲喝了过量的吗啡，得到了"解脱"，不过这是有象征意

义的。劳伦斯在以后的写作中，试图让自己相信，最后摆脱了噩梦般的爱，想象自己给了母亲一杯死亡之饮，让自己确信已经完全解脱了，是这样吗？无论如何，最后死亡让母亲解脱时，劳伦斯孤零零地站在母亲毫无生气的尸体旁，并没有获得自由。母亲仍是他的《新娘》，这是他的告别：

今晚，我的爱人像少女，
但是她苍老了。
枕边的发辫
不是金色的，
却是用银丝编就，
不可思议的寒气。
她像年轻的少女，眉毛
顺滑而整齐；
光滑的脸颊，紧闭的双眼，
安静地睡着，
睡得很美，很静，很沉。

第二部分

婚姻和战争

1911—1919

2.1

劳伦斯自打记事起,母亲就一直深深地影响着他,是他生活的动力,母亲的死让劳伦斯彻底崩溃了。母亲生病期间,劳伦斯承受了几乎难以忍受的痛苦,母亲去世后,劳伦斯既不能忘记母亲,也无法化解痛苦和孤独给自己带来的危机。

> 劳伦斯一动不动地站着,全身僵硬,拳头紧握,烈火一样的剧烈痛苦灼烧着他,他眼前再次浮现出病房、母亲和她的双眼。……为了再和母亲在一起,他想让一切静止不动。一天天逝去了,一周周逝去了。可是似乎一切都乱成了一锅粥,他分不清当下是何时何地。没有任何东西是清晰可辨的。他会时常整小时地发呆,记不起自己做过的事情。

母亲死后,她似乎比以往任何时候都更加把儿子从初恋爱人那里拉回去,因此现在这对恋人好像或许最终疏远起来。在初恋爱人心目中,劳伦斯"不再是以前的那个他了"。1911年"也许是劳伦斯生命中最缺少成果的一年"。也许是这样,不过那年《儿子与情人》的初稿写成了,所以"最为缺少成果"这种说法表达得不太正确。劳伦斯有巨大的恢复能力,尽管他也有几次想扑灭这把生命之火,但是内心的独立让他燃起希望。毕竟,劳伦斯正是在母亲病得最重之时,亲吻了火车上的姑娘;也是在人们猜想他想自杀之际,他正在创作《儿子与情人》的生动篇章。他渴望以死来摆脱那可怕的有如梦魇般的爱情,以一种浪漫的方式,"午夜时毫无痛苦地与世作别",他有时在绝望当中,会把死亡看作同母亲重聚的一种方法。

那几乎致命的创伤最后终于痊愈,但他一生中每每触及这个伤口,心中都痛苦不已。多年以后我和劳伦斯谈论他所著的《儿子与情人》的时候——因为劳伦斯不喜欢谈论自己的作品,这种事很少发生——此刻他的妻子嘲弄

地打断他说："洛伦佐,你还记得吗?你杀死你母亲的时候,我心里多么痛苦!"①我觉得这是个危险的玩笑,尽管按照劳伦斯的逻辑,你可以随口说出自己偶发的感受。我本来以为他会如同野猫一样张牙舞爪地扑向妻子。相反,他默默不语,这种沉默使得在场的所有人都痛苦不堪。

劳伦斯在克罗伊登时写信给妹妹说,他很孤独,没有"任何亲密的朋友"。可是,在他离家之后,他真的一位亲密朋友都没有吗?当时肯定并非如此。就在同事当中他发现至少两个人喜欢他,并能同情他。一个是 A. W. 麦克里奥德,劳伦斯一定喜欢这位,因为劳伦斯离校很久以后,还继续和此人通讯往来。另一位是海伦·科克,劳伦斯给她看过《西格蒙德传奇》的手稿,也就是后来出版的《逾矩的罪人》。

劳伦斯的诗歌在《英语评论》上发表之后不久,他就开始——通过休弗和瓦奥莱特·亨特——结识伦敦文学界人士。现在能看出不便之处,劳伦斯成长起来的地方离文学界这般遥远,再加他自己缺乏自信,又继承了母亲的优越感与固守自己偏见的想法。他期望过高,设想自己就要进入伦敦了,拜伦曾在这个饱享令名的城市,像穆杰②那样受到放荡不羁的同志式的友情所鼓舞,在伦敦,他期待自己的特殊品质会迅速得到普遍认可。但事与愿违,劳伦斯遇到的那些人过分自尊自大,他们有兴趣见他,旨在以施恩赞助者的姿态,亲切地指出他们认为劳伦斯的不足之处。他们主要的消遣方式是不怀好意的闲谈瞎扯。很显然,说伊斯特伍德不存在这样的闲聊很不符合事实,但是劳伦斯的生活已深深沉浸于更有意义的事,所以很少接触这种闲聊。不论是在自己家中还是在海格斯,劳伦斯和朋友们谈论的事情总比消遣作乐要强——哦,那样消遣作乐!——他们很少谈论朋友和对手的过错和蠢事。

瓦奥莱特·亨特早年因技艺精湛,被选拔为校队选手,在这个文化大都会取得了关键性的成就。劳伦斯在一封信中夸赞了她当之无愧的技术,劳伦斯装作老成的样子,但他绝非世故之人,也无法掩盖自己的惊讶:

---

① 译者按:"洛伦佐"是对丈夫"劳伦斯"的亲密称呼;"你杀死你母亲的时候"本是妻子嘲弄劳伦斯的说法,实际是指"当你在你的小说《儿子与情人》里写儿子杀死他的母亲的时候"。
② 亨利·穆杰(Henri Murger,1822—1861)是法国小说家和诗人,最著名的作品是《波西米亚人》。

天才的画像——劳伦斯传

你知道吗，我极喜欢瓦奥莱特·亨特——她真是一个真正的刺客。我回忆起了十二个月以前她和各种朋友的交往。看哪！她友好地让我看了她心中对这些人的画像，每个人脸上的瑕疵上边都有一个红星标志，就像用匕首刺的。我向她致意，她将此事办得非常艺术：在这些被害的朋友身上并没洒过令人讨厌的血迹。

虽然她很有可能是最会传播流言的人，但对于文学界的女人而言，这种魅力和权威绝对不亚于在酒店及俱乐部喝酒的绅士们。她绝非唯一一个用美好光明的事物迷惑这一单纯的乡下人。例如，还有凯瑟琳·曼斯菲尔德，关于她对劳伦斯的影响，米德尔顿·莫里写道："此外，她用略带嘲弄但又丝毫不讲情面的方式总结劳伦斯目前关注的各类人，这让劳伦斯的微笑很尴尬，这时候劳伦斯倒有些怕她。"有文化又教养优良的人士到底怎样才能更好地帮助劳伦斯——这位劳动阶级出身的天才——而不是让他放弃积极的信仰，热情减退呢？从贫民窟到诗坛的帕纳萨斯山峰巅，劳伦斯几乎就用了一步，自然而然地接受了当地的习惯，一段时间之后，自己就成为登峰造极的埋汰人的高手了。他学得有多好，或许可以从他热情的崇拜者多萝西·布雷特的记录中得知，那时多萝西·布雷特初次见到劳伦斯。该书是一本书信集，在她死后出版，整封信里她都称呼劳伦斯为"你"：

你坐得很直，双手塞在大腿下边。我们一边坐着喝茶，一边把可怜的奥① 撕成碎片。我们大把大把地拔下她的羽毛，直到我不拔这才住手，我们惊呆了，试图仁慈一点儿，说："我们只给她留一根羽毛。"这时你大笑，银铃一样的笑声，调皮地说："咱们就留下她尾巴上那根又湿又脏的羽毛，这可怜秃母鸡！"

多萝西所说的那"可怜的秃母鸡"原是他们的朋友兼赞助人奥托琳·莫雷尔，此时劳伦斯将把他的诗集《爱情诗集》献给她，题词写道："此书谨献给奥托琳·莫雷尔，对她表示深深的敬意，感谢她高尚而独立的同情和慷慨的理解。"我认为"慷慨的理解"包括金钱上的认可。

1911年，劳伦斯在克罗伊登时，还是个天真的乡下青年，还远远不曾学会上流社会的社交风范。我有幸从雷切尔·安南德·泰勒夫人那儿收集到早在1910年有关劳伦斯的一些回忆记载。这位夫人应欧内斯特·里斯的邀请去

---

① 译者按：这里的"奥"原属人名词头字母，整个名字是 Ottoline Morrel（奥托琳·莫雷尔）。

和劳伦斯会面，事后也不时见到劳伦斯。她见到劳伦斯时正是他有趣的时期，当时劳伦斯相对而言还没受到自视甚高的文人的影响，在受到政府迫害之前他没有感到愤懑与痛苦，政府也没有试图间接地让他挨饿而使他顺从、沉默。从劳伦斯未发表的一些笔记可以看出，由于雷切尔·安南德·泰勒夫人所持有的文化标准和《英语评论》编者们的大不相同，他对她的学识和美貌印象极为深刻。劳伦斯给她的第一印象是"天真无邪，魅力十足"；当日劳伦斯已经"艰难地获取了某些文化"，可是他"身上仍有贫民窟的痕迹"。她继续说道：

> 当然，劳伦斯来喝茶时，把所有的故事都告诉我了，开始时说他母亲对他来说是最重要的人。那时，所谓的"恋母情结"还不是人人尽知，所以在此事上他的确很真诚。母亲把注意力全放到他身上，过分赞扬他，影响他的情感，与他形成了病态的有机整体。母亲从父亲那儿忍受了好多，劳伦斯为此要补偿母亲。不过，艾米莉-米丽亚姆（我心想那就是穆丽）激励了劳伦斯，帮助了他，鼓舞了他，劳伦斯因欠米丽亚姆的人情而坐立不安，明显感觉米丽亚姆在瓦奥莱特·亨特那高贵的世界里，似乎感觉自己有些土气。我在瓦奥莱特·亨特的回忆录里，发现了一些有关劳伦斯的卑鄙的暗示，说他面对成套银器餐具显得有点尴尬，难以应付接下来的美食。

> 劳伦斯是个不折不扣的势力之徒，十足的无赖，然而，他早期让人感动，很天真，想尽一切办法寻找自己的路。他突然大笑着说道："哦，我可能会像父亲那样，因酗酒而死。"很明显他有巨大的情感力量和强大的表达能力。（记住，他此时甚至连一本书还没出版。）尽管天才人物性格通常具有的缺点他都有，可我还是感觉他很可能是个天才人物，不过，他非常神经质，还没给人留下什么印象就先病倒了。我错了。

我们又听到对"天才人物"的警告了："记住他一本书还没出呢。"这样写劳伦斯，这样说劳伦斯，就忽视了，或者想当然地认为，劳伦斯的书让一些人生气，使一些人漠不关心，同时又激发了另一些人的热情，这些书历经四十年的沧桑，经历了两次世界大战的改变和破坏而幸存了下来。劳伦斯要不是伟大的作家，以他性格中奇怪而又痛苦的特点，他的痛苦、误解，所经历的冒险，情绪变化无常和乱发脾气，他可能成为心理学家而不是传记学

家的主题。如果他不曾写下一个字,那他仍然是个有趣的人,如果让别人知道他,他几乎就是心理分析学家的典型案例;不过,世界只因他是一位伟大的文字大师而铭记他。

1911年1月,也就是在母亲逝去几周后,劳伦斯的第一部小说《白孔雀》出版了。在生命即将走向终点时劳伦斯写道:"他艰难地设想着《白孔雀》的雏形,从意识深处到笔尖,用了四年。"这让我想到困扰和惹恼传统批评家们的创作方法,他们想象着决定小说优点一些规则。劳伦斯情感混乱,记忆超群,写小说对他来说,就是思维的冒险,无意识自我的探索。他并没有像批评家想的那样,一心要讲述一个有情节的故事,人物要精心设计,"结构"要受人赞同,也没有痛苦地把注意力放到他的"行文"上。劳伦斯和杰茜·钱伯斯讨论过写书的事,可能只是想"试着写小说",暗示杰茜也可以试试,劳伦斯继续说道:

> 通常,计划是这样的:找两对夫妇,展开描写他们的关系。乔治·艾略特有许多书都是这个套路,我无论如何都不需要同样的情节,这样我会觉得厌倦,一开始倒是可以从两对夫妇下笔。

就这样,劳伦斯在一开始就没注意过有关小说的艺术和技巧的繁缛细节,劳伦斯写小说的方式之类,据我所知,在当时自诩为批评家的人中很受欢迎,现在也很时髦。这种方式更多是停留在理论层面,而非实践层面,倒不如说是一种理论。福特·休弗是劳伦斯的"伯乐"。也是后来劳伦斯众多文学赞助人和导师之一,他一直坚定地表达他对福楼拜的崇拜,由于福楼拜擅长精心策划情节布局,大量准备写作素材,在描写白菜地时,因找不到确切的字眼来精确描述细节,会数日在沙发上叹息。事实上,休弗的勤奋与他人迥然不同。每天清晨,他都会口授一千字即兴创作的小说,每周写一篇有关文学的长篇文章。

当然,从某种意义上说,劳伦斯的小说也是即兴创作的,长期"挣扎",并非因为缺乏事实素材和文字表达——冗长是他最严重的错误之一——而找出他潜意识中的自我或无意识中的自我真正想要说的话则为困难所在。淳朴自然是劳伦斯最看重的品质,而他的目标总是把他自己的生命力融入作品——他甚至愿意牺牲一切标准去感受生活。为了这个目标,劳伦斯描写一对夫妻的方法就显得极为原始了,这也是劳伦斯坚持、甚至屡屡重复的手法之一。

然而，小说最大的优点在于可读性——如果小说晦涩难懂、枯燥无味，那它究竟还有什么用处呢？不管小说《白孔雀》在卖弄学问的人眼中有多少瑕疵，在它近四十年前出版之时，就具有可读性，现在依然如此。虽然第一批小说总体上受到宽容对待，但这部小说对于英国文学作出的特别贡献并没有得到报界绅士的多少赞扬。即使是少数赞扬过《白孔雀》的人，大概也没梦想过这部小说会在四十年后再版。当然，该书受到了赞助商休弗和瓦奥莱特·亨特，以及《晨报》的赞赏；《文学协会》和《周末评论》也屈尊给予《白孔雀》重视；同时它却受到"自由派"《每日新闻》的攻击。

如果我们不寻求享受书中的乐趣，而是非要找出书里瑕疵的话，那么我们可以指出，《白孔雀》中真正不足的地方就是作者太势力了。劳伦斯凭借不可置疑的文学直觉，他从最熟悉的人们当中，也就是所住伊斯特伍德地区同他最接近的人中选取人物形象，然而，他选择了工人阶级的人物形象，害怕人们会认为他品位不够，所以试图让人物的生活和谈话看似属于中产阶级。尽管有不实的评价，可是他在其他方面的真诚使本书长存。

我们已熟知其中的一些角色了。萨克斯顿一家就是钱伯斯一家，后来在《儿子与情人》中讲述得更细致。艾米莉就是《儿子与情人》初稿里的米丽娅姆。经研究发现，很明显，乔治和后来小说中的埃德加来自同一个原型。劳伦斯自己是"西里尔"（杰茜·钱伯斯认为他是个"老处女"式的男人），使用了母亲娘家的姓比特萨尔，明显写的就是他的母亲——这个人物与故事主旨没太大关联——她对艾米莉心怀恶意。《白孔雀》一书有个让人感到好奇的特点，那就是对烈酒的恐惧和憎恨。在《白孔雀》的前一部分中，不知是有意识还是无意识，劳伦斯让他父亲死于肝硬化，和母亲靠着臆想的四千英镑利息生活在一个乡村小屋里。乔治遭到莱蒂的拒绝，一气之下娶了梅格，之后就开始酗酒，这一情节就是对酒鬼堕落的研究。那些认为劳伦斯"不会创作人物"的人们可能会考虑乔治·萨克斯顿。从那开篇一幕介绍英俊有力的农夫开始，漫不经心而又残忍地把蜂巢撕为碎片，直到最后一幕描写这个醉汉习惯吃得很晚、用令人作呕的鱼和醋做早餐，这一人物的呈现和发展一直很稳定。

《白孔雀》一书有个突出特色，显然此刻还没引起公众的注意，那就是该书有一股几乎神奇的力量，能够唤醒人类以外的自然世界。从这方面看来，

劳伦斯在描写阿尔卑斯山和法国道路时，和罗斯金有着共同之处；在描写英国的小片田地、树林和小路时，又跟理查德·杰弗里有着共同之处；在描写彭巴斯草原时，又和哈德森有着共同之处；同时劳伦斯赋予了自己独特的洞察力和强烈的感情。对猎场看守人葬礼的描写多次被引用，美好的春光和人物的悲伤形成鲜明对比，这种写法可以与哈代相提并论。劳伦斯这部小说对孩子与婴儿有着细致的描述，尽管临近末尾他反对并强烈指责"婴儿出生风暴"。厌世的猎场看守人频繁出现在劳伦斯的小说里，使得杰茜·钱伯斯略带讽刺地说他"被猎场看守人迷住"了。但是，因为劳伦斯经常想写上流社会女性爱上男劳动者的故事，由此猎场看守人这一人物可以说是被迫塑造的。那些跟司机、足科医生以及男管家私奔的上流社会的女子，不是他的兴趣点，而是说笑凑趣的对象。尽管读者可能认同拳击手、酒吧的歌舞演员甚至游泳看护人，但一个职业赛马的骑师恐怕不能写进小说；可是劳伦斯对这些人一无所知，更喜欢坚持写自己熟悉的猎场看守人这种角色。早在在劳伦斯跟一个贵族女性私奔之前很久，他竟能凭空创作出这位猎场看守人与其贵族妻子的故事，看起来真是奇怪。

毫无疑义，对小说《白孔雀》最有趣的评论出自劳伦斯的父亲。劳伦斯太太的葬礼过后，这位矿工父亲无所事事，小酒吧出于礼节将其拒之门外，他就拿着儿子的小说"费尽地读了半页"，对他来说"还不如看非洲霍屯督人语"呢，这位茫然若失的读者询问被他夸奖的儿子：

"儿子，你出这书人家给你什么？"

"五十英镑，爸爸。"

"五十英镑！"父亲惊讶得目瞪口呆，随后用狡猾的眼睛盯着我，好像我是一个骗子。"五十英镑！可你这一辈子连一天活儿都没干过！"

劳伦斯自己对这第一部小说的感觉，可能正如所料，是极端而矛盾的。他很可能因写这本小说而感到紧张不安，于1910年写信给他的朋友海伦·科克，他说："从事文学交易之事使我厌烦。最终我对自己毫无信心，我简直讨厌写作。你不知道一看见内瑟米尔的手稿，我就心生厌恶……我从心底希望今生命运未曾以'作家'名义来使我蒙羞。"必须承认的是，劳伦斯如此"厌恶"写作，却在短短二十年里写了大量作品。

在《白孔雀》一书出版后不久，劳伦斯面临着一种处境，随着时间的推移，

他注定会对这种处境越来越熟悉。伊斯特伍德的一个女孩确认自己就是书中的某个人物,自己和家人都很愤怒。当大家祝贺劳伦斯这部小说得以出版之时,他假装很不愉快,一本正经地说,自己的职业不过是学校教师而已。他甚至还谈到《逾矩的罪人》一书应该被禁止出版!然而当马丁·塞克在1911年6月写信给他,说自己有心出版劳伦斯的短篇小说集时,劳伦斯回信说自己的短篇小说"秋季出书"一事会让自己"幸福至极"。

劳伦斯的第二部小说,《逾矩的罪人》,是他怀着不能抑制的创作热情,在1910年初夏,只用几周的时间写成的。初稿交给了威廉·海涅曼,可是海涅曼并没给那篇稿子太大关注,然而仍然主动提出要出版这本书。休弗读后,以其一贯傲慢的神情装模作样地说:"此书是天才作家的糟糕之作,毫无结构和形式——此乃恶劣艺术,总是围绕一个主题变换。同时还有色情成分。"这一评论惹恼了劳伦斯,他就写信给海涅曼,说自己"决心不出版《逾矩的罪人》一书了",还说他"不想让人以谈论《安·维罗尼卡》的方式来谈论他"。在那个年代,人们害怕接近色情,即使是轻描淡写的性爱也被认为是癫狂,然而劳伦斯至少有借口一本正经地鄙视《安·维罗尼卡》,因为作为助理教员,为了挣到一年一百英镑的可怜工资,不得不保持不大健全的标准,完全支持禁欲之风。尽管如此,他已经着手撰写《儿子与情人》的初稿,并且他文思泉涌,写出了大量怀念母亲的诗歌,诗中满是因母亲逝去而产生的悲痛绝望和追悔。"遗体告别仪式弄得我头晕目眩。"他说,然后写道:

你从死亡之中给了我一团

裂开的的熊熊火焰,火燃烧

在主人们呼吸的气流间……

另一首诗一开始就很伤感:"自从我失去你之后,我就变得默默无言。"劳伦斯一次又一次看到母亲临终病榻的幻象。我们在《忧思》一诗里能看到如下诗行:

我在生养我的女人身边守护,

她四肢伸展于病房里头

斑驳的黑暗中,意志弥坚

为她求死的意愿……

劳伦斯忍受着丧母之痛,痛苦地一个又一个月捱将过去,同时也和杰茜

逐渐疏远。他的时间一部分花在了学校的日常工作上，一部分用在撰写新书上。他收到了爱德华·加尼特温馨的来信，又收到一名读者达克沃斯写来的信，他索要劳伦斯的一些短篇小说，以便寄给《世纪杂志》，他这时心情才好转。然而，结局还是令人沮丧——短篇小说遭到拒绝。

所有这漫长的痛苦转成一场危机，他突然彻底垮了。恰好就在他母亲去世一年以后，在1911年11月，劳伦斯遭受结核性肺炎的侵袭，两侧肺叶都被感染。开始时他由海伦·科克照顾；后来，当海伦能够获准离开学校之后，就由他最喜欢的妹妹阿达照顾。在病痛最严重之时，他曾渴望同母亲相聚。在肺炎最重的时候，他对妹妹说："阿达，此刻我要是想死，就会死的。"这话自然让妹妹心中很乱，他见状迅速补充道："别担心，我还不会死。"有关劳伦斯的一件事实颇为奇怪，那就是，不管他病得多重，不管他的疾病是否看起来频繁显示出毁灭性打击，他的生命力却仍旧这般旺盛，因此朋友们觉得他不可能这样年轻就死。当杰茜·钱伯斯得知劳伦斯在克罗伊登生病，病得很重，可能会死时，她悄悄给他写下关于他俩早年还在一起时的记录，这些记录劳伦斯曾向杰茜要过，以便他重写《儿子与情人》。杰茜感觉很有信心，觉得劳伦斯活在世上还有很多工作要做，不会就死——大多数对劳伦斯了解较深的人都有这种感觉。

疾病曾把他带到死亡的边缘，使他的身体极为虚弱，健康全垮了，此后一直处在肺结核的威胁之下，这种疾病有时暂停对他的袭扰，但却从来没有离开过。当年一月，大夫送他去伯恩莫斯进行冬季康复治疗，并且警告说，他一定要放弃教书一职，要过"户外生活"——好像一名薪俸过低的中小学教员可以带着一张前往埃及的车票，在尼罗河上租赁一条船屋，去度过冬天剩余的时光。这种做法实际上是极为礼貌地告诉他，他已感染肺结核，再也不可以出现在学校教中；现在就能看到起初坚持获取高薪的错误，因为看起来学校付予高薪，就是为了表示对其服务期间感染的疾病不再担负责任。休弗说他会设法直接去找教育大臣为劳伦斯获取补偿，其实那是学校不肯支付任何钱的借口。

在劳伦斯付出那样长期艰苦的努力之后，此刻突然失去赖以生存的唯一职业，自然可能沮丧不安，除了其他麻烦和困苦之外又有这样一项烦恼。很显然，他离开学校所任职务得到自由时，并非只是感觉"相当释然"，而且

还很"开心",总在兴致盎然地引用这一诗句:"他再也不用等着上课了。"在他去伯恩默斯之前,杰茜·钱伯斯来看望他,发现他的确"瘦得凄惨",然而他看上去精神抖擞得让人惊异,有如"生命跳动的火焰"。更令人奇怪的是,他在给加内特写的信中抱怨说,他感觉自己的生命燃烧得"像浮在油上的自由火焰",并讲他想让火焰"得到控制并再次燃烧"。

毫无疑问,劳伦斯自由了,不过,如今这份失业的自由太可怕了。他的经济前景无法令人欢欣鼓舞。尽管《白孔雀》一书在1911年3月已经第2次印刷,然而至今印书带给他的那一点点儿钱刚刚能够支付治病的花销,他很感激加内特借给他7个几尼,可以维持1个月的疗养。从加内特那儿借来的钱,只能维持到二月份,到那时就又有五十英镑应该属于他了。除此之外,他仅仅剩下未曾出售的手稿和"天才"了,此外一无所有。他同加内特的来往导致他将休弗冷落了,休弗没有在《英语评论》上力推劳伦斯的作品——在整个1911年期内,劳伦斯只在《英语评论》上发表了两篇短篇小说,一首诗也没有在那儿发表。更令人钦佩他的勇气和精力的是,甚至在他去疗养之前就已经开始重写《逾矩的罪人》。在伯恩默斯的劳伦斯!因为长期以来他已成为反对平庸和不体面的象征,所以很难想象他能生活在那样平静的环境中,他曾抱怨过"倾盆大雨"和"容易生雾的温和天气",但甚至因此而变得温和起来。

虽然这样,伯恩默斯使劳伦斯以惊人的速度恢复了他的力量,他此刻开始以极大的热情勤奋写作。1月3号,劳伦斯给加内特写了封信,信中提到他刚刚重写《逾矩的罪人》的第一章,觉得这部小说"非常非常的好"。这月的19号,他已写完135页,再到29号,就已写出300多页。这部小说篇幅不长,约7万字,不过这样重新创作这部小说,他每天肯定要写两千到三千字,他没有太多自由时间了。想想他的写作生涯何等短暂,旅行用去了多少时间,他既要做饭、料理家务,又要写作,无论何时朋友们来访——朋友们经常找他——他好像从没有多少时间写作,大家都对他的多产迷惑不解。(实际说来,他还远远不及巴尔扎克,人家才比他多活了七年。)不过当劳伦斯写作之时,他会全神贯注,有一股神奇的力量,让他从周围的环境中抽出身来。他几乎能在任何地方写作,年轻时的情况是,他或者要和别人在房间里一同工作,或者根本没工作,这种条件培养了他在纷繁干扰之下仍能工作的宝贵能力,

这种条件是大多数作家招架不住的。在德国，加内特和劳伦斯在一起时就对此有所感触，我也回想起来，自己和几位朋友同他的妻子聊天说笑，而这时劳伦斯在写作，原以为他是在写信，结果却是在写一篇文章的末尾几页。欧利奥利讲过这个故事，劳伦斯曾在亚诺河畔的书店里，为自己的译著《马纳蒂医生的故事》写全部序言。他不满意别人写的序言，推翻那人所写的清样自己写，全然漠视书店里进进出出的人群和所有那些嘈杂响亮的意大利人讲话的声音。

  这回生病促使劳伦斯第二次同过去断然决裂。最明显的变化是，他再也不肯在各种道德戒律之下默守常规，而是去描写羁旅作家的历险生活。同时，他对已逝母亲的记忆紧紧束缚着他，甚至让他想到要自杀，而这种写作转向在很大程度上缓解了这种无望爱恋。他说他可以"放弃而死"，这时他想起的是和母亲的契合，这让妹妹非常痛苦。他的求生意志最终取得了胜利，引领他走上自由之路。在几篇追忆亡母的诗篇后，有一首题诗名为《生病》，显然写的是他在克罗伊登生病的事，是在他开始康复时完成的。他并未中断创作献给亡母的诗，只是其间穿插了其他的主题。二十世纪二十年代，他在陶斯写的一首诗中提到了母亲，但是我相信，他献给亡母的这最后一批诗歌定能追溯到他痛苦地描写母亲生病和去世故事的时候，也就是在1912年秋天。杰茜·钱伯斯看到的《儿子与情人》的早期版本没有那些悲剧部分，因为杰茜觉得"整个故事有些纠结不清"。然而，如果故事真的"纠结不清"，那就在于劳伦斯在母亲过世后，他无法接受这么快再次体验那些撕心裂肺的情感。

  很自然，劳伦斯发现自己没有料到要摆脱学校的束缚了，他竟然要离开克罗伊登，而且起初多少有些模糊地计划出国一年，因为他很早就有这一愿望。同时，他总是那样费尽苦心愉悦众人，因此，很快就大受伯恩莫斯其他房客的欢迎。他对其他人的魅力毋庸置疑，令人瞩目，如果他要做一名时髦的大夫或者政治家，他可能早就发财了。我知道有个上点年纪的女房东对他很是着迷，每次劳伦斯来回经过时，虽然只是跟她打个招呼，但劳伦斯敏锐的眼睛立刻注意到她带着琥珀色的项链，便伶牙俐齿地大加赞扬，女房东像小姑娘一样脸红了。但当然了，这些爱慕，尽管像他们那样也很正常，但也容易变得麻烦，实际上，劳伦斯一生"广交朋友"。他在伯恩默斯住时就有这样

的例子：

> 在这儿我已能融入人们的生活——颇为有趣，有时感到些微苦楚，通常还是快乐的。但是我同人们关系太亲密时，还是有些复杂。不过，我依旧十分喜欢让自己陷入一些纠结之中。

如果劳伦斯说的这些话属实，那就确实算是幸运，因为与女友们相处得远不止是"有些"纠结。首先是杰茜，这让人惊奇，劳伦斯过去曾经不止一回重归她的运行轨道，可能并不是因为温情的缘故，而是劳伦斯创作《儿子与情人》时需要她的帮助。随之还有，《逾矩的罪人》一书里的"海伦娜"以及《火车上的亲吻》中的"露易"，在写给爱德华·加尼特的信中他把露易描写成"大个子，皮肤黝黑，而且像吉卜赛人一样热情奔放——不过挺好，非常好，忠于教会"。（劳伦斯真是个天才，能用一句话概括人们的形象，描写引人入胜！）然而在劳伦斯离开克罗伊登后，"海伦娜"就渐渐地从他生活里销声匿迹了，显然从劳伦斯给加内特的信里就能知悉，露易姑娘也正逐渐离开他，并不是他离开露易。

尽管劳伦斯和加内特有些年龄差距，二人却保持着真诚的友谊；劳伦斯给年长的加内特写来闲聊私密的信，从这些信件中可以看出，劳伦斯是个人情味十足的青年，既让人意外又让人很愉快。此刻劳伦斯正在测试瓦奥莱特·亨特和休弗（后者已经丢掉《英语评论》编辑一职）；现在劳伦斯常和罢工的矿工在小酒店中喝酒，描绘着如何"几秒钟内就有大量金钱入账"，因为矿工们"热衷于像九柱戏这类赌博游戏"。后来大伙儿和我更加意外，赶上劳伦斯竟在跳舞时和他妹妹的朋友调情，随后他曾写道：

> 我妹妹发现我正在和她的一个女朋友吻别——这么一个顶呱呱的小姑娘——我们正疯狂地接吻——这时妹妹进来了——四周的人们震惊了，他们非常愤慨。

"伙计""痛快""顶呱呱""像疯子一样""一丁点儿""你难道不知道"——劳伦斯当初花了很长时间才不用这些方言，在这些方言已经消失好久之后，他还是长期坚持使用其中的某些词汇，即使在伦敦也是这样。然而在劳伦斯熬过这些痛苦和失落之后，他当然有资格享受生活中的一点儿乐趣了。然而这种不负责任的享乐的轻松心情并没保持多久，非常短暂；因为即使他当时正在修改《逾矩的罪人》，他自己成了一个逾矩的罪人，而且终生没变。但

是在我们逐渐了解劳伦斯戏剧性的私奔婚姻之前，很值得看看他那本多多少少为人忽略的《逾矩的罪人》一书，该书有很强的自传性。

至此时间过去还不太久，不可能就说威廉·海涅曼是否曾经受过休弗评论的影响，休弗曾说《逾矩的罪人》不仅是"一位天才作者的腐朽之作"，而且"充满色情描写"。我们必须记住，当时对于出版商说起来"色情"是个可怕的词，因为在不久前，威兹特立就因出版左拉和伊丽莎白时代那些不愿掩饰两性关系的戏剧家剧作而被认定罪行滔天，锒铛入狱，身陷穷困。无论如何，如果说海格曼的下属鲍林没有心怀敌意的话，那他就是漠不关心，他让该书流转到加内特和达克沃斯。劳伦斯当时还不知道，对他这类作家，更换出版商就是一种错误，也是一种不幸。

那时《逾矩的罪人》被认为是"太大胆"了，因为该书的主题是一名少女在英国怀特岛的巴亚和一个已婚男子的简短的恋爱过程。主角是西格蒙德，当然也就是劳伦斯，该书最后以西格蒙德的自杀结尾，尽管劳伦斯并未自杀，他在书中以另一个人物伯恩的身份幸存下来，来发表评论。如果我们忽略西格蒙德的家庭结构——显然那就是劳伦斯自己不赞成清教徒所要恪守的关系的足够证据——该书所剩部分大多是单纯自传而已。正如我们见到的，小说初稿写于1910年炙热的初夏，时间就在小说讲述的事情发生后不久。西格蒙德的自杀——在劳伦斯的大量作品里面如果不是绝无仅有的话，也是极其罕见的例子——可能只是巧合，然而或许是他因母亲之死而陷于绝望，在伯恩默斯居住时加上的一些片段。此时劳伦斯首次从现实的观点讲述生理上的爱之激情，而且并没有任何形式的"鼓吹"或说教因素，只是唤醒了男女之间基本而又必不可少的、值得赞美的关系。在劳伦斯看来，这样的激情不同于哈弗洛克·埃利斯《性心理学》中的科学观点，又不同于 H. G. 韦尔斯的《安·维罗尼卡》中的社会观点——这两本书都是非常重要的先驱之作。对劳伦斯来说，性是神秘的生命力之花，是被带入人类知觉的未知之神。正是由于他不愿保持沉默，又有激烈敏感的性情，才会以自己生动深刻的经历再述这些已被人遗忘的艺术真理。

当然，劳伦斯还没有做充分准备时就与一伙公众见面了。多少世代以来，英国文学一向以其黯淡的象征写法来表现两性关系（法国文学相比之下健全一些）。性生活从现实中来，被精神化、高尚化，并略带理想化，直到公众

的顽固思想达到一定程度，所有真理性言论全都立刻被贴上"不干净""不健全""不愉快""不必要"的标签。

我曾经多次说过，劳伦斯在很多方面都和罗斯金相仿，他俩都痛恨工业主义，因为工业主义非常丑陋。他俩都有生动的想象力，从而能仅用一些象征事物来表达抽象概念。他们都对自然美很敏感，不过劳伦斯观察得更仔细，写得更形象。另外，他们都有几乎可笑的想法，相信自己有能力通过写出几本书来改变世界，这样的想法让他们养成了武断专横、盛气凌人的风格，最后二人的目的都被自己风格葬送。二人在同任何敌对事物的战斗中，表现的英勇无畏，令人赞叹，尽管当时他俩想法有误。二人情绪全都变化无常，而且都很感性。他俩全都在没完没了的自我矛盾中伤害自己，又在毫无意义的互相责备和无益口角当中白白浪费好多精力，这点就不必多说了。他俩甚至对两性关系都很狂热，当然狂热的方式极其不同。二人的差异在于对女性的不同态度上，是仅仅他俩这般相似的人才会有的不同。

罗斯金作为恋人有过令人悲痛的过往，关于女人，他曾滔滔不绝地说过许多，阿谀奉承过许多，蠢话连篇，却从来不会表明自己体验并感受过性生活带给他的幸福快乐。劳伦斯以自己的热情改变了这一显而易见的、让人类痛苦的根源，陷入了另一极端，认为男女关系仅存在于性爱之间。这种认识导致他说了些古怪离奇的话，说但丁的《神曲》"相当不诚实"，因为"但丁没有提及枕边的妻子和孩子们"[①]。这一评论当然不会和天堂有关，在那天堂上面既没有婚姻，也不给予婚姻优先地位。

劳伦斯的其他任何方面都可能被人否定，但毫无疑问，他对许多女人来说具有巨大的吸引力，他那与生俱来的清教徒思想使他总是跟女人保持一段距离。连他自己也曾注意到，而且为了这点难过，甚至愤怒不已。他在信中写道："为什么女人总要爱上我？"这些话一点都不愚蠢，而是真的生气。原因很简单，他把她们当做女人喜欢着。他宣讲的不是上层社会的妇女竟然舍弃自己的丈夫，跟着下层社会的情人逃跑之事，他甚至热情洋溢地坚持婚姻应该终生不渝，是不可侵犯。不必询问他是如何调和这种矛盾的——他一向不曾尝试。面对粉丝写来的或是荒唐或是讽刺的信，劳

---

① 但丁痴情于他的初恋情人贝雅特丽齐。在《神曲》中极力歌颂贝雅特丽齐，但没提及他的妻子。但丁夫妻生了六名儿女。

伦斯很少会控制自己不去给他们回信，相比而言，他更难以控制自己对女人的吸引力。不过他认为自己的婚姻不可侵犯，并且对一切有心触动他的婚姻的人咆哮说"别碰我"。

不管劳伦斯遇到怎样无助的环境，这种对于生理上结为一体的至高价值的神奇信仰，是他从来没有动摇过的少数信仰之一，这一看法也把他卷入许多误解和不实报道之中。奥尔德斯·赫胥黎曾经指出，劳伦斯在奇怪的两面性格里有种既神秘又唯物的的东西。劳伦斯拒绝当时传统的宗教观点，他费尽脑力这才找到最能接近事实的一种宗教。他立场鲜明，可笑而又任性地坚决抵制进化论学说，因为自己并未感觉进化论存在于"太阳神经丛"中，尽管如此，那种学说还是对他产生了不可抗拒的影响。基督教认为两性关系只能阻碍救赎，恰好就是进化论促使他那样愤慨地拒绝了这一观点，他宣告在进化过程中，性是最关键的一环。至于造成那么多愤慨和讥讽的其他争论，也就是：人类意识不仅限制在大脑之中，这仅是碰巧在任何生理学或者心理学教科书里都能见到的事实。奇怪的是，"意识不是真正的自我"是重要的佛教教义，而劳伦斯在锡兰时，以白人的傲慢拒绝了这一教义。

劳伦斯青年时代所认识的年轻女性，在现实生活中，并非仅在小说中，都近乎精神化、理想化、无性欲的那类，是各个圈子里大家追求的时尚人物。他那种极端坦率，如果说被复杂化了，就是指为了实现生理上的结合所作出的努力总被"德行"挫败。劳伦斯较早的诗歌和信件，以及《逾矩的罪人》《儿子与情人》之中都有许多在正常冲动受挫过后的抱怨。甚至就连杰茜·钱伯斯的叙述也赢得了来自劳伦斯对手的深切同情，因为她曾经不自觉地对此表态，认为让她理解或对劳伦斯既不否认也不贬低的冲动作出回应，这是不可能的。

我们可以猜到强加在这些姑娘们身上的乱七八糟的约束，从《逾矩的罪人》可以看出因此劳伦斯是何等痛苦。当然，他假装说是这些人物皆属虚构，是别人无关紧要的一些经历——只有他才能像西格蒙德那样生活与谈话。下边有个例子，说明那个"逾矩的罪人"开始和那位姑娘做爱之时发生的事，他因为她才遇到这么多麻烦，并且敢于面对那么多不快：

> 海伦娜抽泣起来，声音略带干涩，疯狂地抽泣，感觉好像自己就要发疯。西格蒙德想要从正面看她的脸，她却为此恨他。随后他一直紧紧

抱着她，她却一直被囚禁在这个残忍、盲目的动物的拥抱中，他的心好像在承认自己的过错，因之剧烈跳动，砰砰，砰砰，砰砰。

"你听到我们之间有什么声音吗？我做了什么吗？我说了什么吗？告诉我——无论如何告诉我吧，海伦娜。"

她的抽泣声就像干枯树叶子的喊喊喳喳声。她为了获得自由而变得疯狂起来。她再也不能窒息于那紧抱的监狱，几乎窒息，就要发疯了。西格蒙德的外衣擦了一下海伦娜的脸：当她挣扎的时候，她能看到西格蒙德的喉咙在猛烈活动。她和西格蒙德搏斗；她在惊慌失措中挣扎着以求得自由。

"放我走！"海伦娜哭喊着，"放我走！放我走！"西格蒙德茫然而又恐惧地抱着她。她伸出双手抵着西格蒙德的胸膛，把他推到一边。她已经不看西格蒙德，她的脸因遭受的苦难扭曲得变了形。她以极大的力气怒不可遏地推开了他。

西格蒙德迷惑不已，心脏停止了跳动。在那一番骚乱遮掩之下海伦娜推开他，跌倒在地，疯狂地抽泣，全身颤抖着缩成了一小团。西格蒙德对此不能忍受。他单膝跪在她的身边，一边试图把她的手握在自己手中，一边乞求道：

"只要告诉我就行，海伦娜，这是怎么回事。告诉我这是怎么回事。至少要告诉我，海伦娜；告诉我这是怎么回事。哦，可是这当真可怕！"

海伦娜此时已经全身痉挛般地转了过去。她全身颤抖，似乎神不守舍，随之最后以自己双手捂住耳朵，以求躲避西格蒙德无理的请求。

西格蒙德看到海伦娜这般模样，最后妥协了。他悄悄地单膝跪在她身边，凝望着迟幕的光景。这片极度的沉寂随着海伦娜干涩、嘶嘶的抽泣声不断爆裂。西格蒙德保持沉默，被这场不自然的冲突吓得昏头胀脑。他等了一会儿，然后把一只手放在海伦娜手上，她痉挛般地退避开去。

尽管这是小说中的一幕，而且其结局可能稍作重新编排，然而毫无疑问，它大体上是一篇完全真实的实事报导。这是何等的骇人听闻，简直就是无事生非！只是因为处在一种荒谬却又专横粗暴的外来控制之中，海伦娜才在盲目地极端厌恶生理上的爱情，而且毫无理性地蜷缩在恐怖之中，这时，显然表现了她是真心实意的。而于西格蒙德这方，他毫不拙笨，并非没有准备，

也并非没有追求女性的迷人手段，也并不缺少对海伦娜的"爱情"，她显然没有看到自己或许为人鄙视，或许荒唐可笑。在这种歇斯底里的特殊场景之前，她曾自愿赞同单独和西格蒙德单独出去好几天；她表现了了性意图，"把西格蒙德的头搂到胸前，把一只手插进他的头发"；抚摸他的身体，显然因他的亲吻而激动万分，甚至躺在他双臂之上并且"主动提出献上身体"。其后，在此决定性的关键时刻就发生了这种毫无理性的突变，这是对肌肤之亲、肉体之爱歇斯底里的恐惧。她太年轻吗？她当时都二十六岁了。

2.2

只有在被禁止教书之后，劳伦斯才发现自己多么厌烦学校生活；但是甚至那时候，有时也并非如此。之后的某天，他怀着某种变态的怀旧心情说起了"戴维森"监狱般的生活。"即使现在，我也会梦到我必须去上课，"他曾写道，"这是我做过的最糟糕的梦。我以前从来不知道我对它是多么厌恶、怨恨、恼怒。"不过在1912年前几个月，劳伦斯对自己的将来还很不确定，对强加于他的令人陶醉却颇具威胁的自由相当缺乏信任。到二月份，他结束了又一段让他极不满意的恋爱。他怀着沉重的心情在马里伯恩会见简并与之吻别。谁是简？除了后来他"曾为她难过，她病得很重"之外，其他情况我们不得而知。他仍然保持着对老家的回忆，并在伊斯特伍德和妹妹度过了许多时光。然后，他突然决定——五月要去德国。

如果你认为劳伦斯仅仅因为婚前的困境和有关他的丑闻就会出国，那就错了。在他还是个小男孩时就很渴望旅行，只有亲身经历后他才发现，他宁可生活在英国以外。我不知道他初次说想写一部关于五大洲的小说是在什么时候，但他肯定说过，他成熟之作的很多灵感来自他的几次旅行。这种对于旅行的渴望可能就是和他本不平静的心情有关，而据说心神不定又同肺痨有

关。确实，他总在不停地发现奇妙的新地方（和雪莱一样！）可是过不了几周或几个月就对这些地方厌烦了。他责怪自己的身体不佳，或是赏景时的心情极差，感觉天气、邻居、当地政治、即将到来的革命、甚至整个宇宙都有恶意。

可是，为什么——1912年——去了德国？那时，对英国知识分子来说去德国是一件时尚的事情，而意大利文明已经过时，法国文化也渐渐颓废。除非怪人，否则任何人都不会想到西班牙或俄罗斯，如果你想访问这两个落后又专制的国家，你必须要办个护照。只有德国，军队披着闪闪发亮的盔甲，人们怀着一颗温暖的心、愉快地喝着啤酒，去德国风靡一时。如果如实说，劳伦斯去德国还有个实际的额外理由，那就是——他有亲戚嫁给了德国人，他在莱斯特的姑姑跟一个来自莱茵河流域的瓦德堡，名为克伦科的德国人结为夫妇了。他本来不打算投靠这些德国亲戚，但作为靠一支笔来谋生的作家，他对自己的作品是否有销路还没有足够的信心。发现休弗和《英语评论》资金不足，这让人又惊讶又难过，可能他还未从中恢复过来。不管怎么说，尽管有医生的劝告，显然劳伦斯还是力求在德国一所规模较小的大学里谋得讲师的职位。可能事务负责人员认为，这种做法甚至对于诗人来讲也未免过于审慎，经过一系列奇怪而又难以预见的事情后，这种寻求安全与获得尊重的尝试，致使他的行为永远无法得到大家的尊敬，让他寻求安全的做法也变成了笑柄。

诺丁汉大学的教职员工中包括欧内斯特·威克利教授，他论述英国哲学的文章在当时深孚众望。因为该教授在德国拥有实用的人情关系，所以劳伦斯希望通过他的影响去寻求英语讲师的职位。实际上教授有位德国妻子，她在这件事中最具重要性，她在1912年4月举办了一场宴会，劳伦斯和弗里达的故事由此开始。不知何故，在整个这一戏剧性的过程中，德国讲师的职位又被丢开，也可能被静静地遗忘了，只是偶尔为了将劳伦斯介绍给这位教授的妻子才用一下。

弗里达·芬·里契索芬是西西里岛的一个贵族，费丁南德·芬·里契索芬男爵的侄女，他把自己在中国的所见所闻写成了游记和相关书籍，并且绘制了中国地图，这使他理所当然地颇负盛名。她的父亲，也是一位芬·里契索芬男爵，当时曾是一名职业军人，而此时正在麦兹镇的卫戍部队中担任要

职——当然那时候是在德意志帝国境内。究竟出于什么原因,让这个美丽、怠惰但充满活力的德国贵族的女儿嫁给诺丁汉大学的一位教授,我们从不曾得而知。但毫无疑问,她和她的家人当时并不没有意识到,英国对学术的尊重远不及德国,在当时的英国,类似"教授"和"诗人"之类的字眼主要被用于嘲弄和辱骂他人。不过情况属实,弗里达,这样一位类似现代布伦希尔德①的优秀人物,背井离乡,屈尊来到整洁的诺丁汉郊区,好像这辈子都要做单调无聊的家务了。她全身心地照顾三个孩子,并没有显示太多的不快,偶尔也会无伤大雅地和不太蠢笨的学生或某个德国游客调调情。劳伦斯选择了她,陷入了轰轰烈烈的恋爱之中;尽管二人一辈子总是争吵,还乱摔餐具,但劳伦斯选择了她,和她相爱一生,相伴一生。

想象一下,多年来,劳伦斯像基西拉岛上的暴君似的,发表些自相矛盾又武断的命令(颇具"权威性"),告诉其他人应当如何安排他们的情爱生活。事实很具幽默感,我们这个吹毛求疵的完美者竟会选择与比自己大好几岁的已婚女性私奔,一起度过他们人生的大部分时光,她思念着自己的孩子(如她所讲)"似乎就像一只丧失了小猫的母猫"。这并不代表流言"劳伦斯娶错了女人"有丝毫正确性。与之相反,他们两个本是天生的一对。只有像弗里达这样的女人,健康有力,迷人漂亮,充满活力,积极自信,才能受得了和这位虚张声势、神经敏感、独断自负、满腹猜疑、率直倔强的"天才"一起生活。

弗里达·芬·里契索芬
D. H. 劳伦斯夫人授权

继劳伦斯的母亲之后,唯一能对他有所控制的人就是他的妻子,即使在某些程度上,弗里达有她母亲与姐姐埃尔斯帮忙,她也并非总能控制住劳伦斯。他们经历了很多波折,当他要把他的意志强加给她时,真正的战争便发生了,还发生了口角,甚至还动手互扔东西。但是,任何人要是以为两人不相爱,

---

① 在北欧神话中,布伦希尔德是一名持盾女战士,同时也是一位武神。她是北欧英雄传说《沃尔松格传》和冰岛史诗《埃达》中的主要角色。

那绝对是疯了。否则二人怎样才能相互容忍？弗里达，这位幸存者，极其大方地写到劳伦斯要给她"一个新世界"。当然他确实曾经给过，然而，有了弗里达，劳伦斯才可以给予一个世界。正像我们所看到的那样，劳伦斯不仅是只有在女性的支持下才可以生活、写作，但是自从他遇到弗里达后，任何其他的女人都无法与之匹敌。诚然，他越来越依靠妻子，这远远多于妻子依靠自己；而弗里达对劳伦斯的影响几乎可以在1912年后他所有的作品中看出。

这种情况并没如下事实：每个相关人士都充斥着凄楚和痛苦。许多人可能会退缩，但那些低贱下流、斤斤计较、残忍冷血、性欲淡泊的人，会在这种进退两难中犹豫不决、小心翼翼、畏畏缩缩。而像他俩这样真正一见倾心的人，会扫除眼前所有滑稽可笑、微不足道的法律条款，甚至排除这一事件中真正的人性困难——弗里达孩子的问题。如果非要指责整件事是由谁引起的话，那就是弗里达自己。如果弗立达没有鼓励予劳伦斯，这种情况就不会发生，要是她原本愿意，她可以用讥讽的话立即气走他，如同随便哪个处于她那种情况下的女人会做的一样。从她对这些事情的记述来看，我们可以推断，用劳伦斯的话说，"弗里达没得到满足"。显而易见，是她选择了他。她曾经描述劳伦斯怎样前来和她以及孩子们一起散步，以及她是如何站在一旁，观看劳伦斯与孩子们游戏，她完全被顺流而下的雏菊花瓣和纸船吸引，甚至被遗忘了："突然之间我发现我爱他。他触动了我心底新的柔情。"不少女人曾经有过这种体验；弗里达是真正回应劳伦斯的一位。可能正是由于妇女们发现劳伦斯非常招人喜爱，才让男人们那样恨他。

"在那之后，"弗里达继续有感而作，简略地说到，"事情发展得很快。"他俩确实进展迅速。她的丈夫将要外出旅行，她直截了当地请求劳伦斯能够跟她过夜。当然他对这种不太合适的欧式建议极为反感，于是拒绝了。"不可以，"他一本正经地答道，"你丈夫不在，我不会留在他的家中，但你必须告诉他实情，咱们要一起离开，因为我爱你。"请诸君注意，是"因为我爱你"，不是"因为你爱我"，或者甚至是"因为你我相互爱慕"。过了很长时间，当论及弗里达离开她的孩子们的悲剧情形，我冒然询问她说："你究竟为什么这样做，弗里达？"对此她回答说："劳伦斯让我这么办的。"回答很简洁，但是却没有真正回答这个问题。此外，她的话好像把全部的道义责任推到了劳伦斯身上。当我仔细阅读弗里达自己简单的记述，和她留下

的极少的信函来往，我真是不能相信事情像她说的那么简单。

弗里达按照劳伦斯的建议跟丈夫谈话，不管谈了什么，他俩的关系起初并非远非完全破裂，不单因为弗里达在她的情感和意愿上游移不定，同时也因为劳伦斯，二人对抗的刺激一减弱，他就会不可避免地陷于自己通常那种犹豫不决的态度之中，不能下定决心做自己想要做的事。的确，就在1912年5月4日，他俩结伴渡过英吉利海峡，住在了法国麦兹的同一家旅馆中。然而即使这也不能说明他们完全妥协。碰巧的是，弗里达的军官父亲正在举办50周年庆典，以庆祝自己多年来一直为德国军队效力。结果弗里达老家的每一个房间都住满了宾客，这好像很自然地解释了她为什么住旅馆，就像她父亲在庆贺军旅生涯这事能清楚地解释她为什么去阿尔萨斯。借助她帮助贵族父亲安享晚年的机会，弗里达这才能够告诉父亲，她想离开声名显赫又受人尊敬的丈夫和三个孩子，去找一名毫无分文、几乎默默无闻的英国作家，一名原来的学校教师，现已失业，一位矿工之子。

身穿巴伐利亚本地人服饰的弗里达

如果芬·里契索芬男爵劝诫女儿不要让事情继续发展下去的话，大家并不会感到惊讶。弗里达在她的记述之中说她的父亲支持他，并说他"了解世界"，对此弗里达反驳说他"从来不知什么是最好的"。也许事情就是这样，然而她曾对我说过（在她写下回忆录之前很早的时候），她父亲指责她是"返祖现象"，我想她父亲认为女儿继承了她女性始祖的原始习惯。后来，当她陪伴自己的英国流浪者漫步巴伐利亚时，那位老男爵讽刺她是一名酒吧女招待——那时候，在德国的啤酒馆当女服务员的工作被看成是不贞洁的。

在麦兹度过的不是很平静的田园生活，被荒唐可笑的军方打断了。劳伦斯和弗里达此刻正坐在一片草地上，旁边是大战壕和斜坡，这里原为麦兹废弃的防御工事的一部分，此时一个多管闲事的哨兵执意要逮捕劳伦斯，理由是他涉嫌假扮英国军官从事间谍活动。说来很奇怪，当时劳伦斯身上有些军

人气概，或许是由于他留着胡子，腰杆笔挺，但他并不像军官。弗里达只能去请求她的父亲出面，借用他的影响力取消这次逮捕令，而这次请求暴露了他俩的恋情。弗里达的父亲，在此危难境地之中十分仗义慷慨，但条件是要劳伦斯马上离开麦兹，去他在莱茵兰地区的德国亲戚那里。

劳伦斯没有办法，只好离开。然而他并未直接去往瓦德堡，而是在德国特里尔市停留了一段时间。一对情侣产生的情感之前并不算热烈，此刻很快达到高潮。就在弗里达的父亲周年庆典那天，劳伦斯已经让人送过来一个便条，请求她跟着自己离开麦兹。"我爱你，"他在短信结尾时写道，"在我说出这些之前，我总是无法开口。"即使对于自己的情妇，要让他殷勤一些也是那样困难。他还告诉弗里达，他们之间的事他一个人说了算，又慷慨地让步说"在零星琐事当中，你的意愿就是我的意愿"。另一便条，仅仅注明"星期二"（劳伦斯写信常常不肯注明日期，这种习惯像女人一样），这一信显然也是写于麦兹，而他所"惧怕的"是"突发的英雄行为"。在这封信中，他强调自己"已经再无不实之处，再无谎话"，接下来是"再无欺骗遁词，说谎狡辩，乌七八糟，担心害怕"。而且，劳伦斯已经写信给弗里达的丈夫。他不肯让步，要争取一切，因为实际上在弗里达的激情尚未冷却，还没缓过味来之前，他给弗里达发出了最后通牒。即使当时，信尾他有点挖苦地说："我爱你，上帝呀，我为此付出了代价。"

事情一件接着一件迅速发生。五月八日那天他心情较为平静，在德国特里尔写下寄给弗里达的信——这里我插一句，他以自己独特的优美语言描绘——此刻，他内心总是长存某种真正的甜蜜："我真的好爱你……我开始感觉自己确确实实是这世间的一个男子汉。我想，我还不得不满怀这样等待别人的妻子的不道德之心。"不过，他已经在同一封信里警告弗里达："记住你就要成为我的妻子。"他已经告诉弗里达，她只能通过他才能收到她仍然合法的丈夫的来信。在另一封信中，劳伦斯又讲他特别喜欢她的下巴——"你的下巴实在太迷人了"；那封来信结束时，他以极尽忧伤的讥讽口气讲："咱俩定然总要同'生活'战斗，因之彼此永远不会互相开战，要永远互助。"

他一直催促弗里达前来和他相聚，但说话方式显示出他信心远远不足："你周六会来吗？"这里，和有时发生的一样，他对自己直觉的信心证明是有道理的。弗里达在她的丈夫与自己家人的压力下动摇起来，劳伦斯不得不忍受

众所周知的委屈。他看到，再在德国的特里尔游荡已毫无用处，于是他乘坐舒适的马车沿莱茵河前往瓦德堡。值得注意的是，他从未提起自己一贫如洗，备受挫折，却还想着要养活一位平生习惯于舒适安乐的女人，好像挺可笑的。至此，在他离开特里尔市前写给爱德华·加尼特的一封信中可以看出蛛丝马迹，甚至那时他在信里也只向其询问自己从事的"文学差事是否会有所转机？"

痛苦、失望、旅行使劳伦斯根本不可能进行正常的写作，但他还是匆匆写下一些诗。他写过一篇自己称为《贝·亨内夫》，他告诉我们，这首诗标志着他人生新时期的开始，也就是他确实要从对亡母徒劳的渴望中抽出身来，并转移到他想娶做妻子的活生生的女人身上。莱茵河畔的亨内夫是一处小铁路的交汇之处，他在去往瓦德堡的途中在此等了一个小时。他就在瓦德堡暗自默想着自己和弗里达的"苦恼、焦虑、痛楚"。这时暮色渐浓，笼罩在莱茵河上，但他接着补充道：

你是呼唤，我是回答，

你是愿望，我是实现；

你是夜晚，我是白天。

还要什么？这已足够完美，

这已完美无缺

你和我

别无他求——

也罢，那是一番宁静而被接纳的时期，这一恋爱关系有悖传统，但还没有召来所有恶人的非议。弗里达，尽管她原本可以义无反顾地委身于劳伦斯，但却仍犹豫不决。此刻他开始失去耐心，给她写去"一封不大中听的信"，幸好最终他控制住了自己，没有寄出那封信，随之代替以一封劳伦斯式的信件，谈及沃尔勃若，以及他的那帮德国亲友，信中还有些他常展现的点滴幽默："在这里，我觉得非常舒适美好，这样受人尊敬，这可实属一次休养。"然而他的耐性在一通大喊中崩溃："别把我困在某个怪异的德国小镇。"

此时他正满怀希望，心想无论如何弗里达总会将其旧日的生活方式甩掉，前来慕尼黑和自己在一起；为此，他又一回写信给加内特，十分谦卑地探问达克沃斯能否给自己一笔多达十英镑的借款。因为加内特是他所信任的好友，所以劳伦斯跟他说，自己正盼着弗里达做出决定，急得"心如火烧"。他简

直发狂，竟至当他望着几头"头颅巨大、似乎总在睡觉的黄牛"的时候就几乎"被逼得疯疯癫癫"。然而——看看他没完没了的摇摆不定以及自相矛盾——就在当天他又给弗里达写信说："你可得知，就像古时的骑士一样，我似乎需要一些时间进行准备。"他也许认为隐藏自己极端的不耐烦是明智之举，因为他在信中继续写道："因为对我来说和你结婚是件大事，并非短短一次激情就走到一起。我内心明了'这就是我的婚姻'。这种感觉相当可怕——由于这是我一生当中的大事——这就是'我的生命'——我有点儿心生敬畏——我想自己能习惯起来。"注意，此刻劳伦斯说的是"我的婚姻"，而不是"我们的婚姻"。可能他感觉他不能说"我们的"，因为弗里达是已婚女子；不过即使弗里达出身于女修道院，他几乎仍然可以肯定地写"我的婚姻"。

在五月十四日的信中（所有这些全部发生在他离开英国的十天之内），显然他有相当的把握，认为弗里达定会同他相聚。他依然敦促说他俩还应"互相虔诚地等待对方一段时间"，不过正如一个丈夫总是自然地要向其妻提到的那样，他此时首次提出他所称之为"钱的事"。正如所披露的那样，他们的经济前景不大乐观。一位在英国的朋友欠他二十五英镑；到八月份，——意即三个月以后——他又有应该还给他的二十四英镑；这似乎便是他所有的钱了，除非他卖出尚未发表的部分作品。自然，他自然想知道二人是否就能只靠这么少的钱财度日，不过，这时他已陷入痴恋状态，他竟然乞求弗里达，请她"真的，亲爱的，精打细算些，过得有条理些"，此刻他本应知道，虽然弗里达对这种事情无能为力，但她却非常高兴。

阅读这些亲密往来的信件，让人感觉有点像在偷窥他人似的，不过这些信对评价劳伦斯真的很重要，因为这些信反映了劳伦斯对弗立达的真情实意和深深爱恋。任何一个没有偏见的人看到这些信后，都不会认为这二人相爱中有任何的卑贱和丢失尊严的东西。"当我来到你面前时，"劳伦斯在他最后一封书信里感人至深地说，"没有什么再能把咱俩分开。"而且确实如此。五月的一个星期五，劳伦斯乘火车前往慕尼黑，开始了一次缓慢的长途旅行。他在慕尼黑会见了弗里达，在伊萨尔河谷的博伊尔贝格村的邮局旅馆里度过了两周。这可能就是两人当时仅能负担得起的一次蜜月了。他俩跟随弗里达的妹妹一同度过几天之后，二人前往位于伊京一处公寓，那公寓已经租给他

俩了。

"英国，你的美丽柔顺而驯服！"这样的诗句很有可能是在劳伦斯满心狂喜之际写下的。德国东南部巴伐利亚乡间的浪漫美景让劳伦斯醉意陶然，此时，他第一次从让人尊敬的驯服牢狱中逃脱，沉浸在热恋中欣赏风景，倍感幸福。要说他已从坟墓重回人世，的的确确恰如实际，因为就在那时，亡母对他心灵的束缚终于放松了。幸福的爱情使他爱上了整个世界，他爱开满栗树的红白花朵，那飘落在户外的早餐桌上的花瓣；他爱博伊尔贝格乡的河水"浅绿如玉"，流得那样"清爽而又湍急"；那里的人们对劳伦斯来说非常陌生，而对弗里达来说却非常熟悉；教堂和修道院非常"宁静"；还有那些野花，总是令劳伦斯倍感珍贵，"让你喜极而泣"——山谷中有长着"淡黄色的大花冠"的金凤花，有"像淡紫色的驴蹄草"的报春花，有"怪异多形的三月紫罗兰"，有兰花，风信子、飞燕草、紫花苜蓿，还有百合花，"哦，花啊，狂放恣肆的野花，满山遍野"。

伊京，如果可能的话，应该是一片更具魅力的地方。就在那里，二人开始在四间屋子的小房里过自家日子，仅靠每周十五先令凑合生活，主要吃些黑麦面包、水果、蛋类以及炸肉片儿。劳伦斯住在伊京的时候，他真实地陶醉在幸福之中。"我深爱弗里达，"他写道，"我不喜欢谈论此事。""弗里达真是惊人地漂亮，"他骄傲地对一个显然没有表现出足够敬意的人这样说，"你不必议论她——她比你可能想象的还要强上一百万倍！"仅仅从弗里达一人身上，他就可能欢天喜地看世界，并宣称世界的"奇妙、美丽，好得超出所有人们最狂野的想象"。当然，即使在此时，他那种"黯淡心情"尚未最终消除，依旧留下了一些阴影。他在博伊尔贝格村的一首诗歌里坦白说"第一个夜晚二人并未得到应得的欢乐""我俩的爱情一团混乱"。还是在博伊尔贝格村的第一个星期里，他写出了他那首疯狂苦涩的诗《罗德之妻》，就在此时，他因弗里达疼爱她孩子而嫉妒狂怒，谴责道："你这种母亲，像一名凶恶的女杀手，怒视着英国。"——后来他俩吵架时，劳伦斯就对弗里达厉声说"母爱根本就不存在"。尽管他声称二人要和这个世界战斗，但绝非在彼此之间战斗，但是两人头一个星期就开始吵架了。就在沃尔夫拉茨豪森，弗里达的妹妹家，他的情绪周期性地发作了：渴求遗忘，想寻求"沉重、封闭的漆黑、沉寂、一切固定不变"的心情。这一心绪令他陷入"黑暗自我"

里面，与他活泼轻松的心境不可避免地形成鲜明对比。

伊京住处的小房子有个阳台，弗里达是个相对而言无拘无束的人，她在阳台上光着两脚，只穿着睡衣，坐在那儿吃早饭，这引起了她身为清教徒的爱人的反感。此时，她十分忠诚，责备自己犯了奇特的劳伦斯式的"意淫"罪，尽管人们会说，相比写关于性的书的男人，一个为爱放弃一切的女人这点事算不上淫秽。实际上，虽然劳伦斯总是谴责别人这一罪孽；他自己更明白"意淫"的含义；不过当时他还有一个习惯：他自己做事可以，但别人做同样的事却要遭受谴责。

从阳台上面，他俩共同俯视那一座小村庄，可以远远望到伊萨尔河谷冰冷的水面，以及黯黑的树林，以及远处直到远方升起"那些碧蓝色的山的高墙，只有这些山顶覆盖积雪，在淡蓝色天空的映衬下，在阳光中遥遥闪亮"。劳伦斯在这里非常快乐，他给爱德华·加尼特修书一封，说自己想"永远住在国外"。弗里达更是渴望"完全离开欧洲，去一个原始的地方"。与此同时，做为诗人，劳伦斯向弗里达展示了她的祖国的和她自己的美丽：

伊萨河畔，暮色之中，
我俩在漫游、歌唱：
伊萨河畔，傍晚之时
我俩登上猎人之梯，坐在
俯临沼泽地的枞树枝条之上荡秋千；
面前河道纵横，而浅绿冰冷的
淙淙流水溢满黄昏。

伊萨河畔，暮色之中，
我们找到属于自己的温情野玫瑰
红艳艳地挂于岸边，闪着娇颜。
蛙群鸣唱，玫瑰的芬芳
飘荡在河上，河水
闪耀在暮色中，我们的吻越过玫瑰
相遇，她的脸，我的脸，是玫瑰。

后来版本的结尾不一样，也不那么简单，变成了这样：

……闪闪发光

到处是恐惧。我们窃窃私语："没人认识我们。"

随他去吧，就像蛇置于

这里，缓慢沸腾的沼泽地上。

人们为什么逐渐耻于表露他们的爱呢？亲吻和玫瑰般的感觉不比在恐惧中曳行更美妙吗？不比蛇更美好吗？不比"置于"和"认识"的骇人韵脚动人吗？当然，正当此刻劳伦斯用那清醒的散文式的笔法写信之时，他俩的生活绝对并非只有"鸽子一样地亲嘴儿，温柔低语，品尝甘美葡萄、浓甜糖果之香"。他和弗里达都认为他们之间会发生"内部战争"，因为他们和其他相爱的人一样，会发生"战争"，同时，在《黯淡心情》《屈辱》和《年轻妻子》这些诗中反映了那种冲突；然而，如果只是集中注意这些方面，而完全忘记了两组诗歌出于同一部富有挑战性的书名：《瞧！我们走过来了》。所有的婚姻在磨合过程中都面临考验和困难，对于这两个感情如此炽烈的人来说更是如此，其中一个是"天才"，而且深知这一点。确实，弗里达在《黯淡心情》的一首诗中被迫说：

我真怕你，我真怕，怕！

在你身上有种东西正在摧毁我——

接下来：

……是啊，你对我这般残酷，你在我胸前

投下一片暗影，它将最后把我杀死。

然而，弗里达亲自写了他俩在一起的第一个夏天：

我不想见人，我不想要任何东西，我仅仅想沉醉于劳伦斯给我的这个新世界中。我已发现我需要的一切，我现在就如同一尾鳟鱼畅游在小河里，或像一朵雏菊绽放在阳光里。他那样慷慨地奉献自己……！

尽管当时有"如风暴一般的大量来自英国的来信"恳求她回到她孩子身边，而且威胁地讲，她如果不去，她将再也不能获准前往探看孩子们！这对他们二人而言都很难，但这是他们为维持这种关系必须要付出的代价。这样沉闷凄苦的时刻只是暂时破坏了两人在群山、繁花、鸣蛙、萤火虫围绕之中所享的幸福。萤火虫"飞舞在那些随风摇曳的禾苗之间和上空"，有一天他俩看到一跃登上山坡的矫健的母鹿，手中拿着大镰刀在割麦子的男人，还有劳伦

斯在弗里达身上感受到的快乐：弗里达沐浴时像一朵绚烂的第戎玫瑰，有时她隔着桌子爽朗地笑着，桌上洒满"深红色"的玫瑰花：

  ……说
  她爱我，我吹起一条小船
  摇荡在茶杯间的浅浅水面，
  满载香吻，几乎无法漂浮。

  虽然他俩都丑闻在身，被人所弃，但二人并不是无来访宾客。第一个重要的宾客便是弗里达的母亲，尽管她来的不是时候。当时弗里达和妹妹出去了，她母亲突然来访。母亲坐了一个小时，并且辱骂劳伦斯，她母亲质问劳伦斯算什么东西，竟要一个绅士的女儿给他擦皮靴，还要倒屎倒尿，随之又问他是什么用意，与一位值得尊敬的男人之妻私奔，对待她像是对待一个酒吧侍女一样，甚至连双鞋都给她买不起！遭遇这种恶骂，劳伦斯惊慌失措，他自己坦言，只能"静坐喘息"，随后谦恭地陪伴这位暴怒的夫人前往火车站。他过后才想到应如何应对弗里达母亲的所有问题，但是当时却哑然失声。弗里达的母亲本能地了解如何对付劳伦斯这种人——拒不接受他的自我评价，迅捷凶狠地用家庭事实打击他，在他没缓过神来之前高昂着头，果断离开。岳母这次取得巨大成功，致使劳伦斯后来在一起生活的日子中一直尊敬她，而且总是写信、送礼物安抚着她。后来他就完全放松了，因为他很高兴地知道岳母告诉弗里达的妹妹埃尔斯，自打让劳伦斯惊慌失措的会面之后，她认为从外表上看，劳伦斯是个"可爱又可靠"的小伙子。不过，弗里达说，这一说法是妹妹埃尔斯的，劳伦斯也许把埃尔斯的话变成了岳母的话，以求能给他自己保留一点儿面子。

  第二位来访客人便是大卫·加尼特，爱德华·加尼特的儿子，他在父亲的建议之下从慕尼黑过来看望劳伦斯。劳伦斯写道，很容易在德国人中间认出他来，因为他看起来"完全是个英国人，就连骨头里也像英国人"。加尼特也感觉真是这么回事。尽管加内特对劳伦斯的部分外貌描写过于庸俗化，但是我还是引用了他的话。不管在身体上还是精神上，确实是这样，但劳伦斯的重要部分就在于远离阶级的某种东西。加尼特补充说：劳伦斯本是"脸皮又厚，架子又大，那种能激起最强烈的阶级仇恨的类型"，这话很正确，不过劳伦斯过份自高自大，同时又谨小慎微，过于信守个人主义，难以成为"工

会服务的对象、依靠救济、整日泡酒馆、靠老婆养活、赌球之辈"。所有上述情况都不属实。加尼特对于弗里达的最初印象十分清晰，感觉还不错：

她的头，以及她的一言一行都极其高贵。她的目光死盯着你看，毫不畏惧，像是要把人看透。

这位青年（他仅仅二十岁）立刻被这两个明显具有幸福感的恋人所吸引，他是"完全被他俩各自的魅力所吸引"，而且陷于"崇拜"的程度。当这一对恋人离开伊京去齐勒河谷的迈尔霍芬时，这个小伙子追着他俩，抓住每个机会观察他们。尽管英国的来信非常不受人欢迎，但是劳伦斯的"英勇、高昂的情绪以及嘲弄的行为"让大家一直高高兴兴的。劳伦斯有勇气让他起来迎接危险和困难，正如加尼特说的，"在那期间双方的困难都很大"。

加尼特虽非常年轻，却注意到劳伦斯的许多特点。比如他的习惯，这种习惯他已保持多年，就是强迫人们玩看手势猜字谜游戏，在此游戏当中，自己冷酷地发号施令，然而却总是让人发笑。他极具模仿天赋，模仿时他不会放过任何人，尤其是自己。有些人没什么聪明智慧，而且也阴郁无趣，却被误以为拥有这种天赋，我们都曾遇见这种人，并深受折磨。不过劳伦斯是天才，一直冷酷无情而又相当精确地抓住虚伪和矫情之态。当他有报复倾向时，这就有点令人不快了；但当他心情不错、兴高采烈的时候，他残酷和卑劣的表现就会适可而止，恰到好处。正像加尼特所说的，（劳伦斯）整个滑稽模仿的可取之处在于，他"无情地模仿自己"，是"受到文学名仕资助的劳伦斯，害羞笨拙；吸引女房东的劳伦斯，风情万种；为女房东的女儿提醒注意自己身份的劳伦斯，多愁善感；无中生有地和弗里达吵架的劳伦斯，脾气暴躁，牢骚满腹"。

当然，加尼特也注意到了劳伦斯能在一间别人正谈笑风生的屋里工作的才能。在他旅居迈尔霍芬的那些日子当中，他正在写一些诗歌、小说和一些札记，显然也在写《儿子与情人》；可从来没有人想过不应该打扰他。加尼特也发现，认识他的人很快就了解，他随时能中断写作，和别人谈话，做菜做饭，干家务活。杰茜·钱伯斯很久以前就已看出，最枯燥无味的家务活，到了劳伦斯那里就全变得盎然有趣，劳伦斯善于做好那些日常家务，比如清扫、整理、洗餐具。正如我们所见，他帮助母亲干活时学会的，但是他与众不同的一点是，他从不会感到厌倦，也不会匆匆做完了事。洗餐具、煎鸡蛋，任

何一桩家务活对他来讲都是生活的一部分，而且应该享受其中。诚然，他有时想暂时休息，尽管体弱多病，他还是倾注大量精力写作，他生活的大部分时间确实享受着做这些卑微的工作带来的乐趣。在这一点上，劳伦斯与大多数普通人有着显著的不同，多数人想不惜任何代价规避生活中最基本的工作，觉得家务烦躁无聊、徒劳无功。

很显然，那个冬天劳伦斯的病差不多快好了。在加内特看来，劳伦斯看起来气色很好，幸福快乐，他"一直开心快乐，轻松愉悦"。他正在为未来制定乐观的计划，展现无穷的创作力，每天都写出新作品。劳伦斯完成重写《儿子与情人》的任务之前很久，就已经"在构思一部新小说了——一本纯粹的普通人的故事——极为有趣"。他和弗里达从迈尔霍芬出发步行到加尔达湖，两人身上只有23英镑，从此事可以判断出，他所有作品给他赚不了几个钱。

加内特和一个朋友陪同他们步行走完第一段路程，他们取道菲茨·约赫，爬过群山到达斯特津。这两位作家一路上研究着植物，采集了近二百多种野花。他们无意间来到了一座孤独的高地小教堂，里边全是奇形怪状的还愿图片。外边下着倾盆大雨，夜里转而下雪，他们不得不在茅草屋里休息，想睡或试图睡着，全被淋透了，最后他们终于来到充满意大利风情的斯特津，那里"葡萄架上长满了一串串黑葡萄。烟草大丰收，收割后的烟草堆成了一垛垛的，好像奇特的宝塔，堆在花园里待晒干"。

后来让劳伦斯深感遗憾的是，加内特就在那里离开了他们。一旦只剩下劳伦斯和弗里达，这对恋人就"像疯子一样争吵"，部分原因是由于孩子的问题，另外一部分原因则是因为他们个性太强。从劳伦斯的一些解释中可以猜出，他俩是世界上唯一一对能像恋人那样吵架的夫妇。不幸的是，他们遇到的不仅仅是这些麻烦。翻过一座位于梅拉诺上方的山口时，他们迷路了，险些在寒风凛冽的山坡上丧命，"肮脏、漆黑"的茫茫黑夜很快向他们袭来，把他们折磨得几乎精疲力竭。劳伦斯的精力和意志最终让他们跨过了最后一道山脊，来到了一处小茅舍休憩。然而，还没来得及从这次磨难中缓过劲儿来，他们又步履维艰地向特兰托跋涉，那里的情况更糟糕。由于缺乏经验且穷困潦倒，他们住进了一家低廉脏乱的旅馆，这家旅馆的卫生设施还是黑暗时代[①]留下的。弗里达"非常忧郁，简直要重铺天国之路"，劳伦斯看到弗里达在但

[①] 指从罗马帝国的灭亡到文艺复兴开始的一段时期。

丁的雕像下流下了痛苦和自怜的泪水。在接下来的旅程中，他们明智地决定坐火车去里瓦，因为他们的郁闷以及接下来的糟糕情绪都是由于疲劳引起的。

那时的里瓦还属于奥地利。即使在战时，里瓦依然整洁、时尚。劳伦斯和弗里达到达这个靓丽的小镇后，发现周围都是奥地利军官和他们着装考究的太太，劳伦斯夫妇互相打量了一下，这才意识到六个星期无忧无虑的翻山越岭，已经让他们和流浪汉相差无几了。现在他们的做法走向了另一个极端，和在特兰托截然相反，他们租了一间对他们来说太优雅、太昂贵的房子。他俩在这儿吃得简单节俭，所以当傲气十足的女佣进来时，他们不得不匆忙把食物藏到长椅下边。然后是另一个奢华的转变。弗里达的姐姐富有而时尚，她给弗里达寄来一大箱子巴黎时装，于是弗里达的穿着立刻变得阔绰华贵起来，这与他们那种鄙弃英国神圣传统习俗的波希米亚流浪人的身份极不相称，而他们每年几乎没有任何收入。

但是现在他们到达了目的地。他们打算在湖边过冬——手头所有的资产就是50英镑，还是从达克沃斯那里预支的，此外，他们还有一卷正在印刷中的《爱情诗集》以及一部未完成的小说《儿子与情人》的书稿。

2.3

后来，劳伦斯和弗里达就成了经验丰富的旅行家。尽管劳伦斯身体虚弱，可是在选择一年中出游的合适时间和地点方面，却不那么谨慎。在选择住处方面他们变得很有技巧，弗里达能在短短几个小时内，把最普通的民居变成漂亮迷人的私人住所，所用装饰物是从世界各地收集来的毛毯、刺绣和色彩艳丽之物。开始旅行时，弗里达当然用双语交流，劳伦斯也及时地学会了德语，他们两人还都会讲法语、意大利语和西班牙语。两人是名副其实的旅行家，不是无知的观光者。但是在1912年秋天，两人选择去像嘎达湖区这样很靠北、

很裸露的地方过冬，饱受风寒，这是因为他们缺乏经验，同时也与完全不了解意大利。另外，劳伦斯依旧那么非常害羞，怕遭人笑话，被人拒绝，甚至不敢向居民问房子和价钱。为此弗里达很是生气，自己去湖边的一座村庄向村民询问，结结巴巴地说："不客气—居民区—租房。"结果，那人执意要他们坐上汽车，又返回到了里瓦！

事实证明，他们虽然缺乏经验，但也是件好事。六个月里两人在这美丽的乡村过着原始的隐居生活，没有什么更能使劳伦斯的"才华"得以成长发展，更能使他俩那奇怪的恋爱战争打出个结果来。在那里，为了生活，为了发现与工业化的郊区的英国完全不同的生活方式，他们被迫学习一种外语。不管有什么缺点，这种斯巴达式的简朴生活，比住在英国人常去的旅馆好很多，不那么庸俗乏味。人们即使发现他俩的非法关系，也不会流言满天飞，也不用害怕会有少数知识分子登门来教劳伦斯如何写作。在整个这段时期内，他们只遇到了两个英国人，除了所学的意大利语书和别人送给他们的少量书籍外，两人都没怎么读书。在这六个月期间，劳伦斯完成了《儿子与情人》的终稿，该书第一次让他声名鹊起；完成了《虹》《迷途的姑娘》的相当一部分初稿，札记《意大利的黄昏》的部分内容，还有两部戏剧和一些诗歌。这一时期是他人生中创作最集中的阶段。

在里瓦拥有豪宅的女房东的帮助下，这对恋人找到了他们想去的地方，去了加尔尼亚诺湖边的村庄。那个地方很偏远，当时只有坐汽船才能到达。两人在那里发现了一幢别墅，"漂亮的花园里，种有桃树和竹子"，别墅装配着家具的一层供出租，有一间厨房、一间客厅和两间卧室，"像花朵一般干净美丽"，每月租金只要 2.16 镑。他们一租下这令人愉悦的宫殿，两个恋人"一想到有了自己的家，就兴奋地紧紧拥抱在一起"，看到"厨房里漂亮的铜制平底锅"就狂喜不已。劳伦斯打算——"太幸福了！"——从这里开启自己的新生活，修改《爱情诗集》的校样。他们刚一搬进新居就收到了爱德华·马什迟来的信函，信中要求让劳伦斯把《金鱼草》收入《乔治选集》，一个仅仅是个"天才"的人，还有什么更高的奢求呢？

很自然，他们避免生活中麻烦事儿的本领并不比其他夫妇强。首先，他们一直享受着漫长的夏日时光，好像这种生活会永远持续下去，不料 10 月初这种生活就被打破了——湖区周围到处是"雪白的羊群"，葡萄长红了，藤

蔓变黄了，无花果树的叶子成为"火焰般的"秋叶。这时弗里达做清洁扫除、炒菜做饭就困难了。但她非常幸运，劳伦斯简直像个经验丰富的家庭主妇一样能干，因为那些日子里弗里达似乎干什么活都非常不合格。正当劳伦斯全神贯注地写《儿子与情人》时——只有了解他的人才能意识到他是多么全身心地投入——突然就听到厨房里传来了忧郁的喊叫声："洛伦佐，鸽子肉烧糊了，怎么办？"劳伦斯会立刻丢下手头的工作，冲到厨房帮她圆满地解决。我们会注意到，在熟人中，劳伦斯已被称为"洛伦佐"，他不喜欢人们称他为"大卫"，而"伯特"是家里的称呼。

后来，我们都开始佩服弗里达在洗衣服方面所展示出来的爱好和技巧，但那个时候，她明显缺乏实践。她讲述了一件让人伤感的事：

> 我第一次洗床单就是一场灾难。床单又大又湿，湿得让人无奈投降。厨房的地板被水淹了，桌子也浸湿了，我从头到脚都滴着水。劳伦斯看到我遭罪的样子后，大呼"这天下无双之人要淹死了，哦天哪！"我得救了，擦干了全身。劳伦斯把厨房也揩净了，不一会儿床单就挂到花园里去晒干了。

在加尔尼亚诺，弗里达似乎并没有使自己过度劳累。劳伦斯每天早晨八点就起床，给弗里达做早饭，而她总要到中午才起床，一直要劳伦斯陪在她旁边聊天说话。这让劳伦斯有种负罪感，好像自己在这个世界上没有做份内之事。为了娱乐消遣，也为了生存需要，他们跟乡村里的一位女老师那里学习意大利语，这位带着黑手套的女老师很是一本正经，把他们管得秩序井然。劳伦斯说他俩"像恭顺的孩子，口齿不清地学着意大利语。但是，当然了"（当然！）劳伦斯比弗里达学得好、学得快；尽管如此，老师还是莫名其妙地"喜欢弗里达，一直压制着我"。劳伦斯不得不带出酒瓶来喝点儿葡萄酒，以显示他的"男人的气概和婚姻的独立"。下午或傍晚时分，两人沿湖步行到邻近的村庄波格里亚哥，和当地人全家坐在旅馆的厨房里品尝当地红酒（六便士一升）——当地的文明程度还不高，人们不知道什么是小费。他俩总能享受到亮丽的湖光山色和柠檬园的美景，陡峭的山坡上长满了橄榄树和葡萄藤，有时为了大大犒劳一下自己，就坐轮船去别的村庄做短途旅行。

自从劳伦斯踏上私奔之旅，来到麦兹，五个月的时光飞速掠过，他就"很少能看到英语读物了"，所以有人送给他一本阿诺德·班尼特的新书《五镇

的安娜》作为礼物，这让他满怀感激，迫不及待地读了起来。这本书给他留下了深刻的印象，但将书中描写的生活与他周围的环境进行对比后，他不禁"深感奇怪"。他认为班尼特不应让丑恶和忧郁恣意发展，我们"都应该一扫痛苦的阴霾"。劳伦斯在这一问题上很沮丧，他继续写到：

> 不，我认为英国没那么污秽卑鄙。人穷，就要受到生计受困，就会有损名声，可这又有什么关系呢？穷人照样"可以"有必需的东西，有生活，有关爱，有纯洁的温情。为什么英国如此破败不堪？意大利人却在这儿唱歌，他们虽然很穷，买两便士的黄油，一便士的奶酪。但是他们身体健康，在小广场上悠闲地消磨时光，那里的小船川流不息，人们修补渔网，他们像国王一样。女人们走路昂首阔步，怡然自得。男人们很喜欢孩子——即使很穷，也为自己的小孩高兴。

在前六个月独居的日子里，两人在生活、工作、思考、见闻、享受方面所获得的成就简直令人难以置信。前面引用的这封信显示出，劳伦斯一直为工业化社会的麻烦和问题所困扰，他长期以来一直都有这个困扰。这个问题总是在他生活中突显出来，劳伦斯也试图全力解决，正是这样，才激发他创作出了最优秀的一些作品，当然也使他陷入困境之中，走向荒唐愚蠢。对过去的责任感是使他绝不接受作家注定孤独的原因。他总是希望被人接受，希望一些与他有某种关系的人喜欢、尊敬、响应他。他认为现代工业世界笼罩在复仇女神的诅咒阴影中。越来越多的"完全机械化的生活"的"可耻目的"，产生了数以"百万计"的孕育冷酷无情、带来现代暴力和战争的可怕毁灭的人，招致了冷酷无情的现代政治疯狂。他想制止这种情况的发生，乐观地认为他可以找到出路，创造一个更美好的新世界；这项任务毫无希望实现，就好比是给肉食性蚂蚁读济慈的诗歌，让它们变成没有危害的素食蚂蚁。

对劳伦斯来讲，一般问题与他的个人问题紧紧联系在一起。尽管他很势力，由于其他的原因也憎恨父亲，但是他为自己是工人阶级的儿子而自豪。他喜爱自己家乡的生活，喜欢街上人与人之间的接触交往，喜欢钱伯斯家农场里与众不同的偏僻生活。然而，正如我们所见，一旦工业化机器时代开始与到劳伦斯个人发生关系，他就盲目地拒绝，只要他有可能做到，就绝不会让机器控制自己。他视工业机器的崇拜者为敌人，认为他们是令人憎恶的群居动物，甚至是昆虫，他们冷酷无情地报复任何想逃避他们的人。劳伦斯想方设法成

功逃离，来到了古老的班那克斯湖畔，湖区美景与其说得益于自然的恩赐，不如说是一代又一代的人们精心劳作的结果，劳伦斯沉思着——"为什么英国就得肮脏破旧呢？它一定要是这个样子吗？"毫无疑问，劳伦斯提醒自己，没有燃料就没有机器，就不可能有工业化的"财富"；不把自己弄得脏兮兮，不破坏自然风光，就换不来煤炭；没有挫折、破败和嫉妒，就不可能有数以百万计的机器看管人，他为此深感遗憾。在嘎达湖区，意大利人也确实边干活边唱歌，但他们当中的大多数人还是渴望着抛弃原有的温情生活，移居到冷酷无情的机械化的世界中去。要说劳伦斯一直致力于切实解决这种情况，就有点奉承他了，他跟很多人一样，认为这种情况等于集体自杀，他能做的就只有自己躲避了。

当时劳伦斯每天都在写他的自传体小说《儿子与情人》，很自然地要仔细考虑所有这些问题。弗里达告诉我们，劳伦斯完全沉浸在这本书的创作之中，当时他不得不追忆母亲病痛和去世时的情景，他遭遇了非常痛苦的煎熬。显然，他必须让自己挣扎着解脱出来，当时深陷其中不能自拔，有一段时间，他特痴迷，弗里达"感到极度厌倦"，写了一篇关于这本小说的幽默讽刺短文，弗里达称之为"保罗·莫雷尔，或是他母亲的宠儿"。她似乎很惊讶，劳伦斯冷静地接受了这一说法。正是弗里达给了他一条认识自身状况的线索，弗里达告诉劳伦斯，她从一位年轻热情的德国精神分析医生那儿，了解到弗洛伊德的理论。劳伦斯马上就明白了这是一种暗示，不单对他，而且对许多经历性挫折和性饥渴的年轻人来说，都是一种暗示。他在给爱德华·加内特的信中谈及这本书时写道："这是英国成千上万青年人的悲剧，我想是罗斯金的悲剧。"

对他早期生活的追忆，似乎激起了他青年时期早已抛弃的宗教神秘主义。当然，这类大段文字论述被毫不相干地引入到了《意大利的黄昏》中，劳伦斯还以惯用的象征风格为本书写了题词（后来又删了），劳伦斯表达抽象观点时，就经常采用象征手法。作为艺术家，他厌恶这种风格，然而作为布道者、预言家他又无法抗拒。不像布雷克，劳伦斯和布雷克没什么共同之处，他既没有创造一套完整的自己的神学，也不能让自己相信接受过什么神仙显灵。确实，他从不介意重新使用古老的象征物，不管所用象征是基督教的还是其他更古老宗教的，不过只想说明他满怀深情、复杂混乱的思想实质——如同

罗斯金一样。劳伦斯在题词中，对基督教象征、圣父、圣子、三位一体和女人进行了论述，其语言好像一首赋格曲，他得出结论：

> 古代的恋母之人是俄狄浦斯，现在的恋母之人众多。如果这样的儿子娶了妻子，那她不成其为他的妻子。她只是他的安寝之床。他的生活将一分为二，他绝望的妻子寄希望于儿子们，于是她得到了自己的情人。

有趣的是，劳伦斯在这一时期所写的信，从这些惊世之语和相似的预言变为自我嘲笑。"别介意我说什么，"劳伦斯写信给一位朋友时这样说到，"我是一个信口开河的人，喜欢遐想，这些遐想让我兴趣盎然。我伟大的信仰流淌在血液里，藏在身体里，比智者更聪明。我们的思想可能会犯错误，但我们血液里流淌的感觉、信念和语言，永远是真实的。"这是劳伦斯为数不多的坚定的信仰之一，他从不——也许说"几乎永远不会"更稳妥一点——动摇；很容易看出这种信念与他那多少有些模糊的了的理论，即"无意识的"作用的理论，是有关系的。他的另一个信念也与此相关，尽管这种信条危险得多，更加令人怀疑，即不管是怎样的冲动，一个人永远都应遵从于这种个人的冲动。下面是他当时所做的表述：

> 人们真正的生活方式是要满足自己的欲望需求。不是"我想用自己的智慧来照亮尽可能多的东西"，而是"为了全部燃烧的生活激情——我需要那种自由，我需要那种女人，我需要那磅桃子，我要睡觉，我要去酒吧潇洒，今天我想我想看身材非常丰满的女人，我想亲吻那个姑娘，我想咒骂那个男人"。取而代之的是，所有这些欲望，不管这些欲望是不是真的存在却被完全忽略了，而我们却在谈论某种观念。

不管劳伦斯如何谈论圣父、圣子和基督教象征，也不管他如何运用基督教的象征物，那是完全清楚的，他后来坚决地拒绝了基督教的伦理和信仰。他只是从心理学的角度使用象征手法，它不仅没起到多大帮助，反而会产生误导。传播了诸如前面刚刚引用的格言警句后，他开始自嘲："我很像卡莱尔，人们说他写了50卷关于沉默价值的作品"；的确他太像卡莱尔了，这不仅局限于他承认的那一点。尽管劳伦斯很精明敏锐，此刻他是否知道他把世界上多少事物看成了自己的代表物？一朵花，一个人，一片风景，一件艺术品，人类关系，人类历史，科学，宗教，等等，这些都只与劳伦斯的需要和心情有关，进而被感知和解释。就像阿尔道斯·赫胥黎向我们保证的那样，劳伦

斯真的感知到"神秘的他者"了吗？我表示怀疑，我想那"神秘的他者"完全是劳伦斯自己思想的投射吧。他用别人都没有的知识向我们虚张声势。比如，我们都不知道成为一只乌龟、山羊或蝙蝠的感觉如何；但是当劳伦斯这样一位爱表演猜字谜的人，暂时假装成一只动物，把这种感受表现得妙趣横生、惟妙惟肖时，给我们都留下了很深的印象。谁能反驳他呢？

劳伦斯在与人相处的关系上也是如此。如果一件事惹他不高兴，妨碍他，或是违背他的意愿，他就否认这件事；他为了自己方便，就否认他人情感的真实感受。比如，他否认自己生活中最明显、最棘手的一件事，那就是弗里达对孩子们深切的爱，孩子们也需要她。"你真的一点也不惦记那些讨厌的小毛孩们，"劳伦斯向弗里达保证，"他们才不会关心你呢。"他会对那些漠视他和母亲之间爱的人们说什么呢？对劳伦斯来讲，世界是有可塑性的，这个世界能够而且必须按照他的意愿而改变。因此，当弗里达无法理解，也没有接受劳伦斯在她孩子问题上的看法时，劳伦斯就改变立场，尽力说服她，说他可以通过写书来"为他们创造一个新天地，别哭，你看看我能不能做到"。劳伦斯当然是特别需要弗里达了，为了留住她，劳伦斯什么都愿意说，什么都愿意做。甚至弗里达在以前的一次争吵中——虽然她不是擅长辩论的鲁伯特——指出，劳伦斯这次所说的与一周前说的迥然不同，他根据自己的需要，完全置比赛规则于不顾，总是作出反驳：

我为什么不能这样做呢？我上周喜欢那么说，这周就喜欢这么说。

我为什么不能这样呢？

弗里达可能只会说，你碰巧不是上帝，不管你对世界和事实的感觉怎么改变，世界和事实依然不会改变。

劳伦斯自相矛盾，否认最简单事实的，其荒谬性对想象力丰富的艺术家来说有相当的价值，却激怒了死板单调、迂腐平庸之人，他们恼怒之下写出书来反驳劳伦斯。有人到劳伦斯那里希望求得一套有条理的哲学体系，要求他为自己的言论和作品陈述原因或绘出图解，那他们就是浪费时间了。重要的不是劳伦斯的观点和偏见，而是他本人，他比任何同龄人都能更多地传递出生命和美好。至于矛盾，谁没有自相矛盾的时候呢？除非碰上一个异乎寻常的古板之人，或是个令人厌恶的老谋深算、诡计多端的野心家。

紧张的文学创作，跟弗里达吵架、做爱、做家务活，学习意大利语，这

还不是劳伦斯在加尔尼亚诺生活的全部。"我生活在阳光之下，在幸福之中，我四处流浪，贫穷度日。"劳伦斯真实自豪地写到。与他通信的朋友并不多，他时常慷慨地邀请每个朋友来这里小聚——这些人本该很明智地接受邀请来住几天，因为他们来了就可以了解人怎样活着才可以魅力四射。唯一接受邀请的是个叫哈诺德·霍布森的年轻人，曾陪同劳伦斯夫妇和加内特从巴伐利亚走到了奥地利，并和他们一起过了圣诞节。

除此之外，他们特别孤独，不得不开发自己的兴趣和快乐。劳伦斯在小说创作之余，休息时就拿起画笔作画，他画了自己说是"两幅到几幅"的画。他和弗里达一起爬到小镇后边的山上，采摘圣诞玫瑰。有一次，学校的女教师错误地说雪莲花开了，1月份劳伦斯独自登山去欣赏了，不过只找到了报春花和雏菊。弗里达立即与他产生了强烈的共鸣，一起分享了他对花的喜爱之情：

> 劳伦斯首先找到了一枝巨大的蓝色龙胆花，我记得当时有种感觉，劳伦斯似乎在跟花儿进行奇特的沟通，好像龙胆花要将其忧郁和精华都献给劳伦斯。劳伦斯遇到的每件东西都存在一种形成时的新生、创造性的感觉。

劳伦斯这时已经养成——他知道自己养成了——厚颜无耻、放肆无礼的教条主义习惯。"住在这里，人有了某种变化——变得有点像一位权威。"劳伦斯向爱德华·加内特如此坦白道。确实是这样，劳伦斯为什么这么做，为什么使自己陷于自我矛盾的纠缠之中呢？他像蒙田一样，知道自己"反复无常"，但却从未使自己面对现实生活中无休止的各种困惑时，像蒙田那样耸耸肩，然后说："我何必要知道呢？"他在塞恩过得相当惬意，总能知道一切事情，对每件事总有正确答案。也许这就是艺术家和哲学家的区别之一吧。哲学家可以经得起怀疑，可以无知，然而艺术家必须享受人生、了解自己的情绪和经历。

无论如何，劳伦斯仍无法摆脱他的教条主义习惯这个现实。有些事情别人叙述时更加谨慎，带有质疑的态度，而他则断然不疑地陈述，这就是他处理事情的方法。劳伦斯很清楚，他的"权威"习惯很荒唐，还提醒别人对此不要完全相信，而下次他还会彻头彻尾地陷入这种习惯之中。他没有从经验教训中学着去避免教条主义的习惯，一再满怀希望地努力建立他的"朋友之家"，然而经验表明，这是一种灾难性的可怕想法，尽管事实上他承认自己

错了，自己脾气不好，毁掉了自己的幸福，但多数情况下，他都会忍不住无缘无故地跟自己唯一挚爱的女人吵架。尽管他专横教条和争吵好斗的性情来自他与众不同的性格，但主要原因还要归结于小时候糟糕的教育和环境。他还以同样的方式养成了一个习惯，那就是不问青红皂白地将自己通常不恰当的意见强加于别人。

阿尔卑斯山南部的秋天通常持续的时间较长，不过积雪覆盖的山峰迟早会将寒冷的冬天打着旋儿地降临到意大利。像许多缺乏经验的北方人一样，冬天的来临，让劳伦斯大为吃惊，受尽伤害——这些"伤害"的确是有的，他在12月中旬就得了"感冒"，感到"身体不适"，不得不卧床"服用托罗尼药片了"。这使他在幸福生活中沮丧地想起自己肺中的恶魔。阴雨连绵的日子让他"感到惊奇和愤慨"，"来自波河的恶风"卷着飞雪降临。这一切让人感到意外，让人不快，他心情"忧郁"，于是不得不通过擦地板和做果酱来让自己振作起来。

房东把自己在当地剧院的包房钥匙给了劳伦斯夫妇，让他们看戏散心，不幸的是，剧院里的幽默和娱乐没有赶走他的"忧郁"。尽管很多经验让他知道缺钱的痛苦，他也是为了不欠债而尽力缩减开支的那种人，但说他为了生活，想方设法地赚钱却是失实。他并不是总能成功地避免欠债。那年冬天，他不禁为过冬的钱而担忧，因为他要承担起养活弗里达的责任，手头余裕极少，前景堪忧。更令他担忧的是，他的诗集受到了冷落，订数仅有100册；而如今，至少得花4英镑才能买上一本那一版的诗集。

除了这个使人灰心丧气的事情之外，最使劳伦斯失望的是加内特给他的来信，信中对《儿子与情人》提出各种反对性的批评，并以高雅神圣的名义要求删减书稿。劳伦斯凄惨地看到了这样阴暗的现实，依旧鼓起了勇气说，他宁可做一名"起先住在顶楼里公认的穷诗人"也绝不会屈服，回去教书。随后，他急忙补充说他并不"同情像吉辛斯和查特顿这样挨饿之人"。他有一段时间曾想写些平庸作品，后来又否定了这个想法，他自豪地断言："我总是感觉自己似乎是赤裸裸地站着，全能的上帝的圣火从我身上穿过——这是一种相当可怕的感觉。一个人就应该如此虔诚。"

接下来就是弗里达离婚的问题了，劳伦斯讨厌律师卑鄙的观点，更别提他无力支付弗这笔律师费用的事了。即使在英国的孩子们让她魂牵梦绕、朝

思暮想、难以忘怀，但通过这场奇特的战斗，他坚持和弗里达站在一起，逐步形成了永不分离、牢不可破的关系。"弗里达和我艰难度日，"他给一位女性朋友的信中这么写道，"日子过得不容易。"劳伦斯继续说——"谁认为日子好过呢？"——弗里达"就那样"离开了丈夫和孩子们；两人开始在异国他乡孤独地生活，不顾一切地"挖掘出一份日益深厚的爱情"。他后来具体阐释了这场来之不易的成功：

> 你一旦懂得了爱情的真谛，在你的世界中就不会再有失望，更没有绝望了。即使天空像粉碎的盘子一样洒落下来，也不会把我和弗里达分开。我会用生命去工作，坚守着男女之爱。

从圣诞节到早春三月，这一对恋人一直很孤单，后来一位女性朋友走进了他们的生活。很显然劳伦斯有时不刷盘洗碗，也同样力求生活幸福。他热情地欢迎这位女性朋友的到来，因为"她可以把我份内的家务事做了，感谢上帝"。他抱怨说感觉自己好像"做了几车食物，刷洗的脏案板已经有几英亩了"。不久，这个朋友就搬到圣高登扎奥了，位于高高的山坡上，劳伦斯的租房契约到期后，他们也随后搬了过去，在"违法"的小酒店里住下了，他在《意大利的黄昏》中对描述过这里的情形。

劳伦斯带着遗憾离开了加尔尼亚诺。尽管有众多担忧和重重困难，他们在加尔尼亚诺的生活还是几近完美的。如果说劳伦斯曾对作家这一职业表示怀疑的话，现在由于《儿子与情人》的巧妙定稿，这些怀疑已经完全消除了——尽管加内特还是牢骚满腹。劳伦斯在加尔尼亚诺勤奋努力，成就颇佳。

劳伦斯依依不舍地离开那些大量盛开的鲜花，花儿对他来说，总是美丽的自然界中最美好的象征。在他孤独的时刻，花儿对劳伦斯有着意味深长的含义——野生仙客来"冷艳清香，是过去名副其实的花朵，好像在菲德拉和海伦的风景中绽放"；圣诞玫瑰，"大簇冷傲纯洁的芽苞，像紫罗兰，像木兰"，沐浴在冬日的阳光里，"那么恬静，那么纯洁，像冰镇的酒"。早春时节，迎来了熟悉的报春花，橄榄树从中是"大片庄重的白色和淡蓝色的紫罗兰花"。扁桃树花和杏树花怒放着，"宛如桃红的烟云从橄榄叶的灰色烟云中升起"；还有野生的浅红色的番红花，蓝色的地钱花，浅色的蜜蜂兰花，葡萄风信子，"像中午的阳光般紫得绚丽灿烂，像多乳房的戴安娜，奶汁充盈，被阳光晒得颜色更深了，成熟了"。

尽管劳伦斯喜欢这个地方，但他知道他们必须离开了，春天总是让他烦躁不安，因此他已经在考虑要去佛罗伦萨和罗马了。不管怎样，两人在圣高登扎奥逗留了两星期，环境的改变使他活跃起来。他每天都坐在远高于湖岸的一个荒凉的柠檬园里，写着他为赚几个钱谋生计而粗制滥造的小说。这是读了阿诺德·班尼特的小说后得到了启发，小说描写的是中部地区，后来重写后叫做《迷途的姑娘》。但两人多数时候都要在户外，"去山上烧炭人的茅屋里，要不就去巨大的碎石堆中"。《意大利的黄昏》中四部分速写所描述的那些人物或经历，都是他在这两周里的见闻。当劳伦斯把几天内的众多经历都浓缩到一本书里时，经常是写得非常出色，达到他最佳的创作状态。

一天清晨，劳伦斯独自坐着，欣赏着春意盎然的世界，他放下小说，写下了一首他和弗里达的胜利之歌：

我们死了，我们杀死别人，也被杀了，
我们再不是过去的自己。
我感觉焕然一新，渴望
重新开始。

绚烂地活着，潇洒地忘却，
感受新生。
看到花丛中的鸟儿了吗？
异常喧闹！

他认为整个蓝天
远不及蓝色鸟蛋一点点
他进入了他的小巢——我们会幸福的
你和我，我和你。

再不需要任何斗争了——
至少在我们彼此之间。
看，外面的世界
多么灿烂美妙！

2.4

不管怎么说,从加尔达湖往北走,似乎很有落魄、溃败的感觉。包裹都已打好包,运往佛罗伦萨的标签也已贴好,他们突然不去南方了,打算经由巴伐利亚回到英国。为什么会有这样突然的改变呢?还是因为弗里达的孩子们,还有她想和孩子们在一起的渴望——当弗里达真的非常想要什么时,劳伦斯很少会反对。孩子们在他们两人的生活中起着悲剧性的重要作用,这绝不是夸张。这位年轻的母亲在孩子和奇特的烈火般炽烈的爱人之间撕扯着,劳伦斯带走了她,如同对待鲁本的塞班妇女那样,让她陷入了爱与忠诚这无法解决的矛盾中。劳伦斯向弗里达许诺,要为她的孩子们"创造一个新天地",这样说好倒是好,但他过于自信;此外,他还给弗里达的姐姐埃尔斯写信,这倒也好,但信中明显都是些华而不实的话:"如果弗里达让孩子们做出牺牲,那么对他们来说真是个诅咒。不管孩子们现在多想她,都要保持内心的自由和骄傲,所以我们必须坚持下去,绝不会对孩子们撒手不管的,而是会拥有孩子们,拥有我们认为好的东西,我们会的,一定会的。"

如果这可以称为辩论的话,那就没必要强调此类辩论的荒唐和空洞了。但他必须做点什么、说点什么、找个借口。因为英国传来音讯说,如果弗里达非要坚持,她可以离婚,但如果这样的话,孩子们就没有妈妈了——她再也不许去见孩子们了。在那样的威胁下,弗里达失去了理智,她一心想冲回英国,在街上站几个小时,希望看到孩子们从学校里出来。用劳伦斯的象征手法来说,这是狮子和独角兽为弗里达的皇冠而斗争,可怜的皇冠在斗争中被弄弯了、摔碎了。

肯定有好几次她差一点儿要放弃冒险,向正义妥协,想回去请求可怕的宽恕。劳伦斯似乎有所顾虑,不愿直白地说:"你不要走——我最需要你——

留下来和我在一起。"他没有放下架子去承认，虽然没有说出来，但他用尽了一切办法去表明心意。他绝不可能像对埃尔斯假装的那样去接受其他男人的孩子，当然他知道他也毫无可能得到孩子们。假设他们把孩子争取过来了，他们俩个身无分文的流浪汉怎么去照看三个年幼的孩子呢？那时，劳伦斯会比以往更加担心钱了。他写的诗歌无疑是彻底失败了，甚至还没有收到《儿子与情人》的校对。最后，他开始动摇了，甚至再次说起教书的事来——不是像戴维森那样的大学校，而是一所小型私人学校。但是凭他这样的健康状况，会有哪个学校接受他呢？

两人原打算只在巴伐利亚停留一周，实际上是从1913年4月份一直待到了9月份。两人住在了弗里达的姐夫的农舍里，解决了眼前的实际困难。那是一栋"小木屋，位于冷杉树林的一角，起伏的草地上布满了报春花和龙胆草花，小屋远眺积雪覆盖的阿尔卑斯山"。但是，虽然他让弗里达留了下来，鲜花和雪峰也给他安慰，劳伦斯还是不开心。"离开意大利让我心碎，"他给朋友的信中如此写道，他又告诉另一个朋友，"我想回意大利。"直到他生命的最后，意大利是他过得最开心的地方。现在，离开了意大利，他很不喜欢德国的"紧张的环境和深居简出的生活"，尽管他心怀感激地承认，这比"在英国如此压抑地做礼拜的感觉"要好得多。

尽管劳伦斯抱怨，但无论如何，他又定下心来开始工作了，交替撰写了《迷失的少女》和《虹》的初稿。他担心前景可能会像《儿子与情人》的命运那样不佳，出版商的拖延让他非常愤怒，他管所有的出版商叫"一帮该死的拖沓鬼"。当然，对于下一部小说，他十分担心。这是他的第三部小说，如果销量和名气都没有前两部高的话，未来将没有希望。不管内心的感觉如何，他看起来还是那么过度自信，不理会只销售了100册的诗集，还吹嘘说："我知道我比任何英国人都更能写出伟大的作品。"

在巴伐利亚的厄什霍森村，他读了一些当下比较新的英国小说。一本名为《牛虻》的小说被他弃之一边，他不喜欢这部小说中"性的扭曲"；他发现威尔斯的《新马基雅维利》压抑冗长。"我喜欢威尔斯，"劳伦斯写到，"他很热情，是一位富于激情的演说家或是推理家，随你怎么叫吧。但是，啊！——他伤害了我。他对待生活，总是像一个饥寒交迫的小孩盯着商店橱窗里热气腾腾的猪肉一样。"这本书让劳伦斯开始担心英国了，因为他肯定"只有通

过调整男女关系，让性变得自由并且健康，英国才能从现在的衰退中走出来"。他注意到伯格森，发现他"有点瘦"，是个很无趣的人。刚刚创办的《新政治家》像"患了麻疹"。

6月底，劳伦斯和弗里达飞抵英国，他们首先去了肯特，爱德华·加内特把房子借给了他们。这位优秀的朋友想方设法，让劳伦斯从他的出版商那儿拿到一张50英镑的支票，还要到了一本赞扬他小说的选集。劳伦斯带来了一部手稿，自称是"我写过的最好的短篇小说"，后来命名为《普鲁士军官》——还有两封给劳伦斯的信，一封来自奥斯汀·哈里森（《英语评论》的新任编辑），一封来自埃兹拉·庞德，他向劳伦斯索要一些故事。最后，爱德华·马什寄来了一张小额支票作为一首诗的报酬——"我称之为天赐的吗哪[①]"，劳伦斯讽刺地说。

对于这对不受尊重的叛逆者来说，这是足够友好的接待了，他们精神为之一振。两人甚至开始被一些体面的人所知晓。当《乔治诗集》的编辑爱德华·马什把他们介绍给了沃尔特·罗利教授、赫伯特和辛西娅·阿斯奎斯时，他们正坐在马盖特附近的山洞中，和阿斯奎斯一起高歌："狂暴的海浪正在说什么？"在伦敦，他们还见到了期刊《韵律》的编辑约翰·米德尔顿·莫里和凯瑟琳·曼斯菲尔德，（劳伦斯评价《韵律》说：）"愚蠢的期刊，但里面的民谣还不错"，他们来海边看望劳伦斯夫妇。对于此次会面，莫里留下了一些回忆，其中一段如下：

> 有一次，在一个轻寒袭人的傍晚，随着海浪滑上平坦的褐色沙滩，劳伦斯像个在校男生一样在浪里穿梭出入。凯瑟琳·曼斯菲尔德是个游泳好手，我也不错，这是我比劳伦斯厉害的唯一一件事。在那片荒芜的沙滩上，我们四个在在灰暗中赤裸着身子，起初很高兴，接着就开始发抖。然后我们回去吃了顿大餐——炸牛排和番茄。

劳伦斯的魅力非常大，在记忆里，似乎连那天的番茄都"微微泛着红光"。如果不是所有的杰出人士——至少是一些人——对劳伦斯的早期作品感兴趣，但《儿子与情人》的出版给他带来了声誉。确实，连像莫里和凯瑟琳·曼斯菲尔德这样的忠实崇拜者都认定，这本书的"方法完全是写实的"，"其他

[①] 吗哪：在《圣经》中奇迹般出现的食物，提供给逃出埃及后在荒凉的沙漠中游荡的以色列人。

部分是回忆性的，最终的结局丰富而无所获，让人困惑"——这句话怎么理解都行。也确实如此，一些书商和巡回图书馆拒绝接受这本书（"让他们在地狱里进油锅吧！"劳伦斯这么想）；但这毕竟是荣誉，是庸人给予"天才"的奖赏。研究劳伦斯的书志学家告诉我们，现存的《儿子与情人》第一版的大部分书"几乎都被翻破了，很显然难以阅读，显然已经被反复传阅，读了又读"。两年后，就在劳伦斯出版他的下一部小说前，当写到劳伦斯的声誉时，莫里告诉我们："在当时，劳伦斯显然是下一个名人，他的书自然是最有威望的评论家的意外收获。"《儿子与情人》为劳伦斯赢得了这一地位。

起初本书的销量不好，但为劳伦斯赢得了世人的尊重，成功的原因是什么？通常要找到原因很容易，但原因的正确性无法确保。自然要指出的是，这本书在英国小说中是首先阐释弗洛伊德心理学理论的作品之一（如果不是第一部的话），当时弗洛伊德的理论在英国刚刚开始流行。从专业批评家的角度看，《儿子与情人》违背了认为由亨利·詹姆斯、乔治·摩尔和约瑟夫·康纳德等作家永久设立的大部分准则。我们可以引用菲利普·海赛尔坦（即彼得·沃洛克）的非专业观点，他在大约一年后他写道：

> 我刚读完 D. H. 劳伦斯的所有小说——总共三本。在我心中，它们是无可匹敌的，那深刻的洞察力和优美的语言都超过了同时代的其他作家。

这是当时许多年轻人的想法。读者第一次读《儿子与情人》的时候，就会立刻认可该小说，这与后来出版的《尤利西斯》和《在斯万家这边》的情况一样——这里确实有种新奇美妙的东西几乎肯定会持续下去。在《儿子与情人》中，作者有种能够驾驭文字的魔力，他从不炫耀——他对事物有强烈的兴趣，甚至让他全然忘了自己是如何讲述的。这本书呈现了丰富的人生经历，同时也展示了全新、独特的人格，让人迷惑，令人愤恨，却又富于才华。

享受《儿子与情人》带来的成功，并不是劳伦斯此次英国之行的唯一原因，他们必须制造一些可能的"证据"，作为离婚时严肃的滑稽戏上使用，他们还需支付巨额费用。事情完成后，他们没有再做停留。尽管新小说的销量不高，但劳伦斯再不提回学校任教的事了，显然是感觉此时不用为生活担忧了。8月初，这一对恋人又回到了贾菲教授在厄什霍森的木屋，他们将一起度过未来幸福的一年。劳伦斯的精神很好，甚至倾盆大雨也没有影响他的心情，有

时他会在清早穿着浴衣绕着房子跑步,然后再沐浴。

现在,起码他和弗里达的意愿及人格不一的争斗暂时告一段落;如果不是因为后来外部世界的一些事情把劳伦斯激怒,让他几近崩溃的话,他们可能确实会继续待在那里的。很快,劳伦斯就从巴伐利亚传来消息,说"他们安顿下来了""非常幸福"。在巴伐利亚,弗里达和亲人们在一起,劳伦斯半躲在人群中,饶有兴趣地观看弗里达的生日庆典。孩子们陆续到了,有"带着花冠的小外甥女,身着一袭白色衣服的外甥们,手里拿着装满桃子和杏的篮子;还有糖果盒、香水和大束的鲜花,还有其他一些礼物"。她穿着漂亮的巴伐利亚农民服装迎接孩子们,听他们朗诵生日诗歌,然后她还"吹起了口琴"。

劳伦斯很高兴再次离开英国,尽管他曾留恋地说:"我热爱我的乡亲们。"由于某种原因,英国对他来说似乎"让人纠结、乏味、混乱"。(不下雨时)群山间的世界是"如此有活力,如此瞬息万变"。他永不疲倦地观赏着阳光下那巍峨的远山,层峦叠嶂,"一切都随着光线的变化而变化"。和平时一样,在那里世界就是他的表征。在英国,他被弄得很难为情,受到死板的守法主义者和人们的责备,这些人要求他必须因为和弗里达的不当关系向他们道歉。对劳伦斯来说,从容地与另一个社会阶层的新朋友相处并没有那么容易,他们的设想和偏见与他的大不相同,他们对他的优越感表现为"批判主义",他们自认为有"不可比拟的优势",不可避免地把自己当做是"天才"的庇护。爱德华·马什甚至还好心地开了函授课,教劳伦斯如何写诗。在回复有关押韵和节奏时的建议时,劳伦斯耐心地答道:"我一直都在尝试从诗歌中抓住思想感情,而不改变这种感情。"当然,要做到这一点,首先必须要有感情。

由于某些原因,劳伦斯此时的诗歌数量急剧下降,所写的诗歌几乎都是关于弗里达的,这都是他们为未来的出路奋斗时,在一次次的狂欢或平静中写成的:

穿过笔直的激情之门,

在颤动的火光中

那狂热的爱之焰

在强烈的欲望之躯上颤动。

不幸的是,当时的品味很古板,诗歌成了——但愿只是暂时的情形——

一种几乎过时的表达法。劳伦斯那时用诗歌说出现实中性爱的愉悦。这首优美、问心无愧的的诗歌《婚姻》是一首有关婚姻之爱的完美诗歌。拘谨的出版商把《瞧！我们走过来了》原版中的《被人爱着的男人之歌》一诗删去了，劳伦斯在1928年出版的《诗集》中重写了这首诗——从文学角度来看，这首诗没什么改进，肯定不是他当时写诗的心情了。幸运的是，他把原版的复印件给了弗里达，她为我们保存了下来：

她的双乳间是我的家，在她的双乳间
三个面构筑了我的空间和恐惧，但第四面在
力量之城温暖地歇息，在她的双乳间。

我整日忙碌而快乐地工作，
我不需看背后，害怕那里潜伏着
恐惧。我很强大，我为我的工作而愉快。

我无需照顾我的灵魂；用祈祷来
哄骗我的恐惧，我只需每晚回家找到亲爱的
门闩，把自己关在屋里，把恐惧关在门外。

我只需每晚回家，把我的脸
放在她的双乳间；
我白天做的善事，让宁静来证明。

失败的事，做错的事
无言地在她的身体上展现
无言的指责，让我羞愧。

我希望永远
把脸埋在她双乳间
我安静的心充满安全感
我安静的手托起她的双乳。

"她不适合做他的女人",我不知道要驳斥这种人云亦云的说法还需要多少证据。单是这首诗就能得出结论,这还让劳伦斯写下了这首题为《历经沧海的男人之歌》的诗,胜利地宣告了对自己以及他与弗里达共度一生的信念:

不是我,不是我,只是风从我身边吹过!

和风吹来了时间的新方向。

如果我让它托起我,带走我该多好,如果它带走我该多好!

如果我敏感、细致,哦,雅致,是带有翅膀的礼物该多好!

如果我是最可爱的该多好,我沉醉其中,希望能

被这美好的、美好的风带走……

在这些诗词里,他倾注了自己的爱与生命,神秘地坚信自己被以某种方式选出来表达超越自我的真理;这些时刻是真实的,就像他渴望黑暗、毁灭和死亡仪式的时刻一样真实。

2.5

那时,在欧洲徒步旅行不仅能成为现实,而且还很惬意。在古代,骑马的人们和步行的人们设立了距离标准,要观察这个世界从古时候留下了什么,最好的方法无疑就是徒步旅行。九月,雪山的冷空气已光临了厄什霍森,劳伦斯夫妇开始讨论要去南方的什么地方。两人决定弗里达去看望她父母一段时间,而劳伦斯步行穿过瑞士去意大利,之后,弗里达乘火车到意大利跟劳伦斯会合。弗里达似乎不想再冒险受一年前的苦了。劳伦斯的身体更加虚弱,却愿意冒险,在战争和官方旅游业带来破坏前,他领略了欧洲更多的面貌。

劳伦斯决定从沙夫豪森去科摩,途经苏黎世、卢塞恩、艾罗洛和贝林佐纳,有时乘轮船,但主要还是背包徒步旅行。他发现自己并不怎么喜欢关心低地国家瑞士——看起来是个"毫无特色而又普通"的国家,感觉除去那些山峰,

在瑞士总有一种"一般的感觉,毫无生机、平平庸庸,甚至让人无法忍受"。劳伦斯强烈地感受到了这一点,发现"唯一有生机的感觉,就是外出时的释然"。所以,劳伦斯还没在苏黎世停留一两个小时,就乘船沿湖而下,夜幕降临时就到了旅馆,他在旅馆"吃了煮香肠,喝了些啤酒,还试着去尝试了那完全冰冷的瑞士物质主义"。

然后,劳伦斯有了一个发现,这个发现让他兴趣盎然,生机无限,还给他同情的人展示了这些发现。他结识了一批意大利逃亡者,他们为了逃避兵役来到了瑞士。他们在排练一出剧,劳伦斯给我们描述道:"朱塞比诺、阿尔贝托、阿尔弗雷多和他的女友麦德林娜,他们正在排演戏剧,还创办了小报《无政府主义者》。他们一厢情愿地相信这份报纸能拯救世界,他们热情澎湃,充满人文关怀,又有浓厚的思乡之情。"他们成了给工厂做工的农民,由于这个"冰冷的机械世界"里不切实际的理想——尽管劳伦斯相当讨厌,甚至还拒绝这种理想,但他爱这些人,因为他们有生气,有活力。

第二天一早是星期日,早餐桌上是"面包黄油和约五磅奶酪,还有一大块新鲜的甜蛋糕"。饭后劳伦斯就出发了,"迅速地过了河"向卢塞恩进发,不想很快就在这片沃土上遇到了从教堂出来的教徒,男人们"穿着黑色的细平布衣服,戴着老式的高顶丝质礼帽,手里拿着雨伞,女人们穿着难看的衣裙",所有人都神情呆板,"在礼拜日了无生气"。劳伦斯讨厌他们,当他坐下来要看自己起水泡的脚趾时,看到又有两个人朝他走过来,于是就匆忙起身走开了。这两个老人穿着黑色外套,劳伦斯只是"忍受不了他们走路和说话的方式,嗦、俗气,而且说话拐弯抹角"。天上下起了毛毛雨,劳伦斯蜷缩在树下,吃着从苏黎世买来的简单食物,他感觉"在这儿很高兴,无家可归,无家可归,没有归属地,蜷缩在路边小灌木丛的树叶里,孤独得像个幽灵"。当他敞开心扉时,在这样的时刻显得十分可爱——这时的他贫困、孤独又自由,步行南下,肺都要咳出来了,像中世纪的吟游诗人那样,快乐、鲁莽却又无可匹敌。

劳伦斯那天还有另一场奇遇,他在和两个身材娇小的老太太品茶时,佯装自己是奥地利格拉茨人,怕暴露自己,而后就匆匆离开了。他在"可恶的野蛮小旅馆里"待了一晚,周一就步行去了"讨厌的里吉山"。在那儿他碰到了一个"迷路的法国小伙子"。两人都很喜欢对方,马上成为了密友,劳伦斯说要跟朋友一起去阿尔及尔待上一段时间,不过很快他就丢了小伙子的

地址，也忘记了他的名字，但"他永远是我的朋友"。劳伦斯后来又遇到了另一位英国小伙子，这个人疯狂地想让自己在有限的假日里走了数英里山路，"直到自己精疲力竭，病倒了为止"。劳伦斯起初对这个小伙子既同情又敬佩，小伙子离开后，他就跟久坐发胖的房东细述小伙子的努力，以此来羞辱房东。但随后，"我突然讨厌他，这个冥顽不化的蠢货，既残忍又骄傲，犹如声名狼藉的红种印第安人，忍受着折磨"。

红种印第安人在当时"声名狼藉"，后来被劳伦斯理想化了，这一点还不算有趣。更重要的是，劳伦斯意识到生活的每时每刻、每件事都趣味盎然，或者说，每件事都因他而妙趣横生。劳伦斯去意大利需要穿过大路，他整天都在去往安德玛特的阿尔卑斯山路上艰难地行走，步履稳健，气温持续降低，似乎体内的血液都被冻住了。"谷底"对劳伦斯来说就像"深邃的坟墓"，积雪的山峰"在大雪和冰水的巨大嘈杂声中，矗立在冰冷的死亡气息中"。最后，在"冰冷青灰色的晚霞"中，他疲惫地走进安德玛特。他讨厌这里，所以尽管筋疲力尽，他还是继续前行，终于来到一处寡妇的破房子前，她是个"像母鸡一样的人"，虽然失聪了，但她执意给劳伦斯做白兰地煎蛋饼，劳伦斯花不起钱，但也没办法。早晨，"湛蓝的天空，天气晴好"，他看到了一个叫埃米尔的德国小伙子，两人相伴上路了。他们走过戈萨德，穿过长长的山路来到意大利，到了"世界上这阳光明媚、古老的南部山坡"，从死气沉沉的冬天走到了瓜果飘香的初秋。他在第一家小店首先说的是："葡萄多少钱？"

如同大多数这样的徒步旅行一样，这次旅行在乘火车去米兰的途中结束了。劳伦斯在米兰跟弗里达会合，两人一起去了莱里奇。为什么选择莱里奇？可能是由于对雪莱的回忆，更乏味的原因可能是，他们听说莱里奇价钱便宜，地处偏远。不管怎样，两人在1913年9月底到莱里奇后，立刻就喜欢上了这个地方。"我非常喜欢我们最后发现的这个地方"，劳伦斯这样写道，然后开始描述他们粉色的农舍，农舍里有四间屋子，在一个叫费阿斯捷利诺的小地方，位于莱里奇那边的海岬附近，地处地中海旁边的一大块平地上，在大打花园里有葡萄、无花果树和橄榄树，远处是大片郁郁葱葱的小山。费阿斯捷利诺太偏远了，甚至没有路通往这儿，他们的每件物品都是用船或是农妇用头顶着运送过来的。他们发现这所漂亮的村舍里很脏，劳伦斯把背带系到

腰上,"冲了进去"。后来,"上帝,看到深色的地板徜徉着绯红色,那是深红色的砖,如同黎明冲破秽暗的夜晚,看到它就足以让人高唱颂歌了"。

农妇菲利斯和她女儿艾丽德来帮劳伦斯做家务,但据劳伦斯所言,她们以前甚至连地板刷都没见过。对家中的卫生标准他从没放松过,不管是意大利、墨西哥、澳大利亚还是英格兰农村,这些地方的住所都不够干净,他只得"自己动手"。没有浴室,并不会给他们带来太多麻烦,只要天气一直暖和,就可以在海里洗澡。劳伦斯在内陆长大,怕冷水,不怎么会游泳,但哪怕有时海浪汹涌,暗藏危险,他坚持在海里洗澡。他不理会弗里达的警告,这让弗里达很恼怒,所以她试图通过嘲笑他,以提醒他注意安全:"如果你不能成为真正的诗人,那你可以像诗人那样溺死。"

也许是突然停止写作去徒步旅行的结果,也许是因为地中海秋日的沉闷影响了劳伦斯,又或是因为劳伦斯暂时"江郎才尽",他从紧张的创作活动中得到了休息,18个月内他写出了大量的散文和诗。他说不会"写太多",甚至还说,即使有一小笔收入,就"一直高兴地闲逛"。但对于劳伦斯而言,"闲逛"总是相对的,尽管劳伦斯实际上已经写出了诸如《普鲁士军官》和《肉中刺》这样的好作品,但他此时明显没有找到大量的诗歌素材,可能会暂停写一些短篇故事。但如果他相对来说懒得写这种体裁的作品,主要原因是他又开始写最长、最雄心勃勃的小说了,这篇小说早在加尔尼亚诺就开始动笔了。

劳伦斯不擅长给作品命名,刚提到的这两篇短篇故事的名字并不特别贴切,最初叫《战友》和《家常的酒》,更是没有新颖之处。这暗示了劳伦斯没有把书、故事、诗或多或少地当成虚构的"艺术作品"来设计,而是让这些东西作为"生活经历和思想冒险"在脑中闪现,所以在他写了小说的一大部分后,却还生气地大喊自己仍然不知道小说写的是什么。无论如何,他自己起的名字总是很差劲,意思含糊不清,现存的题名都是别人的建议。他的第一部小说的名字软弱无力,叫《内瑟米尔》,直到杰茜·钱伯斯给了更好的建议——《白孔雀》,虽然这个题目与内容不太相关。我相信是出版商用《儿子与情人》替换了劳伦斯自己的平庸书名《保罗·莫雷尔》。这本新小说也是如此,最初书名被糟糕地定为《姐妹》,后来叫《结婚戒指》(感觉好多了)。而弗里达执意要叫《虹》,尽管这部小说与彩虹的关联并不比第一部小说与白孔雀的关联大多少。如果《结婚戒指》这个书名保留的话,这部小说就会

为那些无聊的人所认为的粗俗场景进行解释和辩护。

劳伦斯说自己那时"没有写作品",事实则不然。比较真实的情况则如他在给爱德华·加内特的信中写到:"我写作真的很慢——只是会爆发式地写出作品来。"这给人的整体印象是劳伦斯是个粗心大意的作家,缺少自我批评,他会重写作品,但永远不会修改作品。虽然他得到了奥尔德斯·赫胥黎的一些支持,但在这一点上应该受到责备。但如果检查劳伦斯的手稿就会发现,在很多情况下,劳伦斯不只是重写作品,他会修改、再修改,甚至还在行间加写。例如,《最后的诗》的修改稿中,很难确定改后的诗行。的确,至于《虹》,与其说是修改细节的问题,倒不如说他很多次开头之后不能继续下去,他在找到心目中正确的基调前,就写了不下7部手稿的部分内容,篇幅长达1000多页,但他似乎还不知道怎么写就过早动笔了。然而,一旦他满意地步入了正轨,不到6个月的时间里就写出了一部完整的小说("这不是在写")——在众多书里,他的这本书在范围和规模上是最有雄心的,至少有18.5万字。

劳伦斯在费阿斯捷利诺的生活,有段时间显然因小说的错误开头而垂头丧气,或者他真的"没有创作"。这让他很烦恼,在给马什写信时说:"我现在没有写太多诗。"又跟麦克里奥德说:"我不能写作了,不是开玩笑,去做我和弗里达曾经做过的事——的确是我的灵魂很疲惫。"他精疲力竭,暴躁易怒,爱德华·马什好意给他写信,教他如何写乔治时代的正统诗,劳伦斯为此感到厌烦,起初他很耐心地回应他,暗示马什,他会因这些建议而烦躁:"别认为是你最后的一封信冒犯了我,让我停止写作,我其实特别赞同你说的,但我得用散文谋生。"

马什的这些愚钝的信件索然无味,还在不断地寄来,劳伦斯一怒之下就出击了:

> 诗歌不是靠耳朵听的,靠的是敏感的灵魂。耳朵一旦养成了习惯,就成为了主宰。诗歌的起伏才应该是主宰,耳朵只是传话筒。如果你的耳朵僵硬,还略带机械刻板,就别怪我的诗。这就是你为什么喜欢《撒马尔罕金色之旅》——这首诗适合你耳朵的习惯,而你的感觉成为了附属品,真可怜。"听起来很舒服,"你说。好吧,我不是为你的耳朵写的诗。

一位苏格兰人说过，让自己走上"才子"的道路是件可怕的事，因为世人后来会发现，"才子"走的错误道路才是正确的。马什纠正劳伦斯，就像克罗克纠正济慈那样，只不过马什更加和蔼可亲，温文尔雅。不管怎样，乔治体诗新成员劳伦斯言谈如此粗鲁，是从未有过的，只能以他无知为由原谅他。劳伦斯肯定得到原谅了，因为在一位农夫的婚礼上，"那里的酒非常红"，劳伦斯夫妇应邀去和三位乔治体诗诗人和"一位叫沃尔特菲尔德的人"会面，沃尔特菲尔德是位画家，住在萨尔扎纳附近一座漂亮的古堡里。离开了满是章鱼、鸡肉和农民欢笑的婚宴，来和这些有教养的知识分子见面，这到是让劳伦斯吃惊不小。"好像突然到了空气非常稀薄的地区，"劳伦斯说，"我步履蹒跚，我找不着东南西北了。"步履蹒跚是因为诗人"稀薄的空气"还是当地的酒，就不得而知了。

奇怪的是，劳伦斯夫妇的关系仍然有违法律，但这时却是他们社交活动最多的时期。当时英国的有钱人遍布欧洲各地，搜寻一种难以捕捉的文化。这些人一般都空虚无聊，对自己所在的国家知之甚少，他们很欢迎新来的英国人加入他们的集会。尽管弗里达的离婚诉讼在黄色新闻中被大肆渲染，但他们还是加入了集会。在意大利，他们的一些英国邻居要么没听到这桩丑闻，要么听过也不予理会，弗里达一向勇敢直率，执意让劳伦斯告诉他们事实——这使得访客人数缩减了。在英格兰，爱德华·马什等人一直支持他们，他在那年冬天来意大利，不嫌麻烦地去看劳伦斯夫妇。

马什离开后的那晚，沿海地区下了场不同寻常的大雪，劳伦斯夫妇醒来后，想知道"那奇怪的白色"是什么，就到窗前去看，"雪差不多有6英寸深，细雪还在随风飘荡，若明若暗，向阴沉的大海飞去"。自然仆人不会来了，于是在"奇怪、寂静、被大雪覆盖的费阿斯捷利诺"，劳伦斯穿好衣服，把火生得很旺，然后洗盘子。他再次往外看，看到橄榄树枝被雪压弯了，"整个山坡看起来好像是挤满正往下走向冥河的绝望的幽灵"，突然雪的重量和冷空气让树一棵接一棵吱吱作响，折断后掉到地上，连猫都被这声音和奇特的银装素裹的世界吓傻了。艾丽德和她兄弟亚历山德罗的叫喊声打破了这一片寂静，他们向上帝悲哀地诉说着损失："上帝啊，上帝，基督啊，地球毁灭了，毁灭了啊！"在这场剧中，劳伦斯很困惑，也很苦恼，因为有流言说马什和他的伙伴被捕了。一切结束得很圆满。如果马什曾经被捕，那么他也

是很容易逃脱了。农民们为前来视察的税收官员上演了一幕悲情十足的戏剧，税收官员走后，他们"开始开心地砍树了"，还对别人说："现在我们可以暖和了。"

劳伦斯显然很享受这一切，否则不会不嫌麻烦，如此生动地记下细节。他似乎从始至终都很开心，饶有兴致，却总是有隐藏的"黑暗自我"，有时处于支配地位。最好的情况是这个对立的"黑暗自我"让他做些为难的事，说些为难的话。他是情绪的奴隶，如果他能用无与伦比的美妙语言表达幸福的情感，那他也能用毫无限制的话语表达凄凉或斥责。他开心地给马什写信，告诉他暴雪中的乐趣，与此同时，又满怀忧郁地给别人写信："真希望你能知道我们在什么样的痛苦绝境中挣扎和窒息，在俄瑞斯忒斯那些人之后，我们是最不幸的凡人，苦闷挣扎又命运堪忧。"显然"俄瑞斯忒斯那些人"唤起了他的幽默感，竟会想象收信人（辛西娅·阿斯奎斯）在床上读信时，会"愉快地敲着床单，就像年老的女仆在台灯下吃着松饼，喝着茶，读着斯坦利描写非洲的故事一样"。

当真的遇到麻烦时，劳伦斯不像想象中那么沮丧和焦虑，而是理智地应对现实。他给爱德华·加内特寄去了《虹》后来的一个版本——但不是我们现在看到的最终版本；加内特既失望又挑剔。即使他看到的版本和现在的版本一样好，他也有理由失望。劳伦斯写了两篇虽令人振奋但并不算完美的小说之后，终于创作了成就极高的名著《儿子与情人》。这本书吸引读者的特质之一是，把现实细节与诗意的想象揉和到一起，兼纳普通生活和远大理想，清晰地呈现了人物性格及其深层的但又完全可以理解的情感冲突，其生动的行文贯穿始终。劳伦斯当时还是20多岁。加内特自然对下一部小说的期望很高，尤其是劳伦斯还写文章吹嘘过他的新作。当加内特发现劳伦斯摒弃了所有这些，去写发生在几代人身上的严肃故事，人物的分析又一下子回到了那些常见的要素，作品中的人物有些难以区分，不容易记住，可以想象加内特是多么失望。这既是一部村野小说，也是一部心理分析小说，就像是乔治·艾略特写的一部俄罗斯式的小说。

加内特坦诚地给劳伦斯写了封信，认为书里有些东西背离了劳伦斯的"才华"。加内特想，劳伦斯真正的力量，真正的创作力，是他作为艺术家的天赋，而不在弗洛伊德式冗长的分析中、也不在关于救赎的说教中。劳伦斯在回信

中承认了这一点，但他还是一如既往，固执己见地坚持自己的意见：

> 这是最让我苦恼的，我再也没有写《儿子与情人》时创造生动场景时的那种喜悦了，我并不在乎依靠更多强烈的情感积累素材，或者创造场景，我必须写点不同以往的东西。

加内特一定认为这本书（《虹》）似乎有些做作，有点儿严肃甚至枯燥，没有足够的欢乐气氛来冲破哲学的说教。加内特批评说在当时不能那样写，劳伦斯接受了批评，着手写新版本。他写作速度很快，每天平均3000字左右，到4月底基本上就快完成了。创作过程中的反思和对作品自然的控制欲让他变得不再温顺，他从一个心怀愧疚的人转变为有进攻性的人了：

> 你知道，我是多么乐意听你的话，接受你的建议并照着去做，但你得耐心地了解我想做什么才行。我毕竟不是一个反复无常的孩子了。一直以来，在我的内心深处总有什么东西在酝酿，很难真实地表达一种新事物……你说我是半个法国人和1/8的伦敦佬儿，其实不然。我经常有普通人的庸俗和坏脾气。如你所言，我是伦敦佬儿，还可能是法国人，但主要是个热情的宗教信徒，小说是基于我宗教经历的深度而写的。我必须坚持这么做，只有这样我才能写作。

这些话深刻陈述了加内特之辈无法理解的信念和理想，还是劳伦斯试图为不能再写出像《儿子与情人》那样生动精彩的小说而找的软弱、特别、不能令人信服的借口？这就完全取决于别人对这本书和接下来的几本书的评价了。劳伦斯说他有"普通人的庸俗和坏脾气"，这很有意思。他心情不好时，就极其愤怒地否认这一点。但是毫无疑问，就是这些些缺点让他上流社会的朋友感到烦躁，让他们之间产生了隔阂，也让许多读者难以理解。我们可以就他是不是"热情的宗教信徒"举行一次辩论。他认为：尽管自己的观点多么不正统，但他切实从宗教的中感受到太多的人只想攫取某些物质利益。他也坚持认为自己对性有着宗教般的热忱，而那些自认为与他为敌的唯物论者认为性是"肮脏的""让人感到不舒服的"。他反驳说，肮脏和不舒服完全是他们的编造。

正当劳伦斯与自己创作的天使和恶魔搏斗的时候，尽管还有大暴雪，但冬天渐渐从莱里奇褪去了。早在二月的第二个星期，劳伦斯夫妇就外出去雪毁的橄榄林中采摘柔美的地中海边的花朵了，他很喜欢这些花——"野生水

仙花、紫色银莲花和一些甜美的紫罗兰",都是牧歌诗人式奥克利托斯喜欢的花。现在大海从早到晚都是晶莹闪烁的蓝;桃树开花了;"雾蒙蒙的灰色橄榄林中散布着粉色的杏花"。春日的一天,他们带着食物爬上高高的山峰,从山上能看到卡拉拉山脉,宽宽的峡谷,海岸"冲刷出一条曲线,让我的血液都愉快地流动起来"。一切都这么宜人,劳伦斯觉得自己好像要"跳起来了"。一种很想去看看美丽世界的渴望向他袭来,他想立刻就启程,"步行向南走进亚平宁山脉"。他为什么没去呢?嗯,他太穷了,还得写完那本令人厌烦的小说,清教徒的良心也让他无法离开。他在自己的良心约定,一定要回英格兰,等离婚事宜全部结束后,就马上去登记结婚。

那天在山上,他的常识抑制了自己想自由游览世界的渴望,这是有象征意义的,这个意义超越了他所知的一切。确实,他那时的小说和故事集几乎都是有关他年轻时英格兰,尤其是他深切关心的中部地区的成长历程。如果把他看成是当地的爱国者和地方作家,那就大错特错了,他当然不是这样的人。他已经本能地感觉到古老僵化的民族主义正在瓦解,而艺术就像生活本身,必须从新的中心流淌出来。他转向了更为广阔的世界,雄心勃勃地想写一部关于各个大陆的小说,这既是他的选择,也是必要的。

1914年6月,劳伦斯抵制住了漫游冒险的诱惑,从莱里奇返回了英格兰,他并没打算留在英格兰。我们可以从以下这一事实看出:劳伦斯把几本重要的笔记和他们微薄家产的一大部分都留在了莱里奇。在将近两年的时间里,他一直都是流浪的知识分子,他的狭隘主义没有了,也没有更精准地学到伦敦文学圈的狭隘主义,伦敦文学圈的狭隘主义让劳伦斯受到了触动和伤害,却没有控制住他。如果他同弗里达的奇怪的战争没有结束,甚至最痛苦、最致命的时期还在后面,无论如何,两人都是永远属于彼此的。他们要面对许多困难,但世界似乎在他们面前徐徐展开,他们对未来很有信心。甚至在他们起身去伦敦时,还高兴地计划着爱尔兰之行,然后去阿布鲁齐山脉。

六周内,战争的钢铁暴风雨在欧洲猛烈爆发,并蔓延至整个世界,毁灭了好几代人的希望,留下的是憎恨、复仇和迷茫,一片可怕的混乱。劳伦斯并不像之前期望的那样在英格兰只待两三个月,而是待了五年半的时间。在那里,他经历了奇怪的遭遇和灾难,落了个身无分文,遭人中伤迫害、无家可归、同疯狂的世界斗争、同自己痛苦分裂的精神斗争,这样的抗争让他变得愈加痛苦不堪,郁郁寡欢,直到后来为了躲避这一切,自愿远走他乡了。

天才的画像——劳伦斯传

2.6

1914年7月13日，劳伦斯和弗里达依法在伦敦户籍登记处登记结婚，在法律的神话中，弗里达应该是典型地被诱骗、被玷污的流亡者，卑微地渴望着安全，她向警察讲，婚姻使其再次成为一个相对本分的女人，毫不在乎别人的谴责。然而劳伦斯完全没看到可笑的那面，起初，他很严肃地对待此事，甚至有些惶恐。然而，他又迅速地恢复了幽默感，说自己提心吊胆地完成了仪式，害得左眼的神经疼。

不知为什么，劳伦斯相信，这个秘密的仪式"很体面，很高贵"，并且佯装惊讶，认为婚姻没让他感觉"变了个人"。劳伦斯讲述了婚姻的忠诚和永恒，这让凯瑟琳·曼斯菲尔德（劳伦斯的结婚见证者之一）印象很深，她马上决定放弃女性的自由，从今往后要戴上婚戒。于是，弗里达反正没有机会戴第一次婚姻的戒指了，她立刻把那枚戒指送给了她的朋友。这一幕讽刺意味十足，好像所有在场的人忽略了，这就是婚姻的忠诚和永恒！

很明显，在当时婚姻话题已充斥了劳伦斯的头脑。在他的一封信中有一段新奇有趣的段落，其中就出现了这个话题，起码这对于理解他些微不变的情绪有重要作用，所以须要完整地读读这段文字：

> 你认为从你意识到爱的那天起，爱就完成了吗？不是的。要爱，你就得学着去了解对方，要比她自己更了解她，顺从她对你的了解。做到这点是极其困难痛苦的，但这是唯一持久的。你不要认为你的渴望或基本需求是事业有成，或是生活充满活力，亦或是给家庭提供物质条件，这些都不是。生活中，最重要的是，你要完全爱你的妻子，无条件地爱她，全身心毫不掩饰地爱她。这样，不管有多少事情出了问题，你都会心平气和，内心有安全感。这份平和与安全感会让你自由行动，创作自己的

作品，成为真正独立的工作者。你曾问我寓意是什么，我还没有什么一般大而化之的寓意……但我告诉你，要是有的话，这就是启示。

劳伦斯还有时设想自己有传递其他信息的职责。尽管劳伦斯主张过婚姻是虔诚的，但只是在最近我们才看到，他是"骨子里虔诚的人"。两种明显的回忆涌上心头。首先，劳伦斯在这里写作时，对现实战争一无所知，集体暴力的紧急情况让人害怕，男人女人被任意分开，毫无同情之心，也许会分别数载，也许永难相见，所谓忠诚、永恒以及家庭间的紧密联系仅是笑谈。其次，劳伦斯不断和妻子痛苦地争吵，进一步恶化为侮辱和个人暴力，妻子试图离开他。读者也许会问，如何调和这个臭名远扬的事实和那些高尚又强加给自我的迫切需求呢？谁都不会否认争吵这类事发生过，当然大部分都被敌人恶意使用过。唯一能真实了解这一问题的人，就是弗里达·劳伦斯自己，下文是她的回答：

  我确实发现他对我的了解细致入微，我想象中的任何人都比不上他。

对我而言，这样被温柔包围本身就是个奇迹。

如果她心满意足了，我们还有什么理由可抱怨呢？

现在，劳伦斯已抛开这些思考，投入到文学事务中了。要记住，爱德华·加内特是达克沃斯主要的文学顾问，就像他不满意早期的《虹》那样，他也不满意最近的《虹》，这严重地影响了劳伦斯的未来。加内特说《虹》"有点未来派的味道"，这看起来有些不切实际，因为盛行的乔治·艾略特的风格是人们不得不反对的。尽管如此，他还是以同样的热情一再为《虹》和自己的观点辩护。《爱情诗集》失败后，加内特又发表了这番意见，这让达克沃斯犹豫不决。为此，劳伦斯很生气，他立刻通过平克的介绍，让梅休恩出版《虹》，出版社好像给了劳伦斯300英镑的大笔预付款。但他却没考虑过，大笔的预付款是出版商机的明证，而不是真心同情他，而后者更为可贵。劳伦斯描述这些交易时说，自己"拿到平克的支票了"，梅休恩仍欠他150镑。我据此推断，平克给了他135镑，收了他10%的佣金。顺便提一句，出版商或劳伦斯或两者都不满意《虹》的形式，所以，劳伦斯就同意接下了这费神劳力的任务，重写《虹》，好像是《虹》的第八稿。

劳伦斯已在为另一本书寻找题目，因为他似乎还没有一部小说的现成主题，他决定要写本关于托马斯·哈代的书。劳伦斯把这个想法告诉了爱

德华·马什，爱德华·马什立刻给他寄去了全套哈代的书，因为写这样一本书明显表明劳伦斯要步入正轨。爱德华·马什的这一善举有助于创作出一部关于哈代的伟大作品，若有这样的报道也是件乐事。对劳伦斯作品和莱昂内尔·约翰逊的牛津作品进行对比，人们会吃惊地发现，同样的小说和诗歌竟会引起如此截然不同的结果。劳伦斯的书只出版了一章（收录于《藏书家季刊》，1936年春），之后，整部作品于1936年发表在《凤凰》上。唯有这章（包括6部小说和1部现实悲剧）谈论或者试图谈论有关托马斯·哈代及其作品这一主题。其他章节只是捎带着泛泛谈及哈代，主要还是关于劳伦斯自己的内容。象征手法和说教意味很浓，劳伦斯称之为"哲学"风格，与罗斯金布道和预言时的手法更为相似。这部作品对于研究劳伦斯独特思维模式的学者来说，很有吸引力，但是除了此类学者，其他人就望而却步了。这本书离宣称的论哈代的主题有多远，我们可以从以下章节的标题中猜测出来："罂粟与凤凰""妇女选举权""法律、战争和贫穷""对工作、金钱欲和国家的攻击""工作、天使与孕育中的英雄""车轴和永恒的车轮""生存还是灭亡"……很明显，劳伦斯深受罗斯金和罗斯金导师克莱尔的影响，他过分关注那些没完没了的离题情节，却最终拿不出任何明确的结论。

起码从普通读者的角度看，他的第一部短篇故事集前景乐观，该书现收录于达克沃斯。加内特给它取了个聚焦当时的时事话题，但又误导人的书名：《普鲁士军官》。劳伦斯成绩卓越，他无视各个诗歌流派的冲突，成为唯一一对乔治王时代文集和意象派文集都有贡献的诗人。

1914年的整个7月，报纸上电闪雷鸣般大肆宣扬"提高警惕"和交战情况。英国参与欧洲战争是一个世纪前的事了，因此许多人到最后一刻都不相信战争会爆发。甚至在宣战后，战争仍然似乎是报纸从历史书中挑选出来的东西，庸俗不堪，因此不是真实生活的一部分。人们读《塔拉斯孔城的达达兰》时，激情澎湃，会萌发类似的英雄主义，但这些人从未想过他们自己会去战斗，会遭受苦难。

我自己并不相信，劳伦斯悲观地看待战争的开端，我这个印象可以从劳伦斯的信件、凯瑟琳·卡斯菲尔以及米德尔顿·莫里的证据中得到印证。7月30号晚，我碰巧同劳伦斯以及其他人一起用餐，用餐时，劳伦斯奇怪风趣地说，我们"有诗可做了"，语气像酸腐的红葡萄酒的味道。他以相当嘲弄的语气

告诉我们，他曾与爱德华·马什（当时是丘吉尔的私人秘书）共进午餐，他"对当时的情况很是担忧"。在我记忆中，劳伦斯没明白马什的暗示，只是轻描淡写、半信半疑地道出了这个插曲，随即转入了下一个话题。

显而易见，劳伦斯对接下来的事一无所知，他度过了1914年8月的那个历史性的周末，步行去了威斯特摩兰的荒野，同行的有"另外三个人"，其中一个人叫S.S.科特连斯基，他成为劳伦斯终生的朋友和崇拜者。他们高高的荒野里发现了一个池塘，满是睡莲，劳伦斯边走边把几朵睡莲缠到帽子上。在路边的小酒馆里，他们发现一群姑娘在楼上的房间里喝茶，"嬉笑打闹"，大笑着、尖叫着。暴雨中，他们蜷缩在一面粗糙的石墙下避雨，"大雨滂沱，汇集成河"，劳伦斯"模仿歌厅的旋转表演""在雨中开玩笑"，科特连斯基在一旁"哼唱希伯来人的曲子"。之后，他们下了山，到了工业重镇巴罗福尼斯，了解到已经开战了。听到这个消息后，之前漫不经心的欢愉一下子变为恐惧和痛苦，他们"都疯了"，"士兵们在巴罗车站吻别，一个女人不顾一切地冲着心爱的人大喊大叫"。在日期为8月10号的一封信中，劳伦斯跟平克说："事态严重了——我们会怎么样呢？"他焦急万分，想知道梅休恩是否签订了协议出版《虹》，还说返回意大利似乎不可能了，想"在某处租个小村舍"。

很久之后，劳伦斯在《开心鬼》中提及了战争："那是8月份，我们可以稍安勿躁。"1914年9月5号，劳伦斯又给平克写信要钱，这次是在白金汉郡的切舍姆附近附近写的，他说："多么悲惨的世界，这场战争真是愚蠢。我带着十足的愤怒开始写这本有关托马斯·哈代的书，恐怕这本书绝对不是关于哈代的。"书中，他提及战争时仍然显示出不切实际的超脱："让当时一切乱七八糟的同情结束吧，这只是反映在某种显而易见的表象上的自怜；结束对德国人的仇恨吧，我们应该感激德国，她仍有力量冲破限制头脑的束缚"——不管说的是什么吧。10月份，劳伦斯给哈里特·门罗写了一封信，门罗是《诗歌》的编辑，她曾经为"最佳"战争诗歌奖提供赞助。作为远离战场几千英里外的中立国公民，她一定曾建议劳伦斯不妨试试，就像F.S.弗林特和我所做的蠢事那样。劳伦斯轻蔑地拒绝了这一暗示：

我不在战区，我的生命珍贵，不会跟德军子弹较劲，白白送死，也不会从中取乐。

劳伦斯同样用略带挖苦的轻蔑口吻拒绝投稿战争诗的提议，说自己想做的事是写《猫头鹰和波斯猫》这首诗。所以当劳伦斯收到《诗歌》的战争专刊时，他勃然大怒，说投稿人"油腔滑调，亵渎神物"，似乎没有一个投稿人能达到像《猫头鹰和波斯猫》那样严肃的高度——这种情绪突变也就不足为奇，且是不可避免的了。到1914年11月中旬，他已经写了1/3有关哈代的书，胡子也长长了，老毛病肺病也又很严重。他用以下文字表达了当时的态度："战争让人惊骇，艺术家的工作就是走进每个战士的心灵深处"。真是金玉良言！但不上战场又怎么走进呢？12月5号，他又变卦了。现在，正如在关于哈代的书中所言，他"很高兴有战争"。之所以高兴，是因为"战争踢漏了平常受欢迎的好小说纸板一样的根基"——就像是用榴弹炮炸死了一只跳蚤。

我费劲地说了一堆，但似乎是些无关紧要的事，但这样做的理由是，面对像战争这种可怕的灾难时，直到事情触及到他个人时，劳伦斯才有明确的态度——之前，他像风中的风向标，心情随时转变。当然其他人也会犹疑不决，拿不定主意，仅从残酷的经历中吸取教训。连哲学家贝特朗·罗素都说，1914年以前，他从未想过战争这一主题。当时仅仅是一名艺术家，犹疑不决，这情有可原，但他挑剔所有不能恰巧分享他当时心境的人，就难以理解了。劳伦斯从个人经历的角度出发，而不是抽象的大众善恶出发，这难道不是"艺术家的风格"吗？劳伦斯关于"个人斗士"的词语表达了这个意思；同样，他那更以自我为中心的说法，说自己不喜欢战争，因为"战争阻碍了个人行动"也表明了这一点。

这次，我们从米德尔顿·莫里的笔记中得到了一些有价值的间接证明，莫里这个冬天有段时间是劳伦斯的邻居。由笔记中可以看出，11月到12月间，他们一点也没有谈及战争，注意力更多集中在"小说"上，集中在悲剧的本质以及劳伦斯称之为"他的哲学"的事上。莫里感觉劳伦斯的哲学"很难理解"。莫里那时不知道，甚至写《回忆录》时也不知道，劳伦斯向他灌输的形而上学的象征主义，劳伦斯曾在论哈代的书中重复过。劳伦斯很可能没想解释清楚这捉摸不定的神秘主义思想。他知道莫里在牛津大学上过学，知道哲学术语，受过逻辑训练。劳伦斯害怕在辩论中处于下风，感觉自己必须做领导，优于所有同伴。他可能认为，他说得越模糊，把象征主义和形而上学搞得越乱，莫里驳倒他的机会就越少。他肯定让莫里迷惑不解——要是哲学

家自己都不明白一种新哲学，那谁又能明白呢？

　　劳伦斯在这类话题上是如何喜怒无常、对自我的不确信和天生的草率轻浮，可以从他对待"绝对"（这个严肃的抽象概念）态度上得到比较清楚的解释。莫里记录了关于陀思妥耶夫斯基的对话，对话发生于1914年11月18号。对话中，劳伦斯情绪激动，教条地断言：

　　谦恭就是死亡！相信绝对事物就是死亡——没有绝对的事物。

　　1915年1月，劳伦斯结识了画家邓肯·格兰特，并在当月27号给奥托琳·莫雷尔写信时提到了邓肯·格兰特：

　　他像弗拉·安吉里柯在《最后的宣判》中提到的那样，在寻求阐释绝对论——人类生存的完整概念——创造、善恶、生死、复活，善恶之河的分离，重返永恒的本原。这就是我们寻求的绝对论，是对事物随时间发展——回归——不变化作永恒的整体系统的表述。

　　那么，他是什么意思？他到底相不相信绝对？抑或是仅为了谈话效果，试图以表面上的深奥让人印象深刻，他完全没有真正的信念，甚至完全忘记了自己对莫里所说的话与对同奥托琳·莫雷尔所说的话截然相反？劳伦斯的另一位挚友凯瑟琳·卡斯威尔坚持认为劳伦斯"很单纯"，就像瑞秋·泰勒指出的那样，劳伦斯既天真又不了解社会。他显然认为哲学可以即兴发挥，没受过哲学教育的人也可以就哲学话题严肃地写作，这点在劳伦斯的信念中体现得最为明显。确实，每个艺术家，尤其是像劳伦斯这么有才的艺术家，作品中会暗含哲学，但通常来讲，如果有人能够做或愿意做的话，最好让这些人去剖析、评论这些哲学问题吧。我不否认劳伦斯思考过，努力思考过，有时想得很深奥，但这和成为哲学家是两回事。当然，要是认为他的"哲学性"作品没有价值的话，那就错了。但是劳伦斯这方面的最佳言论，是直觉的产物，几乎每天都会变，是他那变化无常、永远自我矛盾的性格造成的。这些名言或段落是孤立的，通常（尽管并非总是）伴有浓重的象征意义。这与劳伦斯以前的朋友罗素的思想截然不同，罗素的抽象思想形式优美、全面、完整。我马上可给出劳伦斯这种思想的另一个例子，例子选自我们一直在讨论的有关哈代的那本书，此书写于那年冬天：

　　春天常和男人相伴——或许如此；如果他愿意，每天对于他来说都是鲜花盛开的日子。他是一棵永远开花的植物，一个永远发情的动物，

一只永远唱歌的鸟儿。他的手上总有盈余，几乎天天如此。他与四季无关，不管是春秋还是冬季。只要这些盈余出现时是蓝色、金色并唱着歌，只要不是负担，至少不让人恶心，他就会快乐。

野生生物就像喷泉，源头一直蓄水，春季一到便喷涌到最高点。但是人也像一眼喷泉，总是嬉戏、跳跃、衰退、沉下，再跳起来。他不是简单地在春天之前收集水，攒足了水的喷泉往高里喷，能在半空喷洒到花木上，顷刻间，盈水喷涌，耗尽后再次回落。

他的韵律没有那么简单，一条宜人可爱的生命溪流，如秋冬季节的鸟儿，成群振翅，飞过麦茬，飞过休耕地，一路上沙沙而过。春天了，许多河湖之水冲入泉源，每只鸟都是涌动的喷泉。

人，不管幸不幸运，很少会像秋天的鸟，尽享当下溶溶的生命之溪。

这是哲学吗？我把它叫做诗，优美的诗；很难说这与托马斯·哈代的作品、思想或生活有什么明确的联系。实际上，有没有关系无所谓——诗本身美极了，足可以独立成篇。如果有人强调这篇文章既是哈代这本书所特有的一个典范，又是劳伦斯通常与未知事物斗争的典范，那么答案是劳伦斯的作品里这类诗意的描写和象征描写很丰富。《虹》中就有很多这样的段落。

切舍姆村舍的生活很快落入了日常的模式——莫里和凯瑟琳·曼斯菲尔德晚上来访时，劳伦斯干大部分的家务活儿，还要做饭，组织字谜游戏，不停地唱民歌。莫里的笔记中暗示了1914年临近圣诞节的时候，劳伦斯因为战争陷入极度低落的情绪，但身体欠佳——在北方过冬他总是犯病——这比战争更让他郁闷。不管对朋友们说了什么，但他那时的作品多次客观、随意地提及了战争，很明显仍是把战争想成了对别人的道德教训，而不是可能会触及到他的恐怖事件。确实，他在一个地方谈及"这场公平、正义的战争"，语气极像任何一个被免除兵役而沾沾自喜的记者。

劳伦斯当然也有焦虑，他谈及多项计划逃离这个世界，去叫"拉纳尼姆"的"别的地方"，他打算和一群挑选出来的朋友一起永远幸福地生活。正如拉纳尼姆这个名字暗示的那样，它本身就是异想天开，像勃朗特姐妹的"冈德尔岛"一样，但劳伦斯拒不承认这一点。劳伦斯的这一梦想甚至在伊斯特伍德时就有了。我们知道，那时劳伦斯希望自己每年有2000英镑的收入，和所有他了解但却彼此厌恶的人一起生活在一座大房子里。那些岁月中母亲曾

是他梦想的中心，但是母亲去世后，和弗里达头两年的生活兴奋而且幸福，梦想就褪色了。1914年底劳伦斯开始意识到，律师威胁说要让他破产，这不是虚张声势，而是真会如此，因为他投稿的那些期刊，要么正在倒闭，要么只接受战争类作品。他明白，如果没有出版新书《虹》的需求，仅凭《普鲁士军官》和诗歌就不会满足他的生活了。他声称"诚实的劳动者们"不愿白拿钱，这是个神话。战争一爆发，他就欣然地从文学基金会接受了50英镑。他本想从另一家由贝洛克·朗蒂斯夫人主办的基金会里拿到钱，但是他和贝洛克·朗蒂斯夫人见面时不太高兴，彼此都不喜欢对方。劳伦斯勉为其难地博得了贝洛克·朗蒂斯夫人的喜欢，只是为了得到的资助。"拉纳尼姆"——理想的"世外桃源"，当时处于重要地位，是摆脱经济困境、摆脱遥远却又险恶的战争威胁的最佳选择。于是在1月初，劳伦斯给一位挑选出来的受骗人勾勒出拉纳尼姆的概念，此人是他在伊斯特伍德时的一位老朋友：

> 我们还要谈谈我喜欢的计划，我想召集约20个人，乘船远离这个战火纷飞、污秽不堪的世界，找到一小块地方，那儿应该不需要钱，但是生活必需品以一种共产主义方式分配，生活很体面。这个将是建立在真正的正派之上的理想王国，每个成员都很体面。如果每个成员都积德行善，而不是作恶多端，这个社区才能建立。

然而，不管多好多体面，也不管拉纳尼姆在哪儿，群体成员首先得乘交通工具到那儿吧，到了之后，要吃、穿、住吧，怎么解决这些问题呢？显然，这方面没被遗忘。劳伦斯从切舍姆搬到了另一个村舍，位于苏塞克斯的格雷特姆，房主叫瓦伊拉·梅内尔。两周后，劳伦斯写信给朋友奥托琳·莫雷尔（啄羽癖故事里的女主人公），一位议员的妻子，波特兰公爵的女儿，但是可能没有劳伦斯想的那么有钱，劳伦斯对她说的部分内容如下：

> 我希望你是新社区的核心，该社区将为我们开启新生活——在这种生活里，唯一的财富是我们正直的品格。人人都会最大限度地完善自己的性格，实现自己最深层的渴望，但是在那里，最终，我们心满意足，欣喜万分，因为我们完全是一体了。让我们大家善待彼此，这是共产主义的基础，不是基于贫穷，而是基于富有；不是基于谦卑，而是基于骄傲；不是基于牺牲，而是基于完全满足肉体所有强烈的渴望；不是在天堂，而是在人间。

拉伯雷很久以前就设想过这样的社区，但是没那么自以为是和伪善，他的座右铭是："随心所欲。"拉伯雷的资助人将是法国国王，他设想的"拉纳尼姆"则在希拉米修道院。

同时，从切舍姆搬到格雷汉姆也有好处，那就是气候稍温和些，这处农舍更舒适，免房租，还有梅内尔的安慰；但劳伦斯担心钱的事，还在为《虹》辛苦，他急切地给代理人写了封信："一定要给我点钱，可以吗？我今天听到饿狼挠门了。"战争这个魔鬼似乎突然迈了一大步，更近了，一部分出版社因为征兵而焦躁不安，自由派政府寻找反战人士的支持。1915年3月劳伦斯写到：

> 所以，他们正在成立政党联合政府，我无法告诉你，我的心因害怕而多么冰冷，好像我们所有人都要死掉似的，我没告诉你我预言的革命将会到来吗？革命会来的，上帝会帮助我们的，神灵会带来变化。为什么人们会感到这么冷酷可怕呢？为什么连联合政府也会让我内心充满恐惧？有人说这是为了和平谈判，可能是这样，因为我们都很害怕，但很可能是为了征兵。对我们所有人而言，一触及死亡就会感到寒冷和恐怖。

这段话里的关键词是"征兵"，这就回答了所有的反问句。事实上（以后也会证明），劳伦斯的肺部状况太差，每次检查，他很快就被拒绝服兵役。不管对自己还是对他人，劳伦斯总是自欺欺人，说自己没事，但他似乎从来都不会意识到这点。此外，尽管他的直觉基本是对的，确实征兵了，但比他预想的晚了一年。这次征兵的威胁，让他直面战争的现实。在此次征兵中，他不该受到指责，大家都这样。不管人们可能在理论上多么同情人类的灾难，只有灾难落到个人头上，他们才会有深切的感受。

劳伦斯是什么态度？我们看到了在战争初期，他的态度摇摆不定，但绝对不同于朋友鲁伯特·布鲁克——他是公立学校的学生，一听说欧洲爆发战争，就"异常高兴"。劳伦斯从来不是那种傻瓜，他的确用"公平、正义的战争"这句伪善的话，但能更真实地表达他的主要感情的话（1915年初）是：战争"这支矛"从侧面戳破了他所有的希望。

但是，为什么他害怕"寒冷和恐怖的"兵役呢？为什么这么厌恶兵役呢？当然，劳伦斯精神上和身体上缺乏勇气，他有时很爱国，支持英国，几乎达到让别人反感的地步。这样的"斗士"是不会像贵格会教徒那样，顾虑重重

反对战争的。劳伦斯确实不喜欢军人，很明显他从母亲那儿继承了老一辈人对雇佣兵的蔑视，但这不是真正的原因。真正的情况是，他本能地恐惧工业机器，害怕得都要疯了，这种恐惧转移到对军事机器的恐惧上。当然，劳伦斯和其他人一样，想到军人生活的艰难困苦，以及很可能造成截肢或死亡，是不会"异常高兴的"。但这还不是最重要的，如果需要，劳伦斯本可以以伦敦人的英勇面对这些。抓着他不放的，是他那不合理的、几乎神经质的恐惧，害怕落入某种人类机器，压碎成那种模式——这种命运对劳伦斯来说比死亡更可怕。

我们得记住，在两年的狂热兴奋、新印象和精神极度紧张之后，这个极端敏感的人（或者说"神经过敏者"，如果该词确实有意义的话）身上发生了上述这些变化。就像在后来那场危机中说的那样，1915年，他"身体、精神、道德过度疲惫"。现在劳伦斯毫不犹豫地捉弄自己（"天才"是不会这样的），他确实高估了自己的能力，要立刻给世界造成实际的影响，这未免有些荒唐可笑。他曾对承诺弗里达给她的孩子们创造一片新天地，而她真正得到的却是自己的祖国同她所入国籍的国家之间的战争。然而，这点意外被轻易地忘却了。更令人难以理解的是，劳伦斯竟能从没想象自己对战争中世界的影响是立即见效、实用、决定性的。

这是个问题，当然，劳伦斯像许多作家一样，太乐观地相信文字的力量——他笔下的文字。确实，从长远来看，圣贤、思想家、宗教领袖、科学家，甚至是诗人，他们对人类世界的影响可能会超过掌权者和施暴者——这两种人都想象自己是命运的掌控者，"历史"的负责人。从长远看是这样的，而眼前的现实属于掌权者和施暴者。但劳伦斯已经逐渐相信文字就是行动。他生活在流动的、不会反抗的思想文字媒介中思考问题，忘记了，甚至不知道人和事的顽固性。正如他的导师罗斯金和卡莱尔那样，劳伦斯养成了一个习惯，用思想这种美妙的伪钞来欺骗自己。和他们一样，劳伦斯说话的语气就像在宣布某件事应该怎样，然后，一转眼，就会变成那个样子。

> "让这儿有个国会，"劳伦斯精神饱满地说，"男人和女人小心翼翼、循序渐进地去废除法律。"

好的，这儿应该有个国会，但是怎么才能有呢？这个"让这儿有……"式的句子，是罗斯金最喜欢用的，劳伦斯是从他这儿学来的。劳伦斯也像罗

斯金一样，把自己的心和精神撕成碎片，以此来发布对事物教条式的命令，而这些事可能是他不理解、当然也无法控制的。此刻，他碰到了贝特朗·罗素，罗素也处于兴奋状态，就"局势"随机发表了好几千条意见。这位数学大师草拟了一份关于世界马上要进行社会重构的详细计划，而这位诗人就此兴奋地发表了评论——这是在1915年。罗素这样写道："人为什么要遵守道德？因为违背他人欲望的行动会招来别人的厌恶，这样他也不舒服。"劳伦斯评论说："不！不！不！不！不！"这像是在读《小熊维尼的小屋》的一个插曲，屹耳和兔子都在行动。劳伦斯很严肃地对待此事，早在1915年2月，还给罗素寄去了强制命令：

> 国家必须进行革命，首先要使所有工业、通讯方式和土地国有化，一举完成。人不管生病、健康或者年老，都应该有工资——不管什么让他无法工作，都要照样给他工资。我们生活中不用再害怕狼——不论男女都不用害怕挠门的饿狼，因为狼都死了。这样就几乎解决了当前整个经济的问题。

为了追求革命，劳伦斯接受了罗素的邀请，去了剑桥，在三一学院待了一晚。他满怀巨大、错误的希望，期待此次旅行。劳伦斯一回来，弗里达就被点燃了激情，迫不及待地问他都干了什么事。

"嗯，"劳伦斯说，"他们晚上在喝波堤葡萄酒，在屋里来回踱步，谈论巴尔干局势和诸如此类的事，他们对此一无所知。"

这就是剑桥的情况，仅此而已。

不幸的是，所有这些对事件的发展丝毫没起作用，劳伦斯像被女巫附身，越来越害怕这无名的灾难，疯狂地想逃离到"什么地方，哪儿都行"。

> 我希望自己能去西藏——或是堪察加半岛——或是塔西提岛——到世界的尽头。我感觉自己要疯了，因为无路可逃。

确实，此时，还有战时的其他时候，劳伦斯的言行都近乎疯狂，让人想起在圆月的影响下他奇怪而"疯狂"的行为。他从渴望逃离战争迅速转向了另一个极端。有时他"几乎"想上战场，不是去杀人，即使自己被瞄准也不去杀人，而是担任一个滑稽的职位——当一名"汽车售票员"。（幸运的年轻人们，两便士就能到韦伯斯），但这种想法并未持续多久，他在白天去沃辛的途中碰到了一些士兵，这些人给他的印象极差，他甚至认为这些人一定

是"虱子或臭虫""总有一天会杀死他们的长官的"。他的精神和想象似乎因为害怕那些杀人的日子而成病态。对劳伦斯而言，人类和他自己所有的作品都是污秽的：

> 在我看来，伦敦像个灰白、巨大的地狱，一个古旧、沉闷的阴间，车水马龙穿过呆板、灰暗的街道，就像地狱里的河流沿着石粉铺就的堤坝流过，时装和妇女的衣着都很丑陋。

太奇怪了！对其他人而言，1915年的时装似乎尤其迷人，因为当时流行短裙摆向外张开的裙子，但劳伦斯难过地承认："我的眼睛看不到人类现在有什么好东西；至少，公众场合没好东西。"但他的眼睛仍能发现非人类世界中的美和奇迹：

> 我发现乡村很美，苹果树开满了白花，枝桠探身伸向绿色的草地。我清晨醒来，发现窗外一只画眉落在墙上——不是画眉，是黑鹂——它引吭高歌。看着它唱歌，张着嘴，呼叫、啁啾，又归于沉寂。它看起来是那么遥远，那么专注于太古的寂静中，站在墙上，我希望自己是只黑鹂，像这只鸟儿一样，我讨厌人类。

这样的时刻，构成了他生活中大部分快乐的时光，现在变得越来越稀少了，甚至在自然、非人类的世界中，他开始为痛苦和精神的烦恼寻找狂乱的意象：

> 我再次陷入那些可怕的睡梦中，无法从中醒来，我不能摆脱醒过来。梦中，你挣扎着要醒来，却怎么也醒不了，你知道这样的梦魇吗？整个秋天，我都是这样——现在又是这样了。一切都让人精神错乱：墙上的黑鹂是精神错乱，连苹果花也是。我看到蛇在沼泽地里迅速地蜿蜒前行，觉得自己疯了。

害怕自己会发疯，或者确实已经发疯，这种恐惧在战时时不时地萦绕心头。他在苏塞克斯的沼泽地里看到的那条蛇，对他来说已经成了一种可怕的象征，象征他自身说不清的邪恶，某种可怕的、可耻的罪恶，他极不情愿地强迫自己去接受，而又几乎无望地想摆脱这种罪恶：

> 谁说睡莲应该在静止的池塘中摇摆，而蛇就不能在腐烂的沼泽地边上发出嘶嘶声？我得在这条可恶的大毒蛇面前表现得谦虚点，它从我隐秘的灵魂草丛中抬起那扁平的脑袋时，我要公平地对待它。我能根除上帝创造的东西吗？不，只要他生存的条件还在，只要大蛇的本性还在，

就不可能杀死它。它的本性在我腹中缓慢移动：我必须取出内脏，才能摆脱大蛇……也许，我讨厌的大毒蛇就盘踞在我心中。这样的话，我只好荣幸地跟它说："大毒蛇，大毒蛇，你在家里了。"之后，我就知道自己的心是片沼泽。但也许我的理解会抽干沼泽地，大毒蛇会随着周围的环境一起蒸发掉。事情就是这样，只要有沼泽地，大毒蛇就有神圣的领地。

这些语无伦次的话出自劳伦斯的一部《和平的现实》的作品，他在战争期间时不时地会写写这本书，通常是在发烧般的兴奋中，在这些无法控制的状态下写的。绝望、击溃一切的仇恨的情感控制了劳伦斯，他发狂地向奥托琳·莫雷尔说：

我再也忍受不了了，让疯狂来得更猛烈些吧，控制我吧。很快，我们在英国会彻底疯掉，我们心怀仇恨。我也痛恨德国人，我会杀死每个德国人。他们为什么刺痛我们，逼迫我们在仇恨中发狂？为什么我们被折磨得要疯了？我们就是为自己的灵魂难过，怎么就这么沉重呢？他们会用愤怒驱散我们沉重的悲哀，我们不想逐渐陷入这种疯狂，这种有破坏性的疯狂的愤怒。然而，我们被唆使着向前向前。我自己都要气疯了，我要杀死一百万德国人——两百万德国人。

此刻，从他那荒唐猛烈的表达中可以看出，他的苦难很可笑。但毋庸置疑，1915年，他的"黑色自我"几乎完全控制了他，消除了他另外一个自我中所有可爱的东西。在这期间，在格雷汉姆发生的事令人痛苦地强调了这点。不需要提醒读者：劳伦斯深爱自己的母亲，母亲的死给他带来了无法承受的悲伤；也不能忘记，弗里达曾说过，劳伦斯对她的爱让她难以想象，"那么柔情似水、了如指掌"。弗里达在格雷汉姆时收到了自己深爱着的父亲的死讯。她没把这一消息告诉别人，独自痛苦了几天后，最后去找她的丈夫，希望能得到同情和安慰，不想他只是说了句："你总不能奢望你父亲永远都健在，是不是？"

2.7

弗里达离婚案的诉讼费用是150镑，相对来说不多。1915年5月，劳伦斯不愿也无力支付这笔费用，他们让劳伦斯破了产。不用从哲学角度看，从之前的一切所言所做看，弗里达都值这笔钱，但是劳伦斯接到法院的传唤后，肺都要气炸了。他那天恰巧在给贝特朗·罗素写信，这位数学家充分领略到了一顿痛骂的好处：

> 我没法告诉你，这件事是如何加剧了我内心深深的仇恨，对整个体制——对英国所有法规的仇恨。我宁愿自己是个罪犯也不愿是个破产者，但是，要平心静气些，平心静气些。我要在那些机构的根基下埋上一颗地雷，我恨、恨，对公众生活和国家生活中的一切都恨。我想摧毁它。

但怎么去摧毁它呢？用演说马上完成英国社会重组的计划没有任何结果，只是让该计划的共同发起人心生嫌隙。后来，劳伦斯发现自己以前一直在写的"哲学"全错了，需要重写。他这次改变主意，不能说是因为他读了布纳特的《希腊早期哲学》，这本书是罗素给他的。劳伦斯很喜欢这本书，而且他也受到了相当大的影响；以至于后来有人要求他给自己的《鸟·兽·花》的插图本配上文字说明时，就引用了几个布纳特书中的内容，这些算作是劳伦斯自己的原创，现在出现在《凤凰》中。当然，劳伦斯读了布纳特的作品后，很快就发现他的"哲学"有缺陷了。

1915年，劳伦斯整个夏天都在滔滔不绝地宣讲、规劝、预言可怕的事即将发生，主要是对辛西娅·阿斯奎斯和奥托琳·莫雷尔说的。他曾多次光顾奥托琳·莫雷尔那漂亮的古香古色的住宅，即加辛顿庄园。说来也怪，他仅仅写了一篇矫揉造作的传统散文。尽管劳伦斯会偶尔复发，但他现在暂时挺过了那近乎疯狂的可怕的黑暗情绪，恢复了常态。也许值得注意的是，他在

这个"哲学"阶段极少或没有写诗。他在偏离创造性艺术前,又写了首关于弗里达的诗《一个女人致所有的女人》:

  如果你明白我是如何偏离正轨,在宁静中,平衡中,
  和这个男人在一起,如果你明白我的肉体有多享受
  这舞动着的福佑,没有什么可以毁掉它,
  你们这些女人:

  你们会嫉妒我,认为我妙不可言
  无可比拟;
  你们会因为背离这样的和谐而哭泣
  和谐承载着我,你们会大声说出疑问,
  谁如此之怪,竟会与我
  处处琴瑟相合。

  你们看到他与众不同,他危险万分
  没有怜悯,没有爱。
  可是他独立的人格解放了我
  给我安宁……

这当然是打算让弗里达说的,可能被称为论据的是劳伦斯式的特殊乞求——"弗里达应该让其他女人别离我太近",这是他用口语化的散文表达相同的心情。事实是,他的主要通信者和最热情的崇拜者有一大部分是女性,这给人的印象是,他是斯文加利[①]式的人物,特别吸引女人。但大多数女人都是爱挑剔的上流社会女性,她们以智慧和敏感的品质而出名,让他们感兴趣的是劳伦斯的"才华",让他成为伟大艺术家的优良品质。她们对他感兴趣,被他吸引,不是因为他是"耸人听闻的性爱专家",而恰恰因为他不是。让人好奇的是,他那时本该发表一首诗,坚决地说"别碰我",可能是因为他的男性朋友调侃他有那么多女性崇拜者,所以他才没有发表这样的诗。

  劳伦斯在格雷汉姆待到1915年8月,房主这时需要这所房子了。很难说

[①] 斯文加利是英国小说家乔治·杜·莫里耶笔下塑造的音乐家形象,用催眠术控制女主人公,使其惟命是从。

清什么决定了他们的下一个住处，但劳伦斯可能已经觉得，如果在伦敦，自己会更忙，会见更多的人，这样就不会像近期这样郁闷不乐了。无论如何，他们在拜伦别墅区租了一处小公寓，装修了一下，别墅位于伦敦北部郊区的汉普斯特德。这个选择的另一个动机，可能是希望离凯瑟琳·曼斯菲尔德和莫里更近一些，劳伦斯一直打算跟他们合作。

我们首次在劳伦斯给辛西娅·阿斯奎斯的信中（1915年9月5号），听到的这个想法，他说要"发行一个小刊物"，供"关心事物真正的、活生生的事实的人们"阅读。在莫里的建议下，这份期刊叫做《签名》，但是只发行了三期就彻底失败了。劳伦斯的稿子是《皇冠》这部作品的一部分，十年后和其他的随笔一起成书出版，书名是《对于豪猪之死的思考》。应该提及的是，劳伦斯根据回忆为此书写序言部分，对《签名》的叙述特别不准，与他那一时期自己的书信相矛盾——莫里的叙述更接近事实。《王冠》本身是本让人着迷的小书，写作风格奇异怪诞，很具象征意义，让人联想到罗斯金最狂野的修辞，德·昆西的梦幻赋格曲，甚至可怜的杰拉德作品中疯狂的奥瑞拉。如果说这本书非要一个主题的话，那就是此生精神的死亡及复活，这来自劳伦斯的真实经历，他定期受到肺结核的侵袭，之后又恢复过来。在这期间，他确实似乎经历了起死回生，《王冠》里描写的这种心理历程极富想象力。再后来，几经尝试，劳伦斯最终定稿，命名为《已故的人》。

但就在劳伦斯忙于用《签名》救赎世界时，他被可怕的现实招了回来，因为有人诽谤、压制、诋毁他，这些人差点儿得逞。好像每个名人都会引起反对和仇恨，这一点不可避免，劳伦斯这种古怪的性格似乎注定会树敌。他说话刻薄，傲慢无礼，性格倔强，自相矛盾，这些都会冒犯他人。他有这种让人不快的本事：以自己的魅力吸引别人，又任性地排斥甚至侮辱别人，让人不喜欢、惹人讨厌。他的作品给予了鲜明的暗示，是对在战争的冲击下苟延残喘的传统生活和道德的抨击。

我们看到，《虹》是长时间耐心工作的产物——三年专注写《虹》又多次易稿。没有谁，只希望写本色情书，会梦想着浪费如此多的时间和精力。劳伦斯想通过布朗格温斯家三代人的故事来阐明自己的婚姻观，即男人和女人的百年好合。在"真正的"婚姻中，两性间经过激烈的碰撞、斗争和痛苦后，神秘的和谐与和平就应该实现了。它是一本严肃的书，几乎太严肃了，有时

近乎沉重。就像我说的那样，《结婚戒指》这个书名比《虹》能解释并更好地为此书做了辩护。几乎劳伦斯所有的作家天赋都可以在此书中找到，尽管此书很严肃，但书中有大篇幅都是纯正的古英语幽默，比如"沼泽地上的婚礼"这章。有时，在他的分析下，他笔下的人物作为个体从生活中消失了，分解成激情、狂喜、愤怒或痛苦的基本状态。除此以外，也有例外，其中有一长段场景，汤姆·布朗格温斯的继女以为失去了母亲，所以悲恸不已，歇斯底里，他设法安慰这个小女孩。写得哀婉凄楚、温柔脉脉，当孩子毫无理性如风暴般的悲恸，慢慢变为长时间的颤抖抽泣时，让人几乎不忍去读。光是这些描写就表明劳伦斯是个悲悯大师，可当时的评论家怎么就没有记录下这些段落呢？这是个谜，或许又不是。

《虹》出版于9月30号，《每日新闻》在10月5号写了评论文章。评论人一开始承认劳伦斯享有盛誉，但是——全然不顾眼前婚礼和继女那幕场景的描写——轻率地否认《虹》具有"人性，想象丰富，诙谐幽默"。对他来说，《虹》就"像斯特林伯格[①]试图同时用皮埃尔·路易斯和维多利亚·克洛斯小姐的风格写小说"。他认为劳伦斯像一名外科兽医——"他的男主人公和女主人公像牛，长期患家畜晕倒病"。他认为大部分书都"空话连篇，冗长乏味，令人作呕"，还觉得"小说大部分是单调狂野的阳具崇拜"，这种书"是学艺术的男生想写的"，他警告"普通读者"不要理会这本书，因为他们"肯定会特别讨厌这本书，尤其是哪些让人想起狄德罗[②]的《修女》的篇章"。这篇评论文章的标题是《毁灭》，署名为罗伯特·林德。

这一警告具有足以唤起沉睡的扫黄犬的精神头，继这篇学术评论之后，詹姆斯·道格拉斯和克莱蒙德·索特发表了更多耸人听闻的抗议声。真够讽刺的，一个爱尔兰人、一个苏格兰人和一个犹太人一起诋毁这个时代最有原创性的英国作家。谁是"公众告密者"，我还没能发现，尽管劳伦斯认为是"霍顿先生和清教徒联盟"，但也可能是别人。不幸的是，案件一经听证，被告没有申辩，也没有试图向上级法院上诉。出版商只对书的商业利益感兴趣，一边卑鄙地道歉，一边急忙收回并同意销毁图书，以减少损失。劳伦斯从发

[①] 斯特林伯格，瑞典戏剧家、小说家、诗人。
[②] 狄德罗是十八世纪法国伟大的启蒙思想家，《修女》是他的一部著名的哲理小说，被誉为"是用动人心魄的语调写成的"，严厉地批判了黑暗反动的宗教界。

现广告突然停止了的朋友那儿才听说了事情的经过。

《每日快讯》报道了警局及法院的诉讼程序，标题为"淫秽小说将被销毁——淫秽胜过左拉"。据《泰晤士报》报道，一个叫玛斯凯特的人在法庭上说，《虹》"通篇都是大量淫秽的思想、观点和行为，他感觉，有人认为该书某些地方的语言充满了艺术和智慧，而上述淫秽内容就隐藏在这些语言中"。地方长官狄更森下令销毁该书，并且罚了梅休因很多钱，多达10几尼，因为这种行为触犯了法律，明显令人厌恶，而品格高尚的名人（梅休因）"因出版《虹》而名誉受损"，为此他表示遗憾。

那些不属于狭小文学界的人，（实际上，是指整个人类），如果他们确实恰巧听到了像禁止发行某本书这种小事，他们不会意识到此事对作者来说是怎样的灾难，一般人——狂热者除外——的态度是——"唉，这种做法太蠢了，那个家伙真是倒霉，但他是自己找的——本该更小心才是。不管怎样，没有人会因此而看不起他"。"我们最好的朋友倒霉了，但总的来说对我们也没啥。"——否则，报纸能登些什么呢？但是想想，《虹》被判销毁却没通知作者，更别说听证了。地方长官没有试着进行适当的调查。在所有其他案件中，士兵说的话不算证据，但在这儿记者们的话却被接受了。在这种案件中，法律吹毛求疵，迂腐阴险，唯利是图，没有打算区分严肃作品与地下出版物中粗制滥造的淫诗和粗俗的作品，而这本严肃作品碰巧触怒了笨蛋统治者中的查德班兹[①]。这使劳伦斯欠了出版商订金，三年的工作付之东流，没有了著作权，被公然指责为"淫秽"，臭名昭著，出版商和期刊很长一段时间避免使用他的作品。他就欧洲历史写了本书，牛津大学用笔名出版了此书。

莫里温和地宣称，这些法律诉讼是"不公平"的，这些诉讼给劳伦斯的打击怎么评价都不过分。本来没人比劳伦斯离林德评论中的维多利亚·克洛斯更远的人了。他没有玩世不恭地利用公众的假正经，却是"极虔诚的人"，1915年，他作为先锋人物发表的宣言，今天大多数文明人认为是理所当然的，劳伦斯对当时局势的评论很有特点：

> 我没有受到很大影响，到现在为止，都不为所动，我只是诅咒他们所有人，以我身心、以我根、我枝、我叶，诅咒他们永遭诅咒。

"只是"这个词很吸引人。

[①] 查德班兹是狄更斯《荒凉山庄》中的人物，是贪婪和伪善的代表。

要说劳伦斯对此事涉及的金钱上的损失无动于衷，是非常错误的。残酷的经历让他比谁都清楚贫困意味着什么。他所憎恨的是对他的公开侮辱。

不久，此事就引起了可怜的文人们似海鸥鸣叫般弱弱的骚动，自然也没有什么效果。在这种情形下，一切都无济于事。菲利普·莫雷尔和唐纳德·卡斯维尔（是个律师，凯瑟琳·卡斯威尔的丈夫）建议向上级法院上诉，提请对记者们文字诽谤行为的诉讼。如果劳伦斯曾与富人及有公共影响力的人有关系的话，上诉可能会成功；但如果他那时是这样的人，就没有记者或地方官敢那么做了。他们自始至终知道，劳伦斯是个穷光蛋，除了"才华"一无所有。他怎么能耗得起昂贵又拖沓的法律程序呢？

菲利普·莫雷尔质询国会，收到的通常是推脱搪塞。阿诺德·本涅特和梅·辛克莱都写了个人抗议书，但没有有组织地行动，作家协会似乎也没做什么。亨利·詹姆斯是当时主管英国文学的美国人，人们向他求助，但因为处理这件不受欢迎的案件得不到什么威望，所以毫无结果。确实，这位大文体学家已经在可信度高的期刊《泰晤士报文学增刊》上刊文，写过对劳伦斯不太有利的观点。鉴赏家们勇敢地称为"当代小说"，这位美国人的这番评论也就"明白地"断言，本涅特和威尔斯已经"差不多起航了，在船上，我们敬佩《罗克赛公爵夫人》的作者以焕然一新的面貌摇着桨，赞赏着《狂欢节》《恐怖街》，甚至《儿子与情人》中成功展示出来的纪实性的一面，然而，我们得坦白地说，我们可能会发现劳伦斯待在落满灰尘的船尾"。

很难决定更佩服谁——是选择喜欢休·沃波尔甚于劳伦斯的评论呢，还是坐在积满灰尘的船尾写出的优秀文体呢？

如果说劳伦斯曾抱有希望，有人会做些有用的事为他辩护，那他很快就会省悟了；绝望中，他再次有了逃避的想法，想移民到美国。他急需用钱，朋友有的借给他钱，有的赠给他——爱德华·马什给了他20镑，菲利普·莫雷尔夫妇给了30镑，代理人平克预付给了40镑，萧伯纳给了5镑。可是，我觉得劳伦斯并没有心怀感激——受了这么大的侮辱，就给了这么点微不足道的补偿，劳伦斯为什么要感激？不管怎样，他现在满脑子都是移民的想法，就像他给马什的信中说的那样："我病得很厉害，身心疲惫，要是不走，我就会死。"确实，以他的身体状况来看，北方冬天的气候对他的生命是极大的威胁。

出于某种原因，劳伦斯把他的乌托邦王国拉纳尼姆定在了佛罗里达的迈尔斯堡。可能是因为菲利浦·海赛尔坦的朋友德利厄斯在佛罗里达拥有一处废弃的种植园；但劳伦斯在一封信中提到了一个没提姓名的美国人，这个美国人会写介绍信给他在迈尔斯堡的朋友，也许是这两方面的原因都有。这个计划曾经是乘船到"巴巴多斯岛"（就像多数英国人一样，他拼错了这个古老的殖民地的名字），再去佛罗里达——一项非常复杂的计划。作为身无分文的流亡者，选择逃到迈尔斯堡避难，再一次显示了劳伦斯对世界的"天真无知"。迈尔斯堡确实是个迷人的小镇，设计得极有品味，但主要是百万富翁经常来这个港湾钓鱼——根据情况确定价格。另外，佛罗里达的盛夏酷暑难耐，同北方的冬天一样，他受损的肺很难承受。

整个计划都是异想天开的，跟平时一样，劳伦斯提出带上他当时的朋友一起去，包括那时勉强算得上先驱的奥尔德斯·赫胥黎和菲利浦·海赛尔坦。而且，劳伦斯没有明白这样一个事实：在战时，只给服兵役的人签旅行许可证。劳伦斯的特点是，他总是想"永远地"离开让他不愉快的任何地方。这次的不快之地，当然是指汉普斯特德。他还没得到将来任何确切的消息，就匆匆解除了租约，卖掉了家具。此举让他恢复了神志，重获流浪的自由。他"是自由的鸟，感谢上帝"，他（暂时）也不用再为拯救这个可恶的世界而战斗了，去把这个可恶的世界从它自身中拯救出来了：

> 脾气发够了——我活着，就再也不发脾气了。这个世界不会再让我悲伤、烦恼了，我不再对世界负责了，随它去吧。

因此，早在1915年12月，他就下决心，要放弃强加给自己的使命，不再做一个人类的拯救者——这个决心当然没有坚持下去。但是，对于碰巧发生在自己面前的公共问题，他当然从不会阻止自己去制定规则。他和家人在米德兰度过了圣诞节，一方面是为了遵守旧的习俗，另一方面也是让旧相识们看看，自己并没上吊，也没有接受法律对自己和自己作品的侮辱。在家待了不到48小时他就发现，自己就矿工这一话题和哥哥这位"激进的新教教徒"看法"分歧极大"，在恐惧和反感中劳伦斯对这位激进的新教教徒避而远之了：

> 那些人，我深爱的人们——他们的生活对我影响很大——他们思想上对事物的理解多可怕：只有工业主义，只有工资、钱和机器！他们想不到别的东西。他们满脑袋都是这些。从长远看，这就是为什么我们一

定要有基尔特社会主义①这类事物，它缩小到最低层面上——比现有的高不了什么，只会更低，但我认为事情必须缩小到最低层面上。只是，上帝呀，我不想卷入其中。

一想到自己无法避免而又清晰可预见的未来，劳伦斯心里就满是悲伤、绝望。所以他离开了被无情地工业化了的城市米德兰和他们寄生的伦敦，动身去康沃尔后，真是如释重负了。小说家 J. D. 贝雷斯福德免费让劳伦斯夫妇住他在圣梅林的村舍，而他只有夏天才住这儿。劳伦斯总是这样，成功地搬到一个新奇有趣的地方，尤其是从城市逃离后，就情绪高涨，心怀感恩了："已经到康沃尔了，好多了，这儿置身于英国之外，伦敦的英国——谢天谢地。"

劳伦斯立刻满心欢喜地写信给朋友，信里充满感激和希望。在给辛西娅·阿斯奎斯的信中，劳伦斯称赞了贝雷斯福德的房子：

……一所不错的老房子，房间宽敞明亮，如此美好静谧——只有微弱的海声和风声。就像站在了窗前，视线掠过英国，延伸到远方。这是我第一次搬到英国之外的地方，开始新生活。人一定要自由地去爱，只去爱、去创造、让自己幸福。

他在给凯瑟琳·曼斯菲尔德的信中，则更有攻击性，他强调了自己对伦敦和伦敦文化人的厌恶，再一次拒绝为拯救世界做进一步的努力。下面信里的"杰克"当然指的是约翰·米德尔顿·莫里：

我打扰这个世界和世人——都结束了。现在剩下的是，找一个好地方，人们能快乐的地方。你和杰克随时想来就来：我们所有人将欢聚一堂——再没有质疑，没有吹毛求疵，也不再努力为世界做些什么。世界消失了，熄灭了，就像昨夜皇家咖啡厅里的灯光一样——永远消失了。在这个新世界里，空气清新洁净，没有别人，只有新生的人：我自己和弗里达。再也不回伦敦了，不回那个世界了，我亲爱的凯瑟琳——就像昨夜皇家咖啡厅里的灯光那样，它消失了。

这番话滔滔不绝又满腔正义，但却是易写难做的。信刚一寄出，皇家咖啡馆的两个常客就聚在一起了，先是菲利普·海赛尔坦，之后很短的一段时间内是迈克尔·阿伦。就像我们看到的那样，这是劳伦斯的一个习惯，每到一个新

---

① 基尔特社会主义，又叫行会主义，否定阶级斗争，鼓吹在工会基础上成立专门的生产联合会来改善资本主义。

地方，他和弗里达在一起特别开心，于是急切地寄出邀请函，请人们加入他们。当人们应邀前来时，劳伦斯怪异的习惯和性格就会不可避免地导致争吵，朋友成了敌人。他从未意识到，这样的举动可悲地浪费了一番好意，自己也很失败。菲利普·海赛尔坦有多赞赏劳伦斯的作品，从这里已经引用过的一封信中很容易能看出来。海赛尔坦所受的教育、观点、性情与劳伦斯非常不同，才华也与劳伦斯不属于同一类，而劳伦斯仅从海赛尔坦对他文学方面的赞赏就认定自己（易怒诗人中最易愤怒的一位）能够与和海赛尔坦住在同一个屋檐下，快乐友好地相处，他的想法大错特错了。

海赛尔坦值得称赞，这么年轻的一个人（刚成年），就能比劳伦斯的其他朋友更全面地认识到，劳伦斯受到了肺结核的致命影响，但海赛尔坦似乎没认识到，有他陪伴时的兴奋以及不可避免的争吵可能会伤害到劳伦斯，劳伦斯是那么的过度敏感，尤其还正忍受着诉讼的打击。当然，海赛尔坦来看他的这段时间，他病得很厉害。梅特兰·雷德福德医生是劳伦斯的诗人朋友欧内斯特和多莉·雷德福德之子，1916年2月来康沃尔给劳伦斯做检查。劳伦斯跟别人说医生的嘱咐时，总是隐瞒他肺部有结核结节的事实，使用模糊的委婉语，避免承认肺结核。他说雷德福德医生的诊断和建议是这样的：

> 之前对神经的压迫，在所有内脏内膜潜伏下了炎症，我必须静养，注意保暖，心态要平和，我左半边身子有些麻木了，真好笑，我左手拿不了东西了。

"我左半边身子有些麻木了"似乎表明，劳伦斯经历了《虹》的诉讼案的痛苦之后，遭遇了某种精神上的打击。医生通常给肺结核病人的建议当然也给了劳伦斯，但也总是被劳伦斯忽略。我们现在无从知晓，梅特兰·雷德福德是否警告过海赛尔坦，说劳伦斯的健康状况不佳，有惹他心烦的危险。能够肯定的是，海赛尔坦带着最好的意图来到康沃尔，准备自费私人发行新版《虹》（假如能收到足够订数购的话）。海赛尔坦在众多自己认为对文学和自由感兴趣的人中精心挑选，寄出600份传单，只收到30份表示支持的回信。考虑到对这两人如此漠不关心，出版计划也就作罢了，其中还包括劳伦斯关于同性恋主题的文章，题目很奇怪，叫《山羊和指南针》，被海赛尔坦不可原谅地销毁了。

虽然劳伦斯有敏锐的直觉，但他总是意识不到自己对别人有多冒犯，也

意识不到别人私下里对他的评价有多糟糕，别人有涵养，不会当面表达这种评价的。他有一个习惯，就是专横地、武断地对所有人说侮辱性的话，这似乎属于更原始的社会状态，不属于他实际生活的这个时代，同时劳伦斯从不会意识到，有些人对这样的话不加评论，但是会留意到这样的话，做出自己的判断，且永远不会原谅他。在海赛尔坦已经很久不把他看作朋友后，劳伦斯还充满深情地给海赛尔坦写信。甚至早在1916年1月，劳伦斯平静地写到："到现在为止，海赛尔坦一直和我们在一起，我们和他相处融洽。"但几乎在同一天，海赛尔坦给德利厄斯的信中提到了劳伦斯：

  他是位非常伟大的艺术家，但他的意见和观点太强硬，也很专制，我发现他的艺术法则跟我的本性完全格格不入。他似乎太形而上学了，太急迫了，无法公平地去理解事物，几乎留意不到纯粹个人的、分析的、反省式的艺术。他的观点跟他的成就并不一致。但无论如何，他的性格伟大而且有吸引力。他热情地向往着一种全新的、干净的、自由的生活，这是极好的。

不幸的是，尽管劳伦斯催促他们加入自己的"居住区"，海赛尔坦和阿伦也很敬重他，但他设计离间他们二人，以一种迥异于他们初到时的心情，分别把他们从康沃尔打发走。迈克尔·阿伦在《新时代》上发表了一篇短文，讽刺一个作家——因文笔太好而使其作品竟无法出版——以此来释放心中的怨气。很明显，海赛尔坦被深深地激怒了，因为他在1916年4月给德利厄斯的信中是这么说的：

  劳伦斯是位优秀的艺术家，一个无情又严重扭曲的思考者。但和他私交是不可能的——他的举止像是个微妙又致命的毒物。我从一件事中发现了他这个特点，但说来话长，不在此赘述了……这个人肯定真的有点疯了，他的行为几乎让我陷入可怕的困境——他确实是存心这么做的。然而，当我写信或是当面指责他时，他只是说："我求你不要在伦敦谈论我。"——他显然问心有愧，深深自责。

海赛尔坦所指的"可怕的困境"被认为是婚姻，劳伦斯夫妇有个坏习惯，就是给朋友乱点鸳鸯谱。

与此同时，尽管困难重重，误解不断，劳伦斯还是一如既往地从事着自己的英雄的文学创作。在圣梅林，"可怕的石头像原始黑暗中坚硬的大块头

儿""沉闷的光线冷冷地照在海面上，海水泛起泡沫"，在英国领事的帮助下，他在费阿斯捷利诺的一些笔记本才得以幸存下来，他把笔记本里的诗整理成一本诗集，叫《爱情诗集》。劳伦斯同时也在校对《意大利的黄昏》，书中充满了细腻的美，但在发表时却受到了《泰晤士报文学增刊》愚蠢又傲慢的对待。

另一本关于美国文学的书，其萌芽至少可以追溯到这一时期。在贝雷斯福德的许多书中，有一本是赫尔曼·梅尔维尔的《白鲸》，那时已经过时了，被人遗忘了。其他人在书中什么也没看出来，但劳伦斯却觉得此书"很奇怪，很有趣"。这本书激起了他对美国的兴趣，使他对美国书一读再读。梅尔维尔深深地感动了劳伦斯，似乎让劳伦斯完全展露了自己。劳伦斯写的关于《白鲸》的文集中有些选段更适用于劳伦斯，而不是梅尔维尔本人，举例如下：

> 说到没品位，没有人比他更滑稽笨拙，好说教。他之所以长篇大论地说教，是因为对自己缺乏自信。他经常滔滔不绝地讲话，非常不专业。作为艺术家的他要比作为普通人的他伟大。作为普通人的他是令人厌倦的新英格兰人，属于民族特有的神秘的超验主义一类人。但即便他是这么如此爱说教的一个人，他还是一位伟大的艺术家，思想深刻……他忘掉了自己的听众，向我们抒发对世界纯粹的欣赏，他棒极了，他的书让人灵魂宁静，心声敬畏。

确实，如果有人不知道谁写的这段文字，或不知道这段文字是为谁而写，那么很容易就会认为这是对劳伦斯的深刻总结——除了"新英格兰人"的说法。劳伦斯脑中毕竟有许多新英格兰人的意识，人们很容易认为这是一种修辞手法。劳伦斯分析了梅尔维尔后，突然对梅尔维尔的说教很生气，指责他是笨蛋，"啊噢——阿噢——阿噢"，像驴叫。我们自然而然地想到劳伦斯的格言，批评总是能让批评家自己败露；"长篇大论"不正是他自己一个令人遗憾的缺点吗？

尽管阿伦和海赛尔坦疏远了劳伦斯，但劳伦斯仍冒着失去朋友的危险见了周边好多朋友。他们刚一离开，劳伦斯就给格特勒写信，说他彻底憎恨人类，之后又变了个样子，央求格特勒和科特连斯基来和他一起住，这前后很不一致。又过了几天，他很珍惜自己邀请奥托琳·莫雷尔（公爵之女）和艾薇·洛（后来嫁给了苏联长官利特维诺夫）一起来的快乐想法。1916年3月，劳伦斯离

开了圣梅林，搬到了北康沃尔，一个更加偏远的地方，叫赫尔·特拉格森（在泽诺），他催促莫里和凯瑟琳·曼斯菲尔德来找他，说他也请了海赛尔坦做引诱，却没提海赛尔坦的愤怒情绪。此举是特别圆滑的，因为劳伦斯放弃了莫里出版《签名》的计划，而赞成海赛尔坦的计划，莫里很受伤害。他永远编织着毁掉自己宁静的计划，毫不顾忌医生督促他要"静养，注意保暖，心态要平和"的嘱咐。他严肃地给莫里写信说："我没有做生意的天赋。"他在呼喊："我开始颤抖，有一点不适就让我感到恶心，一定要对我温柔一点。"呼喊中有悲哀的自怜和温情的需求。

泽诺的赫尔特拉格森这个新的疗养地很适合劳伦斯，他在这儿待了18个月，要不是命运、情报和军队的干涉，他原本可能一直会待到战争结束的，赫尔特拉格森是个小村落群，面朝北，"在乱蓬蓬的高沼地下面，再往前是一大片海"，离彭赞斯七英里远，有"巨石和金雀花……只有金雀花和田野，小羊轻快地蹦着跳着，一切都让人喜欢，海鸥跟乌鸦在打架，偶尔看见一只狐狸和海上的一艘船"。劳伦斯家的村舍是两间的，一年五镑租金。这个"花岗岩洞"不得不被变成了"充满生机的地方"。劳伦斯夫妇放下所有的哲学思考，开始大干了一场。他们首先彻底打扫了这个地方，用浅粉色的涂料刷了墙。劳伦斯这个杂活工兼艺术家还做了梳妆台和食橱，涂上了宝蓝色。楼上的卧室"有一个窗户又大又宽，面朝大海，对面的另一扇窗户能看到山坡上的金雀花和花岗岩"；他在墙上挂了幅刺绣，铺上了"新鲜亮丽的床单"，刺绣和床单都是奥托琳·莫雷尔送的礼物。劳伦斯喜欢上了修西底德的作品，书也是奥托琳·莫雷尔送的。令人惊讶的是，他对这本政治家的教科书敬佩不已——"出色又高贵的作家，最完整的文化，最广泛的意识，简单又直接。我越来越敬佩真正古典的尊严和自我责任感了"。

所有这些似乎说明，劳伦斯恢复了身体和精神上的健康，北方冬天对他肺部的影响减轻了，他暂时抛弃了文学上的精神痼疾，似乎已经忘了唯利是图的雇佣文人们和心胸狭窄的官员们让他遭受的冤枉和侮辱。仍令人不安的是，他还在寻找拉纳尼姆这个海市蜃楼，渴望着外界的陪伴，这毋庸否认。最近的失败并未让他退缩，他给莫里夫妇寄去了一封又一封信，一次比一次急切，那时莫里夫妇正待在法国南部海岸的邦多尔。劳伦斯给他们绘制了房舍的平面图，催促着"你们必须得来，我们要在这儿住很长时间，这里租金

很便宜"。这给莫里和凯瑟琳·曼斯菲尔德的印象是劳伦斯很孤独，特别需要他们。他们离开了生活得很幸福的邦多尔，与其说出于选择，倒不如说是出于被迫。劳伦斯听到他们的决定后，写到：

> 太好了，我们所有人都很好，再没有争吵、谬论了，永远都是一致的，我是血性兄弟，我们所有人都是血性兄弟，告诉凯瑟琳·曼斯菲尔德，不要那么紧张。

因此，莫里夫妇兑现了承诺，他们在"早春四月，春寒料峭，灰蒙蒙的一天"来了，他和凯瑟琳·曼斯菲尔德郁闷地坐在"堆着高高的货物和杂物的"农场的大车上，这些征兆很不祥。确实，这样的四个人如此亲密地住在一起，与外界隔绝，怎么可能没有冲突？认真对待拉纳尼姆的候选人总是忽略一个事实，即他们并不是生活在自由安乐的文学家共和国，而是生活在只有大卫国王一世统治下的独裁专制下。

毋庸置疑，在那些年里，在劳伦斯为数不多的男性朋友里，他最喜欢莫里了。他后来强烈地抵触莫里，则证明了先前对莫里有多喜欢。但这种喜欢有点扭曲，莫里接受不了。这次，劳伦斯顽固的头脑里有了"血性兄弟情谊"这个概念，也许是在读了梅尔维尔描写的伊希梅尔和魁魁格的关系后，这个概念就更强烈了。也许是这样吧，他习惯性地开始"反复地灌输""血性兄弟情谊"的想法，他在《恋爱中的女人》中杰拉德和柏金的情节中作了详细的解释。在这一切中，很明显劳伦斯一次也没停下来去想想朋友的感受。那时，莫里已是小有名气的文学批评家了。劳伦斯似乎从不考虑一下，尽管康沃尔的独居生活对他这样富有创造性的作家而言似乎很好，但对于那个时代把握文人脉搏的人而言，却是大错特错了。同样，他从不会停下来问问，血性兄弟情谊这样野蛮的怪念头，对朋友是否有吸引力。

凯瑟琳·曼斯菲尔德怎么样了呢？事实上，在劳伦斯的同时代人中，他崇拜的主要是一些无足轻重的作家，文学方面的判断力很差。他似乎很奇怪编辑会乐意出版莫里的作品，我找不到他欣赏凯瑟琳·曼斯菲尔德的证据。《恋爱中的女人》显示出，劳伦斯对他认为凯瑟琳·曼斯菲尔德身上存在的缺点很生气——她用草率的警句般的方式总结处理人和事，她易于萌生怪念头，行事幼稚；但是很少承认她的文学才华。康沃尔的冒险行为并不完全与她的想法一致。劳伦斯的"才华"把他撕成了碎片，他这奇怪的、狂暴的情绪，

对他周围的人也产生了巨大影响,这必然让人不悦,凯瑟琳的才华为他做出了牺牲。听听她在 1916 年 5 月在泽诺写的信,这样说:

> 今天我看不到院子,雾重雨大,狂风大作,一切都有些潮,塔的地板上放着康沃尔水罐接雨水。除了我康沃尔的小女佣外……我独自一人,莫里和劳伦斯背着背包到圣艾夫斯了,弗里达在她自己的小屋里。房子里特别安静,只有风雨声和炉火呼呼地、猛烈地呼号声。

她继续说,一写完信就躺下来抽支烟,构思在马赛的故事。现在,在这种潮湿的独居环境中,一想到马赛,就会怀念五月的地中海,阳光明媚,夜莺歌唱,葡萄开花。莫里说她"很不开心,对康沃尔的憎恨持续了一生"。然而,在某种程度上,这个说法与他在 1919 年 4 月给弗吉尼亚·伍尔夫的信中说的相矛盾。她在信中承认,康沃尔这个地方,有"许多不完美之处",但"那儿有……某种东西……使人向往"。她继续说道:"……房子就像一艘船,我不该谈论房子的,房子让我陶醉。"很明显,除了天气潮湿外,是劳伦斯赶走了他们,而不是房子的缘故。

莫里把所有的椅子都涂成了葬礼用的黑色,用这种无意识的象征手法来宣泄自己的不满情绪。劳伦斯没有从这些预兆中得到警示,也没留意到莫里的逃避行为,坚持——向朋友"反复灌输"——血性兄弟情谊这一神秘又纵欲的概念。劳伦斯立刻就感受到莫里本能的犹豫、排斥的感觉,沮丧的情绪让劳伦斯再一次紧张起来,这种紧张情绪在格雷特姆时曾让他濒临疯狂的边缘。他做噩梦了,大喊:"杰克要杀了我!"这把大家吓坏了。有时,"他会突然暴怒",让他们"颤抖而惊骇"。第二天劳伦斯"比以往更友好热情了",似乎完全忘了发生过的事,这使得那些突发情况更加神秘,更加让人苦恼。这就是他习惯性地为此类可怕事情的爆发所做出的道歉方式——他太自负了,无法去坦诚地道歉——他从不会花心思去抑制自己或转移话题,因为他"不相信自我控制"。

这两个对立的自我哪个是真实的呢?这样敏感的人,憎恨别人的批评或干扰,怎么会期望别人把满是恨意和暴力的爆发当作什么都没发生呢?有时,人们可能会原谅朋友粗鲁的或让人厌恶的行为,但如何原谅自己呢?这样的不和谐似乎一刻都不会影响到劳伦斯。

劳伦斯极力迫使莫里参加某种日耳曼式的滴血圣礼,这时危机就爆发了。

莫里拒绝了，这让劳伦斯大为光火，心生厌恶："我讨厌你的爱，我恨你的爱，你这个下流的虱子，吸干了我的生命。"

尽管这样说话听起来让人不舒服，感觉言辞太激烈，但确实有道理。其他人，尤其是知识分子们，都有可能在耗费劳伦斯的生命力，完全没有意识到他们有多么地依赖劳伦斯。这件事后，莫里夫妇别无他法，只好离开了。他们离开了，康沃尔的雨斜斜地落在了另一座粉碎了的拉纳尼姆精神家园的废墟上。

2.8

劳伦斯夫妇又一次独自生活了，劳伦斯困惑而愤怒，精疲力竭，非常痛苦。然而自1916年夏天至以后的三年，他的日子一直贫穷困顿，精神痛苦，还要和他母亲很久以前悲叹的那样，与这个世界做无尽的"斗争"。他本能地感到莫里夫妇离开自己的时刻要到了，就给凯瑟琳·卡斯维尔写信说："奇怪得很，怎么一切都从我身边消失了呢，我所了解的世界上的一切，还有认识的人，都像蜡烛熄灭一样消失了。"然而，他声称自己"真的很开心，也很自由"。

突然，他听到消息说，他这个年纪的已婚男士必须接受体检，合格的都要去服兵役，这让他不安，于是立刻就给辛西娅·阿斯奎斯写信，征求她的意见以逃避此事。一年前或更早的时候，他就预料到了这种事，当时他表现得极度恐惧，他暴怒地抗议，近乎疯狂。现在心情完全不同了。他现在欣然接受了这一宿命，几乎玩世不恭。"现在'及时行乐'就是座右铭，单纯快乐的宿命论"。对于丈夫在前线，而岳父是军事内阁首脑的女人而言，劳伦斯的这番话又不是完全敏感圆滑的：

不必再认真对待生活了，起码不用再认真对待外面的社会生活了。我这个社会人，在这场危险的闹剧中已是一个看客了。尤其像我这样的个体，依然保持独立和微笑。但如果我被卷入社会生活喧嚣的闹剧中，丢掉了性命，甚至失去了大部分的自由，我会非常愤怒。

人们可以想想劳伦斯也没多少时间受到起诉的打击，疾病缠身，以及情感上的牵绊，再加上各种消遣，这些都让人觉得他真是个奇迹，因为截止到他接到征兵令那天（1916年6月28号），他已经快完成《恋爱中的女人》这部新的长篇小说了。当莫里夫妇到的时候，他已经开始写了，因为劳伦斯说"我正在写另一部小说，真的很忙。世界一片混乱与萧条，但外部世界的混乱是另一回事，一个人的灵魂中必定有某种不可侵犯的秩序"。五月中旬，劳伦斯告诉平克："有部小说写了一半了，是《虹》的姐妹篇，但完全不像《虹》。"所以，六月底"就快完成了"，很明显是初稿，尽管后来全部重写了，但是直到1921年才在英国出版。

小说家们偏爱自己那些受到冷落的书，与其他作品相比，劳伦斯偏爱，或说自己偏爱《虹》和《恋爱中的女人》，因为这两本书对他的启发要比文学批评的启发大。自从《虹》出版后，劳伦斯和外面的世界都有了耸人听闻的痛苦经历，然而这部新小说背负着重担，被说成是战前旧小说布朗温家世小说的遗留之作。书中很多地方描写了劳伦斯最喜欢的两对夫妇的模式，柏金-厄休拉夫妇和杰拉德-古德伦夫妇。很明显，柏金和厄休拉的原型就是劳伦斯和弗里达，不管因为小说的需要做了什么改变，但那一对夫妇就是他为莫里和凯瑟琳·曼斯菲尔德设计的。他们二人被牵涉进来，但牵涉得不深，在这场恶意的讽刺喜剧中，所有人都被他用漫画手法描绘成了1915年葡萄收获季节时的"朋友们"劳伦斯。

《恋爱中的女人》可能被称为报复之书，几乎是为了复仇。古德伦为了一个唠叨的德国犹太人而抛弃了杰拉德，使得杰拉德在绝望中死去了，冻死在了阿尔卑斯山的冰川上。至于这本书说是写恋爱中的女人的，其实此书更真实地描写了心怀仇恨的人，可能只有柏金和厄休拉是例外，他们为了真正的现实主义而大吵。劳伦斯出国后，这部小说才在英国出版，这也许是件幸运的事。当奥托琳·莫雷尔读到自己成了赫麦亚妮时，想象一下她有多高兴吧：

厄休拉讨厌赫麦亚妮那拉得长长、一本正经的、朝下看的脸，脸上还有像马那种自尊的神色，愚蠢又无知。

那些好奇的人也许会把这种暗示与奥古斯塔斯·约翰为奥托琳做的画像相比较，不管这件事是不是真的，这个形象确实并非罕见的英国妇女类型。同样不管是真是假，谁都能看到受害者奥托琳受到了多大的伤害，尤其是她还把劳伦斯当成保护对象，努力地帮助他。另一个受害者是她的朋友贝特朗·罗素，他被描述成"一个五十多岁，饱读诗书，却不苟言笑的准男爵，总说俏皮话，成心取笑他们，笑声像马嘶一样刺耳"。菲利普·莫雷尔一进花园就被描述成"像一个梅瑞狄斯的英雄那样，向迪斯雷利敬礼，心怀浪漫主义情节，大步流星地走着"，身上有种"下议院议员的感觉……内政大臣这样那样的事，而他，也就是洛蒂斯就去想这样那样的事，之后向首相如此这般地禀告了这事"。为什么他们都否认劳伦斯有幽默感呢？是因为劳伦斯的幽默让他们尴尬了吧？

在那些讽刺漫画中，最苛刻的要数菲利普·海赛尔坦和他的同事们的了，在布鲁姆斯伯瑞皇家咖啡馆里，他们成为被无情讽刺的一伙人。劳伦斯讽刺海赛尔坦，部分是因为他对以前的朋友通常都是这样，但主要还是因为海赛尔坦和朋友们在咖啡馆阅读、歪改、嘲笑他的《爱情诗集》中的诗。凯瑟琳·曼斯菲尔德从桌旁站起来，要看看这本书，海赛尔坦局促不安地把书递给了她，她拿着书就走出去了。海赛尔坦的朋友否认有这段插曲。米德尔顿·莫里向我保证说这是事实，他依然保存着《爱情诗集》。迈克尔·阿伦坐在海赛尔坦的桌边，为了解答我的疑问，让我摘录了他的信件：

> 颇具讽刺意义的是，是海赛尔坦读了劳伦斯的《爱情诗集》，他是带着嘲讽去读的，不，哎呀！还不只是是嘲讽，是带着恶意读的。1915年到1916年，劳伦斯很看重海赛尔坦——我当时太年轻了，还不太确定这点。但菲利普随后自轻自贱，也决定刺激劳伦斯，让劳伦斯看不起他。你一定记得海赛尔坦的家世——父母都相当富有，他容易被别人误会。

这件事就说这么多了，只是要补充一点，《恋爱中的女人》出版后，在众多受害者中，只有海赛尔坦站了出来，威胁要以损害名誉罪起诉，在荒唐地企图让纯粹同盟查禁此书后，让劳伦斯给了他五十镑了结此事。

从个人角度讲，讽刺小说通常有这么个人物（其性别要根据作者的性别

而定），他是个奇迹，没有其他人物身上的罪恶、失败，以及幽默的长相。显然，《恋爱中的女人》就是个例外，因为没有哪个人物比柏金-劳伦斯更有远见，受更多讽刺和嘲笑的。作者看到了柏金是多么疯狂。因此有这样一幕场景：赫麦亚妮愤怒之余，拿一大块青石朝柏金的头部砸去，柏金用四开本的《修西得底斯》挡住了。柏金恢复了平静后，在树林中脱光了衣服，赤裸着身体在报春花丛中打滚。他给赫麦亚妮写信说：

我要去镇里，暂时不想再回到布兰岱尔比了，但是这是很正常的——我一点也不想你介意你曾打过我。告诉别人，就说是我闹情绪惹的。你打得非常对——因为我知道你想打我，所以就此结束。

所有这些都是让人喜欢的性格特点，表明他准备带着自己的信念出发，他相信一时的冲动就是生活的本质，一定不要被制止。这听起来像是让人敬佩的学说，从所有的民主社会专制中解脱出来，但有其危险的一面。假如赫麦亚妮一"冲动""下手"重了，把柏金的脑壳打裂了怎么办？整个插曲是有教育意义的。这就说明，一旦劳伦斯心中的恶意或怒气烟消云散，他就准备忘记、甚至原谅他使朋友遭受的所有侮辱和心烦意乱的行为。他对受害者完全没有恶意——或者至少是到他开始写他们时才有了恶意。

他和弗里达的关系似乎也按此进行。原因之一是劳伦斯发现弗里达是不可或缺的，生活中不能没有她，除了他母亲，弗里达是唯一能与他共患难的，和他对骂，让他气急败坏、怒气冲冲，用尽一切不诚实的诡辩术来争论，事后一点都不记恨，相反，一如既往地爱着他。十多年来，他可以在不靠谱的杂志上登广告，永远都不会找到一个女人能代替弗里达。

他在这部小说中无情地讽刺了自己。因此，在"一座岛屿"这个章节里，他和弗里达有一次争吵了很长时间，他故意暴露了自己喜欢长篇大论和固执己见的烦人习惯。他告诉我们，柏金的"快节奏的生活很美妙，让人向往"，但……"同时又荒唐卑鄙地埋没了自己，成了救世主和主日学校的老师，最固执的一本正经的人"。他再次暴露了自己笨拙的社交能力——在赫麦亚妮压抑的知识分子聚会上，柏金"在每个人的眼里都是可耻的，完全无足轻重"。

这是妇女的习惯，尤其是她们第一次见到劳伦斯夫妇时，都会说弗里达作为"天才"的妻子有缺点，暗示按照朋友友善的建议做会好得多。显然，奥托琳·莫雷尔也是这样的人，但是劳伦斯让奥托琳说出的话，反映出劳伦

斯对自己的性格有深刻的认识：

> 他身体虚弱，需要精心的照顾。他喜怒无常，毫不自信——需要极大的耐心和理解去帮助他。我无法告诉你让他开心要遭多少罪。他有时过着深度的精神生活。随后做出反应。他非常捉摸不定，非常不稳定——他很疲惫，然后又恢复过来。我无法告诉你他的反应都有什么，无法说出这些反应带来的痛苦。他某一天肯定的东西、爱的东西，下一秒会愤怒地毁掉它，他从不会始终如一，总是有可怕的、骇人的举动。

千真万确，我们所有的人都确认，在这儿我们逐渐发现了他的这些特点。只是有一点，我们必须得小心，不要太注意他易怒的这个缺点，因此，忘掉他"惊人的活力"和"强烈的精神生活"。

在另一章"游览"中，他和弗里达又有场争吵，弗里达转向他、撕扯他，他肆无忌惮地用智慧跟她争吵，同时也暗自承认她指责的有理：

> 他知道，大部分她是对的，他知道自己很固执，一方面很精神化，另一方面又用某种奇怪的方式贬低自己，他也明白自己的灵性伴随着堕落的过程，某种自我毁灭的快感。

接下来就是和解的场面了，厄休拉哭着走开了，柏金从泥里捡起被她甩到他脸上的耳环，耳环是他刚刚送给她的礼物。多么有特点啊，不是因为人类的什么情感才捡起耳环来，而是因为他不忍看到"美丽现实的象征"躺在泥里，厄休拉慢慢走回来：

"看我给你找的这朵花，"她满是渴望地说，手里拿着一朵紫红色的石南花，放在他面前。他看着这簇色彩艳丽的石南花，树形的小枝，她的双手，她非常白嫩、过于敏感的皮肤。"真漂亮！"他说道，微笑着抬头看着她，接过了花。一切又变得简单了，十分简单。

"真漂亮！"他小时候给母亲什么小礼物时，母亲会满是爱意地抱抱他，说出这句话。对他来说，这句话有连弗里达都不知道的弦外之音，她能感觉到无限的温情，却无法完全理解，他把难忘的母爱转移到了她身上。

就是这本书，从世俗的角度看，书中有私密的自我情感的流露，也有鲁莽的漫画讽刺手法，他就要完成这本书时，收到了征兵的消息。他还听到了另一个让人吃惊的的消息：前线发生了改变，于是得意地给凯瑟琳·卡斯威尔写信，好像在杂耍戏院逞能：

我应该去，抓住机会让人接受我。如果我必须是战士，那我就必须——哒哒哒哒哒哒，想法设法地逃避命运是无济于事的，这再也不让我心烦了，无论如何，我宁愿自己是个战士，也不愿做老师。

然而，事实并不是那么轻松愉快，在乘火车去博德明（康沃尔的主要城镇）的旅途中，其他新兵"一直唱歌，或是像狗一样在夜里嚎叫"，这不和谐的感伤的"歌声"，表达了英雄时代的感情。如劳伦斯所见，这些新兵们"非常痛苦而绝望，但是很有男子汉气概：大部分人很安静，既不多愁善感也不害怕"。他的观察力很敏锐，注意到火车上有个人与众不同，他是"唯一胡说八道、行动懒散的人"，他嘲笑劳伦斯的胡子，吹嘘自己从加拿大一路赶来参军的——好像这是必须的！当然，在警察逮捕他之前，他是加拿大逃兵又回来了，当然劳伦斯不可能知道这些。

在博德明，他发现营房"像监狱一样"，食物"很恶心"，士官"是个不错的家伙"。营房太像监狱了，让他想到了在雷丁监狱的奥斯卡·王尔德。他脱了外衣后，别人看到他该死的旧内衣，他很是不好意思，自己太穷了，买不起新的。他在硬板床上辗转反侧了一晚，听着别人睡梦中的呻吟声，还有一个人"剧烈的咳嗽"，一宿没睡。起床号响之后，他抢着用凉水洗漱，肥皂还是借来的。"恶心的早餐"来了，士官下令整理内务。劳伦斯就像留着胡子的其他人一样，理所当然地被称为"老爹"。大家猜测了他的年龄之后，就不用他打扫卫生了。从医学的角度看，他没被接收服兵役，但他被告知要自愿做一些文职工作，但他拒绝这么做。那时其他人"嫉妒地"看着他，他们觉得（劳伦斯猜想）因为"劳伦斯不是个劳动者"，就受到优待，这很不公平。

回家后的那晚，劳伦斯和弗里达坐在火炉旁，他看着自己膝上的灰色法兰绒旧裤子，说道："如果我看到自己腿上穿着卡其布军装，我会死的，但他们永远不可能让我穿上卡其布军装的。"他着重表达了希望自己永远不适合战时服役。当然了，他也讨厌因感染肺结核而被当成废品被拒。尽管他说自己不会服从命令，因为他害怕自己被挤压成军队模式的人，但他并没有无视征兵的必要性，他从来不会为逃避兵役而辩护。有时，他被引诱为"为重大国事"而效力，并意识到对自己和"伦敦有影响力的朋友们"而言，这将

缓解紧张的局势，"他会偶尔远隔万里地写篇文章打扰一下这些朋友们，他就是肉中刺"。他清楚地意识到，对于那些亲属在前线的人们而言，读到他以下断言时会"有点小惊喜"："战壕和机器战争是对生活本身的亵渎。"他知道，并不是每个人都可能被拒绝，坐在离康沃尔远远的地方谴责这一切。他一想到深陷战争里的人们，就"感到郁闷痛苦"。尽管在博德明的经历无关紧要，但也极大地困扰了他：

军国主义毁灭了人们支持的一切，掐断了人性的萌芽。我非常失落，精神上的灾难随处都是，特别可怕。

他在给另一个人的信中写道：

你太对了，我确实认为个人的自由高于一切，国家的责任是什么？难道不是最大限度地保证每个个体的自由吗？

显然，他从未停止过追问自己，当国家失去自由时，个人的自由会怎样。他被军队拒绝后没几天，有个消息把他惊呆了，有个人在一次行动中被杀了，而劳伦斯欠这个人的家人一份人情。1915年10月，《英语评论》发表了他的故事《英格兰，我的英格兰》，与其说这个故事讽刺了此人及其家庭，倒不如说是对此人及其家庭的残酷嘲笑，故事发表后这家人既生气又受伤。正如故事预言的那样，此人为人夫为人父，被杀了。劳伦斯最初的感觉是剧烈的、良心不安的痛苦：

听到XXX的事后，我非常不安。我当时不知道他去世了，真希望那个故事在印刷前就沉入大海了。这样也许YYY就不会被那个该死的故事伤到了，这是最重要的。

不幸的是，他不会让事情这么过去的，然而，他另一个对立的自我不会默默忍受屈辱的。他是不会把文学之船上飘扬的海盗旗降下来的，除非事先指责他作品中的好多内容，包括最后一部小说中的大部分内容也受到指责。他告诉弗里达自己爱她时，它曾咬紧牙关，很难说出口，但那个人的死也没有让他一直处于懊悔之中，他只是在信中写下了这样的附言：

不，我并不希望自己从来没写那个故事，从长远来看，这是好事吧？

2.9

那年夏天和秋天,来拉纳尼姆的访客是几个安静的妇女:凯瑟琳·卡斯威尔、艾薇·洛和多莉·雷德福,她们真心地佩服和喜欢劳伦斯,却丝毫不愿意帮弗里达干活;朋友们来的时间有限,不会"永远"在这儿,她们很满足地享受着劳伦斯带来的愉快与活力,不会因为他的偏见同他争吵。凯瑟琳·卡斯威尔说得很对,她说,要想与劳伦斯轻松和平地相处,一个非常重要的因素就是不慌不忙地和他分担一下日常的简单家务活。

如果劳伦斯没有和莽撞或不走运的访客争吵,那他也会突然发火,和弗里达打架,这些争吵经常是关于弗里达的孩子们,这是让他们不快的老话题。从法律上讲,弗里达是不允许探望孩子们的——想象一下这部法律,竟然可以允许骨肉分离!——她只能痛苦地躲在伦敦街头,仅仅为了看孩子们一眼。现在,她又想见孩子们了;不仅手头很紧,而且劳伦斯又有令人可恶的嫉妒心。两人一起生活了四年,她竟然依然爱着孩子们,想要他们,劳伦斯觉得弗里达很固执。对她而言,他应该比孩子们更重要;无论如何,生下孩子都是个错误,他给凯瑟琳·卡斯威尔写信说:

> 生孩子就是抓住过去不放,为了满足追溯到过去,但是得到满足并不在于过去。你应该为没有小孩而高兴;小孩现在是绊脚石。孩子很多,希望很少。如果妇女能展示希望,那她们才是真正的母亲。希望并不在孩子身上,事实是,能被感觉到的新希望才能创造春天。

劳伦斯总是说个没完,不知是这些荒唐的胡言乱语或是别的什么东西,事实是他的这些话激怒了弗里达,就像《恋爱中的女人》中的赫麦亚妮那样,弗里达打了劳伦斯的头——用盛汤的碟子而不是用什么雅致的石头。战争之后即是和平(正如劳伦斯预言的那样),这场漫长的争吵以弗里达的离开而

告终——她去看孩子们了。

不幸的是，跟以往一样，她离开后，冬天伊始，他就病了。已然十月了，他不断抱怨自己的健康状况很差，"糟透了"。两周后他告诉代理人："我疲惫得要死，深陷痛苦之中，身无分文，体弱多病。"他的小说被查禁，不再出版。写的故事也没人要，他的"哲学"卖不出去，在那艰难的战争岁月里，可以维持生计的手段确实太少了。他偶尔在期刊上发表点文章，出版了一本旧诗集，还有几本意大利素描画，但主要还是靠他所谓的"不稳定的借款"度日的，向平克、妹妹阿达、美国的艾米·洛威尔以及英国的朋友借钱。他再一次希望到自己一无所知的美国去，到"西边更远处的群山上"去，想象着从群山上"望见遥远的太平洋"。

正当他写书时，另一场诉讼落到他身上，这让他始料未及。1916年底，漫长的战争以及敌军海上战役的胜利，让英国当局更乐意听从法国的多次警告：敌军的许多间谍实际上都驻扎在英国。怀疑演变成了过度怀疑，追踪真正的间谍，并悄悄地逮捕他们，这项任务委托给了既无判断力又没有经验的人。劳伦斯对军事及海军事务完全一无所知，也不关心这些，最初被德军当成英国的间谍抓起来了，之后，英国人又怀疑他是德军间谍，这真的是太离奇了。

事件是因一个警察而起。该警察充满歉意，奉军命来劳伦斯住的村庄确认信息。考虑一下当时的情况，弗里达的父亲是职业德军军官，她的叔叔费迪南德，在所有的参考书里，都是被称为在中国扩大德国势力的人，她的飞行员堂兄有过著名的"飞行表演"；弗里达作为一名德国贵族，为什么和身无分文、曾做过老师，文学上前途未卜的劳伦斯生活在一起呢？还住在偏远的村舍，俯瞰大西洋上来往于布里斯托港口的船只，这究竟是为什么呢？劳伦斯没在德国待过吗？没有德国亲戚吗？他们不再经过瑞士往德国寄送信件或者从德国收信吗？

劳伦斯当然不是他们想象的那种德国人。然而，面对怀疑，劳伦斯义愤填膺，却没有努力去打消英国当局或康沃尔邻居们的怀疑。事实上，他走向了另一个极端，公开发言反对战争，取笑报纸的宣传活动，公然大唱德国民歌。有一次，他们购物回来时，几个身穿卡其布军装的人挡住了劳伦斯夫妇，检查了他们的篮子。其中一个人坚持说包里的方形包裹一定是相机，其实就是一包一磅重的盐。但这些人还未走远，弗里达就嘲讽地大笑道："可怜无辜的盐啊！"劳伦斯看起来"阴沉着脸，满心怒火"。还有一次，弗里达开始

沿着悬崖边奔跑,白色的围巾在风中飘扬,劳伦斯不得不向她大喊:"停下来,快停下来,你这个笨蛋!你难道不知道,他们会以为你在给敌人发信号?"顺便提一下,注意到没有,他本能地说"敌人",德国人,甚至一名间谍是不会这么做的。

1916年的圣诞节,又来了一个打击,劳伦斯家来了两位美国客人,其中一位是罗伯特·蒙特塞尔,后来成了劳伦斯在美国的代理商。在一个大雨滂沱的夜晚,一个警察被派来检查他们的证件。(据劳伦斯所言)蒙特塞尔回到伦敦后,就"被捕了,之后被送上了苏格兰法庭:在那儿接受检查,被剥光了衣服,衣服还被拿走了"。他被释放后,有人建议他回美国去;因此,精明的情报局把一位反德美国人变得不怎么支持英国了。蒙特塞尔所做的被怀疑的事,就是跟劳伦斯一家待过。这个插曲激怒了劳伦斯,让他不安。不久后,劳伦斯给凯瑟琳·卡斯威尔写了封信,信中并未提及此事,但却泄露了他的情绪:

> 我们所有人似乎都很失落,被击倒了,我觉得自己特别像一只狐狸,被一群猎狗和粗人逼到了角落里,他们也许不知道狐狸就在那儿,但却在无意识地靠近它,我正在重新申请去纽约的护照认证。

这真是件蠢事,有间谍嫌疑的人可能会被获准逃到美国吗?(美国那时是中立国)在那儿他显然可能有同党。这一敏感的事件肯定会跟随弗里达一起到达伦敦,劳伦斯会询问马什或莫雷尔,怎么做才能证明自己的清白。但劳伦斯既郁闷又反叛,感觉从前的朋友正在离己而去。《恋爱中的女人》处处遭到拒绝,他知道自己的"哲学"实际上卖不出去;就以前的经验而言,他不会对新诗集《瞧,我们闯过来了》抱有太大希望。1916年,除了一首诗外,他没有任何作品发表在期刊杂志上。1917年,在芝加哥的《诗刊》上发表了诗,《英语评论》重新出版了他的散文。那段时间他确实没心情写作,他倍感心情压抑和受迫害。那是一段他非常痛苦的时期。1917年1月,他拿着装着护照的包,到"村里的小邮局去",途经片片田野,"田野上薄薄的一层积雪,像铺洒的银子",荒野里巨石林立。

他走过冬日伤感的景色,感觉自己"像幽灵一样走在奇怪的死亡之地上","好像已经离开了自己的国家:这就像是死亡"。当然了,所有这些情感上的痛苦都是没用的。他经历了所有分离的痛苦,被迫同自己深爱的英国分开。一切都无济于事。外事办只是留下了护照,轻蔑地没有就劳伦斯的申请做出

任何回复。

在特拉格森,情况变得更糟糕了,官方的怀疑变本加厉,使得邻居们的怀疑也有增无减。当劳伦斯夫妇用柏油堵烟囱上的裂缝,或者弗里达往外晾衣服时,他们就会被怀疑在给德国海军发信号。较友好的邻居给劳伦斯暗示和警告,但劳伦斯不听他们的,天真地认为这是他的公民权利。那年春天对他来说是个"不寻常的间歇"。他一边忙着在花园里栽种植物,打理花园,一边创作《和平的现实》。他内心深处感觉好像"天真的已经塌了",因此他安慰自己说战争很快就会结束了。他曾一度想"如果我们必须待在这儿,我也想在那儿当一个农民"。他有时还想布道,长篇大论地讲话,就像"每个礼拜天在维多利亚公园和平示威"的人们那样。否则,就会慢慢陷入另一种情绪之中:

> 我躺在悬崖边上,看到晴好的天空中掠过海鸥和鹰。鸽子已经咕咕地叫着了,天像夏天一样暖和。我感觉不知自己身在何方,身为何物,我要么是梦游,要么就是精神恍惚了。

四月份,弗里达去看孩子们时,劳伦斯还在原地,"病得要死了,百感交集,拼命挣扎,没有思路,没有想法,没人理解,没有清晰的存在感"。他无法忍受弗里达不在身边和自己的坏心情,就去米德兰看望家人。在回伦敦的路上,劳伦斯"突然病倒了",他奇怪而有趣地归因于"伦敦凝聚的坏影响"。科特连斯基救了他,照顾了他两天。他回到泽诺后,健康状况一直不稳定,弗里达已经在泽诺了,她"卧病在床"。

对他们二人而言,这段时期很痛苦,穷困、失败,以及别人对他们的怀疑困扰着他们,似乎无休止的战争的痛苦。劳伦斯开始在绝望中退缩了,几乎成了农场的劳动者。他和一个叫威廉·亨利的农民交上了朋友,劳伦斯在《袋鼠》中给他取了个不恰当的名字,叫约翰·托马斯(弗洛伊德的信徒们,走开!),他帮劳伦斯耕地种菜。劳伦斯喜欢这个人的家人,这无疑让他想起了遗失了的海格斯的快乐时光,他似乎越来越投入了,当他和威廉·亨利以及他的朋友们一起干活聊天,俨然是一个纯粹的农场劳动者。他让弗里达独自度过一个又一个夜晚,为的是跟威廉·亨利待在一起,他显然已经跟威廉·亨利培养出了具有神秘感觉的"血性的兄弟情谊"。"在那些日子里,"弗里达愉快地写到,"劳伦斯对我似乎有些抵制,可能是因为我身上的那点德国人的气质吧。"那点德国人的气质!当然根本不是这回事,威廉·亨利

的吸引力只是暂时大一些。

在所有这些事情当中，劳伦斯依然同公共事物有联系。考虑到同这个家庭里年幼成员的友谊，阿斯奎斯的失败对劳伦斯来说自然是个很大的打击；也许是因为他开始讨厌康沃尔了，所以他对英国由凯尔特人洛依德·乔治统治这件事很是愤怒。他甚至激动地断言："所有的犹太人和凯尔特人即使他们支持英国的事业，长此以往会给伟大古老的英国带来最后的侮辱。"

尽管经历了这些事，但他从不会错过或者没发现季节交替时的美。1917年的夏天越来越近了，他看到金雀花"像燃烧的黄色火焰"，黑刺李"像白色的烟雾"弥漫在山谷。太阳似乎在"金黄"的背景下，顺着天际滚落下去，他专心地看着，狂喜万分，感觉自己"看到天使挥着翅膀朝我们飞过来时，是不会感到惊讶的"。他花园里的活都干完了，干得还不错，他向莫里夸耀着他的紫罗兰、倒挂金钟，就像夸他成行的菠菜和豆子一样。一段时间后，尽管在劳伦斯这边，二人的亲密关系和信任不再像以前那样了，但他们又恢复了通信。他告诉莫里："现在我对哲学最感兴趣——不是小说或故事。最后，我发现人们基本上很无聊。"莫里努力地安慰他，想重新开始两人的友谊却遭到拒绝："你不该说你爱我，你在这儿时特别讨厌我，在迈勒时也讨厌我。"

他清楚地意识到，"哲学"极少或不会给他带什么钱，但他准备把责任转移到更高的层面上——"我不能被打扰，上帝会为我们提供所需"。当他思考着奇怪的象征和情感时，他受到了古老的康沃尔风光以及"狡猾又诡诈的凯尔特人"的影响。他们有时让劳伦斯头脑不清醒。奇怪的是，《和平的现实》（就像在格雷特姆时，遇到蛇的插曲一样）有段时间搅乱了劳伦斯内心的平静。他重新打字的时候，正在重写这部"哲学"。他在给凯瑟琳·卡斯威尔写信时说："突然感觉自己好像神经不正常，快发疯了，所以我停下来不做了。"这一经历给他留下了如此不好的印象，所以在谈论别的事情之后，又加了条附言："我肯定战争就要结束了，想知道自己是不是有点疯疯癫癫的？"

不管疯不疯，劳伦斯继续轻率地鼓吹自己"愤怒地反对"战争。爱德华·马什在百忙之中抽出时间给劳伦斯汇了《乔治诗集》的支票，希望劳伦斯能"火"。劳伦斯反驳说，他"想在统治我们的傻瓜的鼻子下面挥动手抢"，直指"保守着和趋炎附势者"。他以同样的论调跟劳动者谈话，极力主张他们怨恨兵役。一艘船在海岸附近被鱼雷击沉了，有人狡诈地质疑，说他应该与这件事有关。

他被这种荒唐的事情激怒了，自己的鲁莽不减反增，尽管他知道或以为自己知道"海岸监视人员"正在外边，希望能听到叛国的言论，但他却明目张胆地在天黑后唱德国歌曲。

显然，如果他有时和弗里达在家唱德语歌的话，是不能和威廉·亨利一起度过每个夜晚的。然而，威廉·亨利的话语中透露出，他注意到劳伦斯正又开始恢复原状，做农场劳动者了，他半喜半"责难"，因为他从未放弃过脑力事业。他在地里干活，也在家里写文章，就是后来的《美国古典文学研究》。他一直心怀希望，战争马上就要结束了，然后就可以去美国用这些研究做报告。至于书——"现在写书似乎是徒劳无益的"。

他们并不是完全同大千世界隔绝，这里来了一群"吃草本植物的神秘学研究者，他们斋戒，吃荨麻"，很明显，也吃劳伦斯家的食物，但他们"在圣艾夫斯让自己成了最可怕的蠢货"。可能劳伦斯就是从他们那儿了解到《揭开面纱的伊希斯》以及类似的神秘学书籍的，虽然劳伦斯觉得这些书并不是"非常好"，但他一定都读了。后来，海赛尔坦的朋友——塞西尔·格雷来这儿住在不远处，是搞音乐的，向他们介绍了赫布里底群岛的歌曲，他对这些歌曲有满腔热情。格雷的住处离劳伦斯有些距离，这一优势立刻吸引了劳伦斯，现在在重振拉纳尼姆计划时，劳伦斯甚至把像卡斯威尔这样的密友都安排在了"一英里半"的地方。海赛尔坦经历过一个短暂而又不幸福的婚姻后，回到了康沃尔，曾一度"同劳伦斯再次建立友谊"，他那时当然没意识到自己在《恋爱中的女人》里那颇具讽刺意味的形象，在《恋爱中的女人》出版前，格雷读了手稿，把事情告诉给了海赛尔坦。让人好奇的是，格雷无意间使劳伦斯周围无意识创造出的所有的怀疑和仇恨达到了高潮。

劳伦斯夫妇应邀到格雷在的家"波西格兰"过周末。（据劳伦斯所言）饭后，他"心情欠佳"，他"生气地为自己唱歌，不是以歌唱而是以反叛的方式唱了一首又一首的德语民歌"。最后，格雷感到心烦不安，就让劳伦斯别唱了，随后便"安静了，气氛紧张，让人恼怒"，门外响起了"邦邦"的敲门声，"一个中尉和三个卑鄙的人"进来了，说楼上的一个窗户透出光了。好像楼上楼梯平台处的窗子没拉窗帘，房主上去睡觉时手里拿着点燃的蜡烛。但这种解释不被人接受，这件小事被告发了，说是违反了战时点灯的规定。格雷受到侮辱，并被罚款二十镑。

最后，那群人还是缺乏反对劳伦斯的"具体证据"。几天后，劳伦斯夫

妇不在家时，住处显然被人搜查了。第二天早晨，一名陆军军官、两名侦探和一名警察来到劳伦斯家。笔记本和文章都被没收了。他从"有权力的"军方接到一份正式的驱逐令，要求他们二人三天内离开康沃尔，禁止在康沃尔的任何地方逗留，强行命令他们每到一个新地方，必须在二十四小时内向警方报告。

劳伦斯离开康沃尔之前，"一把大火烧掉了所有的旧手稿"。当时失去了什么，我们可能永远都不知道了，但我们可以自然地推断出，大火毁掉了《山羊和指南针》，以及《和平的现实》的一些章节，可能还有一些诗。劳伦斯毁掉自己作品的行为是对驱逐令这一打击的自然反应，就像弗里达说的那样，"这个命令永远地改变了劳伦斯身上的某些东西"。五年后，只要一回忆起这一事件他就非常痛苦，他"在打击下无助地颤抖着"。

夫妇二人做夜车到了伦敦，车上满是休假的战士和海员，像狼嚎一样唱着同样悲惨的"战争歌曲"，劳伦斯曾在去博德明的路上听过这些歌，可是，他此时觉得"残酷的讽刺"取代了感伤。至于劳伦斯，他在火车上"感觉自己被杀死了：完全静止了，脸色苍白，是死后的状态。他一直坚信一切——社会、爱和朋友，这是他在信念上最严重的死亡之一"。甚至连《虹》"邪恶的"、不公正的诉讼都没有完全教会他，但驱逐令却做到了，让他懂得自己的国家是憎恨他，这群无法宽恕的敌人是怎样企图摧毁他。

他们的钱太少了，住不起旅馆和饭店，毕竟在战时拥挤的伦敦，什么都涨价。多莉·雷德福的一封电报让他们暂时有了避难所，她知道一些关于英国自由的事，看到过威廉·莫里斯因演讲而被捕。但对于劳伦斯来说，"住到别人家就像是进监狱，会痛苦不堪"，他迫切地自己抓住了某个机会：

> 有个英国诗人朋友在军队效力，他的美国妻子主动给劳伦斯夫妇提供在梅克伦堡广场的房子——他们非常感激这位美国姑娘。他们没钱，但这位少妇腾出屋子让他们住，提供食物和燃料，非常慷慨大方。

劳伦斯夫妇拥有自己的房间有好几周了。后来"效力于军队的诗人"回家休长假了，他这点考虑得特别不周到。因此，他们先是搬到了格雷在厄尔斯考特的亲戚家，圣诞节过后，又和妹妹一起搬到了多莉·雷德福在伯克郡的公寓里。也许，劳伦斯在这些麻烦之余也写了点东西——他依然有惊人的超脱的力量，但却很难说是什么力量。起初，劳伦斯特别不喜欢伦敦，觉得这个城市仅是"各种因素，非常可怕，像勒穆瑞斯，死者之魂，充斥着死人

邪恶灵魂的鬼魅"。但让劳伦斯吃惊的是，他发现尽管自己无力应对暗中的搜捕检查，但仍有崇拜者和朋友愿意帮助他。后来，他觉得自己"以某种奇怪的方式，极其活跃"，甚至连伦敦人似乎在"以一种奇怪的新方式回应他"。

他现在一点也不着急返回康沃尔了，而是制订了计划（这显然是受到了他的朋友艾德博士的影响），要把拉纳尼姆运到安第斯山坡上，和各不相容的奇怪的一群人一起去，"弗里达和我，艾德夫妇，威廉·亨利和格雷，可能还有希尔达·奥尔丁顿、科特和多萝西·约克。格雷听说（如果他确实听到的话）自己正捐出一千英镑作为此次远行的花费后，一定很高兴。"效力于军队的诗人"被留下来继续自己肮脏的事业了，没有丝毫的救赎希望。

确实，劳伦斯一点也不喜欢军队，对军队特别的方式也不感兴趣。我记得有一次在战时的伦敦，他搬家时没钱打车搬东西，也不让我给他付钱。我当时的处境很危险，我是即将在公报上宣布任命的军官学校学生，即使是行为有一点触犯了军队的疯狂制度，都是致命的。那时在街上拿着包，被看成是完全"不符合官员和绅士身份的"，总之，对我来说这短短的路上我焦虑不安，因为害怕遇见助理宪兵司令，但劳伦斯从未注意过。

不知什么原因，劳伦斯因被刑事调查部跟踪而愤愤不平，可是在战时别人谁会跟踪一个被怀疑是间谍的人呢？他相当幸运，没有在无深入调查前被拘禁。有人认为，刑事调查部的这种调查只是劳伦斯"过度兴奋的"一个故事——罗伯特·尼科尔斯在报纸上这么说到，他显然没有做什么努力来证实这一点。我肯定确有其事，因为我见过其中的一个侦探，并和该侦探长做过一次长谈。因为我身着制服，所以我们相处得很好（他身穿便装，只是脚上穿着军靴），我几乎以让他信服，认为整个事件就是个错误，这时最不愉快的事发生了，我们无意中谈起了文学批评，有了分歧。格雷也看到了一个或多个"跟踪的人"，没经过思考就跟劳伦斯提了此事，劳伦斯立刻发现"整个伦敦有种恐怖的气氛，就像在沙皇的统治下，没人敢开口说话"。

时间过去这么久了，我们可以轻松地看待这种间谍指控，也能明白，在世界大战那个极度动荡的时期，个人受到不公正对待是不可避免的，但劳伦斯不可能这样想。他觉得自己太重要了，但意识不到对军队而言，他自己只是一个日常案例，被心胸狭窄的敌人向警方恶意告发了。他很生气，愤愤不平地抨击：

"我拒绝接受他们的诋毁，我讨厌他们。他们是流氓，吃腐肉，满嘴污

秽的流氓，像是吃死人肉的豺狼。我向上帝祈祷自己能杀了他们，希望自己有摧毁他们的力量，杀死他们，摧毁他们，杀死他们成千上万的人。"有一次他心情不好，面对同样的情景，他只是说："这有点太荒唐了。"怎样评价取决于劳伦斯的心情。

尽管《亚伦的神杖》的前几章到1922年4月才出版，但这几章虚构了在伦敦那几个月的愉快的一面，每个帮助他的人都受到了无情的讽刺。圣诞节过后，劳伦斯夫妇在伯克郡的贺米塔兹过了四个月，穷苦潦倒。他们太穷了，似乎每餐缩减到只有燕麦粥。当然了，劳伦斯收到了律师朋友蒙蒂·舍曼赠与的十英镑后，他特别高兴，如果可以的话，也会接受皇家文学基金会的帮助。他把少量的战争诗歌集结成册，想以此挣点钱，但此事被耽搁了，直到战后才出版。"和《克兰福德》一样不受人指责"的是哪部小说呢？他到1918年3月中旬已经写了150页。这应该是《亚伦的神杖》的初稿，无论如何，作品"笼罩在了贫穷的乌云之下"，贫困也笼罩了以后有关美国的文章。

不知什么原因，拉纳尼姆已经从"安第斯山的山坡上"转移到了更容易到达的意大利，但是人数少了很多，人员跟以前迥异，在义不容辞的"弗里达和我"之后，只剩下"你、格特勒、科特、坎普贝尔，还有别的你喜欢的人"。（你指的是舍曼。）他们要在海边有一处房子，"泛舟，洗澡，聊天，像鸟儿一样快乐"。他认为，这"归功于我们"。有时，他感觉战争会"永远"持续下去；有时，他又宣布"这场特别的战争"马上就会结束。这样的想法没给他多少鼓励——"人们不会改变，他们不会大批死去，最终引起重视"。所以，唯一能做的事就是"在时光荏苒中快乐生活"。

和平常一样，春天立刻带走了他灰暗的心情。我注意到，在他的信中，我告诉他我要返回前线时，他特别镇定。确实，他向他的通信人保证（另一个被拉纳尼姆计划完全排除在外的人），"忍受这里的空虚压力比忍受那里的交通堵塞的压力更难"，确信我"很乐意去前线"。他十分满足地读着《吉本》，因为"皇帝们一律都很坏"（实际上远非如此），另一本有关神秘主义的图书很吸引他，但却"非常令人反感"。但这种好心情都在表面上。内心深处，他的感觉很不一样：

> 我的精神，不管它是什么，我感到负载了并装载了过多最黑暗、最丑恶的"脾气"，这种恶魔般的电流。

2.10

  1918年5月，雷德福一家需要他们在伯克郡的房子了，所以，劳伦斯夫妇再一次面临去哪里的问题了。也许部分是因为军事禁止的后果，劳伦斯现在渴望回到康沃尔了。但是他妹妹阿达为他在德比郡的米德尔顿找到了一处平房，免费给他住。他妹妹经过所有的磨难和莫须有的耻辱的事件后，一直支持着他。尽管军队的伐木工人迅速毁掉了贺米塔兹附近的小树林，用木头作了垫路木板和矿柱，他已经逐渐喜欢上了这个命名得体的村庄贺米塔兹（字面含义是"隐士住的地方"），一想到要离开这儿了，还有些遗憾。周日晚上，在他们走之前，劳伦斯还散步了好长一段时间，采了大量的报春花，"花香真的是上帝直接传达的信息——就像是上帝注入到亚当体内的气息"，树林里有猫头鹰的尸体，"它是棕色的，可爱、柔软又温暖"，似乎对他来说有难以言表的象征意义。

  他们抵达米德尔顿后，他发现这处平房"位于微暗的米德兰""在陡峭的峡谷边上，从上面看过去，幽深的群山层层叠叠"。他想象着这个地方就在英国的中央，尽管这儿离他以前的老家特别近，但他感觉自己像是奥维德[①]来到了色雷斯[②]，"不知所措，心绪烦乱，背井离乡"。实际上，他在计算时间，希望战争能突然结束，希望自己从被赶出康沃尔的义愤和被侦探跟踪的阴影中努力恢复过来。只要战争持续着，他就没有工作的希望，主要靠在期刊杂志上发表少量的文章，以及"不稳定的借款"勉强度日。他花费了大量时间和精力的"哲学"绝对没有多大希望，实际上他的大部分"哲学"是在他死后出版的。他很清楚，他的哲学对普通大众和受过哲学教育的专业人士来说

[①] 奥维德：（前43年—17年/18年）古罗马诗人，与贺拉斯、卡图卢斯和维吉尔齐名。代表作《变形记》《爱的艺术》和《爱情三论》。
[②] 色雷斯，位于巴尔干半岛地区，爱琴海北部。在古代它一直延伸到多瑙河，这一地区在公元前7世纪为希腊占有，后为罗马人、拜占庭和奥斯曼土耳其所统治。

都无法完全理解；他带着天真的渴望，请求唐纳德·卡斯威尔：

> 我希望你读一下我留给凯瑟琳的文章，你会说我在重复自己的话，说我不知道真正的哲学术语，我的用语很空洞，空洞的自我，所以不用再给我写这些东西了。之前我就了解这些，这让我很生气。尽管如此，还是读读这些文章吧，看看你能否从里边发现什么东西。

1918年8月，劳伦斯有部分时间是和卡斯威尔在迪安森林中一起度过的，在唐纳德·卡斯威尔的建议下，劳伦斯为《泰晤士报教育增刊》就教育主题写了一些颇具权威性的的文章（这些文章收录在他的书《凤凰》里）这家杂志谨慎地拒绝了他的这些文章。他继续写一本名字让人不悦的书《欧洲运动史》，他还写了点"诗"，发表在《诗刊》上了。更有希望的是，他写了关于美国的文章，这些文章刊登在了《英语评论》上。最后他由写文章和"哲学"转向了短篇故事。这段时间，他更偏爱中篇小说、短篇小说或较长的短篇故事，那时就开始写《狐狸》了。那年写的另一篇故事是一篇真正的短篇小说，被叫做《冬天的孔雀》，受到了一个梦和后来那年冬天大雪的启发完成的。他梦见自己看到一只鸟落在了雪里，"是一只小孔雀，浑身天蓝色，和大孔雀脖子的颜色一样，非常可爱"，它一直在叫，突然，有个女人从屋里跑了出来，从他手中把鸟拿走了，还说它会没事的。他就在这个梦的基础上写了自己的故事。

劳伦斯在迪安森林期间，构思了另一个故事《盲人》。我们从卡斯威尔太太那儿得到了这个信息，她没说这个故事有没有受到了哪个真实故事的启发。据她描述，劳伦斯夫妇一到这儿，就给人一种贫穷的形象，这让人震惊，这是战争和可恶的敌人造成的。弗里达穿着花样鲜亮但廉价的棉布裙，劳伦斯穿着麻绳底子的鞋，没穿袜子，戴一顶旧巴拿马帽，穿着红绿条纹的旧运动薄衫和灰色的法兰绒旧裤子。常穿的衣服都因时间太长和反复地洗涤都缩水变短了，手腕和脚踝都露在外边，他欢快地说到，这是他唯一一条可以穿的裤子，他必须在睡觉前把裤子洗了，希望它早晨能干。山野村夫看到劳伦斯的样子时很惊讶，劳伦斯便表现出一种贵族式的不满。

这个假期，劳伦斯过得很高兴，环境的改变以及朋友的陪伴都对他有好处。当然，卡斯威尔那时只是知道劳伦斯在外面的麻烦，但几乎不知道战争期间的经历使劳伦斯的情感变得极端，跟他们夫妇告别时，对他们满怀信心。但劳伦斯回到米德尔顿后不久，一个新的打击正等着他。他在他9月11号生日那天，收到了一个新通知，要求他做体检，他发现"自己的米德兰"要比康

沃尔或伦敦残酷得多，还"官腔"，更让人难以忍受。医学委员会房间里的道德气氛"充满了难以形容的嘲讽的语气，没有毫无羞耻可言"。劳伦斯观察他们暗地里取笑一个身体健硕、行为笨拙滑稽的矿工，这位矿工理解不了别人要他做什么。劳伦斯说自己曾经得过肺炎和肺结核，他被送去见一名体检员，这人一开始转过身去不理他，几分钟后厉声说道："是的，你要说什么？"劳伦斯告诉他得急性肺炎的日期，然后那个人"以一种瞧不起人的怀疑口吻"说道："哪个医生说你受到肺炎的威胁了，告诉我他的名字。"他后来又被打发去见另一名体检员，"是个自负的助理药剂师"，他让劳伦斯身子向前弯，两腿分开，让他保持这个姿势，在此期间绅士们拿他开了好多玩笑。"他们让他全裸着，嘲笑他……所以他从骨子里诅咒他们，一直诅咒他们。"

他们说他"适合非军事活动"，他"知道"那就是允许他们"抓住他，强迫他清理某些军营的厕所"。他给辛西娅·阿斯奎斯写信时这样说他们："他们用爪子摸我，无言的愤怒差点杀了我，他们别再碰我了——太脏了。"他一气之下，决定不待在德比军事区了，"他既没有报告，也没有给出什么预兆"。所以，他们在绝望中收拾行囊，再一次踏上了去贺米塔兹村的路。

幸运的是，这件事发生在战争结束前仅仅几个星期，但是1918年深秋的几个星期很艰难。"这里几乎没什么食物"，但他们并不放在心上。他和弗里达，又单独在一起了，"又高兴得不行"，一起去秋日的树林里"摘小栗子和剩下的几个越橘"。

傍晚时分，伐木工人走后，劳伦斯"拿着袋子去捡没有烧掉的柴火和斧子砍伐树木时留下的大堆金黄色的木屑"。散发着甜香的、浅黄色的橡树木屑。他和其他贫困的村民一起在暮色中收集柴火。他甚至比他们都穷。然而做这些事让他很高兴——"看到自己的小屋里一大堆木屑熊熊燃烧着；在花园里挖坑；在伤感的晚秋焚烧垃圾；穿过榛木林散步，到真正古老的英国小村，那里仍然像莎士比亚时期的样子；他们像哈代小说里的林中居民"。

他的收入依然那么不稳定，他想通过辛西娅·阿斯奎斯在教育部委员会找一份工作，希望教育部长 H. A. L. 费希尔了解信件中的一些内容，希望该部长帮助他这位"天才"；但除了白去了一趟伦敦，一无所获——也不是一无所获，因为他见到了卡瑟琳·曼斯菲尔德，和她相处时劳伦斯还是他原来的样子：

"劳伦斯和弗里达来到市里，"卡瑟琳·曼斯菲尔德在1918年10月给多萝西·布雷特写了封信，"弗里达卧病在床，但我见过劳伦斯很

多次——起码对我而言，他的心如鸽子也在他头顶盘旋。我爱他，他还是原来那个快乐富有的自己，笑声朗朗，描述事物，并为你呈现画面，满腔热情和喜悦，未来我们都将成为'流浪者'——我们只是不谈论别人。我们的谈话不离开诸如坚果、报春花和林中的篝火这些话题，他黑暗的自我不复存在。哦，他以及他的渴望中有某些可爱的东西，他对生活有热切的渴望——这是人们非常喜欢的东西。"

两周后停战了，他和弗里达单独坐在一起，唱德国民歌，弗里达哭了。他们感觉自己好像有好多年都生活在爱伦·坡的小说《陷阱与钟摆》里，只是及时地逃离了。但是"及时"的吗？"和平是那么的奇怪，"他写到，又悲伤地补充说，"这是和平吗？"

现在，劳伦斯不顾弗里达的抗议，坚持要离开伯克郡那庇护他们的、相当舒适的的房子，到德比郡去，那里荒凉，风又大。劳伦斯受到生活的艰苦磨练后，感觉有必要避免"不道德的浪费"，他不能忍受两处付房租，坚持要回去。这显然是太蠢了，他在贺米塔兹生活得放松而安逸，这件事打破了和弗里达之间的和平，她很固执，不会去伦敦以外的地方。

他感觉经历了奇怪且彻底的转变，这些感觉让他时而吸引现在还和他保持联系的少数人，时而又让这些人讨厌，周而复始，因为这样那样的原因，他讽刺或打发走所有人或几乎是所有人，当然包括莫里和凯瑟琳·曼斯菲尔德在内。他甚至在1917年末写道："我恐怕再也不能相信莫里了。"但是现在他又希望恢复同莫里的亲密关系。也许，这就能解释为什么他对凯瑟琳·曼斯菲尔德那么有吸引力，劳伦斯用她作为再次联系莫里的桥梁，这一点可以从给她的信中的一段节选中看出：

我特别相信男人之间的友谊，男人们彼此之间不可侵犯的誓言。但是，我还没有遇到或建立这样的友谊。我也相信男人和女人之间有这样的友谊，女人间也有这样的友谊，她们彼此发誓、相互许诺友谊地久天长，像婚姻关系一样永恒深厚。原谅我突然进行说教，请把这封信交给杰克。我尤其想要对他说这些话。

很显然，他又一次固执地"反复灌输"血性兄弟情谊，难以抑制地渴望至少有一个追随者能毫不犹豫地服从。劳伦斯终年深陷于这种不断复现的渴望中，在信中加了几条附言，有一条是这么写的："你不觉得可以和杰克来这儿过圣诞节吗？"可能凯瑟琳·曼斯菲尔德病得太重了，也可能他们对这些迷人的邀请很谨慎，因为去的结果就是得挤在狭窄的乡村小屋里。尽管遭

到拒绝，劳伦斯还是继续深情款款地给她写信，寄给她一个黄色的碗，她回赠了一个有创意的圣诞礼包。

"理发师给我剪了头发，"他在一封信中说道，"给我剃了光头，让我看起来像个罪犯，剪短了我的胡子：接着，我就感冒了——勇敢点，我的朋友，恶魔依然活着。"这远比一场感冒严重，是肺炎反复了。"寒风凛冽"的天气里，他走到了雪地里，这就加重了他的病情。然而，他现在可以庆幸自己没有被工作束缚。远离英国这件事一再被耽搁，他为此很苦恼，自己33岁了，甚至还没有能力靠写作过上正常的生活，这让他很受侮辱。

1918—1919年的冬天非常冷，大雪纷飞，他不能硬是在这么靠北的地方过冬了，"讨厌的疾病让我卧床不起——我一生从未感觉自己这么深地陷在泥潭里"。疾病让他情绪低落，弗里达警醒起来，带他到他妹妹那儿，在那儿他会感觉暖和一些，舒服一些，可以得到更好的照顾。然而，尽管外边下着雪，但他刚好就坚持要出去四处走走。这个例子再一次说明他从不会错过世界的美：

> 我昨天出去，真正散了一次步——之前我得了感冒，卧病在床。我和外甥女一起爬上了光秃秃的山顶。看到雪中的脚印真是奇妙——兔子的脚印很漂亮，足迹在山脊上蔓延；笨重野兔的足迹；狡猾小巧的狐狸越过了墙的脚印；鸟儿两只脚上窜下跳的脚印；野鸡直线前进，脚印非常壮观；笨拙的斑尾林鸽成群行动的脚印；黄鼠狼跳跃的微小痕迹，一路走来就像是浆果项链，漂亮极了；田鼠的脚印奇怪小巧又精致；鼹鼠的足迹——在雪后的山上，感觉自己置身于一个野生动物世界，太震撼了。

以上选自（1919年2月）给凯瑟琳·曼斯菲尔德的一封信，他知道得很清楚，她会被信中可爱精准的观察，以及微妙的诗意迷住的。也就是在这时，莫里被任命为《文学协会》的编辑，他作为编辑的最先几个举动之一，就是给劳伦斯写信，向他约稿。劳伦斯听到这个消息后，像孩子般得意，"编辑"的要求让他觉得自己很重要，他立刻就恭恭敬敬地写了封和解信。他在信中乞求被告知具体要求，承诺自己会"尽力去写让人愉快的、有点老式的文章"，甚至主动提出，要是觉得他的名字不好，不受欢迎，他就用笔名写作，或者匿名写作。

在这样的安排下，首先也是唯一发表的文章的署名是"格兰托特"，很明显是在德比郡写的，那时冰雪慢慢地融化了，好多鸟儿的尸体露出来了，它们或是渴死，或是饿死，或是冻死了。首先听到的是虚弱的幸存者的鸣唱。

这可与战争相比,半遮半掩的象征意义给了他机会,劳伦斯绝不会错过这样的机会。这是篇优美的文章,有以下这样的段落:

> 这样一个漫长的冬天,昨天严寒才退。然而,似乎我们已经不能记住这个严冬了。奇怪的是,它如此遥远,像黑暗一样深邃,像夜晚的梦那样不真实。这是现实的清晨,我们就是我们自己。这是自然的、真实的、闪闪发光的新生命,在我们的心中和周围苏醒了。我们知道冬天漫长而可怕。我们知道地球受到压制和侮辱。我们知道生活本身被撕裂,四下散落。但我们是什么,我们似乎一直是什么,纯粹的创造力活跃又可爱,流淌着银色的乳浆,这是什么东西。是的,所有的屈辱和痛苦都降临到我们头上,包围着我们。就像是一场风暴,一场迷雾,或者像从高处坠落。我们被缠住了,就像头发里有蝙蝠,让我们抓狂。但这绝不是我们内心深处的自己。心灵深处,我们一直是独立的,我们是清澈透明的银色泉水,静止、上升、喷涌成花。

也许,这篇文章的全部意思对于当时的一般读者来说是不够清晰的。表面上,这是对冬去春来的赞美,以诗的形式感谢漫长艰难的严冬过后的冰雪融化;但实际上是在宣告,劳伦斯摆脱了战争带来的毁灭和杀戮,认同了花样的新生活,"像清澈透明的银色泉水"。尽管承诺要写"让人愉快的、有点老式的文章",但这是个挑战。下一篇文章甚至没有象征主义的面具,因其"怨恨和愤怒"被莫里和凯瑟琳·曼斯菲尔德拒绝了。这次拒绝导致了弗里达所说的"争吵",凯瑟琳·曼斯菲尔德给科特连斯基写信时,想作为一个笑话把这件事抹掉。

劳伦斯写关于鸟儿的"让人喜悦的老式文章"时,已经读了《圣弗兰西斯的小花》。在那些日子里,他真正的心情是就像"肚子里蜷缩着复仇女神的孩子",他已无力掩饰。另外,让莫里陷入进退两难境地的有不可抵抗的乐趣,尤其是我们可以在《亚伦的神杖》中看出,劳伦斯已经在心中重新选择莫里作为"顺从"师父的信徒。

虽然劳伦斯的文章打破了自己当时的契约,但他很可能没有预料到会遭到拒绝。莫里去劳伦斯在伯克郡的家里看他,希望整顿局面,但劳伦斯拒绝他的安慰。1919年5月,莫里发现严冬过后,劳伦斯看起来依然"疾病缠身,慵慵懒懒的"。他郁闷地说,工业化的英国"像毫无生气的冰雪解冻期,缓慢而油腻地融化着",他宣布唯一的希望就是"搬到一个新国家去开始新生活"。

现在，这对劳伦斯来说确实如此，他感觉在英国的生活毫无希望，他已经下定决心，一拿到护照就永远离开英国。但是，似乎很难吸引一个完全靠英国支持的文学杂志编辑。两人关系严重恶化了，莫里实质上在我们的故事中消失了，直到1923年创建阿黛尔菲才再次出现。

劳伦斯给凯瑟琳·曼斯菲尔德写的最后一封信的最后几句话是："我希望这是我们所有人的春天。"因为北方的每个冬天都会侵蚀他的肺，每年一次灾难，所以他渴望春天。但"春天"在此有了新的象征意义：远离英国以及其冷冰冰、不苟言笑的官僚们。他为什么非得待在这里呢？他们说他的作品很淫秽；压制他，侮辱他。他是个病人，得了肺结核；因为他没有奉承统治集团，所以他们就征他入伍，欺负他。他们说他是间谍，把他赶出了家门，却禁止他离开他们的管辖范围。他所谓的最好的朋友为了一篇苍白无力的文学论文就拒绝了他的作品，到底为什么要和这些人待在一起呢？

我们拿到别的护照后，没有在1915年离开，这真是大错特错了。人必须让自己的旗帜飘扬，然后驶向新的地方。在这儿紧握着过去或重新尝试已经没什么好处了，我确信，在美国，我可以过得很好，过得相当容易。

罗伯特·尼科尔斯——当时人们经常谈起的诗人——刚从美国的一场巡回演讲中回来，劳伦斯写信向他询问美国的情况。但弗里达想在去天涯海角之前，回去看看家人。但是他们的护照还是被拒绝。弗里达确实厌恶欧洲的专制统治，想远走高飞——去澳大利亚，去美国——但她执意先去看看母亲和姐姐。但这些官僚们依然不肯发善心批准劳伦斯像他们一样周游世界，回自己的故乡。在他等待他们高兴时的恩赐时，为了打发时间，他也忙着做一些文学工作，比如给S.S.科特连斯基翻译的书写前言，与道格拉斯·戈尔德林就他的戏剧《一触即发》的出品进行书信往来。

耽搁了约一年后，他们拿到了自己的护照，弗里达先去巴登-巴登看望了家人。虽然劳伦斯在英国曾是德国间谍，但他作为英国人，不应出现在德国。所以，劳伦斯卖掉了自己的书和其余他拥有的一切后，买了票，启程去了意大利，计划在卡塞塔省的一个叫比西尼斯科的地方住下，住所在阿布鲁齐村。

机缘凑巧，我是最后一批在劳伦斯离开前见到他的人之一。他曾在贺米塔兹给我写信，想把他租的房子交给我，这在战后的混乱中是非常珍贵的礼物；他让我在红狮广场的朋友们家里见他，他想跟这些朋友道别。我当然没注意到他要移居国外，他的行为举止只是显示出他要去国外长途旅行。他坐

在自己喜欢的位置上，离火很近，很暖和，蜷着身子，谈笑风生，恰如其分地嘲笑我，因为我在为《泰晤士报》写稿子；他去诗歌书店时，脾气不太好——我那时不知道，由于某种劳伦斯式的原因，他不喜欢哈罗德·门罗。但大体上他是友好的、自然的，对于自己的离开，没有任何痛苦，也没有虚张声势。

十点钟，我们一起离开了公寓，我跟他一起走到了地铁站。只有一小段路程，但我有机会亲眼看到街上的一群人对他现身街上有什么样的敌意。我猜是因为他的红胡子，但他那时的神情像是另一个人，那样天生的优越感让人愤怒。他一点也不在意身后那些侮辱性的言论，看着他那高瘦的身影快速而坚定地走向灯光明亮、贴着白瓷砖的入口，我松了口气。

在英国最后的日子里，他真实的感受体现在了《迷途的少女》中名为"已婚妇女"的一章中。在下一章"横渡旅行"中，当他在英吉利海峡的轮船上回首遥望，看到英国那冰雪覆盖的悬崖渐渐消失，心中千思万绪，他把这种感情转移到了阿尔维娜·霍顿这个人物身上：

> 他们转身向船尾走去，阿尔维娜的心突然收紧了，她抓住西西奥的胳膊，船轻轻地摇晃着。在后面，阳光背后是英国。水的那边是英国，尸体般烟灰色断壁残崖，上方覆盖层层白雪的丘陵从海平面上升起。英国像是一个灰色的棺材缓缓下沉。她望着它，那么痴迷，那么满怀恐惧。它似乎拒绝阳光的照射，黯然无光，死气沉沉，那一层一层的雪就像是寿衣。这就是英国！

第三部分

世界的弃客

1920—1930

劳伦斯手迹样本
劳伦斯写给嫂子埃尔斯的信

3.1

他如此苦恋的祖国像灰色棺材一样向地平线下沉没,这对劳伦斯来说具有很大的象征意义。就像他疾病缠身后逐渐康复时多次经历的精神的死亡和复生一样。在劳伦斯的身上,这个象征变成了一种可怕的现实。1915年他在格雷特姆大病之后,频临死亡,而且几近疯狂,他写道:

当我的生命之火被踩灭,完全熄灭时
每一点遗迹都消失了,我在这里
上升,踏足另一个世界,
再上升,完成复活;
又上升,不是重生,而是上升,身体如从前,
崭新,超出理解;活跃,超出生命……

当他在那个寒冷的冬日站在船上回首远望,他心如刀绞,心像快要死去一样。他总是拥有足够的勇气——抛却一段旧时光、与逝去的往昔一刀两断、将旧生活像重担一样卸下,然后怀着热情和好奇迎接崭新的生活。在英国的那五年充斥着痛苦。那不仅仅是无休止的命中注定的布莱克式的精神挣扎,甚至也不是这么长时间"不稳定的借钱度日"生活所带来的羞辱。没有必要告诉他,他所给予的远比他曾经得到的要多得多。让他难以忘怀的伤害和侮辱是《虹》的遭遇,以及他和当政者属下的各种摩擦。

于是他离开了英国,离开了曾让他感到屈辱的国家。当时他并不气愤——愤怒是在后来突然爆发——当时就是伤感、迷茫和屈辱。意识到自己强大的力量,但是却被残忍地无视或者否定,一定会引起痛苦。在这时,他们甚至不再承认他是"一个天才,但是……"在另一方面,我们必须认识到,他自己也困惑究竟他自己的力量在哪儿。他心急如焚,以至于不能低估他作为一

名伟大的艺术家的价值，他对周围朋友的影响是逐渐、间接且持久的，为了能够充当有一点像救世主一样的领袖人物，他把自己的意志教条似的强加到他选择的门徒上。事实上，他们几乎总是在反叛，然后被写进书中，用无情的讽刺作为惩罚，但是这好像从来没对劳伦斯起到警告作用。当然有时候他把自己想象成以实际的方式指引国家命运的人物，所以当他写道自己希望取代劳合·乔治首相出席巴黎和会的时候，我觉得他并不是在开玩笑，并深信他懂得更多，也能做得更好。可现实并非这般辉煌，在他生命中最后的十年里，他注定是一个流浪的知识分子，一个一直寻找安身立命之所而从未十分成功的人。

实际上，战后几年来，他主要是一名美国作家，从这种意义上来讲，在英国的出版对他来说不太重要。可是他不可能不做英国人，就像他不可能不是白人一样。无论他做什么，无论去哪里，他仍然是"可怕的英国人"，充满充满挑衅情绪，"对抗世界，甚至也对抗英国"。他既夸大了做为"社会自我"的挫折，也夸大了他荒谬地称之为"非常野蛮的朝圣"的艰辛。但事实上，他没在任何地方扎根，配得上雪莱的"世界的逐客"这一诗句了。

1919年11月，英国对劳伦斯来说已是一潭酸臭的死水，尽管从物质上讲，带着这么点钱出国似乎是疯狂之举，但身体中艺术家的可靠本能将他带走。然而几周的经历足以让他完成二三本书。他计划去比西尼斯科，这很合适，但是5年中他就忘了，住在那不勒斯古老王国山区的一个小村庄里，比不上待在伯克郡的村子里舒适。同时，当弗里达冲破各种限制，越过边境与他团聚的时候，他决定在佛罗伦萨或是罗马等她。

出于某种原因，劳伦斯感觉巴黎是一个"肮脏的城市"，法国人也被视为"不近人情"。在意大利北部的城市都灵，通过介绍，劳伦斯认识了一些富有的英国人，并和他们待了两晚——这些英国人"很奢侈而且相当友善，但是……"劳伦斯在他的作品《亚伦[①]的神杖》中以极具讽刺性的方式再现了他在都灵的一些经历，这令他的东家很是生气，东家没有因为能跟语言艺术家同坐而感到荣幸，倒是说劳伦斯"辜负了他人的盛情"。

[①] 亚伦是传说中创立犹太教祭司制的第一位祭司，是摩西的哥哥，他的神杖的顶端长满了花蕾和花朵。根据《旧约全书·民数记》第17章第1—11节，亚伦的手杖与摩西杖一样具有神奇的能力，而这种能力在出埃及之前抗御十灾时被赋予。它曾被摩西放在约柜之前，并因此而发芽、开花和结果。亚伦的手杖后来成为了犹太教的圣物。

有趣的是，这次短暂的经历在《亚伦的神杖》这本书中竟占了50页，而且这50页很吸引人。劳伦斯四处奔波且对新的经历感兴趣时，总是能妙笔生花。《迷失的少女》的结局和《亚伦的神杖》的一大部分都是发生在意大利的典型故事。他之所以以意大利为背景，不是因为这两本书情节的迫切要求，而是因为他刚回到意大利。如果他去了利比里亚或冰岛，而不是意大利，毫无疑问，他书中的人物也会自然而然地去那里，他这样写只是为了让书中的人物信手拈来，妙趣横生。劳伦斯让小说中的亚伦突然离开伦敦的唯一原因是"心烦不安"！作为一位身无分文的音乐家，又失去了工作，还有一个家庭要供养，在这种困境下他自然会去意大利，并且后来被那些"太过富有的"英国人招待。

在诺曼·道格拉斯写的关于劳伦斯和马格努斯的小册子中，对于劳伦斯违反热情好客礼节这一问题，试图表达道德上的愤慨。当然，我们都知道道格拉斯对于道德问题的细微之处极为敏感，也知道劳伦斯蛮横的待人方式给道格拉斯敏感的神经带来多少煎熬，我认为当道格拉斯开始为自己公正的作品收集"证据"时，他才知道那些人。我必须说我更欣赏诗人的思想，他们身无分文，但有一身傲骨，他们拒绝艳羡"安全、银行有存款和权力"的标签，而是起身捍卫"赤裸裸的自由"。劳伦斯甚至曾遗憾自己曾顺从东家、没有反驳她恩人式的指责。每当他独自站在他那"布置着蓝色丝质家居用品的卧室中间……愁眉苦脸地对着自己"的时候，那些谴责的话就像硫酸一样腐蚀着他的耳朵。这时他似乎觉得：

……他已经把自己的面具丢在地上，摔碎了。他真实的自我描述的通行证，他对自身完整的、满意的思想突然间化作碎纸屑，可笑至极。在这世界上，他好或坏，他的下巴正常或不正常，到底有什么关系呢？

劳伦斯从都灵搬到莱里奇，在1913年9月，他与弗里达曾住过的同一家旅馆待了一晚上。当然，尽管艾利德已经死了，他也会在费亚斯切利诺的农民中找到一些朋友，并且可能会收拾一下剩余的笔记和其他少量的财产。他又一次在这里踏上了火车，并且在"11月份的一个漆黑、潮湿、寒冷的晚上"抵达弗罗伦萨。在库克家，劳伦斯找到了一张来自道格拉斯的便条，这张便条告诉他，在亚诺河上游可以找到一栋廉价的膳宿公寓。和道格拉交情甚密的另一名男子也住在同一座公寓里，这位男子约40岁左右，"脸色红润，着装整洁，机警异常，像是麻雀涂上漆装成山雀一样"。此人便是莫里斯·马

格努斯。

当弗里达挣扎着穿过战后的混乱,从巴登-巴登到弗洛伦萨时,她的丈夫住在这所膳宿公寓里,观看熟人演的喜剧自娱自乐。在多年贫困的乡居生活之后,劳伦斯发现,和道格拉斯在一起时他会很受激励,会"情不自禁地被吸引。当道格拉斯批评别人而不是自己的时候,他身上的某种邪恶的怪诞念头倒是极具魅力"。他当时的长相一定很英俊,天生具有威严,一张方脸很结实,刮得很干净。在打破劳伦斯的拘谨守礼、清教思想以及滔滔不绝的习惯这一方面,没有人比道格拉斯更有能耐。在了解罗素、莫里苍白的抽象派艺术之后,道格拉斯——他唯一的目的就是生存和享受生活——这种影响对劳伦斯来说是极有益的。

马格努斯与道格拉斯不同,他是一个特色鲜明的有趣的冒险家。但要时刻提防他会向你借钱。他反对道格拉斯辛辣、诙谐的冷嘲热讽,支持拥有良好纪律的劳伦斯的教师范儿,因此劳伦斯一边吃炖兔一边喝基安蒂红葡萄酒,一边被迫听他厚脸皮地谈论享乐主义。在阴郁的战争年代,身为冒险家和艺术家的劳伦斯曾经误信神学。现在他又通过道格拉斯对生活有了新的诠释。

佛罗伦萨这座城市表面上并未被战争侵袭。在了然无趣的压抑和丑陋背后,城市本身就是一种美丽的刺激物。劳伦斯恰巧在雨水打破久旱侵扰时到达这座城市,他有幸初次见到阿尔诺河罕见的玉绿色河水静静地流淌过拱形的古桥。他喜欢拥有现代生活方式的集市边镇,那儿有手推车在美丽的石街上格格作响,高大的托斯卡纳白公牛一边慢吞吞地拉车,一边"亲切地互相推搡",马群"披着大红布,像鲜亮的披肩"。

他太喜欢这里了,所以弗里达在清晨四点到达时,他坚持要立即带她坐车去兜风,去看看月光下的佛罗伦萨。他喜欢佛罗伦萨,他对她讲,你仍然会看到它是一座真正的文化之都,因为它具有"本土的昏暗和紧张"特色,也因为它是一个"男人的小镇"。这当然是真的,广场中的大部分雕像都是男性的裸体,但是就像巴黎的裸体女人雕像都是为男人而作一样,难道这些雕塑不是为女性所造的吗?但这可不是劳伦斯的想法,他认为这些男性裸体雕塑是男人建成给男人看的。劳伦斯曾经完全否定不经意间浏览过的阿西西、罗马和巴黎,但他衷心喜欢佛罗伦萨,因为他在那儿的第一个清晨碰巧是赶集日("全部的,所有的男人",通常是农民),而且城市的裸体雕像都是男性。

那么当时劳伦斯为什么没有留下来呢？可能因为缺钱使他们一路向南，穿过罗马时他们匆匆地离开了，觉得这个地方"很讨厌"，去了别人借给他们住的"农庄"。当时距比西尼斯科有多远，我们能从劳伦斯的叙述中了解到。从卡塞塔火车站出发，一辆破旧的摇摇晃晃的巴士带着他们在寒夜中没完没了地翻越一道又一道山梁。他们不得不在"一座没盖好的老旧的镇中市场"下车，那儿的建筑"被高耸的岩壁夹在中间"。在那儿他们买了些必需品，让一只驴子驮着行李，步履蹒跚地穿过已经干涸的宽阔的石子河床，走过溪流上的独木桥，在"无人涉足的小路上攀爬"。

最后他们来到了"原始得令人惊愕"的比西尼斯科。这里的农场广阔，但有一间屋子用来存放榨酒机，其他屋子用来储存酒和一堆堆橙黄色的玉米棒子。厨房大而空，穹窿式的屋顶，地面是由冰冷的石板砌成的，窗户上装着铁条。白天总可以看到进进出出的鸡群，驴子在门阶上留下排泄物。做饭时得在木柴上架起的一口熏黑的敞口大锅里进行，劳伦斯用一根旧铁管来吹燃火苗，"他站在灰烬里，脚下的动作极为敏捷"。只有两只茶杯，两只玻璃杯，一个茶碟和一个茶匙，他们不得不把饭放在在膝盖上吃，像"吉普赛风格"。

但是，那里真冷啊！在阿布鲁奇时，他们被闪着地狱光芒的雪峰包围着。冰冷的河水奔驰而下，因掺杂着冰块而显得更加苍白，河里满是冲击而成的泡沫。空气中满是浓郁的冰的气味。那里距离火车站15英里，即便是到最近的商店也有1.5英里的距离。哪怕是取信，劳伦斯也得"像山羊一样爬上八十分钟左右到与世隔绝的比西尼斯克村去拿"。可是弗里达却勇敢地说她觉得这里"有趣"，偶尔有那么一两天，劳伦斯也正儿八经地想把生活用品补齐了在这里"安顿下来"，毕竟这个地方无与伦比的美丽。甚至连当地的服装也是绝美的，男人脚上穿着凉鞋，腿上裹着白色布带；女人穿着瑞士式的紧身衣和袖口宽松的白裙子。还有一个村庄，那里的人们戴着由波纹亚麻布做成的头巾，那头巾像贝壳一样，样式古怪。这一切都处在未曾被破坏过的野性十足的深山之中。

哎呀，这儿真是太原始，群山绵延，冰冷刺骨。犹豫了几天之后，他们逃到了那不勒斯和卡普里。他们仅仅经历了初冬。如果他们当时坚持留在比西尼斯克，劳伦斯可能早就生了一场大病。即便如此，他们要逃出去也会很

费劲。在圣诞节前的星期六，雪下了一整天，周一离开时，他们不得不 5 点半就起床，步行 5 英里去赶公共汽车去卡西诺。他们赶上了下午从那不勒斯开往卡普里的船，但暴风雪大作，当他们到达卡普里的格兰德码头，天早已经很黑了，在那些日子里，乘客必须下船，划小船靠岸。在波涛汹涌的海面上，小船"几乎跳到"甲板上，然后"回落到深不可测的黑海湾，之间搀杂着的叫喊声甚至在意大利都绝无仅有"。整个晚上他们都在离苏莲托不远的泊船处游荡——"意大利人让人恶心：哦，天啊！"——直到旭日红彤彤地升起他们才回到卡普里，"被像麻袋一样扔到翻腾颠簸的船上"。

可能是通过康普顿·麦肯琪的帮忙，劳伦斯夫妇找到了一套两室一厨的公寓，这套公寓建在一座旧房子的顶部，面朝一座镶着瓷砖的教堂圆顶。根据劳伦斯的记述，从自然的美景和隔海遥望大陆以及埃斯奇亚岛等景观来讲，卡普里是"世界上最绝妙的地方之一"。不幸的是，这里"遍布世界各地的人"，"对满怀恶意的丑闻给予最大的宽容"，流言蜚语非常恶毒，以致于"罗马帝国的历史学家苏维托尼亚斯听了连脚跟都会羞红"。

不清楚是什么原因，劳伦斯一到卡普里就给马格努斯写信，当然立即收到了回复。这封信没有直接请求资金援助，说到借钱，马格努斯可是非常老道，他写的信用了一种极其渴望的语气，使劳伦斯禁不住想（这也是他想要劳伦斯这么认为的）：这个人"遇到了麻烦，手头没钱了"。现在，劳伦斯已离开英国两个月，他的资金状况和前景有了很大的改善，绝不像他自己宣称的那样穷。可能他离开英国时确实只有 9 英镑，而且在弗罗伦萨，他的钱包肯定被偷了，但在 1920 年 2 月初，他已将《虹》的版权卖给了美国人，而且也正与马丁·塞克安排几本书在英国出版的事宜，他已经有能力偿还之前由皮克预先支付给他的钱（我认为其中有一部分资金来自本涅特），剩余的 105 英镑存在了银行里。圣诞节时，艾米·洛威尔送来了一百美元。凯瑟琳·卡斯维尔也坚持给了他 50 英镑，这笔钱来自她获得的 250 英镑的文学奖金。劳伦斯把这些钱存了起来，但在 5 月 31 号那天，他把支票烧了。在他写给马格努斯的信中，劳伦斯宣称，就在那天，他在这个世界上"只有 60 英镑"。但他自己的日记里这样说：事实上，他有 171 英镑的存款，而且塞克还会给他钱，因为他已经跟塞克签署协议了。

事实就是如此。但是即使劳伦斯拥有比当时多 10 倍或是 20 倍的财产，他也没有理由把自己辛苦赚来的钱给一位像马格努斯这样萍水相逢的人，没有任何文学成就的瘪三作家。要不是他跟劳伦斯和道格拉斯的交往，到现在早就被人们彻底遗忘了。现在道格拉斯亲自告诉我们，1909 年他结识了马格努斯，是因为马格努斯来向他这样一个完全陌生的人借钱，从这可以看出此人花言巧语的行径。随后的十年来，他肯定没有戒掉"借钱"的习惯。道格拉斯用异想天开的方式习惯上把比劳伦斯还穷的人描述成"富比陶朱"，同时他可怜兮兮地希望把"他们的收入纳为自己的资产"。他可能无意地使马格努斯认为劳伦斯还算富裕，只是因为贪财而节俭。实际上，那时的劳伦斯正和当时最成功的作家之一麦肯齐交好。我不明白的是，劳伦斯那么节俭、仔细、不浪费的人，是如何相信马格努斯借钱的欺骗信的；更让人费解的是，之后不久他在蒙特·卡西诺修道院拜访了马格努斯，这个人肯定有特别吸引劳伦斯的地方。

　　无论如何，劳伦斯立即给马格努斯寄去五英镑作为回应——要知道他自己也是刚从那岌岌可危的借款阶段熬过来——再由于疾病拖延了一段时间后，他于 1920 年 2 月 19 日出发去本笃会修道院。他对于自己在修道院的这段时间的描述很是著名，很明显，这座当时保存完整的古老的宗教场所给他留下了非常深刻的印象：

> 　　我低头看着当地的农场，棕色的田地，山顶上干枯的橡树林、周边的石头和野生灌木丛。再远处，那覆盖着白雪在阳光下闪着蓝光的山脉，看上去似乎近在咫尺，仅一湾之遥。这里的一切都是那么的安静明朗！那段被辛酸控制的过去，中世纪那浮华暴力的过去，沸腾的热血无法冷却，轰轰烈烈的人生中伴随着光彩壮丽的时刻和可怕苦难。它们紧紧地抓着我，直到我几乎不能忍受。在修道院的生活对我来说是真正的痛苦：看着那破旧的农场，那在下面田地中缓慢耕作的小公牛，还有那在野草中拱食吃的黑猪；那在阳光下坐在栏杆上的和尚，还有那个穿着皮凉鞋、裹着白绑腿的极老的老人赶着一头驴子缓慢地向修道院大门走来，伴随着中世纪所有挥之不去的冷淡与荒凉，缓慢地前进。然而，我知道我是我自己，是当今时代的孩子。……中世纪在修道院里痛苦地延续着，就

像提托诺斯①那样欲死不能，目睹这一切，近乎是对我灵魂的侵害，几乎造成了痛苦的创伤。

在蒙特·卡西诺修道院里，中世纪提托诺斯般的痛苦并没有持续太久，而是在当前文化和人道主义科学的影响下很快就结束了。而非常困难的是把马格努斯和他借钱的烦恼与劳伦斯在古老修道院的那些神秘的经历联系在了一起。他所看到的这个地方的人或与此有关的人一直萦绕在他心头：

他们是旧世界的农民，仍在这个修道院附近活动，有着坚硬的小而嶙峋的硬头，面庞的皱纹如沟壑般纵横，思想空空，他们如乌鸦般讲话，像蜥蜴般居住在岩洞里，盲目地忙着手头的杂活，此刻，与过去和未来毫无干系。没有思想和持久的情感，有的仅仅是永远活下去的愿望，这种愿望会在春季再次唤醒沉睡的乌龟，甚至使蚱蜢在十一月的深夜对月寒窣。

在修道院的这两天，上述观点表现了劳伦斯的冥想和感受的特点。而荒唐可笑的是，在这样的诗情画意里马格努斯时时在他身边，不过是想"接触他"，在他身上多弄点钱。劳伦斯早已预料到这点，并且非常巧妙地防备着。他把支票本留在家里，只带了足够自己花费的意大利里拉。当他给马格努斯少得可怜的二十里拉时，马格努斯当然不要了。

劳伦斯在日记中匆匆记下："从蒙特·卡西诺回来了。"这条笔记的日期是2月21日，所以和他记录的那一大笔钱情况一样，他在《M.M.回忆录》引言中的日期有点错误。但是两年后劳伦斯才记下这笔钱数，令人惊异的不是他居然犯这类无关紧要的错误，而是他竟然能记住那么多细节，而且那么准确生动。

在去蒙特·卡西诺旅行前，劳伦斯就已经决定要离开卡普里岛——那个遍布混子文人、让人憋气的地方，而且他也调查了西西里的生活条件。在这个月月底之前，劳伦斯夫妇离开了那不勒斯，坐船前往巴勒莫。他们从巴勒莫乘火车沿着北海岸朝着埃特纳山和陶尔米纳慢慢地旅行。在小镇外面，在低缓的东部山坡处，他们找到并租下了一个叫丰塔纳维基亚的老农庄，这里便成为了他们此后两年的大本营。

---

① 提托诺斯：希腊传说中的人物。他虽长生不死，但不能永葆青春。结果高龄使他痛苦不堪，却欲死无门。

3.2

在意大利期间,像第一次那样,是劳伦斯作品更新和高产的时期,比如他开始写最富创意的诗集《鸟·兽·花》。经过漫长的等待后,劳伦斯终于收到了从德国寄来的未写完的《迷失的少女》的初稿,他立刻在加尔尼纳诺时期创作的基础上继续创作。这本小说是一本奇怪的混合物。当时他已开始写《虹》了,而《迷失的少女》是劳伦斯很早以前故意模仿阿诺德·本涅特的写作手法粗制滥造的作品。劳伦斯在西西里岛用更加严谨的态度重新写了整本书,但他无法抹除这部作品中的缺陷。新写的最后的一部分是迄今为止最好的。

他写得非常快,7月完成了终稿。《亚伦的神杖》于1918年起笔,但劳伦斯觉得十分平淡乏味了,于是1921年春开始动笔重新改写。这部小说是他所有作品中最草率乏味的即兴创作,就像《迷失的少女》一样,由两个完全不相干的部分组成。小说的前半部分讽刺了在他被驱逐出康沃尔后在伦敦曾经帮助过他的人;莫里是吹笛人"亚伦"的原型。小说中亚伦(莫里)生病时利雷(劳伦斯)手忙脚乱地照顾他的场景,无疑是对他们在格雷特姆的一段插曲式的回忆,当时莫里到了就病倒了,劳伦斯坚持照顾他。另外,书中有一个场景,利雷嘲弄吉姆·布里克纳尔,吉姆非常生气,一拳打在利雷胸口上的场景也是真实发生过的,那是劳伦斯在贺米塔兹时发生的事。但是当亚伦离开英国后,他的冒险经历马上就改为劳伦斯的冒险经历了。而之前亚伦描述得相当模糊的形象则与劳伦斯本人日趋相像。当利雷和亚伦在一起时,他们就像二重身一样很难分辨出彼此。这本书的结尾很有趣味,它是传记性的,因为它再次显示出了劳伦斯回到了他的"领袖"梦中,并决心争取去影响利雷,使他成为"顺从的"弟子。下面这段话中的恳求和暗示再明显不过了:

"所有人都说想要有一个领导者，"利雷对亚伦说，"然后让他们的灵魂屈服于这个比他们更大的灵魂……亚伦你也需要屈服。你知道自己也需要屈服于一个更英勇的灵魂。你知道你需要的。你知道那不是爱，而是生命的服从，你知道的。但你却要以卵击石，也许你宁愿死也不愿屈服，但因此，你必须死。那就是你的事了。"

停顿了很久，亚伦抬起头直视利雷的脸，那是一张昏黑而看似遥远的脸，那一刻就像是拜占庭的画像。

"我该屈服于谁呢？"亚伦问。

"你的灵魂会告诉你的。"利雷答道。

另外，在意大利期间（1919年12月至1922年2月），劳伦斯除了完成上述小说的创作，还写了《大海与撒丁岛》，《诺恩先生》（他死后才得以出版），《无意识幻想曲》（大部分在巴伐利亚完成），等等。此外，他完成了"牛津出版社"历史，写了长篇的马格努斯"介绍""狐狸""上尉的布娃娃"，《瓢虫》，以及多部短篇小说和诗集。与此同时，他还开始翻译西西里岛著名作家乔万尼·维尔加的作品。

对于一个整天埋头工作而无琐事羁绊的作家，这么多的作品也算是相当多了，但在这段时间里，劳伦斯经常去旅行和远足。毋庸置疑，不论在船舱里，在酒店卧室里，还是在他的小屋里，劳伦斯都可以轻松地创作作品，但他却没有时间精心设计"故事情节"和"篇章结构"。他以乍现的灵光创作的故事或小说，就像创作诗歌那样。他以灵感作为基础进行创作，一旦灵感消失他就暂停写作，当强烈的创作激情涌上心头时，他才能继续完成作品，我们现在所看到的他的大部分作品都是这样完成的。这种写作手法既有优点也有瑕疵，由于文章内容是随意组织的，致使文章结构失去了平衡性、完整性和牢固性，但他的文章也因此充满自发性，洋溢着活力与热情。

并非所有这些作品都是他的佳作，但从总体上讲，与在不开心的战争岁月里写的文章相比，这些文章更完美地展现了他的才华。那些年里，他不止一次说过或是写过：讽刺是唯一可能的文学表达形式。1920年2月，他写信给一位朋友："不，我不想用讽刺。它只是完全掏干了人们的心肠。"事实上，《亚伦的神杖》极富讽刺，在他后来的作品中，讽刺变得越来越恶毒，越来越具有毁灭性。总的来说，在西西里岛的这段时光是幸福的，可能不如在战前幸福，

却是心想事成。诚然，他后来非常渴望离开欧洲，但那是在他开始意识到《恋爱中的女人》在英国引起了多大的反感后的事。当赫塞尔廷开始威胁要控告他犯了诽谤罪，劳伦斯以他特有的方式指出："我有一个月讨厌所有人，特别是英国的恶棍。流氓！"

丰塔纳维基亚环境优美，与那时劳伦斯夫妇曾被迫在英国住的地方相比，这次有了很大的改观。这是"一座很好的大房子"，房间雅致，"厨房方便"，房子矗立在种满杏树、蔬菜的大园子里的一个陡峭的斜坡上。1920年的那个春天，劳伦斯离开英国后六年当中的第一年，他从"我们自家的房子"向外眺望，视线"越过杏树林和下面的小海湾"，对他来说，世界似乎很可爱。他们面前是爱奥尼亚海、大希腊地区的高山、斯库拉巨岩，后有卡律布狄斯漩涡、北部是"像晕彩变化的宝石泛着微光"的海峡，"黎明的曙光中，蓝色的大海尽收眼底，太阳冉冉升起，光彩壮丽，吹响可爱的晨曲"，劳伦斯沉浸其中，欣喜若狂。园子下面的几潭碧水灌溉了馥郁的丛丛柠檬树和橘子树；随着春季的来临，野花、水仙、银莲花、仙客来竞相开放。"仙客来就像黎明时分的玫瑰，花瓣竖起来就像娇嫩年幼的母猎犬。"

四月，他们陪朋友朱塔夫妇去锡拉丘兹待几天。当他看到大朵紫色的和传说中阿多尼斯神的鲜血化成的银莲花，在行驶的火车上看到麦田在有瘴气的地方依然神奇地茁壮生长、满眼翠绿的时候，劳伦斯又一次深深沉醉在"如此美妙可爱的日子"里。他在锡拉丘兹很开心，"雅典的船只来到这圆形的海港"，小鱼港仍然有小船，船头画着的眼睛注视着海浪中前行的路线，就像希腊花瓶上的图案一样；彩绘的大车在3世纪雅典人记载之前很久就已经闻名遐迩了；在现代西西里人群中，他看到阿拉伯人身穿白色连风帽的长斗篷，混杂在意大利人和"戴着红色土耳其毡帽，穿着黑色驼毛大衣"的土耳其人在芙蓉花和石榴树下漫步，还看到"嵌在墙中、宏伟的希腊式柱子"的教堂。

沉浸在春季幸福的时光里，这是战后第一个真正的春天，劳伦斯的新诗也如花般绽放：

无花果树，奇异的无花果树，

厚厚光洁的银做的，

南部海风里甜美熠彩的银制成，

说你闪亮，却不透明——

天才的画像——劳伦斯传

厚实的，如肌肤般光滑的银，
像人类的四肢那样平淡。

充满生命的华彩，
赤裸在暗光中，生机盎然，
总是半昏半暗，
像时钟草的花瓣一样温文尔雅……

"哎，"劳伦斯拿自己开玩笑，其实也是在自嘲，"这首抒情诗里爬进一条大毒蛇。"是的，又是马格努斯，这个在明媚的锡拉丘兹的春天里令人不爽的污点——马格努斯乞求同情、帮助、保护，还要钱，索要的钱数远远超过劳伦斯想给的金额。据马格努斯说，这一切都是悲剧性的错误……马格努斯在修道院遇到劳伦斯之前，一直呆在安奇奥的一家宾馆里——当然是最好的宾馆——开了一张他在美国银行的支票。最不幸的是，那些愚蠢粗心的人们本应该向他的账户里付钱，但却没有这样做，支票被退回来了，他也没有其他办法付账了。当然马格努斯是打算付账，也愿意付账——只要他能把自己的文章卖给美国报纸。与此同时，安奇奥宾馆里的人越来越不耐烦，还通知了警察——总之，马格努斯只能从蒙特·卡西诺的小路逃跑，把包裹和个人财物留在了旅馆。

他先去了罗马，然后按原路返回，直接去了陶尔米纳找劳伦斯，结果发现他并不在那儿。马格努斯在陶尔米纳等了劳伦斯几天，身无分文，但当然了，仍住在最贵的旅馆里。他要求劳伦斯支付他在旅馆里的费用，并把他带回他自己的家，直到他把足够多的文章卖出去，以支付他到亚历山大的路费；或者提前给他35英镑，以马格努斯的手稿价值做抵押。同时，马格努斯还有一项小小的请求——劳伦斯是否介意去蒙特·卡西诺把他的行李拿来？除了花钱、耗时，这意味着劳伦斯或者到巴勒莫乘船去那不勒斯，然后返回，或者从瑞吉欧坐慢得像蜗牛一样的火车去。

真让人好奇，在这样的困境中马格努斯联系一个相对陌生的人，而不是像诺曼·道格拉斯那样的一些真朋友，道格拉斯在对马格努斯的赞辞中承认，他从这位逃亡者那里得到过不少物质上的好处，而劳伦斯和他只有五英镑的交情。现在如果劳伦斯想从他那辛苦挣来的170英镑中花去50英镑，他很可

能就是为马格努斯偿还在西西里的住宿费,并送他去亚历山大——在那儿再次做同样的事。如果那年劳伦斯的净收入超过300英镑的话,那倒让人奇怪了,这是战后他第一次能赚到钱。他马上还清了债务,给他的父亲、姐妹(她们曾帮助过他)和弗里达的母亲钱和礼物。为什么他会把年收入的六分之一给一位相对陌生、正被警察追捕的人呢?

马格努斯的花言巧语一不在耳边,劳伦斯就自己反思,做这么大的牺牲简直就是傻瓜。他实际做的是替马格努斯付了旅馆的账单,给了他100里拉,把一张7几尼的英国支票换成了意大利钱,这笔钱是马格努斯通过劳伦斯的推荐赚到的。于是马格努斯去了马耳他,路上寄来一封措辞优雅的感谢信。劳伦斯又"松了一口气",希望摆脱掉了他,"但是,事情并没结束"。

碰巧玛丽·坎南,小说家吉尔伯特·坎南的妻子在陶尔米纳,很着急要去马耳他。显然,她不能没人陪同,就请求劳伦斯夫妇过去,她主动提出要为他们支付各种开销。劳伦斯觉得没法拒绝。劳伦斯算了算,因为马格努斯已经启程1周了,他那时应该在马耳他最好的旅馆住下了,不用说,劳伦斯夫妇和玛丽·坎南没有奢望住在那种地方。但当他们到达出发港锡拉丘兹时,他们发现由于海员的罢工,船滞留没走,马格努斯还在那里,他眼泪汪汪地再次借钱支付在锡拉丘兹最好旅馆的账单!

嗯,劳伦斯又付了一次。看哪,在船上他们在二等舱看见马格努斯在一等舱,正在和一位皇家海军军官谈话,这让弗里达和玛丽·坎南大为光火。下船的时候,马格努斯以一种居高临下的优越感向海军军官和劳伦斯点了点头。到此为止了吗?绝不会。罢工让他们在马耳他待的时间比原计划长,劳伦斯极不明智地答应了马格努斯共进午饭的邀请,并和马格努斯通过蒙特·卡西诺的僧侣们认识的这两位马耳他公民一起开车兜风,车是其中一位马耳他人的。这两个马耳他人给马格努斯找了一栋房子,借给他家具,预付给他50或60英镑。

同时,劳伦斯回到了陶尔米纳,每次想到马格努斯,就希望这是最后一次看到或听到马格努斯的事。突然,11月份的某一天,他收到一份马耳他的报纸,报纸上有一段做了标记:

> 昨天,一位叫莫里斯·马格努斯的美国人,正值壮年,身体强壮,被发现死于拉巴托住宅的床上,床边有一瓶毒药。

警察来找他调查安奇奥支票的事，他耍花招逃回住处喝下了毒药，留下字条说，他应该有"最好的葬礼"。马格努斯把他的手稿遗赠给了诺曼·道格拉斯，但是被债主扣押，债主拒绝把手稿托付给道格拉斯，而是求劳伦斯设法把他们卖掉以还清债务。这样，得到了道格拉斯的书面许可，劳伦斯这样做了。他写了精彩的《序言》，最不幸的是文章被埋没在马格努斯的书中。整件事情就是这样的。诺曼·道格拉斯精明地重新编排出版成文，暗示由于劳伦斯的龌龊和贪婪，使冤屈可怜的马格努斯走向了灭亡。但是，正如劳伦斯在给《新政治家》的一封信中回应这本小册子时所说的："至于道格拉斯先生，他一定会尽可能地为自己搜罗光环的。"

3.3

关于马格努斯的这个奇怪的故事，有必要从头讲到不幸的结局。因此我们再追溯到几个月前。5月28号这天，劳伦斯从马耳他回到陶尔米纳，英国的参观者们很快就离去了，但是劳伦斯决定继续留在这儿，享受"可爱、炙热、明媚的阳光"和来自墨西拿海峡的"清凉的微风"。在西西里岛酷热的夏天，劳伦斯经常穿着睡衣赤脚走动，也会赤身裸体地洗衣服或拖地板。

在最炎热的一天，他出去打水，看见一条蛇滑进一个石槽，蛇：

直接用嘴啜饮，

那水轻柔地掠过它整齐的牙龈，流进它细长松弛的身体。

劳伦斯对蛇的美丽有着极大的兴趣，有人可能会说，他甚至是对它们的神秘生活产生了某种久远的敬畏。劳伦斯认为这条蛇有毒，虽然他也有点害怕，但当这条蛇竟然在喝他的水时，他仍然觉得"荣幸"。然而在劳伦斯内心存在两个自我，他们总是分裂，并争论不休。在同一时间，他既感到"荣幸"，又告诉自己，如果他不是胆小鬼，他会杀了这条有毒的爬行动物。此时的蛇，喝

完了水,"像神一样环视四周,却视而不见",开始慢慢地消失在洞里。这时劳伦斯才从呆呆的恍惚中缓过神来。他摔掉了他的大水罐,把"一块笨重的木头"投向那条蛇,"蛇匆忙间毫无尊严,颤抖着……如闪电一般扭动身体",然后消失了。于是劳伦斯的心情立刻又改变一次。

我立即感到后悔,

我认为那是多么无聊、粗俗、卑鄙的行为!

我鄙视自己和那该死的人类教育的声音!

没有必要费力地理解诗中的自我揭露,或是追究劳伦斯对"该死的人类教育"的批判。这甚至是无意识的象征,因为这正是劳伦斯待人的方式——当人们啜饮他生命之泉时他开始时感到"光荣",然后感到道德上的愤怒,向他们扔"笨重的木头"。

那个夏天,当劳伦斯独自在意大利漫步的时候,他不断地以这种新风格写诗。劳伦斯夫妇认为弗里达应该再单独回德国,因为意大利"仍然敌视外国人"。因此,8月2日他们离开西西里"去了安蒂科利"(即现在的菲乌吉),并一直待到10月20日。劳伦斯在罗马和佛罗伦萨逗留了一段时间,在那儿(或者确切地说是在菲埃索莱),他写了《火鸡》和《乌龟》两首诗,虽然第一次发表时引起了很大震动,但现在看来却是非常稀松平常。

很明显,他打算用自己所有的钱多看看意大利,他肯定也去过科摩湖畔的阿尔杰尼奥,在那里"多次游览群山和湖泊",在这之前或者之后他去过威尼斯:

可恶的绿,光滑的城市,

年长的总督有一双古老的眼睛,

城市内部花园里浓密的叶间,

石榴像闪闪发亮的绿宝石,

而且倒钩着,倒钩着一个皇冠。

听起来好像是他觉得威尼斯"令人生厌",但印象不是永久不变的,仅仅一年以后,他写信给他的朋友说,他认为威尼斯非常漂亮,他想要写一篇关于威尼斯的故事或者是一本书。他一定也拜访了在托斯卡纳区的圣杰尔瓦西奥的朋友,因为劳伦斯在那里写下了一些神秘的、可爱的、粗鲁的无理取闹的诗——《石榴》《桃子》《枸杞》《花楸果》《无花果》和《葡萄》。

十月的晚秋,雾气湿露露的,弗里达与他重聚,于是他们一起回到了西西里。

"西西里，"他写道，"就像水族馆里的一块陆地——四面环水——人们像螃蟹，也像在水底爬行的灰黑色的小虾米。"他的描述让人想到了那些被雨打湿的日本版画，画上的人都披着蓑衣挤在一起。在连绵的阴雨天里，劳伦斯以画画安慰自己，临摹意大利古图，"研读意大利的历史"，为他看似无尽的史书中增加了新的篇章。西西里还下着倾盆大雨，劳伦斯把目光从洛伦泽蒂的修道士绘画转向了大雨冲刷过后的花园里那些盘绕的杏树。

湿漉漉的杏树，静默在雨中，

像铁铸一般坚定地伸出地面；

雨中黑色的杏树干，

像铁具一样可怕地缠绕着，冲破地表，

冲出西西里冬青厚软的羽毛，

草不能吃，

铁青色的杏树干，阴郁地蜷曲着，爬满斜坡。

奇怪的是，他又一次像日本艺术家安藤广重或葛饰北斋一样，看到了杏树那不可思议的美，但是他被拘于屋内，很是烦恼。逃跑，逃跑！搬走对他来说"是完全必要的"，但是去哪里呢？他还在进行思想斗争，这时，雨突然停了，太阳出来了，西西里是"如此令人愉快，而且神奇"。还有什么理由离开这"阳光明媚的爱奥尼亚海，卡拉布里亚这变化的宝石像火蛋白石在日光下流动；意大利和圣诞祥云的不断变化的景色……埃特纳火山，这邪恶的巫婆，把它厚厚的白雪静静地呈现在天宇之下，慢慢地，慢慢地卷着橘红色的烟雾"。这一切非常美丽，但"充斥着邪恶和美丽的电流产生可怕的振动"，住着"不可思议的西西里人，一种含硫的恶魔"——这远远优于"我们神圣的人类"。

这一切正是劳伦斯所在的"神圣"英国一直渴望的，所以，离开的绝对必要性变得更加确定无疑。他想去非洲。他一直在读一本由一位博学的德国人写的书，这是德国有说服力的书之一，它最终证实了一个明显错误的观点，但逐渐激起了劳伦斯对非洲"黑暗文化"的兴趣，这种文化遥远，阴暗，让人有无限遐想的空间。突尼斯离西西里岛很近，很吸引人。虽然他正苦想着非洲，但他明显走了相反的方向。他也没回那不勒斯、罗马或是佛罗伦萨，这些地方变得"一点也不好"，而是向西去了撒丁岛，他断言那里从来没有深陷于"欧洲文明的束缚"。

于是，他开始写那本神奇的小书，他称其为——或者别人称它为——《大海与撒丁岛》。只有他能在这样一段很短的时间内经历这么多，当然，也没有其他人可以用如此生动优美的语言来记录自己的经历，这些生动美妙的经历已成为他自己生活的一部分。这本书大约三百页，他在六个星期内完稿，其中包含两个可怜人的经历，太神奇了。真真切切，在这一点上，整本书应该被引用，因为这本书真实记录了劳伦斯和弗里达在岛上生活的十天经历。当然，这是他的旅行生活，而不是他的家居生活，所以在外的经历更加丰富，外部世界的影响也更大。

试图把《大海和撒丁岛》压缩成一个简明的旅行故事并拿出其中的几段，就像是从一座雕像上切下一根手指或者是一只耳朵来检验它的质量一样不合适。整本书写的都是他，就像他还活着一样。1921年某个时刻，一次经历使他预言，"命中注定，我们将要去美帝国"，在下一页他讲述了在一个夜晚，他们在一个像石头一样冰冷的原始客栈里过夜，客栈在寒冷的群山中，他们睡得很不舒服，早上被雄鸡的叫声吵醒后，劳伦斯写到："整晚上——肯定是的，这只该死的鸡在漆黑寒冷的夜里一直尖声哭诉它的不幸。"接着他们坐上巴士，在孤独的西西里高地上旅行，并停下来给一支宗教队伍让道。

日上三竿，四周静悄悄的，我们站在这世界之巅，右边山下寂静无声。在这奇怪的瞬间，男人们断断续续地唱着挽歌，女人们以轻快的嗓音回应着，然后又是男人们的声音。穿白衣的大部分是男人，不是女人。牧师穿着长袍，在领唱，侍童们在他身旁。紧跟其后的是一小群光着头、高个、晒黑的男人，都穿着金色的棉灯芯绒裤；山区的农民，弯腰扛着帕多瓦的圣安东尼的真人大小的坐像。后面是一群男人身着套装，但是白色亚麻马裤松松垮垮地几乎到了脚踝，并没被披进黑色的绑腿里，所以在黑色的苏格兰方格呢短裙的荷叶边下看起来非常白，黑色的绒呢马甲开口很低，像一件晚礼服，他们戴的绒线帽也高低不一。

在男士后面有一小段距离——是彩妆女人楔形队伍。两人一队，前脚跟后脚，轮到她们唱了，就漫不经心地附和一下，她们的穿着都鲜艳漂亮。前面是一些小女孩们，两人一队，紧跟在穿着黑白农装的高个男人身后。孩子们身着朱红色、白色和绿色相间的端庄的传统服装。小女孩们穿着鲜红色布料做的裙子，长及脚面，下面镶着绿边；白色围裙边

有鲜绿色和混合色：鲜红色的紫边披肩罩在纯白的裙子上，黑色的头巾绕过他们的小下巴，只露着嘴巴，脸都裹在黑头巾里。小姑娘们妙绝了，穿着笔挺、靓丽的服装，带着黑色的头巾，多么完美和端庄！挺拔得像韦拉司科斯的公主们。大一点儿的女孩子跟在后面，紧接着是成年女性，形成一列紧密的队伍。底部镶着绿边的朱红色长裙流光溢彩，柔软地摆动着；镶有鲜绿混杂花边的白围裙似在泛着微光。白裙的整个胸前系着大金丝纽扣，咽喉处有两个连在一起的金丝球；鲜红、紫绿边的披肩外宽大的白袖起伏飘动。这些全裹在黑布中的面孔离我们更近了。嘴唇仍在应和着唱歌，但是所有的眼睛都在看着我们。

他观察到所有这些用多长的时间？五分钟？当然不会是十分钟，因为即使再缓慢移动的宗教队伍也会很快走过，走远。这么短的时间内他注意到并且记下的不仅是绚丽动人的运动颜色的整体效果，而且记住了孩子、女人和男人鲜艳的服饰的确切细节和颜色深浅。他对这种事情从来不做笔记，不像道格拉斯令人厌烦的过时的学究气，而是相信逼真的富有想象的记忆。就是这点赋予了劳伦斯作为一名作家的独特气质，也给读者带来了生活经验，不仅仅是读了一篇好的作品，而且分享了强烈的生活体验。隐藏在纯粹的审美情感下的是痛切的乡愁，就像出自蒙特·卡西诺写的文章，因为艺术家设计的生活方式可以细致入微，给即使是最卑微的人的生活赋予尊严、意义和美。

仅从这本书中我们能获得多少体验呢——风光、黎明、古老村庄的街道、海上繁星密布的夜空——许多许多。我把这些都放过，而青睐一种完全不同的经历，我久久沉醉其中，并栩栩如生地传播着，向那些认为或者至少是写文章说劳伦斯没有幽默感的人们推荐此文。这是三个社会主义者在曼达斯的乡村客栈喝汤的场景。

他们沉浸在汤里。我从来没有在腾腾热气中听到比这更有趣的喝汤三重奏了。他们长时间地、津津有味地吮吸着勺子里的汤。那个"小猪"是个高音——他急速地颤抖着把汤吸到嘴里，但是被一些卷心菜给打断了，这让桌子上的灯再一次颤动起来。带黑帽的是个男中音，不错，是一个转动着勺子喝汤的人。戴眼镜的是个低音：他大口大口地快速吞汤。所有人都被"小猪"的长长颤音领导着。突然，出了差错，"小猪"竖起他手中的勺子，嚼了一大口面包，舌头舔着上颚"吧嗒、吧嗒、吧嗒"地咂着嘴吞了下去。

《大海与撒丁岛》里的这些和其他几十篇文章不应该作为诗选来读,而是应该作为享受活生生世界的一部分来读,作为劳伦斯自己的丰富生活的片段来读。很久以前我写过,和他在一起就像从普通的空气进入氧气中,一切都变得更加生动有趣。但他——和我们——为他独特的自我付出了代价,忍受他对立的自我,刚愎自用,充满破坏性,仇视,令人憎恶,像堕入水沟的路西法[①]一样自负。在他写所有关于可爱的《大海与撒丁岛》散文的同时,他一直念念不忘他的渴望,即使总是失望,又总是重新渴望,哪怕只有一个人"臣服"于他,把他当做一位领袖,一个救世主,一个老板。在陶尔米纳他遇到了尼尔逊-胡德先生,一位西西里的勃朗特公爵,并很快地鄙视他。如果我曾是西西里的勃朗特公爵,那么我将是西西里僭主,也是该有另一位希罗王的时候了。

　　仅仅几个月之后,他对权力的渴望又变成了另一番样子:

　　　　如果我知道该怎样做,我现在当然会立即加入到社会主义革命中。
　　我认为真正斗争的时刻到了。这是我唯一关注的事:生死斗争。我并不
　　关心政治,但是我知道很快一定会、应该会爆发一场致命的革命,如果
　　我现在知道怎么做,我会参加这场革命。

　　大约一年以后,劳伦斯在锡兰,他很快开始蔑视威尔士亲王[②]。一个盛大的夜晚,人们点着火炬举行"佩拉-赫拉"仪式,劳伦斯看到王子——"苍白瘦小",看着"王子苍白的身形",把亲王说的座右铭"我服务"改成了"为我服务"。

　　我希望他们给了我三支羽毛;
　　我将成为大帐篷下的他,就像在一个胡椒盒里
　　高高在上,孤单寂寞
　　站着,举着羽毛,这三根羽毛举到天上
　　对他们说:"为她服务!服务!"
　　臣服吧,为我服务再合适不过,
　　我是神中王者。

[①] 路西法曾是天堂中地位最高的天使,但最终堕落成为撒旦。傲慢是他堕落的最大原因。
[②] 威尔士亲王(Prince of Wales)自1301年英格兰吞并威尔士之后,英王便将这个头衔赐予自己的长子。从此以后,给国王的男性继承人冠以"威尔士亲王"的头衔,并逐渐相沿成习,"威尔士亲王"便成了英国王储的同义词。

因此，据说波拿巴看到路易十六的时候感受与劳伦斯相同，但拿破仑是个实干家。而劳伦斯认为，因为作为艺术家，他能力超凡，实力雄厚，也是一位被赋予了非凡力量的实干家，是统治者或是救世主，这难道不是他生活中最大的错误吗？当然这种希望萦绕了他数年，不可避免的挫折令他抓狂，满怀怨恨。事实上，他误解了力量的本质。一个超凡的人热切地渴望改变一些事物，有所成就，就会产生力量，但劳伦斯只是为了感觉就想要权力，太飘忽不定了，根本没有任何主导性的、稳定性的目的。既想做劳伦斯，又想拿着三根羽毛坐在大象上，这是一种奇怪的堕落——他渴望堕落。

3.4

劳伦斯的计划似乎长期都处于一种不确定的状态。以1921年的前几个月为例，1月14号，他做了私人备忘录，说决定在丰塔纳韦基亚再待一年。2月22号，他写信给罗伯特·蒙德塞尔，让他在美国找一个合适的农场，再把他对农场的看法打电报发过来。3月2号，劳伦斯给另一个朋友写信说："我一直打算去美国。"不过他显然没打算要走。

不管这些计划认真与否，一封来自德国的电报让这些计划突然成为一纸空谈，电报说弗里达的母亲病重，需要弗里达马上过去。劳伦斯从来不愿与弗里达分开，即使在他暴怒如狂时也是如此，所以他口苦婆心地劝弗里达，说这封电报是个"圈套"。然而，弗里达悄无声息地为动身作着准备，劳伦斯陪她到了巴勒莫，送她上了去那不勒斯的船。那天他回来后，一直闷闷不乐："我坐在丰塔纳韦基亚的家里，弗里达不在家，感觉房间空荡荡的，一点也不喜欢这座房子。"

要做点什么呢？显然移民到美国暂时是不可能的了，他郁闷地坐在空荡荡的屋子里，继续写《大海与撒丁岛》。后来稿子寄给了代理商，他就再也

忍受不了孤寂的日子了，决定必须去德国找弗里达。但不会直接找她，不能让她那么明显地获胜。所以他去了"文学氛围不很浓厚的大熔炉"卡普里岛，在那儿和两位美国画家交上了朋友，这两位画家一个叫阿克沙，另一个叫厄尔·布鲁斯特。正是通过他俩，劳伦斯夫妇最终才到了锡兰，因为布鲁斯特对佛教极感兴趣，想到当地取第一手资料来研究佛教。劳伦斯并不是完全同意他的做法，对他说：

你就不能让自己平静下来吗？审视一下内心深处——直至你的心口。

劳伦斯有个根深蒂固的习惯，那就是在分别时，人家还没问，他就会给出让人困惑不安或说教性的建议。此举着实让厄尔困惑，劳伦斯假装启程去了罗马和佛罗伦萨，但是，几天后，他后来承认自己"直接去了巴登-巴登"，当然，那儿意味着去找弗里达。他找到了"岳母"，他坚持这么叫她，"好多了，但情况不稳定"。岳父死后，岳母就住在路德维格-威廉姆史蒂夫特，一个高官的贫穷遗孀的府邸。劳伦斯在这些年迈的军官遗孀们面前总是表现得彬彬有礼，她们坚持称他为博士先生，劳伦斯的岳母总是生活在恐惧中，恐怕她们会找到并阅读他的某本书。

她喜欢宠着点儿他，给他吃他喜欢的精美茶点。奇怪的是，每次人们认为德国人在挨饿时，劳伦斯就在信中写艾伯斯坦堡小酒馆有多便宜多奢侈，"与陶尔米纳的酒馆大不相同。饭菜也很便宜，每人每天35马克，我们两人70马克，约合6先令。食物也不错——美味的德国香肠，可口的啤酒，上好的莱茵河红酒，新鲜的搅好的上等奶油，上等草莓。没有香肠的极乐世界是不存在的：不存在！不存在！"

这段话是劳伦斯写来取笑布鲁斯特夫妇的，他们是素食主义者，新近成为了佛教信徒。劳伦斯在信中加了条让人很恼火附言："哦，丰富的菜肴啊！我们晚饭有芦笋（德国的，全世界品质最高），草莓，莱茵河红酒和烤乳猪！你们有什么？"

那些天，他正在结束撰写《亚伦的神杖》。莫里评价这本书时，称赞它的"宁静""幸福""通往安全之路"，以及"深厚持久的友谊"。与此恰恰相反，在劳伦斯即将写完此书时，他固执地称"爱除了只是一个字，它根本不存在"，他发誓打算"最终而且永远不再爱任何人，任何事"。热身之后，他继续说，即使你杀死了所有老虎，也杀不死老虎的灵魂，因为杀人者总是表现出被杀

者的本性，就像"美国白人具有和红种印第安人一样的本性"。劳伦斯的话既不"宁静"，也不"深厚友好"，他接着愤怒地说：

> 但关键是我不想老虎被取代，哦，希望每只雌性老虎都有七十七个虎崽，所有的幼虎都长得身强体壮，它们身上的黑白条纹闪闪发光，每只幼崽都可以吃至少七十只可怜的人类无羽之鸟，然后有滋有味地舔食红红的肋骨肉。把我的老虎留下，把我毛色光亮的金钱豹留下，把我鲜亮的眼镜蛇留下，我希望自己有毒牙和尖爪，我相信愤怒，我会咬牙切齿地把懦夫们的骨头嚼得嘎扎嘎扎地响，我相信恐惧、痛苦，还有，啊，那许多哀愁。

也正是在这时（1921年5月），塞尔泽在纽约首次出版了《精神分析与无意识》，此书自然在美国很受冷落。对老虎的这些天才反思并不是由对本书的评价引起的（实际上是他不知道这些评论），反倒是厄尔·布鲁斯特对佛的赞美引起了反思。显然，在那时候，劳伦斯活力四射。不久后，他写了所谓的辩护，即《无意识的幻想》，他完全沉浸在讽刺心绪中。没有什么能比得上他对社会科学空想的幽默嘲弄，这对英德两国不计其数的感伤主义者而言是多么的珍贵。他设想在德国的薄暮中又一次睡眠朦胧，"美好而宁静""睡梦者脑中灌输了一些最有用、最有指导意义的梦，希望能在这个节骨眼上让年轻公民的性格日趋完善，永远启发快乐母亲的思想，让母亲了解对孩子们和我们伟大的祖国都有新的责任"。三十年前，这是个笑话，现在，不再是笑话了，而是生活奢华的官方小丑们的废规定。

这年的七八月份，劳伦斯夫妇去了奥地利，住在策尔湖畔，在湖里洗澡，湖上泛舟，也登山游览。那些想体验这些短途旅行的人们，想知道旅途中所有的愉快的和不愉快的细节，应该读读《上尉的布娃娃》，从第十四章一直读到最后。当然这部自传被改编成了故事。但在这点上我要指出，赫本和贾内尔这两人很快就从原来的自己变成了劳伦斯和弗里达，速度之快简直让人匪夷所思。劳伦斯自己被描写成冥顽不化、刚愎任性的人，甚至对弗里达大发雷霆，自负的情绪犹如沸腾的气泡，他最先意识到了这点，于是写道：

"你和我一起来看冰山大川的。"他答道。

"是吗？那我错了，你别的什么都不会做，连对上帝的高山都要找茬。"

他的脸突然笼罩了一片阴云。

"是的,"他说道,"我讨厌他们,讨厌它们,讨厌山上的积雪,讨厌山的装腔作势。"

"装腔作势!"她大笑。"哦,连群山也会对你假装,对吗?"

"是的,"他说,"他们高深,耸立,我讨厌他们耸立。我讨厌人们在山顶上神气活现,得意洋洋。我想把人们都滞留在山上,在山顶上,嚼冰充饥。我不会再让他们下来,再也不会了,我讨厌一切,我告诉你,我讨厌一切。"

说来奇怪,他那时真的讨厌山,尽管他几乎同时也跪倒在群山壮丽原始的美景面前,"冰峰林立,千沟万壑,白雪茫茫",下面是"漂亮的蓝铃花,大朵的蓝铃花又冷又蓝,像暗紫色的冰",还有"一小丛一小丛的很小的浅蓝色的蓝铃花,好像童话中的青蛙从冰里吹出了气泡,还有多如繁星的淡紫色龙胆草",还有黄色的和"黑蓝黑蓝的"舟形乌头。劳伦斯对装腔作势的群山的所有憎恨都源自一个事实,那就是,弗里达和德国朋友们在一起时很开心、很逍遥,劳伦斯大男子主义思想严重,醋意大发。他写信告诉朋友采尔这儿的情况:"一切都很自由,很闲适。我仍感觉自己无法呼吸。弗里达喜欢这儿,我说我要走,她就很痛苦。但就是这样——我非走不可。"

他又嫉妒又生气,就去湖边钓鱼,为鱼儿写了首自由体诗:

鱼儿,哦,鱼儿,

小小的鱼儿……

这是意味深长的事实,本该告诉有时间享受生活的年轻人,但为什么要把这一重要发现告诉没有知觉的鱼呢?接着,他似乎抓到一条鱼,有人告诉我,说钓鱼中别有一番文学天地,还说这主要是从自娱自乐的垂钓者的角度出发的。劳伦斯像个中学生,笨拙地从湖中抓到一条鱼,马上就意识到了鱼的奥秘,于是他沉思着:

我手拿长竿等待

突然从下边拽上一条红绿相间的鱼

闪闪发亮,

让它绕我的头顶划一道光环,

在出水的线上喘息,

解下鱼钩，
坚硬的鱼嘴含着饵料、淌着水，
看到它，
眼睛歪斜，充满恐惧，
它的明眸红黄相间，像镜子一样扁，巴望着水
感觉到它在我手中挣扎着，粘粘的，生命在悸动。

我的心在拷问
思考着：我不是造物的标准。
这条鱼，我不懂。
它的上帝站在我的上帝之外。

再一次"让人惊叹了"，劳伦斯在一条鱼里发现了活生生的世界奇景，比在让人厌烦的凯尔特人传奇、黑猪谷，及神秘之事错综复杂的忽悠中发现的要多得多。

1921年的夏天是长期以来经历过的最漫长，也是最炎热的一个夏天，有人说是百年不遇的。无论如何，这个夏天既热且长。现在，考虑一下劳伦斯的肺部状况，极冷极热的天气以及特别紧张的时候，劳伦斯都会犯肺结核病。你可能会想，在凉爽的湖畔度过漫长的炎炎夏日，雪山近在咫尺，他本该待在那儿的，弗里达也会很享受，而事实并非如此，你会感到惊讶，"但不是这样！"就像他经常吹嘘的那样，他相信自律，但不相信自控，他控制不了自己对金发碧眼，脚蹬钉靴，身穿皮裤的年轻帅小伙的嫉妒之心。

他要走，确实也走了。在本世纪最热年份的最热的地方，他拽着弗里达和他自己坐火车，这旅途无穷无尽，从采尔到佛罗伦萨，坐的二等车厢，车上异常拥挤，秩序极差，犹如炼狱。他自怜地说，感觉"被夏天的所有这些旅行折腾碎了"。八月份，他们暂时停留在了佛罗伦萨的一处公寓里，从那里可以俯瞰因烈日照射而萎缩了的阿诺河，他的卧室像是"一个冲撞盒，在它的上方是皮蒂宫摇摇欲坠的巨石"。他在佛罗伦萨见到了卡斯威尔夫妇，他们发现他"心神不宁，态度冷淡，甚至烦躁不安"。他又一次说起要离开欧洲。

他们"在罗马度过了愉快的一天之后"，就去了南边的卡普里岛。他们

在卡普里找到了布鲁斯特夫妇，他们正打包行李准备向东走，劳伦斯说在锡兰与他们汇合。这不仅仅是对冒险的渴望。这个夏天，劳伦斯变得越来越刚愎自用，暴躁易怒，就像《上尉的布娃娃》里的对话表现的那样；主要是因为1921年5月《恋爱中的女人》在英国出版了，却遭到了冷遇和众多反对，这是他始料不及的。他对战争期间的亲密朋友的讽刺刻画，引起了朋友们的愤怒和震惊。看看人们是如何不再与他书信往来的吧！另一批人因《亚伦的神杖》离开他；莫里尤其体会到了劳伦斯手中短篇故事的艺术。他狂怒地攻击了《恋爱中的女人》，话中充满了讽刺。他提及书中人物时说："我们一点都不关心人物的命运"；他这样说劳伦斯："如果他有能力的话，就会把我们都放在刑具架上，让我们向他原始的神坦白；他故意地、不停地、激情勃发地、不折不扣地猥亵。"

这只是个开始，劳伦斯和弗里达于1921年9月23日到了丰塔纳，那天"风雨交加"，家里堆积了好多信件。那天晚上，除了莫里的问候外，他还在一份叫《约翰牛》的刊物中读到了《恋爱中的女人》是"警察应查禁的书""这本讨厌的书研究了性堕落，将把青少年引向无法言说的灾难"。幸运的是，这份论文的编辑，一个叫霍雷肖·博顿利的货，被牵扯进一系列的法律诉讼中，最后被判处劳动改造。

更糟糕的还在后边。下一封信是马丁·塞克的，他对这些评论有些担心，告诉劳伦斯说菲利普·海赛尔坦威胁说要以诽谤罪进行起诉（给过他50英镑）。因为至少还有六个人可以以相同的理由进行起诉，塞克感到不安是有道理的。后来劳伦斯的文学代理人来了封冷冰冰的信，说《亚伦的神杖》"不被人接受"，书里全是诽谤中伤的内容。劳伦斯觉得"不舒服、很可恨"就不足为奇了。邮递员来了，却"没有带来一个好消息，自我回来后，没看到一个好词"。后来他"恨所有人，足足持续了一个月"，脾气很不好，"给每个人都写了充满恶意的信，现在，邮递员不来了！"他甚至对来帮忙做家务的西西里穷老太太也看不顺眼，说她"蹑手蹑脚地四处走动，似乎有刀架在她脖子上"。他窃笑着写到，甚至连山羊都"迟迟不肯生下小羊，怕我会突然扑上去"。当然，这不是因为他树敌了，而是由于世上种种让人不快的人和事：

  一帮乌合之众，毫无疑问。流氓、暴徒，卑鄙小人，臭马桶。呸！——呸，哼，呸！他们真让我恶心。

他讨厌自己的同类，其激烈程度甚于卡莱尔，当时，没有什么能促使他承认自己应该受一丁点责备。不，不，他是受害者，他一生都坚持《恋爱中的女人》是他最好的作品，是他最喜欢的一本书，包含了他带给人类信息的精华。接着，他情绪突然又变了，他不再那么强烈地憎恨这些贱民了，感觉非常郁闷，非常受伤："欧洲让我心破魂碎，没用了，线断了。"

　　几乎所有的老朋友都离他远去了，甚至包括爱德华·加内特，因为劳伦斯特别伤人的一封信断绝了同他的关系，劳伦斯欠他很多情呢。所以他对新朋友特别依赖。他说，"三月份前"要陪布鲁斯特去锡兰。他在一封信中向布鲁斯特夫妇一个劲地建议说："让我们在这些基督教国家空旷的荒野上并排着搭建帐篷，在降下大火之前，让我们像罗德和亚伯拉罕那样，从索多玛这罪恶之地走出去。"他意识到，即使对他来说，这件小事也表现得过于激烈了，就又说："但说真的，我们达成一致，一起走向未来吧。"

　　此时，来了一封建议信，非常符合离开欧洲的计划。有位美国富婆叫梅贝尔·道奇·斯特恩（现在叫卢汉），她读了《大海与撒丁岛》的部分内容，该书已于1921年10月开始在《日暮》上连载。她自己厌烦了奢华时尚的生活，搬到了新墨西哥的一个偏远小镇陶斯，自得其乐，研究印第安人的生活，捍卫他们的事业，建立艺术家聚居区。她意识到劳伦斯在《大海与撒丁岛》中独特的写作风格后，立刻就看到，如果劳伦斯对陶斯感兴趣，他很可能会写出别人写不出来的东西。因此，她写信邀请他过来住在陶斯，她有着美国人的慷慨大方，给他提供装修好的新土砖房，还有在建的画室。

　　这封信于1921年11月5日到达了劳伦斯手中。2号时，他曾写信给厄尔·布鲁斯特，说自己不在乎住在哪儿，还说哪里的人都是"嗜血的猪或冷血的猪"，他自我安慰地想：在陶尔米纳，"我至少会有一大片土地和海洋"。尽管如此，他并不认为自己依恋那里，如果受到诱惑，他可能会轻易地"一路奔向锡兰"。他在11月5日的日记中匆匆写到："梅贝尔·道奇·斯特恩给我来了一封信，让我们去新墨西哥——去陶斯，我想去。"同一天，他给她回了封热情洋溢的信，几乎做出了承诺，但也不完全是——他愿意接受她的邀请去陶斯。奇怪的是，在他的许多搬家计划中，他已经考虑去新墨西哥了。10月份，他已写信给布鲁斯特：

> 我最终的计划是，在墨西哥、新墨西哥、落基山脉或不列颠哥伦比亚的某个地方找一个小农场。我最大的渴望远离尘嚣，小隐于野。

如果劳伦斯能马上做出明确的决定，且毫不犹豫地执行，那劳伦斯就不是劳伦斯了。他刚把信寄给梅贝尔·卢汉，他内心就开始摇摆不定，好像开始了无休止的挣扎。他该从新奥尔良去陶斯，以避开"糟透的纽约"呢，还是该去锡兰找布鲁斯特夫妇呢？亦或是一个开心的想法——为什么不继续待在西西里呢？长途迁移前筹集经费有些困难。他把大部分在英国出版的稿酬花在了和弗里达一起度过的各种夏日漫游上，他此时不知道美国方面是否还应付他稿酬。困难很快就解决了。几周后，他听说在美国他有1500美元以上的稿酬，在英国，小说《迷失的少女》被评为年度最佳小说，从而获得了詹姆斯·泰特·布莱克纪念奖，奖金100英镑，不过，这部小说是他写过的最差的一部了。在英国还有50镑其他收入。

除了劳伦斯惯常的优柔寡断和几乎病态的自我怀疑之外，真的没有什么能阻止他这么长时间以来一直谈论的要离开欧洲的计划。作为一位作家，充沛的创作激情长时间释放之后，自然要歇上一段时间。他忙于完成《上尉的布娃娃》和《瓢虫》，并开始着手把短篇故事集结成书，于1922年10月在美国出版，书名是《英格兰，我的英格兰》。他写作时就在想，他该怎么办。圣诞节时他病倒了，又犯经常犯的肺病了。但康复后，他还是拿不定主意，最后才意识到自己犹疑不决的荒唐可笑。1922年1月18号，他写道：

> 我们已经做好了去新墨西哥的陶斯的准备了，但我们还没定下行程。
>
> 我该去锡兰吗？上帝呀，我太可笑了，在东西方之间摇摆。

他肯定是摇摆不定，11月21号，他写信给梅贝尔·卢汉："我的意思是一直坚持要在1月份去陶斯。"12月4号，他又写信给她："我们一直在坚定信念去陶斯。"1月18号给布鲁斯特写了封信，24号他给凯瑟琳·卡斯威尔写信说：

> 我又得反悔了，迄今为止我对去美国打了退堂鼓。毫无疑问，我最终还是会去那儿的，但我想先去东边，再去西边：通过东边去西边。

他一边继续跟凯瑟琳·卡斯威尔讲布鲁斯特夫妇的事，一边顾影自怜——他说他已"厌倦了这个世界"，所以"渴望像河流一样平静下来"。值得注意的是，自《恋爱中的女人》出版后，他对同英国的任何朋友恢复亲密关系

已经不再抱任何希望了,转而投向美国的朋友。但最后,他摇摆不定的意向指南针指向了锡兰和布鲁斯特夫妇。1月26号,劳伦斯让弗里达写了封信,巧妙地告诉梅贝尔·卢汉这个消息。弗里达是这么写的:"我们原来想直接去陶斯找你,可现在不能了。"第二天,劳伦斯的信写得更是歉意明确:

> 我们此时推迟去陶斯,太不够意思了,但我肚子里有一头巴兰的倔驴[1],我面冲西时,它一动不动,我没办法了,它就是这么固执地把我拉走了。我愿意去陶斯,只是绕道而行了。我正写信预定从那不勒斯到奥斯特利的船铺票,2月26日去锡兰的科伦坡。

3.5

他的犹疑不决是多么荒唐可笑,但这对于挣不了几个钱的文人来说,的确是极其重要的一步。他刚一做出决定,寄出了买票的钱,就开始纠结,不可避免地想反悔,他伤感地坐在打包好的行李中写道:

> 此刻我的心在颤抖,多半是由于痛苦——就要离开家,离开亲朋友人和西西里了,我们游历够了总是能很快就回来。我不说不:什么都不能说得那么肯定,今天我走了,明天我可能又回来了。

世界上有过这么瞬息万变的人吗?有比劳伦斯更无助地自我折磨的人吗?多年来,他一直渴望去冒险,如果这次冒险发生在他认识的伊斯特伍德、克罗伊登或战时的某人身上,他一定会嫉妒此人的运气和福气的,可就在启程的前夕,此刻他所能想到的就是马上回来,他所感觉到的只有离别的痛苦!但当他安全地登上了奥斯特里号船,立刻就摆脱了所有的噩梦、优柔寡断和

---

[1] 来自圣经故事。上帝为了保护他的人民,派天使去阻拦先知巴兰。巴兰的毛驴看到了拿刀的天使,所以无论怎样挨打,就是停下来不走了。"巴兰的毛驴"在这里指平常沉默驯服,现在突然开口抗议的人。

坏脾气，变得特别开心。"他这个人，"正像诺曼·道格拉斯真实评论的那样，"本质上性格活泼，心中满是孩子般的好奇。"他的这种性格经常让别人沮丧，也折磨自己，这是他最奇怪的特点之一。

当他摆脱了自己给自己在英国制造的各种烦恼，沉浸在新奇有趣的环境中，立刻就欢天喜地、魅力四射了。这是他第一次体验航海旅行，马上就领会到了英国当时的游轮井然的秩序，安静的环境，奢华的设备和周到的服务。因为他身体虚弱，对别人的想法过度敏感，肺功能衰弱，本应多享受一下宁静的奢华，尽可能减少辛苦的家务劳动，而他却坚持锻炼自己。他热情地夸赞了奥斯特里号客轮，说它"富丽堂皇，那么舒适，那么宽敞"。尽管他没这么说，但毫无疑问，他一想到这船上的一切都是英国风格的，就激动欣喜。因肺结核的缘故，他的食欲一直不好，海上的空气和丰盛的食物让他胃口大开。他不可避免地用清教徒的口气说道："人们一直在吃。"随后，他再一次赞扬了这艘游轮，"如此安宁、如此清静、如此文明、如此清洁"。

一切都令人舒畅，令人心情愉快，他和乘客们交上了朋友，跟他们跳舞，甚至还和他们调情。"我们没有一刻不开心，"他高兴地记述道。如果劳伦斯面对眼前徐徐展开的美景和新奇场面视而不见，没有记录，那么劳伦斯就不称其为劳伦斯了。他喜欢东地中海，远远瞥见的克里特岛使他感动。航行至塞得港口后，他身上的浪漫情怀着实活跃了起来，他看到女人"身穿黑绉绸衣，两只天堂女神般的眼睛，成群地蹒跚而行"，看到乞丐、运水工、"坐在小桌子旁写信的抄写员"、一个在读《可兰经》的老人、在露天咖啡馆抽着"土耳其烟"的大胡子男人们。

游轮缓缓穿过苏伊士运河，劳伦斯在甲板上看到了绵亘的沙漠美景，夕阳西下，"像一把燃烧着的利剑，发出绿色和粉红色的光芒"。他第二天早晨一醒来，他们就到了红海：

> 这儿矗立着西奈山，红得就像长久风干的血液，光秃秃的像一把刀，锋利无比，锋利得那么不自然，像浸泡在血液里的匕首，血早就干了，有点锈迹斑斑，它一直在那里，好像人类和他的失乐园之间的可怕的东西。一切都是闪米特人的，残忍、裸露、尖锐。没有树木，没有叶子，没有生命：凶残的意志，思想和理想的钢铁——钢铁般的意志和理想。

矗立在那里的是可怕的红海岸，热得像个不透气的烤箱。这是个奇怪的出口，让人很痛苦。再往后是耶路撒冷、希腊、罗马和欧洲，实现了，过去了——一个伟大而可怕的梦想。

然后他把视线和沉思都转移到了周围乘客身上，其中许多人是澳大利亚人。仅凭一番相当简短的熟悉了解之后，他就标榜自己是研究关澳大利亚的权威人士。他写信给意大利的朋友："澳大利亚是个很好的国家，充满了生机与活力。"他还建议说："如果你脑中有具体明确的想法，那么这个国家特别适合你。"他有一个癖好，总是热衷于邀请人们加入他的行列去千里之外远行，而他自己非常清楚，他会在四十八小时内讨厌他们！

他所言"如果你脑中有具体明确的想法"这句话很吸引人，尤其是当你意识到，他其实是在说他自己。为了同过去一刀两断，他进行了此次长途旅行，已经为此花费了一大部分积蓄，他"脑中有具体明确的想法"吗？嗯，是的，他想"离开欧洲"，但这样的想法很模糊、很消极。他确实想要离开欧洲，除此之外，没有任何目的地，甚至陶斯也不是目的地。毫无疑问，尽管他一定知道"我在社会交往中遇到了挫折"，因此非常同情自己，也知道这些挫折全都缘于自己的错误，他还是希望找个地方定居下来，找一个适合自己的社会。没有哪个社会要适应其中的个体，尤其像劳伦斯这样一个有偏见的刺猬。如果他想和"人们"交朋友，他几乎在任何地方都可以做到，让自己入乡随俗，适应当地的偏见和风俗习惯。可他没打算要这么做，即使在陶斯也没打算这么做。他给梅贝尔·卢汉写信，就印第安人这个话题说了些最重要却又不吉利的话：

我虽然还未见过陶斯，但我特别相信这个地方。我也相信印第安人，但他们也得跟相信太阳一样相信我，他们的信仰必须一分为二：我和太阳。我们等等看吧。

你很难把这称之为"合理的警告"，因为梅贝尔·卢汉一点也不知道"拉纳尼姆"或者说他的社区梦，他梦想的这个社区要毫无保留地屈从他、服从他。他梦想印第安人应该像相信太阳神一样相信他，可能的话，他打算取代太阳神。

以此同时，奥斯特里号游轮继续行驶。一天早晨，空气中弥漫着一股肉桂的味道，到科伦坡了，劳伦斯夫妇发现布鲁斯特正等着欢迎他们呢。布鲁斯特很快把他们带到了他自己的临时住所，那是"建在坎迪山上的一处宽敞

的平房，坐落在一半左右是椰子和棕榈的丛林中"。威尔士亲王的到访，盛大的火炬仪式，几乎立刻让人们激动起来，劳伦斯希望自己是威尔士亲王，所有的人都为他服务。但锡兰很快就让人厌烦了，这儿的气候十分炎热潮湿，自然对劳伦斯的健康和神经系统产生了不良影响。布鲁斯特在巴厘岛的研究以及对佛教奥秘的探索，遭到了劳伦斯的嘲笑。劳伦斯没费一点心思研究佛教问题，立刻就"断言"：他"精明地怀疑佛教高深的教义大部分是纸上空谈"。当劳伦斯被邀请与锡兰当地指导过布鲁斯特的学者见面时，他突然就成了典型的英帝国主义者。除了他自己，他不允许任何人批评英国在东方的统治，一点微词都不行。他在锡兰待了还不到三个星期，就给一个偶遇的英国人写信，显然他希望把此人纳入自己的生活圈子：

> 我决定这个夏天回英国，我真切地认为，要想过上最生动的生活，关键掌握在我们这些英国本土人手中，我们犯下的最大错误，是没有受到这种真实、生动的生活的启发并由此团结起来——宗教是最具生命力的——在英国团结起来，把这生命的火花延续下去。

锡兰的丛林让劳伦斯印象深刻，"热带动物发出嚓嚓声和吱吱尖叫声，嘈杂一片"，晚上能听到这种喧闹。多年后，劳伦斯问我晚上有没有听到热带丛林的各种声响，随即就模仿了一系列骇人的吼叫声、吱吱声、颤音、嚎叫声，以及动物"帮凶"的尖叫声。只有我自己亲身在热带丛林里生活过，才意识到他完成了看起来不可能的任务，记住而且能模仿各种混杂在一起的奇怪声音。

锡兰的炎热使劳伦斯开始抵触这个地方。不幸的是，有一年锡兰特别炎热，大家多多少少地都遇到了健康问题——当然劳伦斯的病比别人要严重。在哪个地方生病了，就会责怪这个地方。从现实的角度考虑，他决定马上移居到干燥凉爽的地方，这无疑是正确的。他曾经对佛教认真地感兴趣吗？他在陶尔米纳无数次摇摆不定，他写信给布鲁斯特，说自己决定不去美国了，并详细解释到：

> 到一个极度愚昧又混乱的地方去，到底有什么好处呢？也许是真的，佛教才是真正的现实主义，展现事情的本来面目。而在美国事物则不是它们的本来面目。但未来——在什么地方呢？

除了早期的一封信函，我没有发现任何其他记录说明劳伦斯曾认真地对

佛教感兴趣，这封信读起来像是他脑中闪过的无数怪念头之一。佛教让人宁神静气，强调盲目接受和五行，为了离极乐世界更进一步，甚至要让一只饿虎吃掉自己！这些与离劳伦斯的思想遥不可及。劳伦斯那时的血性兄弟布鲁斯特正在认真地潜心研究着劳伦斯所不知道的这些东西，这一点足以让劳伦斯对他嘲弄一番。

继续前行到澳洲吧！三月中旬，劳伦斯夫妇到达了科伦坡，四月底之前动身向弗里曼特尔进发了。跟布鲁斯特夫妇在一起的生活，真像文雅的回忆录里说的那样闲适愉快吗？无论怎样，四年后他们重逢了，1923年间他们的通信中断了好长时间。布鲁斯特将一封信中写错了日期，所以不是像他说的那样四个月没通信，而是七个月没有书信来往。

劳伦斯一到海上，就又恢复了所有的精神头，这次坐的是欧索瓦号客轮。令人遗憾的是，此次远航没有多少记录，直到四月三十号，那是他们在弗里曼特尔四天了，他才写到，他们在一片"广阔湛蓝、风云变幻的某个海域，鱼儿从浪花里急速地飞跃出来，像是带翅膀的雨滴；西班牙的天主教牧师用钢琴弹奏着肖邦的曲子——棒极了——船在轻柔地摇晃着"。他继续写道，自己不知道为什么要去澳大利亚，也不知道去那儿干什么，也不特别关注什么，只是希望澳大利亚比锡兰凉快些。他承认自己只窥见了东方的一隅，但预言大英帝国很快就要灭亡了——"我们现在很快就要垮台了"。然而，这暗淡的前景只是让他感到"英国处在与世界的对抗之中"。奢华的游轮穿过印度洋时，他感觉自己"像阴影中的维吉尔"，他以这样奇怪的话结束了这段描写。

劳伦斯夫妇在弗里曼特尔上了岸，从此地出发，在珀斯附近和朋友们待在一起，他们在珀斯"走了好长一段路，走进了一个奇怪模糊的丛林中"——事实上，走了长达十六英里。劳伦斯正是在这儿遇到了莫莉·斯金纳，后来他俩共同完成了一部描写澳大利亚的小说《丛林里的孩子》。当然，劳伦斯从未去过更远的西澳大利亚或者新南威尔士，就是为了观赏野生丛林，哪怕只是看一眼也好。但他通过自己那不可思议的敏捷的直觉，立刻就意识到澳大利亚"奇特、空旷且原始的"特点了。他觉得澳大利亚很美，但也让他深感恐惧。在澳大利亚明亮的月光下，他在丛林里走了一两英里，夜晚的宁静神秘让他心生恐惧。

事实上，劳伦斯那晚观赏丛林的时候，受到了月亮狂躁症的影响，这个

病在劳伦斯年轻时,在遥远的英国就曾发作过。然而,他看到丛林的美景之后,欣喜若狂,喜极而泣。"天空纯净,晶莹剔透,呈现出一种迷人的淡蓝色;空气棒极了,新鲜、清爽、晴空万里。"他行走在"巨大的带电的月亮之下",碰到了"许多枯死的树,高大光秃,似乎闪着磷光",突然间他被一种奇异的对月亮和丛林的恐惧所控制,感觉有"鬼怪",不禁"毛骨悚然,不寒而栗",他并没有被吓得惊慌失措,只是感觉"鬼怪"是"月亮激起来的,是丛林中被唤醒的精灵"。当他返回的时候,能感觉到精灵在"注视着,等待着",他有种可怕的信念,就是如果"它"想抓他,"它"就会"伸出又黑又长的手臂来抓他"。

澳大利亚这种广袤的孤寂出乎劳伦斯的意料,使他感受到一种怪异的恐惧,就像落基山脉中一只因害怕而发疯的野猫突然出现时一样,令劳伦斯产生一种超自然的恐惧感——不是惊恐,而是敬畏。在拥挤的欧洲,他渴望"生活得隐秘一点儿"(是哪一点儿?)但在西澳大利亚,有足够的空间过隐居生活了,他竟把这事忘得一干二净。在这儿,有他总是提及的想要的东西——美丽的、原始状态的乡村,这里的生活成本低,无人干扰,没人会打断他与原始大自然的交流。两周后,他待够了,要离开此地。值得注意的是,他所选择的要待着的地方,"生活得隐秘一点儿"的居住地,多半是佛罗伦萨、陶尔米纳或陶斯,这些中心充斥着美酒和绯闻。

于是,他接着又逃了三千多英里,逃向悉尼,到悉尼之前,他希望自己永远不要离开西澳大利亚。他孤独地走在悉尼的街上,因为他没有向人出示任何介绍信,心中充满了"痛苦、炽烈的乡愁,怀念欧洲、西西里、古老的文明,以及人类真实的理解"——也就是他曾经渴望逃离的欧洲、古老的文明和那里的人们!他到底想要什么?那时他不想要澳大利亚,因为他觉得澳大利亚"粗野、原始、自鸣得意"。这是个"不可思议的地方,从公认的观点来看,这儿没有社交,人人逍遥自在,不受干扰,我们在澳大利亚"。然而,他还是没走,待在这里就是为了等待更多的稿酬,借此要迈出他最后也是最大的一步,那就是环球旅行到陶斯去。劳伦斯夫妇不管不顾地坐上了从悉尼出发的火车南行,透过车窗,首先偶然发现了一个貌似还算不错的地方,就下了车,在那儿租了一处平房。这个地方叫塞罗尔,是一个煤矿小镇——他拒绝了丛林生活,来到了一万三千英里之外的地方,就是为了在澳大利亚

的伊斯特伍德定居下来，真是稀奇呀！

他自己意识到了这一点，因为他在给珀斯附近的朋友写的感谢信中说："请转达我对高勒女士的美好祝愿，告诉她我同意她的说法；我是一个傻瓜。"这的确是一个古怪的念头，把自己完全同社会隔离开来，却又要坚持待在一个普通的小社区，又怕麻烦，除了这片郊区，不去看看澳大利亚更广阔的地方。然而他看到得很少，但通过纯粹的直觉感受并记录了澳大利亚的魔力和神秘，却比任何一个其他的外国作家写得都多。想一想他的这首关于袋鼠的诗歌：

纤弱的袋鼠妈妈

坐在那儿，像兔子似的，体形巨大丰满

她抬起了美丽修长的脸，哦！

脸部线条比兔子或野兔都更柔美，

抬头啃食她爱吃的

白色的圆形薄荷糖，敏感的袋鼠妈妈。

她敏感、修长、纯种的脸。

她圆圆的、对称的、黝黑的眼，

大大的，透出宁静冷淡的神色，见证了

寂静的澳大利亚的无数个空旷的黎明。

"寂静的澳大利亚的无数个空旷的黎明"！他是怎么知道的，他怎么会产生出这样年代悠久和遥远的感觉——仅凭喂一只袋鼠几粒薄荷糖就会有这样的感觉吗？况且是悉尼动物园里的袋鼠，而不是丛林里的袋鼠！

她依然带着永恒的渴望，翘首以盼！

她的双眼是那么的圆，像是澳大利亚黑人男孩的眼，

圆圆的，高深莫测，闪着光

黑人男孩已经绝迹许多世纪！

她观察着，心中有无限渴望。

数不清多少个世纪了，都在盼望着什么，

盼望生命中的一个新信号，

在南方这片寂静迷失的土地上。

从这些视角看，劳伦斯夫妇在塞罗尔租住的平房似乎在一个长长的下坡处。房子建得很好，也很宽敞，但因为原房主有十个孩子，所以家里脏乱不堪。干净整洁对于劳伦斯来说是很重要的。像所有的清教徒一样，屋子长时间没人修整，这对于劳伦斯这个具有清洁女工的高超技艺的人来说也是个挑战。这个地方叫怀伍克，这种命名方式体现了郊区的民主性，很滑稽，也很让人沮丧。是这个郊区民众随便以滑稽的方式起的名字，劳伦斯在他的小说《袋鼠》中把它改为更让人反感的名字托里斯汀——也许带点开玩笑的意味，应当把它称作托斯科鲁宾。但最后，经过硬毛刷子多次擦洗后，漂亮的红柳桉木终于展现了出来。劳伦斯和弗里达时不时地到花园里休息一下，能欣赏到太平洋里蓝色的巨浪翻滚而来，浪顶泛着泡沫。海浪这么大，这么近，似乎每次都要涌到屋子里，涛声隆隆，好像他们无处不在。

澳大利亚新南威尔士州，塞罗尔镇，怀伍克

事实证明，塞罗尔是个非常适合居住的地方，所有的食物都由商人赶着运货马车送来，他们在其中一个车上发现了一种奇特的、漂亮的鱼；农场里的人们不拘小节，慷慨地赠给他们牛奶和黄油。除去这些生活中必要的接触外，他们见不到任何人；劳伦斯很喜爱这种体验，他说："一个人方圆这么远的地方，绝对一个人都不认识，这真是太妙了！"这就是澳大利亚的冬天，他们每天还可以洗澡。他们沿着海岸散步，或者走到村庄里，劳伦斯看到"纯净银白"的橡胶树，"空气格外清柔，蓝蓝的天空，奇妙的小河、沼泽、枯树、沙滩和青山"。这让他想起了皮维 德 夏凡纳的风景画，"看似很单调，但当你仔细观察时，会发现远景近景之间很细微的差异，层次分明，形态精美"。

他喜爱澳大利亚及其精致的美，有一种奇怪的、几乎心碎的强烈感触——就好像一个男人疯狂地爱上了一位美女，一开始就本能地预感到自己必须离开，因为没有真正的理由，使得离别更加令人心碎。他深深地感到这片土地的魅力，心存感激，"这儿的气氛让人释然，让人从紧张和压力中解脱出来"。每天清晨，他非常享受西西里的黎明美景，太阳从爱奥尼亚海升起，像喇叭一样光芒四射，现在他发现了更加美妙的黎明盛景：

这里的清晨有种说不出的美，太阳从海上壮观地升起，如此巨大、如此桀骜不驯，如此高傲的太阳升上了如此娇柔的天空，碧蓝，如此湛蓝，似乎"湛蓝"这个词表现力不足，甚至用蓝色来描绘太粗俗，不足以展现天空的颜色。这是一种无比贞洁的颜色，超越了人类的感知能力。

劳伦斯的小说《袋鼠》中，一页接一页满是对澳大利亚的追忆，在他为数不多的信件中也大量涉及相关话题。他对澳大利亚很是着迷，只有沙文主义的粗俗妄想才会使外国人讥讽劳伦斯"把时间浪费在了澳大利亚"，而不是抓紧时间直接去"旅游城市陶斯"欣赏美景。他很快就喜欢上了澳大利亚人的随意，以及他们让他独处的生活方式。如果他真的想满足自己的"社会自我"，渐渐融入到另一个社会团体中，那澳大利亚无疑是值得一试的地方。这里没有阶级感，也没有他在英国所厌恶的阶级仇恨。"阶级制造了一条鸿沟，一切最好的东西都迷失在这条鸿沟之中"，他痛苦地写过，可能他是在为自己的冷漠孤傲找借口。他不愿意承认这障碍其实在他自身，他一直认为，他在任何一个社会中的唯一位置——不管是否有阶级仇恨——就是孤单地位于塔顶。

他并没有使自己沉湎于澳大利亚。刚刚为澳大利亚的"持续的魔力"而激动不已，刚承认"如果有人想远离尘嚣"，那么澳大利亚"是个可爱的国家"，就开始固执地思念起古老的欧洲来，而以前他可是经常唱反调，坚称欧洲一片萧条，不中用了，完蛋了，血腥的残杀和深埋了好几个世纪的鬼魂使欧洲窒息了。

劳伦斯并不开心，这一点他没有任何伪装，他如饥似渴地想念欧洲：佛罗伦萨的乔托白色钟楼，罗马的平西奥山，伯克郡的森林——人间天堂，在英国的春天，报春花盛开在光秃秃的榛子树林中，梅子花围绕着座座茅草屋。为了回到英国，他感觉自己愿意献出一切。已是五月——五月底，正是蓝铃花绽放的时节，嫩绿的叶子从树篱上长出来。西西里的橄榄树下，玉米长得高高的，伦敦桥下，来往船只川流不息，巴伐利亚的龙胆草和黄色的球形花美不胜收，阿尔卑斯山依旧冰天雪地。哦，上帝在欧洲，可爱的、可爱的欧洲，他曾经彻底憎恨的欧洲，激烈咒骂的欧洲，说欧洲是垂死的、腐朽的、完蛋的。他自己是个白痴。他曾大发雷霆，说欧洲是垂死的，当然认为自己不是垂死的，而是活泼的、兴高采烈的，有强大的生命力。就像美国人说的那样，其生命之盛整个欧洲都容纳不下了。好了，如果有人愿意愚弄自己，那就由他去吧。

所以，在这儿是这样，他总是这样，喜欢已经离弃了的地方和即将前往的地方，憎恶所在的地方——结果当无可挽回地远离后，才对它产生出一种强烈的怀念之情。甚至连他曾一度喜欢和赞赏的没有阶级感的澳大利亚，现在也没那么招人喜爱了。他给弗里达的姐姐的信中这么说：

"这是我曾经去过的最民主的地方。""我看到的民主越多，就越不喜欢它。民主就是只把每件事物都降到粗俗的水平如：工资、物价、电灯、抽水马桶，除此之外，别无其他。你从来不会明白，没有什么像这里的生活一样如此空虚、空洞、虚无、毫无意义。他们有丰厚的工资收入，穿着时髦的皮靴，姑娘们都穿着丝袜，他们骑着小马，乘着轻型马车——双轮轻便马车——开着汽车飞驰。他们总是茫然无意义地忙个不停。一切看起来似乎很空洞虚无，让你心生厌烦。他们很健康，在我看来却几乎是愚蠢的低能儿。这就是在一个新国家的生活对你的影响：这样的生活使你非常物质化、外向化，你真正的内在生活和内在自我消失殆尽了，你就像许多机械动物一样，跑来跑去、叮当作响。然而，他们是非常值得信任，也很友善，工作中也很有能力。你不用锁门，没有人来偷东西。所有的外部生活都很轻松自在，但仅此而已，别无其他生活。这个国家最好的群体是小店主们——没有谁比谁更好，真的很民主。但你能感受到的，是人们的懒散马虎、无所寄托、空洞虚无，宛如梦境一般。然而，这个奇怪的、还未清醒的国度很美妙，如果你在澳大利亚有十几个人，也许，还能有自己的一大片土地……"

如果劳伦斯真有十几个人和一大片土地，那他很快就会讨厌他们的！但如果这是他对陌生国家的总体感觉，以及对澳大利亚的具体感觉的话，那他究竟为什么不立刻返回"可爱的，可爱的欧洲呢"？是的，似乎就在他真的想要离开的时刻，收到了来自英国和欧洲的一批信，共十四封。"带着有点厌恶的情绪读了信件"之后："他希望每条给他送任何信件的邮船都沉没了，来上一场洪水，把欧洲全淹了，他宁愿做个小手术，永远地把对欧洲及其一切与之有关的记忆统统移除掉。他从未有一刻像现在这样充满了对过去所认识的人们的满腔怨恨。"

在这一点上，就像亨利·詹姆斯可能已经评论的那样，他在很大程度上确实如此。

3.6

"我的上帝，我多么荒唐可笑，举棋不定……"劳伦斯曾经自己说过，但是这真是浪费神经能量，浪费感情呀，太悲哀了！为什么要把这些稍纵即逝的情绪看得这么重要，以致让人这么痛苦，还要以如此激烈的言辞把这些情绪表达出来呢？不管他喜不喜欢澳大利亚，有没有断绝同欧洲的关系，对这个世界又有什么影响呢？

是的，劳伦斯确实摇摆不定。但如果认为他在澳大利亚只有一直一系列摇摆不定的生活，那就错了。在这些表象下，他几乎一直打算接着去陶斯。他也努力地工作，因为写他的小说《袋鼠》——几乎整部小说——是在5月28日（劳伦斯夫妇抵达悉尼）到7月3日之间写的（7月3日，他在笔记中草草地写到"差不多写完了《袋鼠》"）

《袋鼠》是一本奇特、迷人、优美却又令人愤怒的书，用随意写作的"形式"匆匆拼凑而成，这种形式几乎超越了《亚伦的神杖》。实际上，《袋鼠》像《大海与撒丁岛》一样，基本上是一本旅游书籍，讲述的是他和弗里达在澳大利亚的冒险旅行。他把那时候自己的婚姻战争的最后阶段，用很长的篇幅移植进了书里，有两大章义愤填膺地写了他在战争期间的一些经历，还完全杜撰了一系列的社会和政治经历。据说多年后，澳大利亚确实发生了劳伦斯在书中提及的类似事情。但事实上，矿工和工会会员之间的竞争只是法西斯分子和共产主义者之间的斗争，劳伦斯在意大利曾见到过这些情况。劳伦斯夫妇在新南威尔士不认识任何人，那儿也没有人听说过他，他的到来没有引起任何人的注意。书中澳大利亚的人物形象都是以他在船上认识的人为基础，还有少数人物原型是他在珀斯逗留的两周内遇到的。

据说劳伦斯对原始人非常感兴趣，可他既很少提及澳大利亚土著居民，

也丝毫没做努力想了解他们，这不禁让人困惑不解。确实，要想看澳大利亚土著居民的狂欢会，他不得不长途跋涉而且可能支付昂贵的费用来到丛林中，还可能真要冒些风险，这些情况在美洲印第安人供游客"观光"的仪式上是不会发生的。然而，在澳大利亚的短暂停留却给他留下了深刻的印象。当劳伦斯所乘的游轮驶离悉尼码头、驶向旧金山时，他很动情：

> 离开澳大利亚让我内心深感痛苦，这个可能让人爱得如此绝望的奇怪的国家……再见了澳大利亚，再见了大不列颠，伟大的帝国。再见！再见！最后的彩带拉开了，如同割断的依恋，崩断的心弦。

其实同"大英帝国"永别还为时太早，因为他们在8月15号停靠在了新西兰的惠灵顿。新西兰是凯瑟琳·曼斯菲尔德的故乡，劳伦斯给她寄了张明信片——这是自1920年1月后，他首次与她联系。据莫里所言，劳伦斯给凯瑟琳·曼斯菲尔德写了封"很邪恶、很残酷无情的"信，这让莫里威胁说，如果再遇劳伦斯就痛打他一顿！这张明信片无疑是和解的意思——但是太晚了，她快死了。

他们从新西兰出发，穿过太平洋，停靠在了拉罗通加岛和塔希提岛，在这些地方，他们结识了一些正在拍电影的人。他们大喝香槟的举动和放荡不羁的性行为让劳伦斯十分反感，劳伦斯就像萨默塞特·毛姆的作品《雨》中的清教徒传教士一样，当面痛斥他们。哎，这顿指责似乎纯粹是道德精力的浪费，那些道德败坏之人只是一笑了之。

劳伦斯夫妇抵达旧金山时已经是九月了，他们靠岸时身上只有20美元——劳伦斯此次旅途中花超了。劳伦斯因自己的贫穷而怨艾不已，但这可是找错了对象。事实上，他住进了当地一家最好的旅馆，给他在纽约的代理人打电报要钱，该代理人手上有劳伦斯一笔数目相当可观的钱。而且梅贝尔·卢汉已为他安排好了一切，寄来了火车票，附带信息："从抵达旧金山起，你们就是我的客人了。"这件事她做得很慷慨、别具风格。梅贝尔·卢汉和她的印度司机托尼·卢汉开车到火车总站接劳伦斯夫妇，驱车送他们到圣达菲，然后走当时一条相当危险的路到达陶斯。在陶斯，梅贝尔·卢汉遵守诺言，为他们提供了"一处非常漂亮的新土坯房子，摆放着村里制作的家具，铺着墨西哥人和纳瓦霍人做的地毯，还有些可爱的小壶"。劳伦斯非常高兴，他感觉这房子很舒适，"品味高雅"，劳伦斯喜欢这里的景色：越过长着"灰

白的艾灌丛"的沙漠，三英里外是印第安人的村落，"像一堆土色的立方盒子"一样隆起，远处是群山。

尽管长时间的乘船、坐火车的旅途让劳伦斯"头昏眼花、迷迷糊糊的"，而且从圣达菲出发一路颠簸，他感觉"浑身像散了架一样"，他仍旧坐上汽车在崎岖不平的沙漠中行驶了五天，去观看阿帕契奇人的宗教节日。他的心"和费尼莫尔·库柏一样燃烧起来了"。劳伦斯喜欢装扮成印第安人玩，后来他很快同样喜欢上了在陶斯扮演牛仔，尽管他发现这些阿帕奇人有一种"往往讨厌水"，他们从不"洗澡或洗衣服"，身上"有一股难以忍受的硫磺与人体混合的味"。这颠覆了劳伦斯以前的看法。他还发现，印第安人在举行仪式时，有必要安排相当凶狠的土著卫兵去警告那些干扰活动的白人离开，这让他吓了一跳。

这些都是小问题，除了这些和疲劳外，毫无疑问，这样的经历让他很"激动"。两天的时间里，他们开车"穿过沙漠和台地，驶入峡谷，爬上分水岭，沿着小溪一路奔驰"，晚上来到了阿帕奇人的营地——"印第安人的帐篷星罗棋布，圆锥形帐篷、炊烟、拴着马匹的侧影、裹着毯子走动的人影"。他喜欢"鼓声强—弱、强—弱的节奏"，也喜欢他们跳舞时发出的奇怪的蹉步声和喊叫声。

四周夜色渐浓，一群男人缓缓涌入，每人手里都拿着一根白杨树枝，和着鼓声加入到两排队列中凑在一起，白杨树枝冲里拿着，脸挨到一起，大张着嘴，喊着唱歌，所有人的双脚一直都在吧嗒、吧嗒、吧嗒地打着拍子，和着砰砰的鼓声和奇怪、响亮、有节奏的喊叫，一点点移动过来，吧嗒、吧嗒、吧嗒，沿着小道集结成一群，侧身朝着远处其他组基瓦的挑战者们，那些人高声唱着歌，缓缓向前移动，侧着身，黄昏中，他们的脸挨到一起，他们拿的树枝都向内，朝着鼓，双脚吧嗒、吧嗒、吧嗒地打着拍子，弹起了灰尘，屁股微微翘起，脸都冲里，张着大嘴随着鼓点喊，半似大笑、半似嘲弄、半似恶作剧、半似玩笑的神色。快走，快走，快走！加快步伐！奇怪的大叫、歌声、喊声，在黄昏中寂寞地响起，好像松树能够抖动着满身的枝叶突然唱歌，听着近似一种未成年动物的叫声，洋溢着生命胜利的喜悦，和对抗其他生命的魔鬼似的行径，既有嘲弄，又很幽默，和着吧嗒、吧嗒的节奏。

与此同时，弗里达留在陶斯一五一十地回答着梅贝尔·卢汉提出的"诸多问题"，"像往常一样把自己的底细和盘托出"。有什么底细可透漏呢？梅贝尔·卢汉自然很好奇，想更多地了解她结识的这位怪客。劳伦斯来陶斯很久之前，梅贝尔·卢汉就从"英国某个了解他们的姑娘"那里收到了有关劳伦斯的一份秘密报告，那位姑娘可能是伊瑟·安德鲁斯，那年她和劳伦斯夫妇一起在康沃尔过圣诞节时，警察曾来查询。她说：

> 他是我见过的最有吸引力的男人之一。我初次见他时，他滔滔不绝地讲了一个下午，几乎持续不断。他能立刻就打开话匣子，如果他感觉与听者有共鸣时，就不会有丝毫的不自然。他说话跟写作一样，都是精彩坦承。但只要稍稍触及到对立的批评和敌意，劳伦斯就变得很暴躁。他骂人的技艺高超，对手无一幸免。他跟所有的人都吵架，他说没有他不吵架的朋友。劳伦斯确实是个清教徒，但在理智上非常反感清教主义，甚至奋不顾身地全身心地与清教主义斗争，在这儿期间，毁掉了自己。然而他是世界上在人与人的关系中是最温柔、最友善的人，但内心的躁动让他疲惫不堪。当他心里有某种情绪或冲动时，他根本无法抑制自己。战争对他来说是很可怕的，使他精神极度紧张，可恨的战争差点要了他的命。

尽管弗里达肯定能再补充些，但这是一幅很好的劳伦斯画像。虽然他看起来精力旺盛，但弗里达那时还没有意识到劳伦斯有多么虚弱，也没意识到肺结核对他的困扰。但她可能已告诉梅贝尔·卢汉，劳伦斯平时经常有多么坐立不安，在一些憎恶和嫉妒中充满多么强烈的怨恨，在无休止的争吵中多么让人愤怒。她可能还提到了威廉·亨利。然而，她可能发现难以解释、难以让人相信的是，劳伦斯时常渴望有一种不可抑制的对原生力量的渴望，这种渴望使他在澳大利亚的最后时期的生活在很大程度上是一种痛苦的煎熬。他曾下定决心要根除弗里达身上"现代女性"的思想，让她完全"屈服和顺从"于她上帝般的君王。他把这些内容用虚构的形式写进了小说《袋鼠》，该小说是在到达陶斯的几周前写就的。他这样写道：

> 他是个意志坚定的小魔鬼，脑中一旦闪过什么念头，不管在天堂还是地狱，甚至连哈丽特也无法打消他这个念头。现在，他脑中萌发出了成为君王和主人的念头，要哈丽特承认他的地位。他即将成为君王和主人，而她是卑微的奴隶。她即将顺从这个神秘的男人和他的阳刚之气，

心怀崇敬之情，甚至有些敬畏，就像在伟大的赫尔墨斯圣坛前的一位妇女一样。她要相信他的冒险事业，将自己奉献给他的事业；她要相信他神秘的幻想，那就是地图上的世界之外有一片土地，在那里，新的生命将再次诞生。

当然，现在任何人都可以提出异议，认为这段文字节选自小说，并怀疑其并非实情，但小说中的这些场景纯粹是自传性质的。毫无疑问，就像他描写的那样，劳伦斯不停地对弗里达"哇啦哇啦讲"，重复地讲令人厌烦的话，要她完全服从，心怀崇拜敬畏之情，相信他的神圣使命。但弗里达有什么反应呢？他像记录自己的观点那样，用动人的直率、十分坦诚又毫无偏见地记录下了弗里达的观点：

她就是做不到。在人们所了解的土地之外还有他的那块土地，那里的人比现在这里的人多得多。她就是不相信。"那么相信我吧，"他绝望地说道。"我太了解你了，"她回答道。

多么有力和令人信服的反驳！她曾半信半疑地认为他会为他们二人创造一个崭新的、更好的世界，来弥补她不能与孩子们相聚的痛苦，这样的日子永远地一去不返了，但是她可能仍然相信他非常优秀，是个好得让人受不了的丈夫，一个伟大的艺术家，一个赋予生命的人，但她就是不愿意，也不会相信他能成为救世主、一位男人的领袖或是她的君主和主人。

他，君主和主人！为什么他不能真正主宰自己的面包和黄油呢？明年他们二人可能会挨饿的。他连自己的主人都不是，无法克制自己的怒气，不加鉴别地乱交朋友。如果他天生是男人们的主人，军队的将军，或是一家大型钢厂的经理，手底下有好几千号人——那时，确实，即便她不承认他是君主，那她也可能会承认他是这场交易中的主人。然而，实际情况是，他是世界上最孤独、最孤单的人，甚至没有一只狗听他吩咐。他如此孤独，在人群中好像都算不上是人，他除了她之外，绝对一无所有。人群中，他像一个难以置信的生物——比如说像鸸鹋。他就像一只走在大街上或火车车厢里的鸸鹋。

那些话里的每个字都绝对真实正确，一个人能如此精准地看透自己最珍视的伪装并记录下来，无情地针砭自己，确实是难能可贵的。一个人知道自己的缺点和蠢行，或者不管你怎么叫吧，却完全无法摒弃这些东西，除非这些东西离开他，这也许是再常见不过的一种体验了。然而，尽管劳伦斯用这

种毫不留情的方式嘲笑自己的任性、自负和顽固，但他会随时发生一百八十度大转变，他把自己看成一只凤凰，看成应受崇拜的独一无二的君主和主人：

  哦，我顷刻间
  打倒这些残忍倒霉的寄生虫，
  一下子击中他们的髓骨，
  叫我国王和君主！

从观看阿帕奇人的宗教仪式回来时，劳伦斯看到弗里达和梅贝尔·卢汉在一起，他敏锐的直觉立刻告诉自己，弗里达已经泄露了他的秘密。弗里达很坦诚直率，面对那个世故的女人提出的机敏的问题，没有丝毫的防范和应对策略，没有什么比弗里达"泄露秘密"更让劳伦斯恼火的了，特别是当时好像故意把他支走似的。

"哦，我的敌人写了本书，"劳伦斯不常把这样的话挂在嘴边——专业作家们很少这样讲话——但你可能会说劳伦斯的说法是："哦，让我把我的敌人写进书里吧。"无论如何，他立刻计划要把梅贝尔·卢汉的生活和冒险经历写成一部小说，为此，他每天早晨都到她家里跟她促膝长谈。于是，当然了，弗里达开始有些嫉妒了。对他们来说这样的事屡见不鲜——一个被劳伦斯独特的作家天赋和充满魅力的性格所吸引的女人（往往在听了劳伦斯的抱怨后），会觉得弗里达需就如何照顾劳伦斯听取一些建议。想想她为他所做的牺牲，不得不做出的忍让，弗里达知道没人能做到像她那样对待他，听到那些话很自然地总是使她怒气冲天。于是，两人打了起来：有时劳伦斯被解救或被挫败——不管哪一种情况——劳伦斯都会说这样的话来感谢她：

  所有的女人都一样——喜欢发号施令——完全不顾体面。这是你的
事，弗里达，看着其他女人，别让她们亲近我。

同时，陶斯似乎确实是劳伦斯在英国时朝思暮想的地方。陶斯靠近落基山脉，其实就在落基山脉之上——虽然很难看到太平洋，但这似乎正是他长期以来所期待的。在陶斯，友善的普韦布洛印第安人向他讲解他们的习俗和礼仪，让他记录下来，升华为理论。在这里的生活充满乐趣，劳伦斯玩得很尽兴，他学牛仔的样子，骑着梅贝尔·卢汉的一匹马穿越荒漠。劳伦斯学得很快——我相信他从没有从马上摔下来过——他的穿戴很惹人注目，白色的马裤，牛仔帽，蓝衬衫，白领带，胯下是墨西哥马鞍。然而此刻他看起来似乎是"心满意足"了，但内心充满着对澳大利亚的深切怀念——"我还没有

完全从澳大利亚脱离出来，澳大利亚成为我生命的一部分，我爱澳大利亚，真的爱它——澳大利亚"。

9月30日是圣杰洛尼莫节，这是普韦布洛印第安人的重要节日。普韦布洛印第安人名义上是罗马天主教徒，但其实仍坚守着某些古代泛灵论的神秘仪式，可能比南欧那些仍坚持着前基督教习俗的偏远部落更自觉、更谨慎。和阿帕奇人在一起时，圣杰洛尼莫的舞者让劳伦斯"激动万分"，"男人们穿着的狐狸皮在屁股上摆动，女人们拿着种子做成的摇响器跟在后面。我永远忘不了当时人们跳舞时全神贯注的情形，节奏如此恬静、沉稳、永恒的韵律、肃穆，只有永不停息的跺脚声，直击地球中心，与酒神节的向上流动或基督教的狂喜正好相反"。

他努力使自己相信，在来到新墨西哥州、看到这些舞蹈之前，他之前从未体会到"永恒的宗教情感"。很容易通过他自己先前的作品来反驳这个观点，此刻让他激动的与其说是宗教，不如说是原始的魅力。尽管他热情地回应了印第安人舞蹈，但如果认为他希望自己和我们永远重新投入到原始"愚昧无知"的世界中去，这就是对他思想和情感的真正误解了。他唤起的情感，仅仅局限于他观赏的舞蹈，聆听的印第安长者的吟诵，"是清晰、洪亮的男性声音，奇怪的是，听起来却很遥远很哀怨，像个梦游人一样吟诵着，吟诵着，吟诵着"，但他否认参与宗教舞蹈或印第安人吟诵的想法：

> 那对于我是不合适的，我知道。灵魂像最古老的岁月那样久远，它有自己静谧的回响，它有自己遥远的部落的理解，这些理解相互渗透并融合为一体了。我们不需要再重复过去的生活。我们最黑暗的细胞组织和这个古老部落的经历纠缠在了一起，我们最温暖的血液来自于这个古老的部落之火。我们的血液、我们的细胞组织依然震颤着回应。但我，那个有意识的我，已经从那时起走过了漫长的一段路，当我回首往昔，像流血一样可怕的记忆，黑夜中，一张张阴暗的面孔围绕在篝火四周，一滴血在我和他们的身体里跳动。但我不想返回到他们那里，啊，永不回去。我从未想过要否认他们，或与他们断绝关系。但是，我不会再回去了，一直向前，继续前进。

有人一直指责说劳伦斯要带我们回去——回到"原始状态"，回到"愚昧无知"，回到"原生动物"，对于这种说法，上述内肯定是最彻底、最清晰的驳斥。

他这段时间除了写些生动的短篇作品，描写最近的旅行体验以外，别的也没写什么。《袋鼠》的最后一章很快就写完了，和梅贝尔·卢汉合写一部新小说的规划一直都在讨论之中，只有一些非常不连贯的笔记。他可能在这一时期写了《新墨西哥之鹰》这首诗：

> 傲然直立，从雪松的茸毛里露出被烧焦的苍白色，
> 傲然直立，上帝的力量从下边把他托起，
> 鹰钻到了羽毛里，
> 在烧焦的白羽毛里，
> 在烤糊的黑羽毛里，
> 在仍如火烧般的深褐色羽毛中；
> 镰刀掠过，镰刀从上面散落。

这首诗还不是他最满意的成功之作，十天来因为弗里达和梅贝尔·卢汉的关系紧张，加之对别人物质上的部分依赖而心神不安，这使他非常苦恼。他写道，在这个地方最大的缺点就是要"生活在主人的羽翼之下"。他振作精神，来对抗梅贝尔·卢汉这位"美国妇女的意志"，频繁地、语言生动地公开指责她。

离陶斯十七英里远，有个叫洛博的山坡，位于圣克里斯托瓦尔贸易区上方。梅贝尔·卢汉有一百七十英亩的荒地，建有一处土坯房供她儿子狩猎用，还有三四处牧场平房和简陋的棚屋。梅贝尔·卢汉最

劳伦斯在基奥瓦农场建的门廊弗里达在门口。劳伦斯拿着他的猫提莫塞
照片提供者 多萝西·布雷特阁下

后把这笔财产给了弗里达，劳伦斯夫妇管这个地方叫基奥瓦牧场，作为回报，劳伦斯硬是让梅贝尔·卢汉收下了《儿子与情人》的手稿，但她又转送别人了。劳伦斯坚持要从陶斯他所称的"漂亮的房子里"搬到这偏远的地方，但因为梅贝尔·卢汉的住房另有用处，劳伦斯夫妇就从德尔蒙特一个叫霍克的农场主手中租了两间土坯房。

自从离开锡兰后，劳伦斯好像就没犯过肺病，精力旺盛，能够骑马并能做日常家务。尽管如此，在超过海拔八千英尺的落基山上的小木屋里过冬，以劳伦斯的体力，当然还是做不了所有必要的重活粗活。在长达十到十二周最冷的严冬时节里，霜冻雪积，如果没有别人的帮助，劳伦斯不可能照顾好自己和弗里达的。这次，他很幸运地找到了帮手。有两位年轻的丹麦画家，梅里尔特和高次契，大约在这个时候，乘一辆老旧的福特车来到陶斯。这两个人一贫如洗，默默无闻，得不到当时的中心文化的认可，但劳伦斯很喜欢他们，熟悉了一段时间之后，就提出让他们住在德尔蒙特的一间小屋里，钱由劳伦斯支付，但作为交换，他们要帮劳伦斯做些如伐木砍柴之类的重活儿。

不管在任何时候，劳伦斯总会被雪中的美景所深深打动，对他来说这是无与伦比美丽；但除了这个最重要的因素之外，这里的生活必然是艰难、原始、单调的。

劳伦斯在基奥瓦自建的烤炉里烤面包
照片提供者 多萝西·布雷特阁下

除了校对修改《上尉的布娃娃》和《瓢虫》这样的琐碎小事外，劳伦斯创作的文学作品似乎只局限到诗上了，《蓝松鸦》确实就是他在洛博山上写的，当时正在下雪：

　　蓝松鸦，头顶长有羽冠，
　　徘徊在雪中的小木屋。
　　它在雪中奔跑，像一块蓝色的金属，
　　对周围一切都不予理会。

　　在这里，雪后的每一天
　　蓝松鸦都围着小木屋踱步，繁忙啄食，
　　对我们所有都人不理睬，

在雪中摆动着它厚厚的深色羽冠，好像

在威胁地说：

"我对那些留意看我的人置之不理。"

那首关于美洲狮的诗写于1923年1月，特色鲜明，意境深远。诗中描述他们四人骑马行至洛博峡谷的入口处，遇到几个陌生的墨西哥人设陷阱抓住了"一只纤长的猫，这只猫毛色发黄，像只母狮子"。他们让劳伦斯欣赏一下这只漂亮的亡兽，把她的脸抬了起来：

她的脸光亮圆润，如霜般的光亮，

她的脑袋圆圆的，模样俊俏，长着两只死耳朵；

她如霜般鲜亮的脸上，漂亮深色的条纹

清晰分明，

如霜般鲜亮的脸上，长着精美的黑条纹，

两只死去的眼睛美丽动人。

劳伦斯像兄弟一样悼念这只漂亮的死猫，劳伦斯把它柔弱的毁灭之美看做自己的象征，人们任意地设圈套捕捉它、杀害它，这就象征自己在人世间的命运。他的视野越过死去的美洲狮，投向了远方：

……朝向沙漠的昏暗朦胧，像是一场梦，永不真实；

桑格里德克里斯托山白雪皑皑，匹克里斯山

冰雪覆盖。

对面积雪的陡峰上，绿树在风雪中

傲然屹立，酷似圣诞玩具。

在这个空旷的世界里，我想有我和美洲狮的一席之地。

在外面的世界，我想我们可能轻易地省去一两百万人

永远不会想念他们。

然而，这个世界上有莫大的缺憾，那只面若白霜

瘦弱的黄毛美洲狮消失了。

从诗中可见，他是强烈地感到自己是这个世界上的逃犯，他也有用动物类比自己的习惯。据说陶斯的印第安人有个给人起动物绰号的习惯，当白人和陶斯印第安人一起住的时间比普通游客长时，他们就会给白人起个动物名

字,尽管劳伦斯很不乐意,但还是给他起了个绰号,叫红狐狸。我们都很习惯地认为狐狸通常落荒而逃,后边的骑手和一群狂吠的狗紧追猛赶,但我们却忘记了这种动物的野性之美——它的红色皮毛平滑鲜亮,牙齿洁白闪亮,猛扑雏鸡的动作迅速优雅,类似动物中的罗宾汉。劳伦斯更愿自己是一只美洲狮或鹰,或者甚至是一条蛇,有时高兴了,更喜欢把自己想象成一条凶险漂亮的蝰蛇,人们仰慕它,冒险抚摸它。

与此同时,红狐狸和拒绝做印度安人老婆的女人,以及两个年轻的丹麦人,在同落基山的冬天进行抗争。落基山大暴雪持续不断,他们被困在小屋里数日,没完没了地说话,一首接一首地唱民歌,有时弗里达和劳伦斯还会有可怕的争吵——劳伦斯被阴沉愤怒的魔鬼纠缠着,腐蚀着,弗里达还不向他屈服。天气晴好时,三个男人有时会在雪中散步,劳伦斯耍很多小把戏,找借口停下来休息,因为他是不会承认两个年轻人比他强壮、走路比他快的。有一天,两个年轻人走出去试图攀登附近的一座山峰,回身远望,发现劳伦斯像一个可怜的小黑点,远远地落在后边跟不上来。后来,他坚持要用西班牙语给他们讲课,但是讲课方式呆板乏味,所用的词汇和教学方法都是过了时的,弗里达无情地嘲弄他们,让他们退缩了。令人好奇的是,劳伦斯一直过分守礼。一天,一位女画家走了十七英里路,从陶斯来看望他们,劳伦斯断然拒绝女孩睡在他们夫妇的屋里,两个丹麦人不愿将女孩拒之门外,不想让她在冰天雪地的夜晚再走十七英里路回去,为此,劳伦斯很是恼火。

劳伦斯的小母狗比伯斯有一段奇怪又令人痛苦的故事。比伯斯是劳伦斯那时候的一只特殊的宠物——劳伦斯惠特曼式动物诗中的最佳女主角。按照劳伦斯的惯例,诗中他把自己投射到动物身上,通过谴责这只小狗来映射自己的缺点,不加选择地乱交朋友,同时这也是对弗里达的严厉警告。劳伦斯通过比伯斯告诉弗里达,现在他不想要性行为或"爱情",尤其不要"爱情",但是要"忠诚!忠心!依恋对方!好吧,我的小母狗,你要学会忠诚,我将保护你"。保护她免受什么伤害呢?呃,保护它不落入"大牧狗"之手,牧场里的大牧狗追求它,因为现在它"开始性觉醒"了。

很难说,劳伦斯是严肃地把弗里达讥笑他连狗主人都不是的话应用到自己身上,还是他跟一个小动物的亲密交往纯属巧合。但是,尽管《比伯斯》这首诗诙谐幽默,观察细致入微,但毫无疑问,劳伦斯确实打算做这条小母

狗的统治者和主人，它要"完全屈服、服从于"他。毋庸置疑，如果有人渴望建立这样荒唐、无益的关系，那么最好是到狗群中去找。不幸的是，为了试验的成功，劳伦斯不仅试图控制一条小母狗的性格，还要控制大自然威严的、神秘的、不可改变的训令。比伯斯不愿意被人保护着不过性生活，况且也不可能。

两个实事求是的丹麦人看到了当前的情况后，提出正常的强制办法，用皮带拴住比伯斯，圈住它一段时间，但劳伦斯全然反对这么做，使用这样的粗俗方法是在毁掉比伯斯的"忠诚、忠心和依恋"的全部价值，他相信比伯斯会自愿顺从于他天然的统治地位。换句话说，他只是想让比伯斯牢记，他不希望它和任何一只公狗发生关系就够了。"生育之母，人和神的情欲啊！"一有机会，这只不忠诚的、可恶的、民主的、忘恩负义的、一意孤行的小母狗就和牧场里第一只散步经过的"大牧狗"欢欢喜喜地私奔了。

比伯斯外出到松树林中时，劳伦斯心情"阴郁忧伤"，神情沮丧地详谈了人畜杂交的恶果。比伯斯一回来，就被它那怒气冲天的统治者和主人鞭打一顿。第二天一早，或许是由于对主人的惧怕，或许是出于对大牧犬的爱恋，比伯斯再次消失在了森林中。它这次回来后，不敢回到劳伦斯身边了，而是钻进了丹麦人的小屋，巴结讨好，乞求被原谅并收留，当然它成功了。大约中午时分，劳伦斯突然闯入小屋，脸色煞白，气得发抖。"你在这儿呢，你这个肮脏、虚伪的小母狗！"他把比伯斯从高次契的膝头打飞了。他在后面追它，掀翻了桌椅，追到了深雪之中，抓住它，踢打它，叫骂着侮辱它，在疯狂地盛怒之下要杀了它。

一切都发生得太快了，让人困惑不解，两个丹麦人太吃惊了，一动不动。小母狗可怕而痛苦的叫声突然刺激他们采取了行动，梅里尔特冲到了劳伦斯和比伯斯之间。劳伦斯怒不可遏，杀气腾腾，如果他力气足够大，他可能杀了梅里尔特和那只"虚伪肮脏的小母狗"。劳伦斯以想要杀人的仇恨瞪着他们，但他没有武器，知道自己抵挡不了梅里尔特的拳头，正当两人怒目而视时，可怜的比伯斯连窜带蹦地跑进了雪地里；它一逃走，他们两人也各自离开了。

经过这样差点发生肢体打斗的敌对一幕后，劳伦斯自然很讨厌他的对手了，一有机会就要冷酷无情地清除他们。但是如果没有丹麦人的帮忙，他无法生活下去；他要么选择回陶斯，向梅贝尔·卢汉低头求援，要么马上离开

这里——他该何去何从呢？他宁愿和解。他受虚荣心驱使，不能容忍道歉，甚至是间接提起这件事来都受不了，但他为丹麦人"烤面包和美味的蛋糕"，对他们"非常非常好"。

几天后，冬天的寒冷和生活的艰难使劳伦斯的肺病复发了，他被迫卧床休息，像往常一样，他向大家保证"只是轻微的感冒"，很快就能康复了。比伯斯一直和丹麦人住在一起，但有一天，它跟从前一样跳上了劳伦斯的床，最终又赢得了劳伦斯的宠爱。多么具有讽刺意味的奇异的小插曲，在这场争斗过后，这只小母狗最终获胜了，它还生了一窝小狗崽。

那年冬天，发生了另一件异乎寻常、令劳伦斯深感震惊的事。沉寂了好长时间后，莫里给劳伦斯寄来了两封信，第一封信说凯瑟琳·曼斯菲尔德去了枫丹白露的高尔德耶夫寓所，第二封信通告了凯瑟琳·曼斯菲尔德的死讯。劳伦斯确实没有理解第一封信的重要性，所以第二封信对他来说着实是个打击：

> 是的，有些东西从我们的生命中流逝了。是的，我一直觉得心中有条纽带。现在这条纽带已经断掉了，这让我感到一阵恐惧。我觉得以前的维系都正在消失。我们大家以后会发生什么事？凯瑟琳没有看到下一阶段的事，对她也许有好处。待我回到英国后，我们会再次团结起来，过去的四年是一段非常艰辛的历程。

"艰辛历程"，这样的词非常引人注目，但像凯瑟琳·卡斯威尔那样，用这个词来作为劳伦斯生活的象征也确实太过夸张了。在战争期间，劳伦斯遭遇了各种麻烦，还经历了令他极为愤怒的贫穷，但跟千百万人的遭遇比起来，实在是算不了什么。而且四年的"艰辛历程"完全是劳伦斯自愿的，并把陶尔米纳，西西里最时尚的旅游区，当成自己的大本营住了几年。他饶有兴趣地游览了马耳他、撒丁岛、那不勒斯、卡普里、阿马尔菲、罗马、佛罗伦萨、威尼斯、巴伐利亚和奥地利；乘着豪华的游轮穿越大洋，在锡兰和珀斯会见朋友们，居住在太平洋岸边的澳大利亚，在一所宽敞的平房和陶斯一处"漂亮的屋子"里。劳伦斯夫妇在冰冷的比西尼斯科雪山上住了十天，在洛博山上住了十周。

如果说历程的"艰辛"是因为劳伦斯的贫穷，那答案就是二十世纪二十年代的贫穷是想象虚构的。由于某种原因，当劳伦斯给卡斯威尔夫妇写信时，

总是抱怨着哭穷，让自己显得比实际穷得多。这儿有一个例子，劳伦斯上交了1922年的联邦所得税申报书后几周，他跟凯瑟琳·卡斯威尔抱怨说自己的"富有只是相对的，尤其是因为在德国有这么多亲戚"。但除了他在英国挣了约三百英镑和外文翻译的版税收入外，那年单在美国就挣了5439美元，扣除10%的代理人佣金和70美元的联邦所得税。我要说大多数人绝不会称之为"艰辛的历程"，反而会认为他们的生活让人非常羡慕。如果他过一种完全与外界隔绝的生活，或以吵架出名，让自己在哪儿都是"被拒绝的客人"——那么，可以肯定地说，他肯定应该怪他自己。

3.7

劳伦斯夫妇通过梅贝尔·卢汉认识了一位有私人资产的美国人维特·宾纳和他年轻的朋友威拉德，或者叫他"土豆"约翰逊——美国西部地区一家小期刊《笑马》的编辑，劳伦斯常给这家期刊投稿。劳伦斯夫妇初到圣达菲时，因那里的旅馆被大火烧毁了，他们没有了住处，是宾纳热情好客，伸出了援助之手。在宾纳的帮助下，劳伦斯夫妇在一个了解这座城市的人的陪同下，第一次参观了墨西哥市，这个人为他们做了讲解。初次来到一个陌生的国家，这样的帮助很有价值。也许没有太大必要去注意，劳伦斯的一部关于古墨西哥的小说《羽蛇》的开篇就出现了两个逼真的"形象"宾纳和约翰逊。1923年3月15日是"一个阴暗可恨的雪天"，劳伦斯夫妇下山告别了山上的隐居生活，19日之前，他们到了埃尔帕索，这是一座通往墨西哥城的沿途的边境小镇。

但是梅贝尔·卢汉怎么样了呢？从某种程度上说，毕竟劳伦斯在美国西部地区的旅行和新体验都得感激她。如果我们相信梅里尔特的话，那么劳伦斯此时是非常讨厌梅贝尔·卢汉，甚至还想杀了她。战争期间的任何时候，

天才的画像——劳伦斯传

劳伦斯从未假装成和平主义者，他经常疯狂又夸张地宣称，有些人应该被杀掉，他愿意杀掉这些人——比如杀死"一两百万德国人"，以此来发泄他对1915年战争的愤慨。《袋鼠》有一章"小镇上的一条街"，其中有个人物在暴乱中杀了两三个人后，欣喜若狂，原型是劳伦斯的那个人物，静静地听着，丝毫没有反对。

洛博山上，好像有一天很冷，劳伦斯用他杀人重要性的观点招待两个丹麦人，言辞激烈地断言他们三人"要杀掉一些如禽兽般蔑视人的银行家、工业家、律师、战争制造者和各类阴谋家"，这"很重要"。梅里尔特稍稍迟疑了一下，就假装信服了，想看看劳伦斯接下来的想法，就提议说，没有比现在更好的时机了，这种惩罚性的屠杀应该立刻开始。劳伦斯一点也没有怀疑，马上急切地表示赞同，于是梅里尔特问劳伦斯打算先从谁下手呢？

他犹豫了片刻，缓缓地强调说："我会先杀了梅贝尔。"

尽管如此，劳伦斯离开陶斯前，还是跟梅贝尔·卢汉见面告别。如果他心中有打算杀了她的心思，几乎是不可能表现地那么热情友好的，尤其因为梅贝尔·卢汉可能很合理地觉得劳伦斯没有完全满足她的期望。劳伦斯初次来到陶斯时，有些身体不适或心情不佳，或二者兼而有之，这方面他自己也承认，因此劳伦斯1924年1月给梅贝尔·卢汉的信中称："我们要是一直保持真诚相待、笑口常开该多好，1923年就不会那么讨厌了。"

但他写这封信的时候，正急切地渴望回到陶斯。1923年3月他前往墨西哥时，十分犹豫是否还要返回陶斯，也确实计划要在"八月初"回到英国，也许是为了履行跟莫里"再次联系"的承诺吧。1923-24年的冬天，他确实飞回了英国，除此之外，直到1925年9月为止，他一直住在墨西哥或新墨西哥。

劳伦斯（约1923年）
摄影 爱德华·威斯顿
照片提供者 托尼·卢汉

作为一名文学艺术家，劳伦斯从工作角度考虑，经常本能地以墨西哥而不是以新墨西哥为其创作的主要题材，这是十分正确的。毕竟墨西哥是原始文明的中心，劳伦斯离开欧洲之前，很早就对此感兴趣。新墨西哥景色宜人，但在我看来，不如犹他州、亚利桑那州和加利福尼亚州的一些地方，几乎无法与古老的墨西哥相媲美，那里有冰雪覆盖的火山和变幻莫测的气候。圣达菲确实比法国和英国的任何殖民地都要古老，但给人的印象是：一座有着16世纪的西班牙土坯建筑的城市，是在1920年建成的。各处的布告栏上写着"欢迎您，游客先生""谢谢您的光临，游客先生"，这种感觉不但没改变而且加深了，显然这个地方早已不是阿兹特克文明的前哨了。

墨西哥之行是劳伦斯最后一次"思想冒险"历程，是他创作大部头著作的最后的灵感之地。当然，他的"旅行后记"《查泰莱夫人的情人》是除外的。如果劳伦斯是认真的而不是一时兴起的话，墨西哥之行就是他最后一次尝试把自己融入到另外一个社会中。墨西哥之行过后，他就放弃了他的探索，返回西欧，主要是在意大利，因为那里更合他的心意，他在那里也写出许多最好的作品。他刚到墨西哥时的心情，可能在一篇散文片段中得到最好的诠释，这篇散文写于1923年秋，当时他正一路疲惫地在墨西哥偏远的地区旅行，弗里达不在身边，只有高次契陪着。这篇文章清晰、简洁地总结了他身上日益加深的所有的幻灭感和所有的失落感，这样的感觉是在1915年从他开始认识到战争的寓意时就产生了。那场战争把整个世界带到了末日，但又是怎样的末日呢？他自己作出了回答：

　　哎，民主的末日、个人和国家自由理想的末日，人类同胞情谊的末日，人类追求完美思想的末日，爱情至上信念的末日，人们自始至终追求和平、和谐、宁静、爱和友善的末日。基督教的末日、耶稣教会的末日。绝对知识的科学的末日，语言绝对力量的末日。末日、末日、末日。

1915年劳伦斯在格雷汉姆重写《虹》，在此期间他的心理斗争使他几乎处于精神错乱的边缘，这些思想就含蓄地表达在他的作品中——他从未如此大胆地、如此清晰地提过，如此彻底地毁灭了人类的一切信念，但这些思想的的确确表达出来了。这种思想是对他所认为的毫无生机的理想主义的彻底否定，僵死的理想主义招致了他强烈的对抗和憎恨，而不是人们所谓的说他违反了传统性观念的罪过那些事，那些事只是有人试图打击他想出的便利而

怯懦方法而已。

如果适当地排除劳伦斯身体健康的困扰和脾气秉性失衡等所有因素，这种思想提示我们他焦躁不安、漂泊流浪以及对英国畏缩的原因，劳伦斯认为英国坚守着僵死的宗教、僵死的理想和僵死的社会形式。因此，他要探寻新的生活方式，来取代他认为是没有希望的、陈旧过时的生活方式，这在多大程度上是由于他纯粹的个人反应、愤怒或反感引起的，已经十分清楚了。他总是强烈地预言1939年会有第二次大灾难，在此之后，他的直觉中的幻想成份比1915年甚至1923年少得多了。无论对与错，关键是他相信这一观点，并且始终不渝地坚持着这一观点。

劳伦斯初次到墨西哥的经历似乎让他很失望、沮丧，但这可能是由于他身体虚弱，旅途劳累造成的。他乘坐了"一列凌乱的普尔曼式的卧铺火车"离开了埃尔帕索，缓慢地穿越"无尽的荒漠"，餐车上天价供应着"残羹冷炙"。伺候他们的没有美国火车上的"漂亮整洁的黑人"，而是"一个满脸麻子、衣衫褴褛的普尔曼男童"。墨西哥最近刚经历了一起破坏性的"人民革命"，另一场革命将在不久的将来一触即发。奇怪的是，劳伦斯总时不时地宣称，自己只对"死亡的革命"感兴趣，极为蔑视资产阶级的安全观，对墨西哥的局势持一种相当悲观的看法：

  墨西哥有一条响尾蛇盘绕于心，这就是新世界的民主。一旦它再一次抬起了头，就成了危险的动物，同时，鸽子仍在盘绕的响尾蛇身上搭窝，像石头一样永恒盘绕着的阿兹特克的响尾蛇。

劳伦斯到墨西哥城后不久，宾纳和约翰逊就带他去看斗牛了，他就像憎恨看斗牛的观众一样憎恨斗牛，那些观众是半革命化的、反对白人的无产者。即使是任何一位女教师，胸中怀着处女般的偏见，对动物仁慈有加，也不能达到劳伦斯那样白炽化地反对和谴责斗牛。当墨西哥的小流氓们开始把他们帽子扔进竞技表演场地时，劳伦斯为此非常气愤，当他们闹着玩似的，用力把烂橘子和香蕉皮扔到他和朋友们身上时，他更是恼羞成怒。这些吵闹的观众突然离弃了他们廉价的座位，冲到了价格较高的预订座位上，十分粗鲁地围着劳伦斯和他的朋友们转来转去，使劲地把他们那南方人的大屁股坐到了劳伦斯他们的脚上：

我真的憎恨这些俗不可耐之人。

但这种厌恶之情与他被迫去看古老的杀牛祭祀仪式时的厌恶相比，算不了什么的。强壮的公牛，是性和太阳的象征。这个仪式发源于遥远的腓尼基的伊比利亚和米诺斯的克里特。劳伦斯觉得那个斗牛士看起来像"穿着紧身衣的太监或女人，屁股肥肥大大，梳着几条小辫，脸刮得干干净净"。看到牛顶伤了几匹马，他再也忍受不了了。在观众的喧闹声中，带着强烈的不满，他起身离开了，他声称斗牛中毫无英勇豪气可言，"它只不过是人类摧残动物的表演……肮脏的小男孩们残害苍蝇……讨厌鬼……万分感谢上帝，观看斗牛时，我领略了什么是胆小的懦夫和肮脏的灵魂"。

落基山上冰天雪地，小木屋也被冰雪包围着，为了满足弗里达的愿望，也稍微弥补一下她在冬天受过的苦，他们住进了一家一流的酒店。但未能如愿以偿，劳伦斯觉得其他人看起来虚伪、不道德，所以他们躲进了一家意大利的小酒店里。劳伦斯应邀去参加时尚的茶话会，这里的美国客人和英国客人他都讨厌，部分原因是他们习惯谈论当前的革命形势。后来，劳伦斯去看一位（当时是）现代艺术家的壁画，这位艺术家的原创理论是"只有丑的事物才有美感"。劳伦斯觉得他的绘画"极丑，丑得没有欢乐的元素和奇幻的意境"。劳伦斯讨厌他的作品的粗俗愚蠢，讨厌他们"癫狂的社会主义观、政治观以及对祖国的看法——像捕鼠器一样机械"。于是导致了一场激烈的争吵，期间"艺术家"质问劳伦斯是不是什么都知道，因为外国人通常都知道墨西哥的一切。劳伦斯处理这类状况游刃有余：

我知道自己的感觉，我要乘出租车回家，不想再看这些愚蠢粗俗的画了。

有一点必须记住，劳伦斯在大城市时，总是不开心，墨西哥城似乎比那不勒斯还要嘈杂混乱，这让他的神经受不了。他不安地意识到了威胁，感到这里正在酝酿一场压抑已久的暴力革命。仅仅几周前，他还一直宣称去暗杀银行家、工业家和律师等等，他敏锐地意识到了这种随时都可能爆发的、横扫一切的革命，好像是在回应他之前的愿望，但当他发觉自己在某种程度上已经和实施这项计划的人在一起时，却十分反感。

所以，他宣布要马上回到欧洲，也许会回到英国。但后来他又改变了主意，觉得可以去查帕拉湖畔。尽管宾纳和约翰逊拿他取乐，编造出可怕的故事，

说那里的酒店经理被土匪用大砍刀谋害了，大庄园主被乱刀砍死了，很可怕。这么一说，可能反倒让他决心去那里了——他不想让几个美国的纨绔诗人认为他们能够吓倒一个来自诺丁汉的英国人。另外，如果他想写部关于墨西哥的小说，那得找比墨西哥城居民更有趣的人作为原型。所以，他又乘火车旅行了，很快整个人充满了活力，他又开始在这个世界上活跃起来了。火车停车时，他看到：

>……人们成群地站着，他们的帽子歪戴在头上挡风，毯子从双肩一直捂到眼睛上，借此来抵挡尘沙，他们一动不动，像忧郁的鬼魂一样，黑色的毛毯和大帽檐间露着闪亮的双眼。沙尘漫天，人们赶着毛驴狂乱地跑着，像魔鬼般地举着双臂，急促尖利地喊叫着，防止毛驴钻到火车车厢中间去，狗不声不响地在火车下边跑来跑去。妇女的脸上包裹着蓝色的头巾，有的在卖用布包好的热乎乎的玉米粉圆饼，有的在卖装在陶器杯里的龙舌兰酒，有的在卖抹着厚厚的红色、含油酱汁的鸡块，有的在卖橙子、香蕉或火龙果等各种东西。没人买这些食物时，因为尘土太重，妇女们就把商品放在胳膊底下，在上面盖上蓝色的头巾，遮着脸，一动不动地看着火车。

劳伦斯大约在1923年5月初就开始动笔写《羽蛇》，5月2日，他简单记录了他和弗里达搬到查帕拉湖畔的房子时的情景，五月中旬，劳伦斯的写作进展很快，有望在六月底或七月初就完成《羽蛇》的初稿。他一直在写这本书，只要有可能他就在写，在室外写，"坐在湖畔的胡椒树下写"。他也曾停下来，到查帕拉湖游览了两天。期间，他们发现了一处"可能"适合永久居住的房子，但没有租下，因为一场新的革命即将爆发。"人们为什么要建造一处漂亮的房子，却要让它毁于一旦呢？"此外，劳伦斯夫妇还与宾纳和约翰逊一起做了一次短途旅行，去看了特奥蒂瓦坎古城的金字塔。

后来，《羽蛇》这份重要手稿的写作突然被搁置了，没写完，我们发现劳伦斯夫妇竟取道新奥尔良向纽约进发了！这可能是由于宾纳和约翰逊离开了他们，而且"革命"的威胁日益迫近，劳伦斯夫妇才有此次出人意料的出行，但真正的原因其实是因为弗里达。她虽然享受着他们流浪的生活，但她并不能像艺术家一样可以忙于事业，无法对所发生的一切都赋予创作的意义。她暂时厌倦了新墨西哥生活的不便利和在老墨西哥发生的可怕的事情。在特奥

瓦迪坎古城，她一想到"在古老的献祭仪式上，将还跳动着的心脏献给太阳，让太阳去吸吮"，就不禁颤栗。一天黄昏，来了"一条巨大的石蛇，全身发绿，瞪着两只绿松石般的眼睛盘绕着"，她非常害怕，尽自己所能"跟着其他人"飞快地跑开了。还有，她有好长时间没见到自己的孩子、母亲和姐妹了，她说自己渴望英国的温和宁静，想在夏天和孩子们在德文郡待一段时间。

但这事的主要原因在于劳伦斯和弗里达之间的统治权之争，劳伦斯依旧坚持"反复灌输"，要弗里达完全屈服、顺从自己的思想，弗里达则坚决拒绝。像宾纳这样的美国人，非常反感劳伦斯对弗里达的态度和他经常辱骂弗里达的言语，他鼓励弗里达要争取独立。"如果你和劳伦斯吵架了，"他说，"你为什么不主动出击呢？"如果我们相信《羽蛇》中的证据的话，那劳伦斯的想象力已开始飞跃到新的苛求的程度。他突发奇想：如果在即将到来的革命中他是领袖的话，他会做些什么呢？他认为这场革命必须包括古老的墨西哥神的复活，尤其是蛇鸟神奎兹尔科亚特尔，他想象的革命领袖与蛇鸟神同为一体。在小说中，凯特（也就是弗里达）屈从他、崇拜他，而在现实生活中，不管劳伦斯去不去，弗里达自己坚持要回欧洲。

弗里达用什么理由和什么策略使自己摆脱了蛇鸟神的缠绕，这方面没有记录，但如果她认为劳伦斯为了陪她而一起高兴地回欧洲，并放弃他的小说和他成为神一般权威人物的迷人梦想，那她就错了，低估了劳伦斯骡子般的倔强。起初，弗里达的决心似乎使劳伦斯感到很惊讶，他陪她一同启程了。但旅途漫长，时断时续。他们从韦拉克鲁斯坐船到了新奥尔良，后又转乘火车来到纽约。由于天气炎热，他们搬到新泽西的乡村，等待着拥挤的假日邮轮能腾出空位来。

这就给了劳伦斯足够的时间，他像"巴兰驴子"般越来越厌恶欧洲之行。弗里达设法为自己订到了8月17日离开的船票。已经8月7日了，劳伦斯给凯瑟琳·卡斯威尔写信："我不会回欧洲，感觉就是不想回去——现在还不想回去。以后再说吧。"他已经有了自己的计划，写信给莫里："美国对我来说一点意义都没有。但我想再一直往西走——想到洛杉矶去，到山里去，可能还会去太平洋航行。我不回欧洲去，我觉得自己是最伤心的。"如果他是最伤心的，那他也是最疯狂的。就在弗里达登船之前，两人还在码头吵了一架，是所有痛苦、愤怒的争吵中最惨痛、最激烈的一次——非常令人伤心，

弗里达几乎认为两人的一切都结束了。但如果她此刻让步，那对她来说将是致命的，她可能会陷入"屈服、服从"的处境。在这关键时刻她别无选择，要么坚持离开，要么俯首臣服——她抗争了很久，不想这样。于是，劳伦斯不得不让她走了，他的固执使他宁愿让弗里达一个人回去。哪一方会首先感到孤独难耐，还得等着瞧呢。劳伦斯坚信不管他在哪儿，弗里达都会回到他的身边，那对他来讲就是一种胜利。

所以劳伦斯痛骂了弗里达一顿后，便让她乘船独自离开了，自己则取道布法罗和芝加哥，往西来到了洛杉矶。之所以选择去洛杉矶，是因为两个丹麦人在那里，除了在山上因比伯斯的事差点打起来，劳伦斯没跟两个丹麦人发生过激烈的争吵，劳伦斯觉得他俩有理，就决定原谅他们。他们去火车站接劳伦斯，开着他们老得可以进博物馆的福特车，把劳伦斯送到圣莫尼卡的米拉马尔酒店。真奇怪，劳伦斯在好莱坞出现了，但他在好莱坞的现身就像他在悉尼时那样，没人注意到他。劳伦斯让丹麦人很不安，他们觉得他"不像在德尔蒙特时那样了"，跟弗里达分开后，他"坐立不安，内心孤独"。

郁闷的精神状态似乎影响了他的容貌。几周前，他在墨西哥拍了张照片，照片中的他，兴高采烈、满面笑容、穿戴整齐、卓尔不凡、仪表堂堂。他在圣莫尼卡悬崖小路上散步时拍了一张快照，照片中的他发生了令人难以置信的变化，面容丑陋、衣衫褴褛、郁郁寡欢，看起来像是可怜忧郁的乞丐在排队等候领取救济食品。

九月的大部分时间里，劳伦斯漫无目的地在洛杉矶游荡。游览了圣塔巴巴拉，在隆波克看了日食。他对加利福尼亚的看法是："这是个奇怪的地方——在某种意义上，它背离了这个世界，注视着空洞的太平洋。它极度自私，非常空洞，但不虚假。"劳伦斯很快就厌倦了加利福尼亚，所以说服高次契陪他去墨西哥。他的想法是"寻找一个可以生活的地方，或许我可以在那里找到一个小农场，在这个世界上立个桩，从一个新的中心点，扩展成一个新中心"。

实际上，如果劳伦斯希望建造房屋的话，有人愿意在加利福尼亚湾免费为他提供六英亩或八英亩的土地，尽管如此，劳伦斯这个流浪者还没有在墨西哥找到自己的中心，这不足为奇。让人惊奇的是，这次旅行是劳伦斯唯一一次听起来沉闷的旅行。以前劳伦斯每次远行到一个陌生的国度时，都很高兴、激动、敏锐地观察一切，但这次却不是这样。劳伦斯很克制，甚至没

跟高次契吵架，高次契思索着劳伦斯奇怪的行为，得出了一个同样奇怪的结论：劳伦斯在写作之余，还应该干点别的事情。他还说，劳伦斯没有弗里达在身边，整天无所事事，有时看上去快要疯了。

他们从加利福尼亚启程，经过索诺拉省和锡那罗亚省，大约在十月中旬抵达了哈利斯科州的瓜达拉哈拉，那里距离劳伦斯夫妇夏天匆匆离开的查帕拉湖不远。劳伦斯发现洛杉矶熙熙攘攘，交通噪音很大。索诺拉省则截然相反，"广袤荒凉，空旷无垠，比查帕拉更令人绝望，让人有一种被拒之门外的感觉"。这次旅途很艰辛，对于劳伦斯这种身体状况的人来说，确实太过辛苦。

他们坐火车去了太平洋沿岸的瓜伊马斯，觉得那里炎热、肮脏，接下来去了纳瓦霍，在那里参观了米纳斯纽瓦丝，它是瑞士人开的一座银矿，一路上道路崎岖不平，劳伦斯"碰得浑身是伤"。他们看了"大型野牛牧场"，还有"许多奇怪、凄凉、野蛮的地方，景色很美，但怪异、野蛮"。在"炽烈的阳光和辽阔炎热的天空下"，他们疲倦地穿越了"渺无人烟的小丘、大山"，到了"平坦炎热的海滨地区，那里有几棵大棕榈树，可以隐约看到仿佛来自外太空的深蓝的大海"。火车有时会停在四周只有几处破旧土坯房的荒凉的车站，有时他们不得不换乘火车，为了下一趟火车可能会等一整天。他们最后来到了马萨特兰，这里的炎热更让人无法忍受。他们往前走啊，走啊，来到了海拔三千英尺的特皮克，这里比较凉快；后来坐上了一辆破破烂烂的福特公交车，这辆车太旧了，在坑坑洼洼的路上颠簸了九十公里，车晃得厉害，他们不得不一只手抓着座位，一只手扶着车顶篷，下车时头痛欲裂。两人又骑了九个小时的骡子到达伊斯特兰，第二天又走了六个多小时来到埃斯特拉兰联轨站，这才筋疲力尽地登上了开往瓜达拉哈拉的火车。

劳伦斯到一个新的国家旅游时，从不会留心去选择一年中合适的季节，我觉得他可能认为这样谨慎未免有些"资产阶级化"。在这种情况下，他体验了一个炎热的国家里最热的月份，这样艰辛的旅行使身体过度疲劳。令人吃惊的是，他并没有病倒，而十六个月后，他却支撑不住了。因为旅途劳累，弗里达又不在身边，所以他主要感到了旅途沉闷的一面，这是他一次独特的体验。墨西哥这个国家似乎与众不同。劳伦斯起初想没有弗里达陪着，就不去查帕拉了，但后来还是带着高次契去了那里，看了自己特别喜欢的一个景色优美的地方。到那个地方后，劳伦斯看到一切都变了，又惊又悔。到底发

生了什么事？"不知怎么的，对我来说这儿现在变得不真实了，"他对高次契说，"我不知道为什么。"

尽管情感上烦恼，精神上压抑，旅途的艰辛让他筋疲力尽，但他仍坚持写作。8月18日到11月22日这段非常时期（期间进行了上述几次旅行），劳伦斯整篇地重写了莫莉·斯金纳有关澳大利亚的小说《丛林里的孩子》。合作的观念很奇特——劳伦斯用了她的情节、人物、插曲和她熟悉的东西，却完全用自己喜爱的方式改写了一遍。另外，他那时用的笔记本（上面有这部澳大利亚小说的人物名单）包含许多文章的片段，一些片段后来被期刊采用了，剩下的就丢弃了，所有文章都很有趣。

与此同时，弗里达怎么样了呢？她显然没有让步，他们因生气在纽约分开已有两个多月了，劳伦斯还是没有听到有关她的任何消息。他"猜想德国吞掉了她"。不是德国，是汉普斯特德，弗里达在那里租了处小公寓，可以见到她的孩子们。与此同时，弗里达还探望了很多劳伦斯的英国朋友和熟人，作为成名作家的妻子，享受着这一重要身份。这些人视野狭窄，只局限在伦敦文学界这个狭小的圈子里，对欧洲知之甚少，对欧洲以外的广阔世界更是一无所知。劳伦斯敏感地意识到世界正在发生的变化，以及世界各个部分彼此关联的重要性。事实上，他们根本没有注意到这一点。他们认为劳伦斯陷入了"荒野"，把自己的时间和精力浪费在"偏僻的地方"，当然，因为他们对劳伦斯充满挚爱之情，自然是盼望他能回来。

劳伦斯是个天真淳朴的乡下人，以一本乡土小说开始了自己的文学生涯，这一点千真万确。特别是1919年后，他的事业发展非常迅速。令人好奇的事实是，本世纪有许多作家在本国赫赫有名，在国外却无人问津，在国外也很少有人会读到他们的作品，而劳伦斯则恰恰相反。在英国，劳伦斯一本接一本地出书，这样做完全是为了自己高兴，而他在英国被认为是失去影响力的人。此时，人们不知道，劳伦斯正迅速成为一名非常成功的世界级作家。那时（1923年），他的美国读者要比英国读者多——1923年3月，劳伦斯在美国签了合同，发行或再版了他早期的7部作品，以及以后的所有作品。他的作品已被译成多种语言，有的已经出版或正在编印，他没做一点努力，也没使用任何诡计就取得了这样的成就。简而言之，劳伦斯是世界级作家，国外读者比国内多，在国外受到的尊重也比国内多。那时《鸟·兽·花》即将面世，这部作品完

全是在英国之外写成的，主题也与英国无关，它是迄今为止劳伦斯对诗歌的贡献中最有独到见解的作品。有些人是以《新政治家》和《泰晤士报文学增刊》上的好评作为标准来评判作家的声誉，我们不能期望他们理解，劳伦斯为什么能在那些从未听说过些期刊的人们中间赢得更广泛、更持久的声誉。

劳伦斯自然比他们更了解真实的情况，有人写信敦促他"回家吧，一切都会得到原谅"，劳伦斯尖刻地回应道：

不管怎样，虽然英国可能会再次领导世界，如你所言，她首先得找到一条道路，必须找回迷失的路径，而迷失路径的一端就在墨西哥。

事实上，劳伦斯待在了哈利斯科州瓜达拉哈拉市的加西亚酒店，不在伦敦俱乐部。然而劳伦斯处在一种奇怪的情绪中，气愤、恼怒而又甜蜜，慢慢地作回英国的准备。有些对他高看一眼的人力劝他回到伦敦——这个独一无二的文化和世界影响力的中心，倒不是这样的小事影响了劳伦斯的决定，而是因为他需要弗里达。他意识到弗里达是不会"顺从他，并尊敬他"的，如果他需要弗里达，就得去找她。这场战争完全是他制造出来的，在他身上有一种古怪的不合时代的错误，他好像生活在了更原始的两性交战的社会。《虹》中安娜与威尔·布朗温之间的战争奇怪、激烈又似乎毫无意义，从小说中可以了解劳伦斯和弗里达两人早期的争斗情况——这一章有一个很有意义的标题，叫"胜利者安娜"。这场战争又重新开始了，现在已到了危机时刻，有三种可能的解决办法：双方永久分离；她"妥协"，去墨西哥找他；他收敛自己的坏脾气，放下傲慢的架子，就像十一年前去德国找她那样，去伦敦找她。

劳伦斯死后，弗里达就两人之间的这场战争写道：

我想他是对的，我应该去墨西哥找他，他本不该来欧洲的，我们有时犯下的一些错误不可挽回。

弗里达忘记了，要是她回到墨西哥，就涉及到她要做出怎样的"顺从"，然而，那时她的直觉就是要迫使劳伦斯回到自己身边。他逐渐了解了这个棘手、痛苦的事实后，情绪很怪，痛苦而气愤。高次契在瓜达拉哈拉惊恐地说，他要"尽可能离劳伦斯远点——劳伦斯现在近乎疯狂。你知道他的那些举动吗？他把头使劲往下低，让胡子一直垂到胸口，每次有人跟他聊天，他就'嘿、嘿、嘿（不是笑声）'，看到他这样，我就觉得后脊梁骨冒凉风。我觉得他有些精神失常了"。

天才的画像——劳伦斯传

高次契认为，劳伦斯已经意识到他有失去弗里达的危险了，而没有她，他也活不下去。显然，当劳伦斯跟丹麦朋友聊天，发出疯疯癫癫的傻笑时，他情不自禁地谈论起自己当前的境况，越谈越使自己焦躁不安，就像高次契说的那样（确实如此），劳伦斯"身体上、情感上、心理上已不堪重负"。显然，他努力准备面对最坏的可能，但他还是像往常一样左右摇摆不定。他们离开瓜达拉哈拉回欧洲的两天前，高次契又这样写道：

> 劳伦斯很难让人理解，有时他真的好像完全疯了，自己难为自己。他总是过高估计自己，认为通过他的感觉就可以阐明人们的所思所行。有时候他又非常理智，好得要命。他怕弗里达会躲避他，他说她可以在伦敦买一处房，让她和孩子们一起生活，然后，他自己孤身一人去旅行。他说："不久她将会讨厌那里的生活。"说完了咬着下嘴唇，微微急速地点头。其实，他是担心弗里达会喜欢上这样的安排。然而，尽管劳伦斯心胸宽广，满怀好意，但他的想法非常不切实际，是否每个人都接受这些想法，也让人怀疑。

一个有趣的巧合是，在高次契写这封信的同一天（1923年11月10日），劳伦斯发疯似地给他在德国的岳母写了封信，信中他非常气愤地指出，他讨厌被迫让步，即使有一点成功的可能，他都想与弗里达重新开战。信中充满了好战的日耳曼精神，他可能认为这样可以取悦岳母（尽管事实上他岳母既具有德国人的特性又具有法国人的特性）。劳伦斯写这封信，实际上是想让岳母站在自己的一边，一起对付她女儿。劳伦斯告诉岳母，他想从女人那里汲取力量，"斗争的力量"，而不是爱情——可恶的爱情！

> 弗里达写信说"英国非常平静"。太可耻了，你今天想要和平！我可不要和平，我周游世界，且行且斗争。呸！呸！我在坟墓里才能找到我的和平。首先，让我参加战斗并取得胜利吧！是的，是的，岳母，当我这个准英雄归来时，给我做个象征胜利的橡树花环，让城里的乐队在我的窗前奏乐吧。

一周后，这个气度不凡的"准英雄"在墨西哥城，准备寻回迷途的妻子，那位非常不想要和平和爱情的妻子。11月22号，劳伦斯从韦拉克鲁斯坐船到了普利茅斯。此刻离开这个炎热的国家去欧洲西北部地区，并不是个好时节，因为欧洲西北部正值冬天，天气潮湿，**雾浓霜重**。当他们驶进英吉利海峡时

将近十二月,天气非常阴冷。正好是四年前,他曾站在海峡渡轮的甲板上,带着一个破碎的心,回首白雪皑皑的峭壁,英国就像一个"灰色的棺材"逐渐消失了。现在依然是寒冷的十二月,暮色降临得很早,他站在船头,凝视着前方,那一天的情形历历在目:

> 四年前,我看到死灰色的肯特海岸覆盖着一层薄薄的冬雪,在眼前逐渐消失。四年后,在地平线下方,再下方,日暮西垂,在寒冷冰封的天空的眼睛下,一束微弱的火光,似乎有所寓意,这是地角之光。

3.8

就像预料的那样,劳伦斯此次被迫重返英国只达到了一个重要的目的——那就是与弗里达和解了。除此之外,其余的便是屈辱的失败,让相关的每个人都很沮丧和困惑。另一方面,一个明显的收获是,劳伦斯离开墨西哥后避开了那里的政治动荡和暴乱——预言中的"革命",与残酷现实比起来,革命只在想象中更有趣、更持久。当然了,对于劳伦斯敏感的性情而言,这次他突然被从墨西哥拽走是个打击。他还得写完《羽蛇》,我们知道,劳伦斯的"守护神"和他的"巴兰的驴"是多么细致地培养了他的艺术细胞。他还是最想去墨西哥和新墨西哥,不太想去别的地方,因为这两个地方是他作为艺术家最向往的地方。但此次突如其来的伦敦之行也是有好处的,他以一种全新的深邃目光,一种新的惊愕感受审视英国和英国人:

> 英国对我而言,似乎是个真正软弱的地方,是大英帝国的一个腐朽的地方。如果人们曾经不得不从全世界的角度来思考的话,那么他们不得不以当今世界的角度来思考。现在,这个岛屿不比后院大多少,但却是人满为患,这些人意识不到他们后院外的一切,却装模作样地要主导世界的命运。真是既可怜又可笑。这种"优越感"陈腐到愚蠢。

这些可怜"高傲"的绅士们，只会一味地指责美国人。让我惊讶的是，英国人带着敌意谈及美国人，仅仅是因为西方的共和国之鹰没有为其他民族之便而选择成为一只鹈鹕，为什么要成为鹈鹕呢？

弗里达荒唐地认为，劳伦斯生活在伦敦并通过积极参与《阿德尔菲》杂志的活动就会有"成就感"，她的这种想法注定会迅速破灭。不管劳伦斯在他们的爱情关系上做出多大让步，他都意识到弗里达一点也不了解作为艺术家的他。因为《阿德尔菲》在很大程度上是基于乡野村夫的谬论写的，劳伦斯用破坏性的嘲讽给予揭露。

这次的归来从一开始就有不详的预兆。人们还记得，就在弗里达即将离开前，他们曾在纽约的码头上大吵了一架。这次弗里达与默里一起到伦敦车站去接他，当看到他们的关系十分友好时，劳伦斯嫉妒得脸色铁青。劳伦斯的嫉妒和他自负的性格一样，表现得都很极端，他不能忍受弗里达有任何朋友，除非是那些经他选择的偶尔相识的熟人。没过几天，他就不可避免地因"感冒"卧病在床了，躺在贴满莫里斯[①]墙纸的卧室里，喝着旧茶杯里的茶，陪着操着英音的拜访者，真是受罪。当然，像往常一样，他每到一个新地方，就想去别的地方。到了伦敦，他又想回到新墨西哥了。

回新墨西哥！他在那里和梅贝尔·卢汉多次吵架，还抱怨了"1923年所有的坏事"！但在那里，却发生了巨大的变化，梅贝尔看出把劳伦斯大发脾气、骂人太当真是错误的，她给劳伦斯写了封"和解"信，寄到了瓜达拉哈拉，劳伦斯立刻写了封亲切的回信，这是他的一贯做法。梅贝尔·卢汉这么做，可能是由于外界传言劳伦斯和弗里达永远地分开了，正如出版的信中显示的，梅贝尔·卢汉和劳伦斯开始愉快地通信，甚至还在信中答应要"顺从"他！劳伦斯激励她"不要心存顾虑，要以信任为基础，像潘神那样无所顾忌，相信深入自然的泉水，万物之源，然后开怀大笑"，随后是笑声，并随口承诺了一句"总有一天我会回来接受你的臣服的"。

但在弗里达身上是没有顺从的，战争持续升温，有一次危机差点升级成一场暴力。看起来，弗里达似乎能肯定劳伦斯接下来要写那本未完成的《羽

---

① 威廉·莫里斯是19世纪英国的设计师、诗人、早期社会主义活动家及自学成才的工匠。他设计、监制或亲手制造的家具、纺织品、花窗玻璃、壁纸，以及其他各类装饰品引发了工艺美术运动，一改维多利亚时代以来的流行品味。

蛇》。书中，他的墨西哥领导人就是羽蛇神①，劳伦斯把自己也写成了墨西哥人。也许是这个原因，或许因为其他的事，这仅仅是个巧合，使得弗里达在人前指责劳伦斯是荒谬的自我主义者，"把自己看作了神"。可能真是这件事惹得劳伦斯非常生气，他开始用德比郡的方言骂她，他总觉得德比郡方言骂街有特殊的优点。劳伦斯发觉这一顿骂对弗里达不起作用，就用拨火棒把杯子、碟子和茶壶都打碎了，同时粗暴地威胁她说：

> 给我小心点，弗里达！你要是再和我那样说话，我砸碎的将不是茶具，而是你的脑袋。是的，我会杀了你，当心点吧！

拨火棒砸碎了头型的茶壶。没用的暴力！仅能镇住那些哑口无言和受到惊吓的旁观者罢了，因为弗立达和他自己都了解，他是不会做出这种事情的。这次他的返回唯一证实的事实就是，在这场意志之战中，在心理上他已经输了。他完全了解这一点，只不过他要骗过那些旁观者。等他火撒完了，弗里达便静静地拾起那些碎片扔进了垃圾箱里。终究，他还得赔。

从这点看，从墨西哥到纽约，然后到洛杉矶，再返回到墨西哥，最后回到伦敦，这些长途旅行几乎纯粹是浪费。他辛苦赚来的钱，有多少花在了变化无常的旅行上了，这很难估计出来，但肯定有好多钱是不该花的。现在，劳伦斯回到了伦敦，联系上了多年未见的英国朋友们，他再次提到了拉纳尼姆这个幻想，这个由他统治的"朋友聚居地"的梦想。他们为什么不接受劳伦斯式的说法，在陶斯"一起生活"呢？劳伦斯和梅贝尔·卢汉已经暂时休战，陶斯又重新对劳伦斯开放了呀？劳伦斯曾经用相当伪善的措辞给卢汉写了封信，说"要是我们能在陶斯小住，那该有多好呀"。他似乎还没有问问自己，梅贝尔·卢汉能有多喜欢他从伦敦劝来美国的这群非常另类的追随者。这个计划在他心中太珍贵了，以至于他不但一笔勾销了"1923年所有的坏事"，还赞扬了她的诗和托尼·卢汉的散文。毕竟劳伦斯曾对加布里埃尔·邓南遮②和萨默塞特·毛姆③都不屑一顾！

---

① 羽蛇神：古代墨西哥阿兹特克人与托尔特克人崇奉的重要神祇。
② 加布里埃尔·邓南遮（1863—1938）是意大利诗人、记者、小说家、戏剧家和冒险者。在当时政坛上是与墨索里尼并驾齐驱的人物。"超人"的意志力、雄辩的口才、高雅的文采，私生活上的骄奢淫逸和对情欲的无节制的追求，使他成为当时欧洲风靡一时的"超凡"人物。
③ 萨默塞特·毛姆（1874—1965）是英国小说家、戏剧家。

初步征求意见后，劳伦斯决定邀请受自己威胁的受害者们吃饭，庆祝自己功成名就，同时重启最新的拉纳尼姆计划。因此，他选择了皇家咖啡馆，有人夸赞劳伦斯是个好厨师，但他名不副实，其实劳伦斯只知道英国乡村的烹调方法，会做几道德国和意大利菜，一点不懂上乘的法国烹调法，也不了解葡萄酒。在巴黎时，他特别擅长模仿萨克雷的吃法，点一份巴黎浓味炖鱼，就着鱼喝红酒，这种吃法真让人受不了。

这次宴请从一开始就令大家有种不祥的预兆。劳伦斯和科特连斯基到皇家咖啡馆，经理怀疑地上下打量着他们，要求支付订金，拒不接受劳伦斯的支票。宾客们或多或少都是钦佩劳伦斯的才华，或个人忠于他，他们是玛丽·坎南、多萝西·布雷特、凯瑟琳、唐纳德·卡斯威尔、莫里、格特勒和科特连斯基。劳伦斯和他们相识多年，即使在劳伦斯受到迫害时，他们当中大部分人也忠诚地支持他。以自我为中心的劳伦斯没有考虑到，虽然他们崇拜他，但这并不意味着他们彼此喜欢，也不代表他们可以和谐地生活在一起。

这顿饭的提议不太好，一开始吃饭时，就可以感觉到某种敌对的情绪弥漫其间。甚至有些宾客之间互不相识，就连劳伦斯自己自1915年后就没有再见到过布雷特。庆祝是在羞涩和沉默中开始的，所以为了打破英国人的这种拘谨，劳伦斯不断地劝他们喝酒，为此自己也喝了很多。但并不是说喝酒能建立友情，而是友情可以使酒意更浓。大家喝完波尔多葡萄酒，又喝了波尔图葡萄酒，而劳伦斯是喝不了这种酒的，酒开始上头，他开始讲西班牙语。科特连斯基胡言乱语，打碎了玻璃杯，宣布："劳伦斯是个伟人——这儿没人能意识到他有多伟大——尤其是女人，不论在座的还是别处的女人，都不可能意识他有多伟大。"此刻，男主人开始明白，为了让事情进展顺利，在紧张焦虑中，自己已经喝了太多的酒，看起来"面色苍白，病态得可怕"。他没有致歉以中断此次聚会，而是固执地要实现此次聚会的真正目的。他说了说自己以及他与世界的斗争，激动地问谁愿意追随自己到新墨西哥，"尝试一下那里的生活"。除了玛丽·坎南，所有人纷纷表示愿意去，但除多萝西·布雷特外，没人打算真的要去。莫里深情地吻了劳伦斯，劳伦斯搂住莫里的脖子说："不要背叛我。"莫里回应道："我爱你，洛伦佐，但我不能承诺不背叛你。"一两分钟后，莫里的弥赛亚[①]往前一扑，难受地倒在桌子上。

[①] 弥赛亚：犹太人所期待的救世主，这里指劳伦斯。

对此，弗里达只是冷冷地坐在一边，任由布雷特和凯瑟琳·卡斯威尔争着去服侍这位失去行为能力的主人。莫里和科特连斯基也上来帮忙，把失去意识的劳伦斯抬上了出租车，把他送到了汉普斯特德，安顿他上床睡觉。第二天，凯瑟琳·卡斯威尔记录了劳伦斯对这件事的评论：

  唉，凯瑟琳，昨晚是我出丑了。我们肯定都会有失误的时候。但只要我们先承认失误，然后忘掉它，也就没有什么害处了。

这件糟糕的、让人有些丢脸的小事过后，劳伦斯很高兴地逃离英国，前往巴黎和巴登-巴登。现在一件很意想不到的烦恼开始困扰他。在这段时间里，他的好多信中都提到了他的美国出版商，也就是"痛苦的塞尔策"，塞尔策没有回复劳伦斯的信和电报，也没有往劳伦斯的账户里打钱。其实，忠诚的塞尔策出版了太多蒙巴纳斯①美国人的作品，经济陷入了困境，支付不起劳伦斯出书应得的稿酬。但这并没有让劳伦斯生活拮据，因为原本他还害怕有人会向他借钱，这回反倒有了拒绝别人的最好理由。劳伦斯的笔记中显示，除去回陶斯的昂贵旅费、买马匹的钱，以及修理基奥瓦农场的500美元的花销以外，1924年10月，劳伦斯在英国的账户余额达到了303英镑，在美国有2285美元。

1924年3月5日，劳伦斯夫妇再一次起航去了美国（这次坐的是阿奎坦尼亚号），陪同他们去的还有拉纳尼姆的新成员多萝西·布雷特。劳伦斯在给岳母的信中亲切地说布雷特"头脑有点简单，但人不坏"。我得赶紧为布雷特辩护几句，因为在陶斯，她勇敢地拿着匕首防身，印第安人是这么说她的："拿着匕首的那个姑娘很危险"。她是英国贵族伊舍子爵之女，因此劳伦斯在信中总是油腔滑调地称她为"多萝西·布雷特阁下"，好像她是国会议员，不是英国女士似的。由于失聪了，她带着助听筒。

在其他人中，只有莫里声明说自己会随后就去，可能也打算这么做了。劳伦斯已经给梅贝尔·卢汉写信说："我挺希望莫里别来陶斯，不要太相信他。"但是劳伦斯的确要求过高，当时莫里的《阿德尔菲》办得很成功，他几乎是不可能在洛博编辑这本杂志的。莫里为什么要去新墨西哥，做些使收入大减的杂事呢？而且，这两个朋友在很重要的事上又一次意见不同，劳伦斯认为生是死

---

① 蒙巴纳斯：法国巴黎中南部的一个区，位于塞纳河左岸，以艺术家、作家和知识分子经常光顾的咖啡屋、酒吧和餐馆著称。

的一种形式，而莫里的观点也同样具有创新性，他认为死是生的一种形式。

塞尔策在纽约码头迎接了劳伦斯、弗里达和布雷特三人，劳伦斯觉得塞尔策"看起来很憔悴"——因为他欠别人钱。他们"艰难地行进在100号街，埋在出租车上的行李里，暴风雪即将来临，纽约好像蒙上了一层面纱"。塞尔策夫妇全心全意招待他们，带他们去戏院，在华尔道夫①饭店用了晚餐。但最后结果不尽如人意，劳伦斯谴责在华尔道夫用餐的那些人的丑恶，说他们钱太多了，竟来这么好的饭店。如果塞尔策带他去五十美分一位的自助餐馆，劳伦斯会说什么呢？

他们继续前行去了芝加哥，遇见了《诗歌》的女主编和许多作家，后来又去了陶斯，在那里待了六周。劳伦斯夫妇住在梅贝尔·卢汉的一栋二层小楼里，布雷特就住在附近的画室里。在印第安人的保护下，他们忙于骑着马四处慢跑，跟梅贝尔·卢汉的再一次争吵也正在酝酿中。他们也远足，在农场温泉里泡澡。当水从劳伦斯头发上和胡子上滴落下来时，布雷特觉得他看起来"很邪恶，像潘神""双眼冒着邪恶的光"。

如果劳伦斯把皇家餐馆里的那帮人都带来，这些人坐满方舟移居到美国的话，会发生什么事情呢？但幸运的是，尽管梅布尔·卢汉认为布雷特是"一个神圣的俄国傻瓜"，并对布雷特沿袭了乔治王时代的习惯，在每个东西前面都加上一个"小"字的行为异常恼火，但由于两位都是女性，还是能互相理解的。人们觉得那些复杂的调节工作劳伦斯做得太少，甚至没有做过，他显然没有意识到一个基本事实，当女人主动说出"服从"时，她的意思是希望你完全为她做到她想要的一切。

因此，一个愉快的清晨，梅贝尔·卢汉天真地说自己感觉好极了，劳伦斯没有微笑着说"好！"反而皱着眉头，发表了这番高论：

你觉得身体好，但并不是这样。你觉得好，其实不然。那只是你完全放纵自我了，就是这样。这是个破坏者，就是这些东西引起了所有的麻烦。

可怜人，他的肺伤痕累累，他的神经质饱受过去贫困、痛苦的折磨，虽然他装作鄙视健康，但为了这十足的健康他什么不能给呢？

弗里达轻描淡写道："我们和梅贝尔·卢汉待在一起，但不知为什么，我们合不来。"然而，他们不能抱怨卢汉不赏识他们或是不够慷慨，因为那

---

① 华尔道夫饭店（Waldorf Astoria）是纽约最豪华的一家旅馆。

时她提出将洛博的170英亩的土地送给劳伦斯，劳伦斯不要，执意把土地给弗里达。（我非常想听到有哪个美国作家被给予哪怕是半英亩的英国土地。）这是他多年来一直想得到的——洛基山脉的一个小农场，这份大礼对他来说是极大的考验。

事实上，劳伦斯起初很高兴，看到破败的土坯小屋需要重建，犹豫不决了一阵子后，就热情地开始干活了。印第安人也被叫来帮忙，开始挖灌溉渠，把一英里外的加利纳峡谷中的水引过来。他不顾个人身体状况，干着过度繁重的体力活，但置身于世界的美景中，他一点也不觉得累。通常对劳伦斯来说，一个地方的精神比别的什么意义都大，基奥瓦农场尤其是如此。从他多次不同的描述中我们可以猜出，基奥瓦对他意味着什么，他对此地爱得有多深。在他做灌溉水渠的挖掘工作时，他的诗意达到了顶峰。

> 在农场的那些早晨，我扛着锄头，沿着通往大峡谷的沟渠走，置身于大农场中，站在那寂静傲然的洛基山脚下，眺望着青如玉髓的亚利桑那州的山脉，山脉矗立在沙漠尽头，沙漠覆盖着艾灌丛，延伸在两山之间，一片灰蓝。像立方体水晶一样的小房屋点缀其中，高大广阔的圆形剧场赫然屹立，不可征服的沙漠绵亘到东边的桑格里德克里斯托山脉[①]，如奔流般涌向长满松树的洛基山脉的山脚下。太壮观了！那样雄伟壮观的景观，只有那能飞入云霄的雄鹰才可以与其融入。这儿的景色壮观，静谧无声，广袤无边，意义非凡，远远超出了审美的享受。没有哪里的阳光能与之相比，它那样纯粹、骄傲，拱形的阳光高贵地、几乎冷酷地普照着这空旷、向上倾斜的世界。一个又一个清晨，那些独自忙碌的人们才会明白，在广阔骄傲的沙漠上矗立的松林间这几乎让人无法承受的美丽，这里白昼的力量如此清楚，如此不容争议。在那里，仅白昼本身就很了不起。这就不难理解阿兹特克文化中把人心献给太阳的事情了，因为太阳不仅是炎热灼人，根本不是，而是拥有一种明亮的、没有争议的纯净，还透出一种高贵的宁静，使人情愿把心敬献给它。

这种经历和那些独特、动人的语言表达并不总是准确无误，但韵味浓烈，让我们看到了一个伟大且独特的劳伦斯。这样的感觉中当然也有他自己声称的"宗教"色彩，但是却没有掺杂那些琐碎或是荒谬的因素。这些情感可能

[①] 桑格里德克里斯托山脉是美国落基山脉的支脉。

与他笔下以讽刺的方式表现的争吵和报复形成最强烈的对比。同时，这与他提到阿兹特克人和他们死亡仪式时提出的理论也构成了鲜明的对照，因为某些迹象表明，他的狂妄自大确实让他自以为有点像反基督教的救世主，一个能改变世界的羽蛇神的新化身，这是他对权力的渴望。然而，当他忘掉自我，以及自以为是的野心，"与宇宙心心相印"去生活、去写作时，他作为伟大艺术家的真正力量才会得以最大程度的展现。他把奇怪的情感、紧张过度的人们之间的痛苦关系、性欲的光明和阴暗都描写得十分出色；还有他对仇恨、恶毒以及残忍进行的讽刺性记述，文学作品没有能与之相比的。当他身处伟大的自然美景中，孤独地从事着简单的体力工作时，他的另一个自我似乎就显露出来了，他能感受到无人能体会的、或几乎无人能体会的极大的幸福和强烈的兴奋。

落基山脉的农场不是唯一让他精神振奋的地方，在英国、西西里和澳大利亚，这种感觉更强烈，对于他来说，他喜欢把那些异常宏伟的景观和人们超凡脱俗的经历与自己融为一体。但在他那复杂扭曲的性格里仍然存在一种英国劳动者的本色，表现出劳伦斯家族喜欢体力劳动的特点，他喜欢给屋子做些修修补补的工作，就像他看他父亲做过一样。劳伦斯的很多遗迹还都保留在基奥瓦农场里，但最迷人的是那座英式小花园，它坐落在土坯房和苜蓿地之间，有百年的松树呵护遮蔽。你在任何一个老式的英国村舍都会看到这样的花园，甚至还能看到绽放的醋栗。但在孤寂的山坡上出现小花园却是让人出乎意料的，八千英尺高的山坡，是英国最高点的两倍。英国村舍的蔬菜和花朵同落基山上鲜艳的、呈现异国颜色的野花形成鲜明的对比——山上有印第安扁薹花、腥红的半边莲、野生羽扇豆、杂色的耧斗菜，以及被叫错名儿的蓝铃花。山坡上耸立着参天松树，似乎比欧洲任何一棵松树都要高大古老，"巨大、柱子一般的树干，有着铜色的鳞片""俨然一副冷酷无情的样子"，伫立在那里，

劳伦斯亲自重建的基奥瓦农场（后景）

风"嘶嘶地拂过松针,像个巨大的蛇窝"。他在想,当他永远离开这个农场后,心中一定会有深深的遗憾,他在意大利的里维埃拉写信说:"也许当我在任何情况下伤心时,我思念的是故乡,是屋前的那棵大树,那棵遮天蔽日的大树,从未有人看到过它绿色的树冠。"

  要是说他"讨厌美国",这是十分荒谬的!工业化的美国,是的,他憎恨任何一个工业化的地方,没有任何一位聪明人会接受外国人的民族主义。但如果要了解那山边和那么多英亩的土地所有权对劳伦斯意味着什么,那就读读《圣马尔》的最后十五页、《墨西哥早晨》的最后一篇文章,还有《新墨西哥》《美国的潘神》和《陶斯》这些文章。这里让他心醉神迷,这里可怕且美妙,魅惑且令人震撼。有时候,他那活跃的想象力会唤出他对孤单和魂魄的恐惧,对印第安人和灰熊的恐惧,其实那里早就没有灰熊了。令人痛惜的是,他半个人生活在纯粹的兴奋状态下,另外一半则会陷入因报复性的仇恨而产生的忧伤和刻薄之中。

  很奇怪,在新墨西哥,他非常接近自己的拉纳尼姆,这一梦想似乎是人类可能做到的。他忙忙碌碌地建造房屋、做木工活、挖渠、灌溉、骑马、挤奶、烤面包、擦洗东西、写作、画画,你会觉得过这样的生活就是古人说的"心平气和",对可怜的人类、人类的过失和烦恼视而不见。但就像阿尔道斯·赫胥黎指出的,"有点隐士般"在山间独居的生活会出现一种结果,那就是人变得"有点权威"感——体现在劳伦斯身上,经常就是特别挑剔和恶毒。

  这种仇恨几乎在整篇《圣马尔》中被强烈地表达出来,本书结尾以奇特的方式热情地召唤着大山。布雷特讲到劳伦斯在餐桌旁不吃饭,朗读《圣马尔》的部分内容,眼睛里还"闪烁着愉悦的光芒",不住地大笑,不得不时不时地停一会儿。《圣马尔》中的那批种马是劳伦斯最典型的象征,故事里它故意后退,压在了骑马人身上,还残忍地踢了另一个人的脸。劳伦斯读到这些故事时表现得非常"兴高采烈",弗里达被这种恶毒的残忍吓坏了,便说了出来。但劳伦斯没管弗里达,"无比欢喜地咯咯笑着",描述被踢得皮开肉绽的骑马人的情形。

  他在那么高的山上、炎炎烈日之下干体力活,再加上写作让他兴奋紧张,心中的仇恨有时会发作并袭击他,再加上与布雷特和梅贝尔·卢汉虚假的关系经常让他生气,他不得不为这些付出代价。他读着《圣马尔》里的报复性

选段，不久之后，有一天像平时一样，转身去吐痰，却吐出来"一滩鲜血"。虽然卧病在床，他不承认这是肺结核所致，弗里达过来问他什么时候去看医生，他突然勃然大怒：

> 你什么意思？为什么要请医生？你怎么这么大胆子？

对紧紧抓着他不放的疾病，劳伦斯可怜无力地反抗着，愤怒使他把放鸡蛋的铁圈扔到了弗里达头上，语无伦次地说：

> 你知道，我讨厌医生，你知道我不会请医生的，或者你也不能背着我请，我不会看医生的，不看。我要出去躲在艾树丛中，医生走了我再出来，我也要教训教训你。

当然，这是因为他无法忍受自己是个低人一等的病人，更无法忍受听到医生再次告知他患上了肺结核，必须安静地躺着、休息、静养。接到电话，医生担心是他的肺结核再次发作了，要是这样的话，劳伦斯就必须得去医院。于是，就派威拉德·约翰逊来帮忙，把他抬到车上，带上很多毯子，用来在回陶斯的路上包裹病人。医生实际上早已经到那里了，劳伦斯温顺地配合着检查。因为没检查出肺炎的症状，医生只是给了些普通的建议：静躺，让出血的肺痊愈。医生刚一走，劳伦斯就坚持用土法膏药来治疗，就像小时候母亲给他治的那样，然后告诉弗里达如何向别人提及他的病，不让她说出实情：

> 一切都正常，什么都没出问题，两个肺都很健康，只是支气管出问题了——支气管疼。

没人能说他这么做不对，甚至从医学的角度看，如果他采取了必要的生理预防措施，这样的想法在心理上是有好处的。比较而言，忽视这些预防措施可能是因为他的无知，但更主要的还是因为他本能地认为，短暂的生命比苟延残喘、半死不活地活到七十岁要强得多。不可避免的沮丧和绝望的情绪让劳伦斯在患病期间一蹶不振，他把这些情感都归结到别的原因上，他写信给莫里：

> 我跟你说过吗？我父亲死于9月10号，也就是我生日的前一天。秋天总是让我情绪低落，各种颜色杂乱纷呈。我想到南方去，那里没有秋天，寒冷不会像伺机猛扑猎物的雪豹那样蠢蠢欲动。北方的心死去了，冰凉的手指像死尸的手指那样。向北走是没有多少希望的，灵感的刺激就是临终圣餐刺痛舌头的感觉。

3.9

　　肺病周期性的发作，总是让劳伦斯焦躁不安，特别是因为他总将周期性发作的肺病和随之而来的抑郁症归咎于他住的地方。尽管住在农场上的日子更好，也更舒适，但他不想在那里再过一个冬天了，特别是没了丹麦人帮忙，他更不想多待了。另外，《羽蛇》还没写完，也牵扯着他，让他想回到墨西哥。我好像总是在记录着劳伦斯的一些新动向，但我相信劳伦斯并不是特别好动。我自己仔细列了一份劳伦斯详细的旅行清单作为指南（我觉得清单是完整的），从克罗伊登①开始的（省去了仅是周末游览和短途旅行的情况），整理后发现比我预想的要少得多。的确，他喜欢自由地游览世界各地，所到之处对现在大多数人来说是都不会去的地方，但是他能充分地利用旅行，这一点现在也无人能比。在他的一生中，成千上万比他有钱的英国人四处奔波，比他到过的地方多得多，但是除了让自己和他人感到无聊、浪费了机会以外，没有任何收获。

　　甚至在基奥瓦度过的那个春天和夏天里，劳伦斯夫妇活动密集，而且劳伦斯又病了一次，他们还是进行了一次重要的短途旅行，我需特意叙述一下。1924年8月，梅布尔和托尼·卢汉开车带劳伦斯夫妇穿越沙漠去观看霍皮族印第安人的蛇舞，这是一种著名的印第安人仪式，每年吸引近3000白人观众。在这个泛灵仪式上，印第安人用嘴叼着活的响尾蛇，最后两名所谓的"牧师"冲出去再把蛇带入沙漠，或是把它们作为祭品，或是作为上帝神圣的信使，把蛇放生。对这次旅行和有趣的魔术表演，劳伦斯留下了两个看似矛盾的叙述。第一个是为威拉德·约翰逊的《笑马》写的，劳伦斯以一种讽刺嘲笑的笔调"揭露"了整个事件和蜂拥而至的旅行者：

---

① 克罗伊登，英国英格兰东南部的城市，大伦敦的自治市。

> 仅仅是做秀！西南部成为了美国白人的大型游乐场，沙漠原本毫无用处，但确实成了最好的国家游乐场。那个印第安人留着长发，拿着些小陶器、毯子，以及自制的粗陋饰品，他有一件可以玩的很棒的活玩具，比养兔子更加有趣，也一样没有害处。太精彩了，真的，嘴里叼着蛇跳来跳去，很有趣！这荒凉的西部很有意思：这片魔幻之地！就像是在马戏场里面：沙土飞扬，画着油彩的野蛮人叽哩咕噜地说着什么。来吧，伙计们！很好玩的！

愉快但又不敬的话写了好几页，这或许仅能让到过西南地区的人们充分分享那种愉悦，但谁都明白这会让严肃的陶斯人感到不快。劳伦斯对颓废的欧洲及其古老乏味的文化进行嘲笑倒还合适，但嘲笑印地安人就不太好了。根据教义，生活在新墨西哥，与印第安人友好相处，即便不能解决宇宙问题的话，也解决了大部分的个人问题——而且还能在放射性的牧场温泉洗澡。现在说不准劳伦斯是否会因为自己的惩罚性冒犯而感到后悔，或许更大的可能是，这只是因和卢汉母子生气而发泄点怨气。不管怎样，毫无疑问，他确实改变了自己的想法，写了篇极富同情心的文章，其中某些段落显得很庄重，很多赞赏之词甚至显得有些过火：

> 人，很渺小，以他的意识和意志，二者必须向他生命伟大的原始力量屈服，还要征服它们。人克服了对蛇的恐惧，于是蛇被人征服了，带着人类温柔的、恳请的和充满力量的信息，蛇必须重回大自然。它们作为爱的光辉回到第一颗太阳的黑暗心脏。它们也作为代表人类智慧和勇气的箭，射向那悖逆、恶毒的地球最古老而又坚固的核心。在第一颗太阳的核心处，人类由此摄取活力，在此存在着如响尾蛇毒一样苦的毒素。而人们必须战胜这种毒素，并变成释放毒素的主人……

如此等等。坦白地说，在我看来这很虚假，劳伦斯写东西很少会背叛自己的真诚。我认为他在取悦奥托琳·莫雷尔时写的那篇描写加辛顿的颇为煽情的"诗"，就是违背真诚之作，在这儿也是，原因一样。

1924年10月11日，劳伦斯夫妇从山上居住的地方下来，动身去了墨西哥城，带着"那个布雷特"。那时的墨西哥处于无政府状态，传闻土匪很多，火车上有一卡车伪装成士兵的土匪，就连火车顶上都有人。当墨西哥印第安人登上火车时，布雷特（她可能读过劳伦斯的作品）注意到："他们这群人

透露着野性的自豪感，棕色的胳膊和低领下的脖子都骄傲地闪着耀眼的光。"

显然，劳伦斯无论是身体还是精神方面都不如往常，因为他觉得墨西哥特别令人沮丧。这个地方给他的印象就是"破旧和萧条——没人做生意——没有钱"。（这对于曾写过"起来革命吧，大人物，不是为了金钱，而是为了永远全部失去它（钱）！"的劳伦斯来说，这种观点太奇怪了。）弗里达感冒了，他被邀请去参加 P. E. N. 俱乐部的晚会。"我们都得了重感冒——墨西哥城不值得来——那么阴冷，到处充满着流感病毒和糟糕的情绪。"在那里虽然遇见了萨默赛特·毛姆，但和与其他著名人士见面的结果一样，都是不欢而散。劳伦斯感到很悲伤，他抱怨道："这个该死的城市里的所有人都在咳嗽，打喷嚏，天太冷了：雪飘落在波波卡特佩特火山上。这个让人不安和沮丧的城市：好似桶底要掉落一般，太不喜欢它了。"

英国的副领事为劳伦斯夫妇找到了摆脱这种困境的方法，副领事的弟弟是瓦哈卡的一名牧师，"瓦哈卡是墨西哥南部的一个小镇——大约5000英尺左右高，那里气候宜人，阳光明媚，遍地玫瑰"。于是，他们和布雷特搬到那个地方，在那里，劳伦斯又开始稳定、快速地写《羽蛇》的最后一部分。他一定是写完了这部小说，并在1924年11月18号到1925年1月底期间完成了《墨西哥的早晨》的前4篇短文。五年前，劳伦斯在卡普里开始写日志，日志的最后一条是："1924年11月17日。截止到10月31日，国民大通银行的存款为2004美元。明天搬到理查兹的房子。"

这位理查兹是名英国牧师，他为劳伦斯夫妇找到的房屋是座"相当破旧的土坯房，紧挨着花园庭院的两侧"。在那里种着橘子和香蕉树，还有两只绿鹦鹉和一只叫科拉斯明的小狗。这间屋子没有家具，但可以去借，他们很快就将房子布置得合乎心意了。劳伦斯夫妇去市场买了些当地的陶器，又买了些瑟拉佩[①]——色彩亮丽的毯子——他们前年在查帕拉买过。这些是他们在"杂乱喧闹的肮脏野人"那里买的，从"一大堆玫瑰、芙蓉花、毛毯、很好看的原始陶器、小牛、鸟和蔬菜，还有些可怕的吃的东西——包括压扁的野蝗虫"里淘来的。

布雷特没和他们一起住。她是位忠诚的拉纳尼姆信徒，主人叫她去住旅馆，

[①] 瑟拉佩，一种毛毯似的长披肩，颜色常常亮丽多彩，而且在底边上加有穗边，尤指由墨西哥男子披用的披肩。

并且不允许她买她想要的小玩意。劳伦斯对她说,那些东西不是给她的,而是给印第安人准备的(那他们怎么能买呢?)他让她买了双平跟皮凉鞋,墨西哥凉鞋。布雷特闻了闻这双鞋,确定这双鞋不是用墨西哥常用的浸泡人类粪便的方法制成的,方可安心买了下来。

在南方社区,市场通常情况下是最热闹、景色最漂亮且最具人情味的有趣地方。每周六来自边远农村的印第安人都会到这个瓦哈卡市场,"男人们像白点似的穿行在这条光秃秃的疙疙瘩瘩的平原小径上,后面跟着黑驴疾走如星,妇女们骑着驴,头一点一点地律动着,篮子搭在驴的两边"。驴身上驮着西红柿、瓜果、木炭和木柴,还有"成对成对的泡沫罐"。在小跑的驴群之间,慢吞吞地走着载着重物的牛车。这个市场是个"大棚子",中间有个喷泉,四周环绕着鲜花,"一丛丛红色、白色、粉色的玫瑰,各种颜色的小康乃馨,罂粟花,一簇簇飞燕草,淡黄色和橘色的万寿菊,含苞待放的白百合,三色紫罗兰和几株勿忘我"——这些花都是来自寒冷的山区,并非普通的热带地区。

劳伦斯夫妇在瓦哈卡陶器场
照片提供者 多萝西·布雷特阁下

一排排摊位,有的卖"新鲜的蔬菜",有的卖面包、奶酪、黄油、鸡蛋、鸡肉、火鸡以及肉类。市场另一部分卖各色的毯子、本地服饰和平底皮凉鞋。整个市场都能听见印第安人嘈杂的谈话声,"好像是世界上所有的幽灵在彼此交谈——有些声音像雨声,或是像风中的芭蕉叶发出的声响,西班牙语和米斯特卡人平静的旁白中混杂着萨巴特克[①]语那奇特的嘶嘶的低语音"。劳伦斯迈着轻盈的脚步穿梭在市场中,留心着市场中的每一种东西,记住了最微小的细节。

[①] 萨波特克人是居住在墨西哥南部瓦哈尔州的中美洲印第安人,他们的文明在公元300—900年达到了顶点。

在这个市场上，有件事他很不喜欢。由于受到肺结核残忍而无情的侵袭，他的脸完全变了样，之前那张有着菲利普四世般下巴的年轻的脸，现在却变成了肺结核患者常见的样子，痛苦但却保持着威严的神情，像戴着假面具，再加上满脸的胡须，必然引来别人嘲笑的低语："基督！基督！"在墨西哥，无论到了何地，身后都会引来这样的窃窃私语。在某种程度上，他将自己看成是羽蛇神，再加上他的想象，这使他恼怒不已。

虽然他的想象可能夸张了此事，但是形势确实危险，瓦哈卡曾被隔离了好几个月，如果通过暴力把那条脆弱的铁路线再次切断的话，这种情况会再次出现。劳伦斯住在墨西哥城时不太喜欢那里，他的一个愿望是"逃到农村，独自生活"，但一旦到了这里，一想到如果再有一次"革命"，他可能逃不了，他又害怕了——"想着在这儿被关上几年！那太可怕了！"他听到谣传，神秘的、无法治愈的疾病据说正传染着偏僻的山区居民。白人居民曾提醒过他和两位女士出城的话会很危险，他们可能会被谋杀。

他没让自己被吓到，还是到了米特拉古遗址去参观，并带着他的当地仆人罗萨莉诺同去，在一些山里的村庄转了转，当印第安人看到他那白色的脸和红色的胡须后，像是看到了古怪的外国魔鬼，吓得逃跑了。劳伦斯发现在墨西哥有一种不可理喻的恐惧，在《羽蛇》里，劳伦斯还以一种诗情画意般的散文写法，形象地描写了墨西哥人表现出的这种恐惧，这一切读起来十分美妙，但枯燥无味的现实并非如此吸引人，周围都是肮脏的恐惧的感觉，这让人沮丧。从住到瓦哈卡开始，劳伦斯越来越讨厌他所称的"这个恶毒大陆的颤动"。

革命精神导致了一场小小的家庭风波。弗里达虽然不会立即表现出怀疑或是憎恶，但当他开始疯狂地嫉妒时，会慢慢地达到劳伦斯所谓的"状态"。很明显，在墨西哥之行这一路上，弗里达心中对布雷特渐渐地怒火中烧。在弗里达看来，布雷特过于忠诚，每当劳伦斯夫妇意见相左时，她总是帮着劳伦斯，每天陪着他出去——他写作，她画画，剩下弗里达与小狗科拉斯明和鹦鹉玩。弗里达认为布雷特对劳伦斯的崇拜不过是"愚蠢的老习惯"，于是她直接表达了她的情绪："布雷特，我讨厌你如此崇拜劳伦斯。如果你崇拜我的话，我会觉得更恶心。"

于是到一月底的一段时间里，弗里达从一开始就坚决不想让布雷特再同

他们一起住，而是让她去住旅馆，她反复向劳伦斯重申，她不想让布雷特"再成为他们生活的一分子"。起初劳伦斯大发脾气，后来，像往常一样，随了弗里达的心愿。布雷特回到了墨西哥城，可能为了顺便让弗里达对她的意图安心，她在一封信中，简要提到她遇见了一位对自己很殷勤的船长。布雷特却收到了一封长长的信，写信人十分气愤，说话有些不着边际，一副教训人的语气：

> 我知道你的那位船长。在他那蓝色的眼里，闪烁着温暖的火光，它随着生命而摇曳。这是比那些崇高的东西有价值多了。他敞开大门是对的，你为什么嘲笑呢？你没有超越性欲，你永远不会。很多时候你反而总是受到它的引诱。在你的眼里、头脑里总是喜欢性带来的刺激。那是多么邪恶、多么具有破坏性的东西。从你那位船长身上可以知道，些许温暖的生命火光与在这个悲惨世界上所有的精神、优美和基督般品行一样有价值。是的，布雷特，我并不需要你的友谊。你对我的"友谊"背叛了我所具备的男人，以及男性的本质，让我生病了。的确，你以牺牲一半的代价拖住另一半，让我难受。现在你离开了，我好多了。我不再接受这种"微妙的友谊"，因为它伤害了一个人的完整性。

这便是劳伦斯，他曾再三向凯瑟琳·曼斯菲尔德强调他对友谊的信念。他曾说过，他相信在男人和男人之间、女人和女人之间，以及男女之间存在着"像婚姻一样永恒的友谊"，他声称把忠诚和忠贞看得高于一切，而布雷特对他就是这样的，忠诚之至，这一点是毫不可疑的，而这就是布雷特得到的回报，他毅然决然地将她赶走，让她独自一人生活在将要爆发革命的墨西哥。

因此，劳伦斯和弗里达单独留在了瓦哈卡那间老房子里，陪伴他们的有风景如画的庭院，仆人罗萨莉诺、小狗科拉斯明，以及两只鹦鹉。但是如果劳伦斯指责布雷特让他生病是不公平的话，那么他写那封信不久，他就了解了某种关于死亡的威力，在《羽蛇》的赞美诗中，他曾非常严肃地召唤过这种力量。现在，他会发现他的依茨巴巴劳特神、太阳神和羽蛇神可能施加怎样的恐惧和灾祸，他们多么愿意接受他成为人类的祭品啊。

在瓦哈卡旅馆里，所有卧室都装有蚊帐，但劳伦斯拒绝在自己的屋里挂蚊帐。他认为蚊帐是种时尚的玩意，毫无必要。要想让蚊子不咬你，只需要用被单一直盖到鼻子上。但非常不幸的是，某天晚上劳伦斯没把蒜头鼻子盖好，

到早晨一看，鼻子上都是被蚊子叮的肿包。

瓦哈卡正是疟疾泛滥区。我们都应该还记得劳伦斯一直都不太相信科学的正确性（"科学家都是骗子"），但是我不清楚他是否过分到连疟疾是疟蚊叮咬而传染这一点也不承认——的确，在一封信中他曾提到过，他认为疟疾是"由混沌的空气引起的"。我都不太清楚墨西哥万神殿中的哪位神仙是掌控疟疾的，并把疟疾当作惩罚人类的一种工具。但十分肯定的一点是，当劳伦斯在给布雷特写那封苛刻的信时，他就得了疟疾了。再加上热带地区不讲卫生，莴苣和所有绿色沙拉也容易携带病毒，从而引起严重的胃肠道紊乱。当他身染疟疾倒在床上时，又患上了腹泻和痢疾，这也是墨西哥神的重罚。对他生命中心的双重打击，不久就发展成肺结核。

这些疾病的联合侵袭必然会使那些原本就没有强健体魄和旺盛生命力的人一命呜呼。起初来给他看病的是本地医生，见他病得这么严重，非常害怕这位长得像基督的外国人会死在自己手上，担心某个远方的、令人厌恶又有权势的人追究责任。一位英国士兵兼传教士给劳伦斯送来一碗汤，并为他祈祷，还有少数几个英国和美国居民也都尽力来帮忙。

一天夜里，天气热得让人窒息，后来一道道闪电划破天空，附近雷声轰轰作响。早在陶斯时，托尼·卢汉就在一个暴风骤雨的夜晚说过："白人说雷电是因云的碰撞而产生的，印第安人对此更了解。"对这一点，劳伦斯曾"神经质地咯咯笑"。但是这次的墨西哥暴雨并不好笑，因为它预示着地震的来袭。就在隆隆的雷声短暂的间隙间，劳伦斯能听见外面传来狗凄惨的嚎叫声和被惊吓的马混乱的叫声。突然一声巨响，地震之神对这个震颤的城市重重一击，在黑暗里，劳伦斯和隔壁房间里的弗里达，都感受到并听到房梁在晃动的墙壁承窝处上下砰砰撞击着，这声音就像是许多马蹄跺地的声音。弗里达惊恐地蜷伏在床底下，并叫劳伦斯也这样做，但重病的劳伦斯太虚弱了，根本动不了。

在瓦哈卡遭遇到的这一系列灾难，使劳伦斯后半生的生活陷入危机，也结束了他漫游世界的生活，从那之后一切体力活都受限了。以前，他的生命总是面临着威胁，但他仍对生活充满勇气和希望。现在，无论他怎样试图欺骗自己和别人，他一定清楚自己行将就木、时日不多了。

他曾对自己的正确性和力量过于自信。他比任何人都早地猜到欧洲的制

度会崩溃，并且也很清楚自己的出路在哪儿，知道"迷途的终点就是他所在的墨西哥"，也清楚"有意识的"生活在某种程度上不得不服从于"黑暗的潜意识的"冲动。当他玩味着让墨西哥诸神复活的概念时（他是相当认真的），他真的把它们当作被人们早已遗忘的潜意识的冲动和力量的象征了。但是现在这个想法落空了，死亡仪式上的黑暗之神向他扑来，用疟疾、痢疾、雷电、地震和种种恐怖的事情重重地惩罚他。

这段时间对他来说祸不单行，痛苦中他的思绪飞回了英国。他想立刻"回家"，或是至少等他身体好些了就能到韦拉·克鲁斯，然后乘船回家：

> 在墨西哥无情、强烈、有限的阳光下，在干裂又可怖的土地上，在当地人怀疑的黑眼睛的凝视下，他感觉这普通的日子对他毫无意义。日子像巨大的泡泡一样破裂了，在不安甚至恐惧中，他的目光好像透过裂缝看到了更大的白昼、更深的蓝色，在那里，另一个太阳扇动着它那深蓝色翅膀。这或许是疟疾，或许是他自己必然的发展，或许那些英俊、危险、吃惊的人们出现了，这些人是在墨西哥爆发洪水前留下来的。他病了，他觉得好像在他中间，肚脐下面，一些薄膜被撕开了，这些膜曾把他与世界和白天联系在一起……他想回家。如果更大的白昼就在左右，即使英国又小、又挤、又过于做作，这都没关系。他想回家，离开这些大而野蛮的国家，这里的人们渴望回到更大的白昼。回到家他敢在太阳后面正视太阳，在更大的白昼里成为他自己。但是他已经病得太重了，不能回去。他躺在令他恶心的热带地区，让日子一天天过去。他的房门开着，冲着庭院。庭院里长着绿色的香蕉树，流出奇怪汁液的高高的开花灌木从撒过水的土地中长出来，伸向那个奇怪的蓝笼子———那是封闭的庭院上方的天空，院子里树影斑驳，香气浓重……

他是那么冒失地、顽固地进入了死亡陷阱，要把他救活过来太难了。他们把他从住处转到瓦哈卡旅馆，在那里他可能得到更好的服务和照顾。日复一日，他终于好转，不太虚弱了，勉强能够试着坐上慢吞吞的火车。铁路线蜿蜒曲折，即使到墨西哥城，也需要240英里的行程。因为虚弱，旅行中他不得不在半路上歇歇。

劳伦斯夫妇置身于热带的高温下，在一家路边的铁路旅馆住下。弗里达看着劳伦斯，当她认识到现实的真实情况后，她一直保持完好的勇气和力量

突然在那一刻瞬间崩溃了。整晚，她"像疯子一样哭着"，一遍又一遍地、痛苦地、歇斯底里地自言自语："他再也好不起来了，他病了，他要死了。我所有的爱，我所有的力量再也不能让他恢复健康了。"

在逼近的死亡和分别的威胁下，在灾难中与世隔绝，旧日的激情和柔情在两人间燃烧起来，使所有愚蠢的冲突化为灰烬。劳伦斯曾以为，他死定了，弗里达会把他埋在瓦哈卡的"丑陋的墓地"。她曾想一笑了之，但是那晚，他似乎知道自己肯定要死了，几乎肯定。在这种死亡的气氛中，他说："如果我死了，除了你我了无牵挂，一切的一切都不重要。"当时她几乎伤心欲绝。

3.10

不，"回家"对劳伦斯来说并不那样容易，因为他似乎刚大病初愈、死里逃生，能到墨西哥城已很困难，要从墨西哥逃离出去，证明也是件不容易的事。确实，首都的宾馆舒适得多，而且会有很多朋友来看望他。但是这里也有让他讨厌的医生，他抱怨说，他们让他忍受"各种检查，比如血液检查，等等"。

一天，弗里达唐突地走进了劳伦斯的卧室，发现在他身边有一名医生，医生转身对她直截了当地说："劳伦斯先生患上了肺结核。"听到这里，劳伦斯用一种"让她无法忘怀的目光"望着她，她又一次试图安慰他。尽管当他在牧场咳血的时候，她就肯定知道了实情，但是劳伦斯一直让她和其他人相信，他没有得肺结核。他说："真的不是，只是我的支气管有点疼。"某种程度上，他让弗里达相信了。但是，除了她自己的预感，医生这是正式通知她让劳伦斯在劫难逃了。墨西哥城的医生们可能从跟弗里达的谈话中意识到，劳伦斯成功地对她隐瞒了他的真实病情。不只是一个医生当着劳伦斯的面确诊了他的病情，所以他无法再否认了，而且医生们集体会见了弗里达，

直截了当地对她说：

带劳伦斯先生去农场吧，那是他唯一的机会。他患上了肺结核，已经第三期了，他最多只能活一到两年。

还好，他活得比大家预想的时间长，尽管和预言的两年相比，他也只是活了五年。几乎不可思议的是，直到临终前他一直坚持写作，甚至常常达到巅峰状态。但是后来他在瓦哈卡病倒之后，他似乎感到自己将无法再创作长篇作品了，因为长篇作品需要集中精力去写。他后来承认说："我感觉我会在很长时间之后，才能再写一部长篇小说。"

1925年的春天让人疲倦，医生说劳伦斯病得太严重了，甚至不能冒险乘船回到英国，当然他也不能再在北方熬过一个冬天，所以别无选择，他只能到农场去。对虚弱的劳伦斯来说，乘坐普尔曼式火车出行很遭罪，到了边境线上就被拦住，"被移民局官员拷问，他们以最丑恶的方式制造了很多麻烦"，阻止他进入美国。像他这种身体状况的外国人是不允许进入美国的，后来墨西哥城的美国大使介入，他们才得以入境。最终，他们把劳伦斯带回到了他在山边的住所，他的体力也渐渐恢复了。梅贝尔·卢汉离开了，布雷特被送到了德尔蒙特，她在那里收到了他这封带着怒气的信：

我们在一起没有什么好处——不会再在一起了。我自己，已经失去了和任何人建立强烈的、亲密关系的欲望了。相识就已足已。最好是我们各走各的路。当本能始终要人分手、离别并使他们对立时，那么共同生活就是一种幻想。这似乎是一种不被人承认的、支配性的本能，和一个人联合起来对抗另一个人，这没什么好处。

这又是一次劳伦斯对多年来宣扬的理论的否定——一种熟悉的自我否定。虽然他坚持认为争吵是每份友谊的组成部分，但是刚到农场时他太虚弱了，因而不能承受朋友间的争吵。当然，给布雷特的那封信并不意味着他们永远不会再见了。事实上，这一时期劳伦斯写的信极少，而且他所写的东西在传记里不太有用。除了给布雷特的信，那个夏天发生的事，我们知道得非常少。

随着劳伦斯的体力和精力逐渐恢复，过去几个星期在墨西哥的恐惧和痛苦一点点消失，直到后来好像什么都没有发生过似的。他开始再一次享受他独特而又紧张的生活。那年春天，劳伦斯刚来到农场的时候，他的身体非常虚弱，只能够吃力地爬到马鞍上。几个星期之后，他可以像猫一样轻快地跳

上马，甚至可以做他原来所有的家庭杂务了。农场里养了几匹马，还有奶牛，有一头奶牛叫苏珊，劳伦斯写了关于它的很多故事。劳伦斯早晚两次给它挤奶，这头牛总是逃跑，躲在树丛中，所以他得步行或是骑马去找或去追，他拿着弗里达母亲送他看戏剧的望远镜去找牛，用在西西里时骂他的那头雌山羊的下流的话，咒骂这头固执任性的苏珊牛。

他又可以和面，可以在户外的烤箱中烤面包了，他又清理起灌溉渠，灌溉田地和花园——他喜欢在干活的时候，让清凉的山泉淌过赤脚的感觉。他砍了一些木头，给奶牛盖了一间牛棚。一天，他猎杀了一头豪猪，之后他又后悔不已，就像当年他拿着一根"笨重的木头"砸向一条蛇的感受一样，他后来为此写了一篇长而有趣的文章。还有一次，他从一条野狗红肿的鼻子上拔掉了豪猪刺，那条狗当然想永远留下来，劳伦斯却想把它赶走，当他用软枝条吓唬那条狗时，一不小心抽到了它受伤的鼻子，那狗痛得狂叫着逃走了——劳伦斯因为羞愧和悔恨而脸色苍白，浑身颤抖。当他看着周围的景色，再一次为那里的美丽所吸引：

……日光像只大鹰一样旋转，像住在附近岩石上的鹰在头顶的蓝天中盘旋，在纯净的空气中，转动着它们发亮的、带着黑边花纹的腹部和后翅，像长了翅膀的圆球。日光在沙漠上快速地转动着，照射到最远处的群山的尽头。

日复一日，劳伦斯的视线又一次越过沙漠，穿过里格兰德河峡谷，看着远处村庄那"褐色的小土坯房"，有时可以看见"30英里外远方的岩石"和"台地四面的褶皱层"，当"北面圆形的科罗拉多山形成神秘而壮观的巨块"时，夕阳西沉，像是在"翻腾的黑乎乎的窄锅上面"燃烧的火焰。

"啊！"他欣赏着，感叹到，"景色真美，绝美的景色！"但是，随着1925年的那个夏天悠悠度过，劳伦斯欣赏"绝美景色"的快乐，肯定越来越多地因为痛苦和懊悔投上了阴影。痛苦和懊悔不是因为他对弗里达突然的温柔似乎已经逐渐消失，又和以前一样开始吵架，关系紧张。他习惯了这样的争斗，甚至认为这是夫妻生活中非常重要的一部分。不，他的悲伤并不来自这些斗争，甚至也不是因为他暂时死里逃生、时日不多的事实。尽管在当时他避而不谈，后来他自信地写到要从欧洲回到农场生活，他一定意识到这一次几乎肯定是他在基奥瓦的最后时光了，这才是他真正悲伤的原因。

劳伦斯为什么在1925年的秋天离开了深爱的农场且再也没有回去呢？理由很简单，他不"恨美国"，事实上仅仅是健康状况使他再也不可能重新回到美国了，特别是之前被阻拦过一次后，更不想回去了。同情他的美国大使出面干涉，请求救他一命，才使得劳伦斯入境，但是签证时间只有半年，他肯定知道按照法律，不会再给他续签。因此随着时光流逝，他遥望着那无垠的沙漠和夕阳余晖下的高山，一定悲伤地想，他是最后一次看着它们了。

签证的有效期是到1925年9月底，在失效之前，劳伦斯夫妇从纽约乘船前往南汉普顿——在近六年的时间里，他真的完成了他的环球之旅。但是，当然啦，现实中的"家"正在迎接着冬天的来临，即使我们不考虑他性格中一贯的喜怒无常，那里也几乎不是劳伦斯在瓦哈卡的病床上想象的避风港。10月，他在伦敦这样写道：

> 我在这里感到又奇怪又陌生，但是此次我旁观时充满惊奇而非恼怒。
> 就像在水族馆里一样，人们像各种各样的鱼不停地游来游去。毫无疑问，这应该是最奇异的、爱丽丝梦游的仙境里的梦幻国家。

他尝试着和过去的几个奇怪的朋友取得联系，但是没有成功。很久以前，凯瑟琳·卡斯韦尔曾给劳伦斯五英镑，让他给弗里达买一件大衣，劳伦斯当时愚蠢地打算把钱还给她，结果伤害了这位对他最忠诚、最无私的崇拜者。很奇怪，虽然劳伦斯当时能很轻松地给弗里达买件衣服，但不知怎么回事，卡斯韦尔仍然感觉到他还像在战争时那样，靠"不可靠的借债"艰苦度日。虽然在1925年—1928年之间的版税有所下降，而且他们在旅行上的花费与他的收入不成正比，但是1925年他的收入肯定有一千英镑左右。

1924年11月和12月，他在瓦哈卡给莫里写了封措辞严厉的信。他在信中告诉莫里，莫里的一封信是发自肺腑的"一点点怯怯的呼喊"，带着内心的温柔，"他的大丈夫气概从根上烂掉了"。第二封信语气更加粗鲁、伤人。但是莫里现在非常了解劳伦斯，他今天疯狂地侮辱朋友，第二天就会忘得一干二净。他们二人同意再见面，劳伦斯没有向莫里道歉，但为了表示他的悔意，劳伦斯给他带去了"一袋精美的水果"。唉，这两个老朋友，注定会彼此失望。劳伦斯发现他无法认真地把莫里当成一个作家对待，他认为莫里信奉的基督教太多愁善感，并对此感到痛惜。"你真的一定要写耶稣吗？"劳伦斯粗鲁地问，又补充到，"我活得时间越长，耶稣对我越无情。"

下面的笔记更有趣，可以帮助我们理解劳伦斯自己的作品："我在著名的德比郡开车四处兜风。"虽然这不是第一次开车旅行，但是 1925 年秋天那一次，应该是《查泰莱夫人的情人》中描写的康斯坦斯的那次。《查泰莱夫人的情人》是劳伦斯一部很有特色的小说，这部作品的核心和书中的思索都是以这次短途旅行为基础的，这次旅行重新唤起了他所有的愤怒，唤起了他对丑陋、卑鄙的工业主义强烈的仇恨，同时此书逐渐成为本世纪最受争议的色情小说之一。由于劳伦斯长期以来居住的地方，不管有多少不足之处，都不丑陋，所以工业主义的这些弊病使劳伦斯倍感痛心。在这次旅行回来后，他对凯瑟琳·卡斯韦尔说："我童年时期的恐惧，像让人窒息的洪水，向我袭来。"下面是他在多年游历之后重返"家乡"时的所见和感受：

汽车在坡上行驶，穿过又长又脏又落后的特氟沙，这里的砖瓦房已成黑色，屋顶黑色的石板房边缘轮廓分明，反着光，煤尘使地上的泥成了黑泥。人行道又湿又黑，仿佛一切都浸透着凄凉。完全没有自然美，完全没有生活的欢乐，鸟兽们追求美的本能也消失了，人的直觉能力的彻底丧失令人震惊。杂货店里的一堆肥皂，蔬果店里的大黄和柠檬，帽子店里那难看的帽子！所经之处都是丑陋的，丑陋，丑陋，接下来是俗不可耐的电影院，新贴的海报上写着："一个女人的爱情！"还有那新建的宽敞的原始派小教堂，那赤裸的砖头和窗户上淡绿和紫红色的大玻璃——真够原始的。高耸的韦斯利扬小教堂是熏黑的砖墙，伫立在铁围栏和一片污染变黑的灌木林后面。卫斯理公会教派的教堂自以为高人一等，用粗糙的砂岩建造而成，还有一个尖塔，但并不高。就在不远处是新教学楼，用昂贵的粉红色砖建成，铁围栏里是铺着砂砾的操场，看上去很宏伟，兼有教堂和监狱的感觉。五年级的女孩在上音乐课，她们刚结束了啦—咪—哆—啦的发声练习，开始唱"甜美的儿歌"。没有比这更不像歌的了，自发性的歌，让人难以想象：奇怪的大喊大叫配着大致的曲调。这不像野蛮人的歌：野蛮人的歌带着神秘的节奏；也不像动物的叫声：动物在大叫时是有意义的；不像地球上的任何东西，但却被称为歌声……这样的民族可能有什么出路呢？当一个民族的活力灰飞烟灭的时候，剩下的只是怪异的机械的吼叫和不可思议的意志力。

劳伦斯因"家乡"的景色产生的惊吓和恐惧远不止于此。当他看到"满

满儿大卡车来谢菲尔德的钢厂工人——长相怪异、畸形、个子矮小，人不人鬼不鬼的——出来到马特洛克游玩"时，他真的"晕了"。他暗自想："哎，人对人都干了什么？领导对他们的同事都干了什么？他们把这些人变得不像人了，现在，再也没有同事关系了！只有噩梦！"

他所看到的这一切促使他创作了《查泰莱夫人的情人》，在这部小说中，劳伦斯想象了一个世界，在那里，男女之间的"一种新的阳具温柔"使这类残缺和不幸不再发生。他的眼睛和记忆中不时浮现的是世界上无限的美景，所以看到从小长大的"家乡"肮脏、单调时，他不禁感觉惊讶和恐惧。他带着害怕、厌恶和盲目的仇恨从所见的景象中退缩，就像他少年时代在公共图书馆的窗口向外凝视，情不自禁地感到痛苦时一样，他感到惊慌失措，强烈地想从这个工业魔爪下逃离。在不切实际的自负中，他后来曾逐渐相信自己能够用话语来创造一个新世界。但他究竟要什么呢？他的读者自问。实际上，这个问题没有得到回答，因为劳伦斯自己经常摇摆不定，连他自己都不知道答案。

他"实际"的政治从未超出过这一点：摘下那顶王冠，我想要它。为权力而权力，仅次于为金钱而金钱的最卑鄙的野心，他是贵族中的民主主义者，民主主义者中的贵族。他把自己看作是人类的首领，低人一等，而非高人一等。……他一会儿用粗鲁的方言炫耀自己是矿工的后代，一会儿又声明自己是神的代言人——与神一样，他自己就是神。他既有母亲狭隘的维多利亚时代的道德思想，又有理性解放的思想，二者在他身上最奇怪地混合在了一起。其他人的性习惯和性行为都是错的，只有他自己的是对的。他自己和已婚女子私奔，还严肃、武断地讨论婚姻不能改变的神圣性。

劳伦斯经常自相矛盾，但是有一点他从未动摇：坚信实行工业主义意味着人类遭受奴役和堕落。在这个问题上，他很明显是罗斯金的弟子。这不是一个"改变制度"的问题，不是用新的管理和分配制度取代旧制度的问题。工业主义、机器、看管机器的人都是邪恶的，必须彻底废止。有时他真的相信自己可以做到：

看看我能不能击败你和你所有的高谈阔论
和你所有冗长的是非定论。

你特殊的天堂，

我要击碎它。

看看你的天会不会塌下！
我的头，至少，坚硬得可以承受那重击。

看看，是否在黑暗、赤裸的茫茫天宇下，我会岿然不动，
你的世界成为一片废墟，在你坍塌的天空下，
女像柱①，苍白脸。
看看我是不是黑暗中的王者，统治着芸芸众生
在我死去之前。

  因此他拒绝接受瓦哈卡的失败，且再次因对"家乡"产生恐惧而震惊不已，之后悄悄地溜到巴登-巴登找弗里达去了。在瑞士度过了不太愉快的几天，他们随后去了意大利里维埃拉的斯波托诺，租了一套别墅。在那里，劳伦斯又开始了写作，但不是写《查泰莱夫人的情人》，这部作品要留到以后再写，这次写的是两篇短篇小说：《少女和吉普赛人》和《欢乐的幽灵》，这两部小说再次回到了欧洲和英国的主题，仿佛他从未长期在外漂泊过。尤其是前者，更多是以1912年的风格写的，而不是1926年的风格。

  但是总的来说，他准备好好休息一下，而不埋头进行文学创作，要享受一段休闲时光，暂时不再为创作而苦恼，休整对每个艺术家都很重要。他写信给莫里说："像济慈那样杀死自己，说出你想说的一切，就像是把蛋壳混在炒鸡蛋里。""总之，闭嘴。让《阿德尔菲》见鬼去吧！我根本不在乎谁出版我的作品，谁不出版我的作品，在哪里出版，如何出版，何时出版，为何出版。如果可以的话，我会设法赚得足够的钱去生活。但是除了上午8至10点，还有午夜时分，我不拿自己当回事。不，不！我已经40岁了，从好处看，我要好好享受生活。"

  "不拿自己当回事"是一种创新，就像他"清醒地"突然转到了享乐主义是"从好处看"的。当然，这可能是对莫里勤奋的嘲弄，事实上，在这段时间里他忙着复兴他以前的一个计划，买"一艘帆船"或是某种夸张的小船，雇一位船长和两名水手，驾驶这神秘的东西去地中海探险。他仍想要看看世

---

① 女像柱是用作神庙廊柱的女雕像，以雅典卫城上的厄瑞克特翁神庙的女像柱最为有名。

上美好的东西，他知道，如果他打算这样做，没有突发灾难的话，他一定会轻松旅行，不会疲倦。自从他回来之后，他又和布鲁斯特夫妇取得了联系，并且提出如果他们一起去旅行，他提供100英镑买条船。

所有这些"享受生活"的美好计划都是注定要失败的。当冬天来临时，他又患上了令人痛心但不可逃避的"胸痛病"，很快劳伦斯悲伤地写到：

这六天以来，我得了流感躺在床上——还没有见到阳光。像上次在农场时那样，感冒让我支气管出血，只是更加严重了。

尽管他们有在意大利过冬的经验，但是他们竟愚蠢地租了一栋不太合适的夏季别墅，里面根本没有取暖设备。他的肺病进一步恶化，如果确实不是由于他与弗里达长期斗争中的又一次激烈争吵引起的话，也与此相关。弗里达讲了这样一个故事：

我的女儿巴巴拉现在已经长大了，她将过来和我一起待一段时间。这是她第一次要来，我自己将独享拥有她的喜悦。这些年我没有白等，我想念这些孩子。但是劳伦斯没有和我分享快乐。一天我们在吃饭时他发飙了："难道你认为你妈妈爱你？"他对巴巴拉说，"她谁都不爱，看着她虚伪的面具。"说着他把半杯红葡萄酒泼到了我的脸上。巴巴拉坐在我母亲和我中间，她是唯一一个不害怕劳伦斯的人，跳起来说："我妈妈配你绰绰有余，"她怒视着他，"配你太绰绰有余了，就像珍珠扔给了猪。"说完我们俩都哭了起来。

后来弗里达的另一个女儿埃尔斯也来了。嫉妒让劳伦斯把他的妹妹艾达和她的一个朋友叫来反击她们，并且向他们哭诉说弗里达对他不好——这引起了几个女人的争吵。艾达用能和她哥哥媲美的"温和"口气说："我从心底恨你。"一天晚上，弗里达已经和劳伦斯和解了，艾达还说服劳伦斯将他的妻子锁在门外。

"忧郁的一章！"是劳伦斯对布雷特说起当时的情况时所用的一句话。布雷特从纽约起一直陪伴着他们，现在他和布鲁斯特夫妇一起住在卡普里。这一章是如此的漫长和忧郁，以至于劳伦斯对他自己一手造成的后果感到非常不满意，他去找布鲁斯特夫妇了，把弗里达和她的女儿留在斯波托诺。很显然，他仍然没有摆脱在英国中部兜风经历的影响，因为他向布雷特和其他人谈起自己早年的生活，给大家描绘了"一幅生动可怕的画面"，说劳伦斯

全家曾"缺乏最低限度的生活必需品"。他用一种极其自怜的口吻向布雷特诉说着弗里达的恶劣行为:

"我们坐下来,"布雷特说,她喜欢用历史现在时①,"背靠着石头,坐在树下。"海水是湛蓝湛蓝的,橄榄树翠绿翠绿的,树影婆娑。我们默默地望着这大海和橄榄树,然后你开始慢慢地告诉我你到这里的原因。你疲倦地叹了口气。

"我对这一切都厌倦了,布雷特,"你说,"非常厌倦。"

"我知道,"我说,"这太可怕了。"

那不勒斯海滩似乎能激发英国诗人的伤感,因为他们那时正在看的景色和雪莱看到的一样,雪莱曾悲痛地说,他像一个疲惫的孩子想躺下来,在哭泣中度过他忧郁的一生。但是对劳伦斯来说(也许对雪莱也是一样),他的妻子在一段时间里和他疏远了。弗里达不能原谅劳伦斯把她锁在门外,离开孩子们使她痛苦了那么多年,她也不能原谅劳伦斯对她女儿们愚蠢的长时间的嫉妒。经过了墨西哥的争吵之后,她知道他最终还是会回到她的身边。确实是这样,和弗里达生闷气和冷战一段时间之后,他觉得已经给弗里达一定的惩罚了,就不再坚持了。为此,他给弗里达送了一个小礼物以示和解。那是劳伦斯自己画的画,画的是《圣经》里那即将吃掉约拿的鲸,下面题了词:"是谁要吞了谁?"这样做也许并不明智,因为那幅画让弗里达联想起闯进他们生活的布雷特,并且在斯波托诺时,劳伦斯对弗里达的"烂画"说过一番粗鲁的话。"我还在生气,"她说。她可能写了一封"残忍而绝情的信",据说这封信让他非常沮丧。

但让人高兴的是,两个被遗弃的孩子充当了他们的调解人,并且说服弗里达让他回来,这真是相当的富有讽刺意味。

"现在,劳伦斯夫人,"她们说,"理智点,你嫁给了他,你就得跟着他。"因此,在适当的时候,劳伦斯被告知他可以回到斯波托诺,这让他遇到了如何解决布雷特的问题。她自从转而信奉拉纳尼姆之后,从未表示过怨恨,而是一直心甘情愿地服从。布雷特从未和主人顶过嘴,即使给她奖赏让她这样做,她都不会。在争吵中,即使偶尔劳伦斯碰巧也有对的时候,不管怎样,她始

---

① 在新闻报道中,常用一般现在时来报导过去的事实,这种用法叫做"历史现在时"(historic present),主要为了突出新闻的即时性,仿佛事件正在发生一般,报道因此显得更加生动。

终站在劳伦斯一边。她跟随了他5000英里，从伦敦到陶斯，从陶斯再到瓦哈卡，然后再回到陶斯；她又陪他从陶斯到卡普里又走了5000英里。现在她被告知她的名字被列入移居美国的英国人的名单，将留在陶斯。

自然，她不情愿留在陶斯，因为她喜欢的是劳伦斯的陪伴，不愿意一个人孤独地住在落基山的小房子里。尽管劳伦斯以欢快的、似乎合理的话告诫她，她还是想尽一切来避免这样的命运。劳伦斯对她说：

"高兴点，布雷特，你为什么不学着接受呢？没什么大惊小怪的。"

劳伦斯又说："每朵玫瑰都有刺，布雷特。你知道的，我既不相信爱情又不相信友谊。"他还说："别想入非非了，布雷特，不要这样。想想以后吧。"

在这样的时刻让她想"以后"，这样的安慰实在太过分了。但是他毫不动情，她最后一次看着他，是她在去那不勒斯的船甲板上。当她望着他"一个瘦小的身影，挥动着蓝绿相间的围巾（围巾是她送给他的）"时，好像有个声音在说，她再也见不到他了。

虽然劳伦斯渴望回到弗里达的身边，但是他没有不体面地、匆匆忙忙或者是有失尊严地回去。他在两位道德上没有瑕疵的老女人的陪伴下，"缓缓向北，在罗马、佩鲁贾、阿西西、佛罗伦萨和拉文纳逗留了几日"。最后回到了斯波托诺，在那里弗里达和两个女孩"都穿上了节日的盛装"（她们最好的衣服）迎接他。"然后，"弗里达·维克特里克斯说，"我们四人都获得了安宁。"

3.11

  当劳伦斯"黑暗的自我"占上风时,就会诱使他,使说出的话和做出的事必然得不到同情,斯波托诺泼酒那事是他丑恶行为的最后一次记录。在这几年的生活中,尽管他的身体越来越虚弱,越来越痛苦,但他更像大卫·加尼特所描述的那样,依然保持着战前那个劳伦斯的样子。当然,他是一个讽刺家,有时表现得恶毒而且具有报复性,并且常常倔强地与他自己、朋友甚至是整个世界争吵。

  现在劳伦斯在某种程度上算是永远地回到了欧洲,他曾轻蔑地抛弃它,可是如今惊讶地发现他很喜欢这里。他甚至写文章说,他以前是傻瓜,竟说"欧洲对他来说完蛋了"这样的话——"一直扼制我的根本不是欧洲,而是我自己"。他甚至发现,住在地中海附近会让他紧张的情绪得到放松,"心中紧绷的神经也慢慢放松下来了"。多年以来,他一直生活在"身体、精神和道德的超负荷"运转的状态下,用无情的自律折磨着、逼迫着自己。

  过去在意大利他曾经很快乐,并且在那里创作了很多佳作。现在他在那里找了一座房子,直到1928年年底这里一直是劳伦斯夫妇的大本营。这是一栋托斯卡纳柱形的农家别墅,米兰达别墅,坐落在一个名叫斯坎迪奇的美丽小山村,距离佛罗伦萨大约只有7公里,四周长满了松树和橄榄树。别墅本身在一个葡萄园中,底层摆满了酿酒和储酒的设备。意大利的葡萄酒通常非常讲究,即使短途运送也会有损口感。因此,在一个更知道享乐的时代,爱喝酒的意大利人建造了诸如米兰达这样的乡村别墅(或乡村游园会),在最佳时期享受美酒。尽管劳伦斯夫妇居住的楼上的设施与漂亮的外观比起来,没有像人们想象的那么富丽堂皇,但这个地方却是适合诗人痛饮、居住的。别墅的所有房间围成一个四方形,并且都以一种古老的意大利方式相互连通,

所以如果门都开着，你要是愿意，就可以绕着公寓永远走下去。屋顶上有用玻璃覆盖的观景台，外面的景色优美，可以从四周的乡村一直看到亚诺河山谷里佛罗伦萨城的大圆屋顶。

斯坎迪奇的米兰达别墅

在这里，劳伦斯度过了1926年的春天和夏天，那段时间相对比较悠闲。弗里达将他的剧本《大卫》翻译成了德语，劳伦斯把她的译文修改之后打印了出来，除此之外，他过着"非常安静"的生活，穿着衬衣、裤子和拖鞋走来走去，在小溪边野餐。在"炎热放松"的夏日里他感到身体好多了。他在托斯卡纳继续做在利古里亚就已开始做的事情——让自己内心的紧张情绪得到放松。在美国时，精神紧张和缺乏休息让他几近发疯。劳伦斯暂时放弃了自己过于苛刻的清教思想，过着随遇而安的生活，放弃对宇宙"负责"的所有自负的自我意识。出版商要他再写一部小说，他对这种暗示犹豫不决，宣称自己只想写一些"小文章"。又一次被催促时他说："我不想这样匆匆地再累倒自己，让公众去读旧作吧。"他给一个朋友写信道：

> 到了真正的夏季，我总是对文学和出版社失去兴趣。蝉藏在树里整天地叫，女孩们唱着歌，用镰刀割着玉米。麦子捆像沉睡的人一样整个下午躺在炎热的地里。除了偶尔写写短文，我什么也没干。我不太想写什么书，为什么要再写书呢？已经写那么多了，而且需求量又那么少。所以为什么还要增加负担，为此浪费精力呢？因为写书要花费很多心血的。

有段时间，他似乎对医生的警告相当重视。不管怎样，那个夏天他过着这么多年就应该过的日子，因为他想要延长寿命，避免发脾气，如果过度劳累就会让他气得发狂。当然，1926年劳伦斯特别可爱，大家也看出其中的原因了。他安静地住在他深爱的佛罗伦萨附近，那里的气候宜人，见的熟人不多也不少，使他既不感到孤独，又没有受到过多打扰。他画画自娱自乐，做些喜欢的事。总之，他没有紧张而费力地创作大部头的作品去摧残自己。

除了避免不了的"业务"信件，劳伦斯主要给布雷特写一些（关于农场）信，给罗尔夫·加德纳写（关于青年组织的）信。"我相信我们彼此都有点害怕，"他给加德纳写信说："我害怕那些奇怪的运动，你害怕我。"在北欧的压力下，劳伦斯闪过一丝恶念，胡诌出这样的话："拉丁人有种内在的无助感，他们缺乏勇气。""人们必须在北欧人身上寻找真正的勇气和自我责任感。"北欧人的勇气和自我责任感为什么不能让他消停呢？以下是他对地中海人民的真正感受：

> 在几个世纪以来，人类一直在耐心地改造着地中海国家的地貌，渐渐地堆起小山，把大大小小的山坡变成分不出层次的梯田。人类用双手掘出数千平方英里的意大利泥土，堆垒成一间间小公寓，用干石砌墙，石头来自被挖起的泥土。这是所有景色中的一座雕像。这也成就了意大利独有的美，这种美如此精巧自然，因为人们敏感地摸索出充分使用丰饶的泥土的方法，用泥土建造了他们生活的必需品，却没有破坏它。

尽管托斯卡纳的夏天来得晚，但炎热迟早会来。劳伦斯也许完全可以一直保持这种想法，在蝉鸣声中安静地生活，直到葡萄成熟的秋季来临。但是他不能长时间保持平和、不动。那一年劳伦斯去了很多地方旅行——到了巴登-巴登的施威格麦特，到了伦敦，在那里弗里达待在她孩子们附近的地方，劳伦斯则去了因弗内斯郡拜访朋友，然后陪同他的姐妹到了林肯郡的海边去玩儿。在英国他第一次见到大海，这让他开心：

> "我在这里感觉非常好，"他写信给布雷特说，"但是我没有写过一行字，也不知道什么时候再开始创作。我应该做点什么了，很快就做。"

看起来，他似乎开始担心无所事事的状态了，感觉缺钱了。实际上，尽管他喜欢给人留下这样的印象，他像战时靠借贷一样，靠稿费过着"不稳定"

的生活，事实并非如此。阿克莎·布鲁斯特很单纯，透漏了一个我们都不知道的情况——劳伦斯在美国有投资。1928年10月经济大萧条时，劳伦斯不让弗里达给他读出华尔街的股票市场行情。阿克莎·布鲁斯特认为这是因为他对金钱完全不在乎。我认为他可不是这样一个傻瓜——他仅仅是不想让自己知道损失了多少而恼怒。他曾劝告别人发动革命，损失掉所有金钱，这次他自己倒是应了自己的话了。

那个夏天，他说话很生动，很有吸引力。他已经在考虑写一本情节发展较慢的书，文章以《伊特鲁里亚诸地》命名，在他去世后出版了。与以往不同，他从学术的角度更加仔细地准备题材。劳伦斯在伦敦图书馆里查阅了很多伊特鲁里亚题材的插图书，而且随身带着佩里克莱·杜卡迪的《古老的伊特鲁里亚》——当时这本书被看作是关于此题材最好的一部意大利作品。当然，他仍然进行任性而诡辩的争论，这个老习惯被奥尔德斯·赫胥黎在1926年出版的《二三其德》中被欢快地描写下来，金哈姆这个人物是这一时期劳伦斯的完美写照：

"我认为这一代女人身上真有一种如恶魔般的东西，"他在大约二三天之后对我强调说。"某种如恶魔般的东西，"他重复说，"真的如恶魔一般。"这是他的怪癖，写作和说话时，抓住一个词，如果他喜欢这个词的发音，一直会用到死。

我笑了起来。"哎，算了吧，"我反对，"比如说，你认为凯瑟琳像魔鬼似的吗？"

"她不是这个时代的人，"金哈姆回答说，"在精神上，她不属于这个时代。"

我又笑了起来，与金哈姆争辩总是很困难。当你举起逻辑之棒猛击他时，你可能认为自己已让他走投无路了。但是当你正向下砸时，他自己发现了某扇小暗门，便从棒下逃走，完全不再辩论了。要证明他是错的是不可能的，原因很简单，他从不长时间地坚持某个理性立场，这也就没法证明他支持什么、反对什么。

这是对劳伦斯想要逃避争论而采用方法的最好解释。当它是一个事实的问题时，他便放弃暗门，直接采取吹胡子瞪眼的方法，试图用气愤和自信的十足气势压倒对手。因此，据他的传记作者所言，彼特拉克是神职人员，他

最多被赐予两个孩子。但是在讨论中为了证明某"论点"，劳伦斯不顾在场的人反对，断言他是一个已婚男人，有12个孩子。他甚至把自己的判断印制出来，并且将"12"这个数字印成了斜体，仅仅为了证明他不会因为几本参考书就放弃自己的立场。

我不知道劳伦斯是否阅读过"金哈姆"这个人物，那就是对他的描写，但是很确定的是他没有为此而对赫胥黎产生敌意，虽然在两年以后，针对赫胥黎在《针锋相对》中对他更恭维（如果不是太精确的话）的描写，他提出了严肃的异议，在这部作品中，他被写成"拉比朗"，对他的描写如果说不太准确的话，实际上是多了些恭维。无论如何，他们在1915年相识，1926年秋重逢，两位作家成为了最亲近的朋友，而且没有爆发任何冲突。这是一个令人高兴的联盟，因为赫胥黎迥异的思维类型完全是劳伦斯思想的衬托。赫胥黎真挚地承认，与其他他认识的同时代的名人相比，劳伦斯身上具有"不一样的东西"，与他人相比，劳伦斯"是在类型上，而非程度上比他人优秀"的人，这对劳伦斯来说很重要。这是来自同行的认可，而这以前一直被其他作家否认。

当然，除了对那些能感觉到他身上的这个"不一样的东西"并且对此表示尊敬的人以外，劳伦斯从来无法展示自己最好的一面。他只有在感到这样无言的认可时，才能全心付出，当没有这种认可时，他什么都做不了——因此在高尔斯华绥的印象中他是个"死人"，但是事实上劳伦斯是那个时代活得最生动的一个人。当他认为别人背叛了他的信任时，他就会大怒，因为他经常太过敏感地加以想象，总是会引起指责的爆发。他需要冷静对待，不需要过于亲密的接触，不幸的是，几乎总是有像他这样过于敏感和情绪化的人在他左右，这些人肯定会受到伤害，就像这些人伤害他一样。

回到欧洲让劳伦斯一下子就放弃他的权力情结了吗？当然，我们不会再听到他强求弗里达对他"绝对的屈服和顺从"，我们也不再听到他说自己是羽蛇神。但是他无疑被罗尔夫·加德纳的领导观和弗雷德里克·卡特的神秘理论吸引了。此外，劳伦斯时不时地继续倾泻他对英美上、中产阶级的仇恨——自然，他的私人朋友和崇拜者都出自这些阶级。

1926年夏天这次回到英国是劳伦斯最后一次见到他的故乡。部分原因是疾病阻止了他，冬天的任何出行对他来说都是很危险的，但最重要的原因是

英国新闻界和英国官方对他的攻击起因于他后期的作品《查泰莱夫人的情人》《三色紫罗兰》，以及他的公开画展之类的事件。人们可能认为1925年他在墨西哥患病和遭受痛苦之后，他创作的高峰期已经过去。事实上，长期的休息似乎使他恢复了力量。除了刚刚提到的作品外，他在生命最后的50个月中创作了《伊特鲁里亚诸地》，重写了《诗集》《已故的人》《启示录》，写了长篇和短篇故事、论战小册子、杂文和讽刺诗反击他人的攻击，还有相当优秀的《最后的诗》。另外，最令人意外的是，作为报纸的自由撰稿人，他的事业获得了巨大的成功。

《查泰莱夫人的情人》是一部相当长的作品，整部作品他细心地通篇写了三遍，而且经常因为他病得太重，甚至不得不停止写作。这对于一个渐渐走向死亡的人来说是了不起的成就。最让人称奇的是，他写了很多信，比在欧洲以外的地方旅行时写的信要多得多，而且直到他去世前不久，大部分信仍然新颖有趣。值得注意的是，他回到欧洲正好与他兴趣点的转移相吻合，他对个人力量对人们的影响这类主题的兴趣下降了，对死亡、葬礼和生死经历更是不太热衷了，这些曾在《羽蛇》中达到巅峰。现在劳伦斯似乎回到了他早期作品的主题和氛围。1925—1926年在斯波托诺写的《少女和吉普赛人》更接近他在1912—1914年间的作品，而不是接近后期的风格。他从没有放弃性是人类行为动力的主题——这一主题几乎没有小说家涉及。但是他现在又回归此主题，把它作为一个主导话题，摒弃了他长期坚持的两性争斗的信念和女人必须服从的要求，进而提出了一种更具有诗意和纯粹肉体的理论，也就是他所谓的"阳具温柔"。

正如我指出的，《查泰莱夫人的情人》的出发点不是源自"康斯坦斯""克利福德"和"梅勒士"这些人物，而是出自劳伦斯本人对"他自己的"英国中部丑恶的反击。补救办法是什么？出路在哪里？他如何找到了自己的出路呢？通过他对弗里达的爱。通过一种奇特但又非常有特点的过程（这几乎算不上一个推理过程），他直接得出结论，说通过"阳具温柔"来获得拯救。这听起来非常奇怪，这是那个作品真正的解释，很多人对此迷惑不解，深感不快，还有人带着感情从劳伦斯最深恶痛绝的角度去阅读。

无论如何，很清楚的一点是，这部作品是1926年10月在斯坎迪奇开始写的，那时候劳伦斯夫妇从英国回来不久。从10月6日开始，我在那里和他

们一起待了几天，我有幸在他最富活力、迷人可爱的时候和他在一起，当时他已经在辛苦工作后休息了很长时间，还没有因为写这本书的艰苦和出版后受到反对而再次烦躁不安。他是那么轻松，那么高兴，我甚至怀疑他在上半个月是否已经决定写那本书了。10月9日他给他的代理人写信说，他准备"写几篇短篇小说和一些短文"，而且说米兰达是个很好的住所，"坐在宽敞的空房中，安安静静地待着"。

我很幸运，和他在一起的时候，他是"坐着，无所事事，非常满足"的心情。之后不久，我回忆起在斯坎迪奇和他一起度过的那个午后，就写了下来，因为关于他糟糕的情绪记录远远多于对他好心情的记录，我在此引用以示歉意。女士们去佛罗伦萨了，劳伦斯和我单独坐在别墅旁的栗子树下的折叠椅上。

十月的下午非常温暖，金灿灿的。我们随便闲聊着，偶尔一颗熟透的栗子从胀裂的带刺外壳中滑出来，"啪"的一声掉到草地上。我们真正的兴趣不在聊天，而是在意大利农夫的孩子上。时不时地会有一个赤脚腼腆的孩子拿着一串葡萄，偷偷地从树丛里溜出来。劳伦斯就会说："看呐！又一个。装作没看到。"那个孩子会像一个小动物一样从草地上悄悄地走过来，然后停下来，盯着劳伦斯。最后，劳伦斯会抬起头，装作很惊讶的样子说："你要什么？""没什么，劳伦斯先生。""你过来一下。"然后那个孩子会害羞地走过来，递上葡萄。"但是，那是什么？""葡萄，先生。""给我的？""是的，先生。""你叫什么名字？"然后是一副愉快的场面，我们设法弄明白孩子名字的意思。"斯坦西奥"这个名字让我们很困惑，最后我们认为一定是"阿纳斯坦西奥"。尽管劳伦斯有病在身，但是他每次都会进到房间里给孩子拿一块儿巧克力，没有巧克力的时候就会拿一些糖果。每次他都要为这看似慷慨的行为对我解释（因为在收获的季节葡萄是不值钱的，巧克力和糖果属于奢侈品），他告诉我农民们如何贫困，为孩子的健康他们应该多吃糖果。

3.12

《查泰莱夫人的情人》现存的三稿中最早的一稿是1927年2月完成的。此外，劳伦斯满怀热情地开始从事一系列新的绘画。1927年2月9日，他给布雷特写信说：

> 我的小说就快写完了，在我让人打印之前，我想先放放，沉淀一段时间。你敢和我画画比赛吗？我就要完成一幅好看的大油画了：亚当和天使在大门口吵架，夏娃伺机重新躲进了伊甸园。

本月28日，他给他的代理人寄去了现在著名的抨击高尔斯华绥的手稿。3月11日，他记录已经完成了一部新故事《可爱女士》。重新回到过度劳累的生活状态的直接后果，就是2月底他又得了"流感"，3月初再次复发。他太过乐观地写到："前两周我反复得了'流感'——不太重，但挺讨厌。希望快点好。"

临近圣诞，当然所有文学、绘画之类的活都放到一边了，劳伦斯要为这里的农民和孩子们准备一场德—英式的庆祝会，这样的活动在拉丁国家鲜为人知。在意大利，买棵圣诞树，他们不会显得很傻。当弗里达天真地建议他们的农民朋友彼得罗应该在佛罗伦萨的市场里买棵圣诞树，彼得罗非常震惊且心疼。买棵小松树？圣母玛利亚，不！这太简单了，彼得罗说："我去牧师的松林里给夫人弄一棵来。"

一旦树有了，管它怎么得来的呢，劳伦斯夫妇在彼得罗的帮助下开始工作，用金色和银色的纸包上松果，树枝上挂上彩色的玩具和蜡烛。小村子里所有的孩子和大人都受到了邀请，一共27人。夫妇二人用甜葡萄酒和饼干招待女人，用酒和托斯卡尼雪茄招待男人，至于孩子们——则欣喜若狂、愉快无比。他们从来也没有见过圣诞树，从来没人有过玩具。难怪当时这帮野孩子们怀

着敬畏拿着他们便宜的木头礼物,几乎不可能说服他们该回家去了。

只有那些了解劳伦斯的人,才会知道能这样招待大家他有多高兴,负责这么复杂的人群他是多么胜任,送他们所有的人——父母和孩子们——高高兴兴地回家。在那种情形下,你可能真的认为他是某个古老的神的后裔,不是吃蛇鸟心脏的神,而是伊阿科斯①孩童神,或是某个拉丁橄榄神、酒神和小麦神,不是太显赫和遥不可及,他与老百姓同乐、共享,直至死亡。

1927年1月,厄尔·布鲁斯特突然从印度回来,和劳伦斯夫妇待了几天。他热切地和两个能引起共鸣的听众谈论自己的经历。与大多数聪明的健谈者不同,当劳伦斯觉得对方正在诚实地讲述一些真正经历的时候,他总是沉默、倾听。布鲁斯特夫妇和赫胥黎夫妇可能是劳伦斯去世前一年最亲密的朋友,不单是因为他们经济条件很好,而且因为他们不把自己的观点强加给劳伦斯,或是当众吵架、与之争论从而激怒他,而是欣赏他的快乐情绪和聪明智慧,对他的严重问题也一带而过。

3月在弗里达的旅行中,有一次是去了德国,劳伦斯选择和布鲁斯特夫妇度过这段日子。他和这家人在拉维罗待了一段时间,然后单独和布鲁斯特参观了切尔韦泰里的伊特鲁里亚遗址、塔尔奎尼亚、武尔奇和沃尔泰拉。这是劳伦斯最后的一次"思想冒险"游。与之前到广袤的澳大利亚或墨西哥的探险相比,范围实在是大大缩减了!这次旅行的文章形成了他最后的游记。实际上他的《伊特鲁里亚诸地》并不全,因为他本打算再参观其他遗址,但是随着时光的流逝,他无法攒足力气旅行了。事实上,在现存的这本书中他几乎讲了他不得不说的关于伊特鲁里亚人的一切。他逐渐意识到,尽管乔治·丹尼斯是在一个世纪前写的《伊特鲁里亚的城市和坟墓》,但时至今日,作为英国经典作品,外行的作品不可能与其相提并论,更不用说超过它了。

然而这又是一本能让具有同情心的读者更好地理解和跟踪劳伦斯详细生活情况的书。或许书中确实包含有关伊特鲁里亚人某些不太准确的长篇记述,但其他部分向我们展示了劳伦斯在他最后几年中的真实情况。非常典型的一点是,劳伦斯对当时的塔尔奎尼亚和他去看的两千年前的彩绘坟墓一样感兴趣。他还对路易吉感兴趣,这是一位近海岸沼泽地的牧民,还对一位讨厌考

---

① 伊阿科斯是呼语神,形象是孩童,举着火把,带领朝拜队伍前往圣地,名字在队伍中被呼唤。

古学的年轻的德国考古学家感兴趣，同样还对拉瑟·塔丘，和什么狩猎墓、捕鱼墓一样兴趣浓厚。例如，他这样描写极其害羞的牧童路易吉：

  这个孩子正在克服羞涩，现在他对开车较感兴趣，并证明自己是个直言不讳的孩子。我和他说："路面干了，真好。""要是在15天前，"他说，"你根本过不去。"但在午后，我们原路回来时，我说："在这样的雨天，我们得骑马过去。"他答到："即使用手推车，你也能过去。"我问："一直都是这样的吗？""一直是。"他说。他就是这样一个人，可能与不可能之间完全依据他的心情。

这就是他们和劳伦斯在一起的种种，人们不能预测到劳伦斯会对任何人或事有什么反应。但对于路易吉，他却忽略了两点，首先，意大利人有这样一个习惯，爱说"总是"，认为这样可以让愚蠢的外国人高兴；其次，这之前，路易吉就有了一个计划，想让劳伦斯在沼泽地那边的山脚下买一座大房子，在那里他们可以骑马、猎野猪，"即便不是涉猎的季节也不妨，因为没人会来抓你"。

很有趣的是，劳伦斯会受到一种生活方式的诱惑，这种生活方式一般对他来说不合适，正如他总受到好像能给他带来新鲜感的事物的诱惑一样。路易吉想让这个富翁，英国"大富翁"喜欢上他，他就可能逃脱塔尔奎尼亚面包师给他的苦役，回去，回到他所热爱的那片沼泽地的自由中去，这经常是意大利人的梦想，他与劳伦斯分享也是很好的。

在去沃尔泰拉的旅途中，布鲁斯特指给劳伦斯看商店橱窗里的复活节彩蛋，一只小公鸡从破裂的蛋壳里挣脱出来。布鲁斯说这使他想到了一个题目："逃出来的公鸡——复活节的故事"，好像常被称为《已故的人》，这则故事是从这种暗示来的，劳伦斯一到斯坎迪奇就开始写这本书。

尽管他答应"7月"前不再写任何东西，但任何事情都无法阻挡他进行身体上和精神上超负荷的工作，好像在这期间他完成了《查泰莱夫人的情人》第二稿。弗里达从德国回来后，又给他传染上感冒了，好像又得了疟疾——尽管如此，他写了《查泰莱夫人的情人》第二稿、《已故的人》，以及《伊特鲁里亚诸地》，还画画，大热天出去拜访住在马尔米城堡的赫胥黎夫妇："这地方让人讨厌：乏味、死海、水母味还有成千上万的别墅，赫胥黎夫妇对我们很好，他们有那么好的一个小男孩。"

哎！他已经忘记了墨西哥以及美国医生的叮嘱，他又一次让自己的各个方面超负荷运转，让自己精神崩溃。相比一年前的愉悦和养息，现在他会因两个微不足道的、愚蠢的美国女孩与布鲁斯特夫妇大吵一架，要想看看创作工作是如何再次使他情绪极度不稳定，几乎气得发疯的，值得引用一下下面的内容：

> 的确，没什么比这些美国人更差劲的了。他们除了关注个人的自负和衣服，别的什么都不在乎。我昨天在乌菲兹美术馆——乌菲兹——乌菲兹——昨天和她们在一块。"我的（上帝），看！她的手多可怕！"这就是B.对利波·利比的所有评价——她们从未听说过波提切利——叫他波阿切利，[t]这个音吞掉了——她们不知道什么是文艺复兴。站在西格诺利亚广场中，我说："看那，那里有米开朗基罗的《大卫》，她们却说哪个是啊？——就是最后的那个吗？——指的是班迪纳利的作品。随后B.发现——'那个手里拿着石头的，我猜他是个疯子。'这部分是装的，但是装得太像了。她们简直什么都'看'不见：你不如叫一条狗来看绘画或雕像。她们就是文盲。她们只会把男的叫'那个家伙'，女的叫'那个穿裙子的'。M.想能看到，但是太晚了：美国人的白内障遮住了她的视野，她成了瞎子。那是种返祖过程如此之快如此可怕，我想杀死她们。纯粹的返祖现象。她们否定、否定、否定，直到什么都没有了——她们不过是空皮囊，只留下蠕动的神经。天啊！太讨厌！太恐怖！这在很大程度上是摆脱旧标准的矫揉造作的结果，成了固有的习惯，成为让人厌恶的疾病。因为在她们身上都有着好女人的元素……我觉得我宁愿去住在土狼窝里也不到美国去住。"

就算一个强健的人也经不起不断损耗气力和能量，何况是劳伦斯这样的人呢？这必将让他为之付出代价的。1927年，托斯卡纳那年的夏天很热，劳伦斯非但没安心静养、轻松生活，反而还在不断地创作和外出，好像他是个体力旺盛的健康人。7月，一个烈日炎炎的下午，他来到米兰达花园，在那里采摘了一大篮子好桃带回家，向弗里达炫耀。当他回到自己屋子里，一两分钟后，弗里达就听到他"用一种奇怪的咯咯的声音"叫她，她看到他躺在床上，望着她，"眼神惊恐，血慢慢地不断地从嘴里流出来"。

很明显，这是因天气太热又加上过度劳累，最终导致劳伦斯肺部出血，

这次是最严重的一回。他们的朋友欧里奥利和意大利专家吉廖利医生收到消息后从佛罗伦萨急急赶来。接下来好几天，劳伦斯躺在床上，情况极其危险，身体极度虚弱，天太热了，就连降温用的冰牛奶也在几小时后凝结变质了。他的身体渐渐恢复，可以旅行了，他的坚韧和生命力又一次战胜了病魔，弗里达带着他——感觉"摇摇晃晃地"——去了奥地利的卡尔顿。甚至现在，他仍然坚持以前的欺骗说法，说他没得肺结核，并写信说此次"根本上是因为懊恼"导致的。那他为什么懊恼呢？对布鲁斯特，他更很老实地承认"咳嗽很让人厌恶，我希望我能再有一个新的呼吸系统"。他被带到巴登-巴登，尽管表面上不服从，他还是同意去看医生，一位"像土豆泥一样温和"的德国肺科专家。

　　同往常一样，劳伦斯在哪儿咳血，他就会不喜欢那个地方了。尽管1927年10月他回到了米兰达别墅，他现在渴望逃离那里。他写道："我想永远离开意大利。"他荒谬地认为，他要是在德文郡会更高兴一些——"我觉得，该回家了"。后来他改变了主意。他想，如果能筹集到钱，就去海上做长途旅行。他听说只需要120英镑，乘海运公司的船就能周游世界。他们可以在"旧金山下船，再去看看陶斯"。但是无论他做什么，无论他到哪儿，在得了那场可怕的肺结核后，他感觉意大利变得"愚蠢"了，"有种死兆"。

　　在他那段苦恼的生病时期，为了让自己高兴，他画了一幅愉快轻浮的《牧神和仙女》图——为什么不呢？在不断地工作、工作，可能太努力了，不断地重写、重排1928年出版的《诗集》，自己却说在"玩味诗歌"。他不知疲倦地创作着，又写出了《查泰莱夫人的情人》的第三稿。在圣诞节时他将自己家中的圣诞树赠给农民的孩子们。1月底前，他离开了让他感到"愚蠢的"意大利和赫胥黎夫妇，去了高高的迪亚布勒雷雪山。

　　与此同时，历经犹豫不决和摇摆不定的苦恼后，劳伦斯开始相信他应该出版《查泰莱夫人的情人》。他对弗里达说："它只会让我再次挨骂，遭到仇视。"在某种程度上，他好像为将要发生的事情做好了准备。尽管当时没有一个正常的人能预测到，英国人对性的憎恨达到了病态的程度，并且在杂志上歇斯底里地发表言论，很奇怪，这些言论竟受到英国官员报复性的支持。

　　几经商量后，劳伦斯认为他将通过欧里奥利发行1000本完整版的小说，也同意出版社依据各国奇怪的习俗对其进行删减修改。打印好的小说会寄给

英国的塞克和纽约的克诺夫。克诺夫好像非常喜欢这本书，并希望让他的顾问准备一份不做大的改动的版本，让对性持反对态度的议会同意出版这个版本。塞克更实际，并且立即指出，如果删减则会破坏原小说的诗意和很多原意。他是正确的，1932年公开发行了那个极为不妥的让人难受的版本，就像一本既没有丹麦王子，也没有整个王室和奥菲利娅的《哈姆雷特》。

在那种身体状况下，劳伦斯的寿命已所剩无多，并且他性格较敏感多疑，极为害怕别人的冷落和羞辱，那他为什么还要出版这本书呢？这是个问题。对其动机的猜测有很多，有些显得低俗，但有些则比较高雅。我认为一个事实是，1925年到1928年间劳伦斯的声誉并没上升，反而下降了，或许他感觉有必要做点令人吃惊的事，重获大众的关注。詹姆斯·乔伊斯凭借《尤利西斯》成功地挑战了习俗，并得到多方的赞誉，劳伦斯则认为他不能因怯懦就选择不说出他对生活和性完全不同的观点。另一个事实是，劳伦斯虽然收入仍能满足需要，他希望再挣1000英镑，这样他就能用这笔基金去实现到地中海旅行的计划了。当诺曼·道格拉斯问他出版的动机时，他回答道："为了给那些年轻的一辈多些勇气和精神。"我知道没有人不关心"年轻作家"，但我总觉得这并不是他的动机。

当然，主要原因还是《查泰莱夫人的情人》阐述了他最后时期的思想。那么，他为什么要隐藏他的思想呢？即便是要引发斗争，很明显的确如此，好吧，他以此为乐。他曾宣称，生活既不平静也不是享受，"百分之九十的碰撞、碰撞、碰撞"。他对希望"让资产阶级震惊"这类原始的活动不感兴趣。这一点从他极力反对安德鲁·纪德的《伪币制造者》的态度可以看到：

> 揭示现代人的精神状态很有趣——但这样做要是为了令人震惊或感到奇怪——为了让人惊愕——就去鼓吹罪恶，那就不对了。

在创作《羽蛇》到《查泰莱夫人的情人》的时期，劳伦斯对生活和性的看法有所变化，通常他的观点会起伏变换，现在变得比较持久稳定了。但是他那特有的偏见没有消失，但却发生了很大变化。早期作品对性的描写使像福特·马多克斯·休弗这些无私的女性贞洁捍卫者感到恐慌，罗伯特·林德认为这些作品的危险性就在于其真实性——正因为写得太好了，所以会被认为很猥琐下流。后来，发生了变化，在战前他接触到了一些德国当代文学，在那段期间里，劳伦斯则认为性关系就是一场战争，是爱与恨的斗争。

天才的画像——劳伦斯传

当然,有很多例子都可以说明人类的爱情,这些情人像猫一样,他们在做爱之前非得争吵一番;但长期以来就已很清楚,劳伦斯一直谴责别人——只有"想象中的性",而他自己就是这种人最典型的代表,后来这种观念逐渐成为一种拯救哲学。在战斗中,总有人幻想胜利,在性的战斗里,劳伦斯则同意德国的看法,那就是男人是胜利者,而女人是牺牲品,有人这么想一点儿不足为奇。他没料到他的布伦希尔德①(弗里达)在角逐中总是进行抵抗并成功地反击,这也是他们的朋友希望看见的。当劳伦斯出丑时,可以看到他讨人喜欢的天分,他勉强但却不断地承认她的胜利。但他酷爱这种惩罚,总是卷土重来,一直到在墨西哥和斯波托诺,弗里达才使他信服他彻底失败了。

好吧,如果他不能控制自己的妻子,他仍然可以控制世界——对这方面我们已观察很久。然而,在发生了所有事情之后,当回到相对理智的欧洲时,他曾有当领袖的想法,到了最后才放弃了。他悲伤地给罗尔夫·加德纳写道:

> 恐怕当领袖和追随者现在看来都是错的,领导死了,还会再产生,可能以一种新的、有些变化的形式再生,以相互的温柔为基础。相互给予的权利已不复存在。当你达到了生活的根本,达到温暖的激起创造力的深层,权利也就不存在了。当然,一度有人无视意大利的法西斯主义,但很快,人们就会体验到一种违背生活的虚假权利,并感到万分沮丧。

"沮丧"不是一个贴切的词——被命令一天吃两顿"自己国家产的土豆",被命令向"所有的外国人"夸赞这些土豆,而这仅是因为国家供应过剩了,你愿意吗?这里劳伦斯提到的"相互的温柔"是何意,我不想去猜想,但有个新词"温柔"!为了"阳具的温柔",贵族康妮经常背弃有爵位、有知识的丈夫,投向那具有温柔阳具的猎场看守人。毋庸否认,在高尚和荒唐之间仅有一步之遥。

上流社会的女子舍弃贵族丈夫而投奔下层的男子,这样的故事在他看来一点也不新鲜。这是他自己的胜利,对此他感到非常的、满怀阶级意识的自豪。劳伦斯总是不知疲倦地讲述那些贵族女人,在猎场看守人、马夫、吉普赛人、矿工、印第安人和墨西哥人身上"找到满足"。他的最后一部作品则阐明了一种模糊不清的东西。用不着怀疑,他想表明婚姻的本质是以性关系为基础

---

① 布伦希尔德:也作"伯伦希尔"。在北欧神话中,布伦希尔德是一名持盾女战士,也是一名女武神。

的，这种关系并不"丑陋"，不会"让人感到不快"，不是"没有必要"，不是伪善的东西。他要写一首关于性的诗（之前就写过），要恢复古代撒克逊的表达方式，这些词在历经几个伤感的世纪后，充满了肮脏和可怕的概念，致使受牧师摧残的几代人排斥这些词。在英国博物馆、图书馆中，15世纪的词汇表中有这样的一个纯洁的词条："阴道，女人的管道。"

在报纸时代，这样平静的单纯能再次重新获得吗？很明显，劳伦斯希望如此。美国的批评家霍勒斯·格雷戈里称赞他这样的意图：

> 自从写了《儿子与情人》后，劳伦斯深信，他正在写重要的东西，这些东西会将敌人驱赶到死角。就像这部早期作品的个案史代表了成千不善表达的年轻人的情况，查泰莱夫人要为想通过正常性行为来寻找解决世界问题的答案的千百万人提供依据。书中要说出所有人不敢说出的话，使古老英文的四个字母构成的词汇回到它原来好的本义。这些词正如梅勒士和他的情人一样，赤裸裸地在书中穿行。英国小说再也不强装风雅，将其羞耻藏在薄绸和花边、绒面呢、粗花呢、亚麻布和哔叽的后面。

把劳伦斯仅仅看成是个英国小说家是不对的。诚然，正如大多数天才艺术家一样，他利用了那个时期最为流行的形式和习语，但是对小说的"艺术和技巧"并不在乎。他总是喜欢指出很多，无聊作家几乎准确无误地使用小说的艺术和技巧。他的小说和他的诗歌一样，采用松散的形式叙述他的生活经历和说教。除此之外，他现在的作品中还使用了19世纪德国的观点。因此，在劳伦斯出生很早之前，理查德·瓦格纳就曾写到过劳伦斯的信仰和教导的本质，比如下面的句子：

> 艺术应该是直接的，活生生的，是人的一种表达……艺术最初和最真实的源泉在冲动下呈现出来，这一冲动促使生活进入艺术作品，这种动力能使人们潜意识里本能的生活信念，作为必需品被人们理解、承认。

瓦格纳接着说，艺术是"自然的、真正的、未堕落的人天生的一种渴望"。他不是思想的产物，能"提出科学"，而是"无意识的更深的冲动"的产物。正如瓦格纳、劳伦斯说的那样，所有伟大的创作源于无意识。"有意识的思想只是能利用和破坏直接的冲动。"就像后来劳伦斯所谴责的一样，瓦格纳谴责了"我们无耻时代的奢侈、时尚和艺术泛滥"，之后瓦格纳则套用19世纪自由主义者的行话称"潜意识的冲动仅源于人民"。

天才的画像——**劳伦斯传**

劳伦斯是否读过瓦格纳的《未来的艺术作品》，或者只是间接获得的这些想法，都无据可循。但是任何一位了解劳伦斯作品和生活的人一定看到了，无论他经历了多少变化、摇摆或是自我矛盾，唯一不变的就是他的这一思想。没有一部作品像《查泰莱夫人的情人》那样，在这本小说中，瓦格纳的这些理论被劳伦斯彻头彻尾地实践了。当然，他也超越了瓦格纳的思想，并对其作了批判——放弃了瓦格纳对性的"正派的"态度，但这一思想，毕竟是弗洛伊德介绍的德国思想的一种变形罢了。假正经和财产不再是社会的基础，而是作为骗人的东西受到挑战和嘲笑。

在决定出版一部会令那些无知的人感到震惊的作品时，劳伦斯或许明白这必将会受到报刊的"批判"，各种污言秽语会倾泻袭来。但他没料到会引起一场在他余生持续不断的笔伐。在这场论战中，他与他的宿敌——有教养的并决定什么是文学，什么不是文学的英国警察，发生了更为激烈的冲突。塞克和克诺夫不太情愿地得出结论说，这本书的确有点超出了这个时代，他们不愿冒生意受损的风险，禁止者的疯狂可能会影响他们的生意。另一方面，劳伦斯在经济上是轻骑兵，在加来海峡①安全的那面。毕竟，这是劳伦斯的书、劳伦斯的战斗，所以他们希望劳伦斯幸运，并让劳伦斯自己看着办。

他并没有以一种过于轻佻或是轻松的方式对待此事。当他在佛罗伦萨和欧里奥利吃午饭时，他小说的手稿被送到了印刷商那，他宣告这是个"伟大的时刻"。诺曼·道格拉斯可能当时也在那里。无论怎样，劳伦斯在同一封信中提到："今天看到了道格拉斯——但是关于他没有新情况，他仍然在想着耶路撒冷，对意大利基安蒂红葡萄酒仍然情有独钟。"除了对于恼怒的作者之外，在意大利要出版一本英国书的事，对于任何人来讲都多少有点滑稽。所有的排字工人，甚至印刷工领班弗朗西斯基尼连一个英文单词都不认识。据劳伦斯讲，他们中有人甚至连读书写字都不会。因此那一时期，出现校对缓慢的现象在当时也是正常的，而现在一个熟练的英国人只需要一半的时间。印刷错误也数不胜数，多得让人发疯：

"我校对了41页文稿，"他给奥尔德斯·赫胥黎写信说，"那几乎是将玛利亚打出来的重新打了一遍。亲爱的玛利亚，你犯了那么多小

---

① "加来海峡"是法语对"多佛尔海峡"的称呼。为英吉利海峡的东部，介于英国和法国之间（东经1度30分，北纬51度零分），是连接北海与大西洋的通道。

错误，我耐心地将你出现的打字小错误都改了一下，现在又出现了一个佛罗伦萨的印刷工，他把'不'就拼出了六种错法，把他们连在一起，好像巴赫的赋格曲。"

劳伦斯的情绪经常会突然发生变化，原来他一直钟意意大利，现在也明显不喜欢了，他打算在四月房租到期时便离开米兰达别墅。每次他走进卧室，吐血的一幕可能就会浮现在他脑海里。无论如何，他认为意大利对他很不利，毒害了他。当然，在法西斯统治下，甚至对于一个外国人来说，生活也变得日益压抑，劳伦斯怎能忍受那么久呢，这对我来说一直是个迷。四月，他就把墙上的画摘下来，开始打包，然而弗里达很想继续住在这里，她"看上去非常郁闷"，劳伦斯心软了，重新把画挂回了墙上，"并又付了六个月房租——因为不值得闹别扭"。

1928年，对他来说，是一个风暴不止、压力不断的一年。他最终写完并在《论坛》上发表了《逃跑的公鸡》这篇故事，故事的题目是布鲁斯特在沃尔泰拉和他游览《伊特鲁里亚诸地》时提议的。这个故事引起了读者来信专栏里长达6个月的争论，但从没有人试图查禁。人们有这样的印象，在那个时期的美国对自由创作人比英国要开明，或许是因为著名的律师莫里斯·恩斯特为他们成功斗争的结果。在英国没有，也不可能出现这样的法律运动，很显然，英国报刊不敢发表《逃跑的公鸡》。直到劳伦斯去世后，英国才冒险出版了（1931年）增补版本，换成了中庸的名字《已故的人》。

在米兰达别墅的六个月租金几乎是浪费了，因为劳伦斯夫妇后来住了一个月多点，他又一次变得烦躁不安，决定去瑞士找布鲁斯特夫妇。在那里，劳伦斯夫妇和他们度过了接下来的几个月。好像《逃跑的公鸡》和《查泰莱夫人的情人》还不足以让人兴奋，他又同意在多萝西·沃伦美术馆里展览他的新作品。这次展览原定于1928年10月，但由于种种原因，又推迟到次年的6—7月间。他在有生之年的最后20个月里所做出的决定，使他卷进了一场愤怒的老处女们的喧嚣声中。

3.13

劳伦斯的朋友们一直劝他，说按照他身体的状况，应该避免托斯卡纳夏季热带的暑气和冬季潮湿的雾气，一年中的这些季节里他应该在空气干燥的瑞士度过，那里的气候对肺病患者极为有利。劳伦斯讨厌意大利了，既然已经不喜欢这个地方，他最终听取了朋友的建议。以前劳伦斯对瑞士厌恶得有些不理智，这可能是与他的疾病有关，病痛长时间以来逐渐消耗着他的体力，而他一直否认病情，现在已到晚期，他同意去瑞士了。

劳伦斯的节俭和对浪费的极度憎恶，使他一想到米兰达别墅将持续数月闲置不用，就感到烦恼——因此他免费让布鲁斯特一家人住。布鲁斯特夫妇非常聪明，更喜欢陪着劳伦斯而不是住他的别墅。他们来吃午饭时，发现劳伦斯穿着一件装饰白色纽扣的亮蓝色的巴伐利亚夹克，像在过去温暖月份里常穿的一样，越发衬托出他蓝色的眼睛。身为画家的布鲁斯特夫妇对劳伦斯挂在墙上的画非常感兴趣，阿克沙·布鲁斯特尤其喜爱"它们敏感的色彩，娴熟的技巧，自发性和表现力"。

就是在这欢快的午餐中，布鲁斯特夫妇也决定去瑞士。几天后，他们便开始了让劳伦斯一直非常享受的一段旅程。除了"法国的阿尔卑斯山"，他们没有任何明确的目标。显然，他们打算随兴漫游一段时间；只要他们愿意，就留在他们喜欢的地方，想待多久就待多久，如果愿意的话，甚至可以住上几个月——总之，就是做人们现在不被允许做的高兴事。劳伦斯情绪高涨，随着火车上渐渐没有了乘客，他让弗里达和布鲁斯特夫妇唱起了民歌，直到都灵，他们还一直保持着"兴奋的状态"。

劳伦斯依然怀着度假的心情，他们漫步到尚贝里和艾克斯莱班。"我们感觉太幸福了！"布鲁斯特夫妇笃信佛教和素食主义，只吃沙拉，劳伦斯一

边津津有味地品尝着溪红点鲑和烤鸡，一边无情地挖苦他们。唉，他们的快乐被蒙上了阴影——总是这样。他们把车开进了深山，发现了理想中美丽的山谷和理想中安静的旅馆，但因为劳伦斯咳嗽，老板要求他们第二天早上离开：肺结核病患者是不允许待在这里的。"我一开始就认为旅馆老板有些卑鄙。"劳伦斯评论到。

因此，他们放弃了去更远的地方漫步的想法，回到沃韦附近的一家旅馆安身，他们在这里很有名，也很受欢迎。得到休息和良好的护理之后，劳伦斯的咳嗽恢复到平时的状况，弗里达觉得他的身体已经很好，她可以和妈妈待几天了。但是劳伦斯想让她回来，如果还有人认为劳伦斯不爱他妻子的话，他应该想想阿克沙·布鲁斯特那时写的那些笔记：

> 弗里达从巴登-巴登回来的那天，劳伦斯查询了列车时刻表，确定她会在上午10点到。没有等到弗里达，他又等12点的特快，弗里达还是没到。他急匆匆地吃了午餐，奔回去等2:20的慢车，但是不久就闷闷不乐地回来了。"她可能丢了护照被拦下了，或者丢了钱包。"我不知道他等了多少辆火车，但是10点的那趟火车，肯定没有弗里达。我们尽量让他高兴起来，但没用，他一直急切地期待她能回来。

在这一年的下半年，7月份，劳伦斯和弗里达离开旅馆，在格斯泰希-贝-格斯塔德租了一间牧人小屋，布鲁斯特一家搬到了村子下面的旅馆里。也许是地势有点高，也许是劳伦斯过度劳累，他很快被新的肺出血击倒了。在慢慢康复过程中，他忙于绘画；他还以自嘲的口气说，自己开始作为一名自由的报刊撰稿人写文章，事业有成。他的几篇文章汇编成的《散文集锦》就写于格斯塔德的山上的小屋里。

与此同时，欧里奥利和弗朗西斯基尼在佛罗伦萨埋头苦干（也许确切地说是欧里奥利在佛罗伦萨，弗朗西斯基尼和他的文盲手下们在埋头苦干），在遭遇了巨大困难后，让人意想不到地出版了《查泰莱夫人的情人》的精装版。到7月末，欧里奥利已经送出所有的订货。因为欧里奥利只有一个助手，并且是在夏天，可能在整个月里，每天只能发出几本书——我记得我那本，大约是在7月的第三周拿到的。

因为书没在英国印刷出版，作者又定居国外，所以《查泰莱夫人的情人》没像《虹》那样遭到抨击。那些自认为心底纯正的人的目标是，让作者经济受损、

人格受辱就行。通常的法律训诫在这件事中就没必要了。游击战展开了，开始是与海关和邮局官员（这些人被认为能一眼辨认出黄色刊物），后来逐渐演变成和乔因森-希克斯手下勇敢的警察们。这些脑袋进水的流氓们反应很慢，太慢了。实际上书商们吓坏了，他们开始退书，退了 114 本。这种背信弃义怎么应对？非常简单，书被伊妮德·希尔顿收集起来，我们重新发送这批书。

到 1928 年 8 月 15 日，所有最初的英国订阅者已经收到他们的书。但劳伦斯有点不安，写道："在英国有禁止出版的谣言，在美国也有禁止出版的谣言。"劳伦斯保护体系中最薄弱的环节是，事实上他不能获得国际版权，因此遭遇盗版时无法受到保护。与此同时，官员们正开始在英国和美国查抄这本书，带回家给他们的妻子们看。盗版的销售速度惊人，劳伦斯以前从未遇到过。

这些琐事让他心烦意乱，另外，肺出血也说明了他焦虑不安的程度，幸运的是并无大碍。有趣的是，他在信中对于《查泰莱夫人的情人》被查闭口不谈，就像信中总是尽力隐瞒他的肺病一样。在这次危机中，不是很多——事实上——极少的朋友支持他，我可以高兴地说，赫胥黎和大卫·加尼特就在其中，但这是一个非常小的圈子。

9 月份，劳伦斯搬到了巴登-巴登以便去看岳母，布鲁斯特一家和他们一起去了，布鲁斯特夫妇伤心地看到劳伦斯身体如何越来越虚弱，如何很快就会疲倦，就他的精力和生命力来说，不该如此。在一次乘车过程中，劳伦斯打破了长久的沉默，聊起他的父亲和另一个人（谨慎地称为 X 先生，但显然是指诺曼·道格拉斯），这两个人是他唯一认识的乐天派。"他们只关心生活的快乐，其他的什么也不在乎。X 先生不会承认痛苦、疾病、贫穷或丑陋。对于 X 先生来说，战争并不存在。他不理会战争。当弗里达和劳伦斯陷入绝望的贫穷时，他仅仅是没有注意到这一点或是这些情况。"除了对诺曼·道格拉斯进行他当之无愧的赞扬，更令人惊讶的是，劳伦斯接着赞扬他那位粗暴父亲的享乐主义，把这两人联系起来，说他们具有"忠于自己的快乐精神""保持着自我的完整"，而我们中的其余人（显然在说自己）"想得太多，让我们自己在深深的爱中支离破碎"。虽然他明白得太晚了，但当时，在劳伦斯的眉宇间流露出非常理智的神情。

但是这也变得太快了！他曾经那么多次，那么激烈地谴责过道格拉斯的

享乐主义，甚至还谴责过民主主义者宾纳，仅仅因为宾纳喜欢中国诗和墨西哥风俗。劳伦斯总是"关心"朋友们认为与他无关的事，使自己烦恼。他觉得自己应该对世界负有责任，但世界并非他创造的，还觉得自己有义务安排他人的生活。他时常向那些本来可以快乐的人唠唠叨叨，说要"摆脱无意识的生活"，显然他不曾自问，你在无意识中怎样做到有意识。

甚至在《查泰莱夫人的情人》这部小说中，他有意识的思想拼命尝试着要摆脱无意识的清教主义，这部小说不是激情恋爱的享乐和一个女人身体的快乐，而是作为一种性爱课程、性的说教而创作，这一事实降低了这部小说的地位。很明显，这是"想象的性"。从任何角度上来讲（像他总是公开指责别人那样），当他写这本书的时候，我们完全有各种理由认为，他已经几乎——如果不是完全的话——没有性能力了。虽然他无数次找事折磨自己，但是他按照自己的方式，还有谁比他更享受过生活呢？有谁曾比他更懂得积极的幸福呢？劳伦斯永远是个矛盾体，性情多变，不是我们所能定义和归类的，但总是让我们感受到他的奇怪和独特之处——一朵毒玫瑰，粪堆里的金子，巴兰的驴，一个奇兽，一个典型的"一半天使一半白痴"的英国人。他是如他自己所言：

亲吻与争吵合一之物，

一个通亮的雨柱，

一股欲望的血，

长满黄褐色刺的玫瑰树，

是与非的混合物，

爱与恨的彩虹，

前后刮的风，

如瀑布般冲突的生物。

哎，可怜的劳伦斯！1928年的那个秋天，他不再是奔涌的瀑布，因为他越来越脆弱，越来越虚弱，他"恢复"得很慢，而且越来越是假象。他心情忧郁，身体非常疲倦，从瑞士给梅贝尔·卢汉写信时，不再费心思去隐瞒真相："在这里我只是画点小画，在林子里走走。这几年大家过得都不太好。但让我们希望大家能腿脚利落些，之后心情能尽量真正平静点。我们真可怜！"

巴登-巴登的天气很冷，很少有晴天。这伙人都好像病人一样生活，喝矿

泉水，在疗养院大厅听音乐。晚饭后，劳伦斯耐着性子和他的岳母打纸牌。因为精神紧张，他最终对疗养院大厅无辜的人群爆发了，他觉得这些人"长相讨厌，灵魂该死"。他被带去看电影，他觉得"电影虚伪得让人作呕"，所以匆匆离开了电影院，他解释说"实在是太恶心了"。

他那时的信也显示出这种对人群的恐惧。恰好一位法国朋友借给我克罗港岛上叫"维吉"的住处，借期是10月和11月两个月，这个地方位置偏僻，环境优美。我建议劳伦斯夫妇可以去那里休息几周。劳伦斯的一封信中暗示他觉得我们可以待上一冬，但我善良的法国朋友只能提供两个月的时间。当然，这是个错误，因为劳伦斯从来没有真正想完全与世隔绝。可我却安排好，乘船从那不勒斯到马赛，在土伦见了另一个朋友，在土伦或是海滨城市耶尔等待劳伦斯夫妇。正如我应该料到的，他们未能守约，弗里达忙着从米兰达别墅里搬出家具，还有其他一些安排。现在我非常后悔从克罗港岛发电报并预付了劳伦斯回电的钱（因为他的回电总是"在等弗里达"），我竟然发现他给别人的信写得很平淡，信中根本"没有提过"我。

没有弗里达，劳伦斯是不会来岛上的，他和他妹妹在勒拉旺杜等着弗里达，有一部分时间，他和赫胥黎夫妇在一起。因为弗里达搬出别墅用了很长一段时间，劳伦斯夫妇直到最初约定时间的两周之后才到了克罗港岛。

维吉是一个小要塞，是一个瞭望台（始建于拿破仑三世），在这种情况下被重建了，让人意想不到，建得很舒适。整个克罗港岛过去和现在都被列入国家遗址，是地中海较小的岛屿中保存最好的一处。除了维吉，还有一座像卡普里那么大的岛，岛上只有一个小小渔村，一家旅馆，一座有人住的房子——在我正在写本书时，房子被猛烈的炮火破坏了。另外，岛上有苍劲的地中海松树，芬芳的熏衣草、迷迭香和岩蔷薇，其他十几种芳香的植物，还有各种罕见的野花和真菌，在大陆上已经没有这些野花和菌类了。站在维吉的城墙上极目远望：向东面80英里处，可以望见白雪皑皑的阿尔卑斯山峰；天黑后，向西30、40英里外，可以看见土伦闪烁的灯光。随时间的变化，其他岛屿的颜色和大陆上群山的美丽景色也有序地变化着。这里的黎明和日落如此可爱，无处能比，这里是寂静无声、孤独幽静的所在，无处可寻。

可怜的劳伦斯！他病得太厉害了，无法欣赏甚至比新墨西哥农场更加精美、无扰的景色了。因为这里是地中海的美景，他曾在陶尔米纳对此激动不已，

但这里比陶尔米纳更新鲜、更质朴。让人痛苦心碎的是，我们意识到他来得太晚了，发现他只能躺在床上或是躺椅上度日，他虚弱到只能在吊桥上走出几码远，体力差到几乎爬不上嵌着玻璃的瞭望台。最不幸的是，弗里达回来时，像往常一样得了重感冒，劳伦斯很快被传染上了，后来，他读到送到那里的关于《查泰莱夫人的情人》的评论后便开始咳血了。夜复一夜，我听见他空空的深咳，意识到我担负起了做梦也没想过的责任。怎样请医生穿过10英里北风呼啸、波涛汹涌的大海来这里呢？怎样让他安全离开这里呢？只是在那时，我才意识到劳伦斯多么脆弱而病重，他遭受了多大的痛苦，他是多么可怕地嫉妒和憎恨普通的健康人，这种思想有时控制了他，他以前的智慧怎样变成了痛苦的怨恨，他是多么寂寞，多么完全地依赖弗里达，变得多么发疯似地忌妒她。

当然，也有快乐时光，像以前一样，他展示出迷人的一面，讲故事逗我们开心，歪改和模仿诗文让我们哈哈大笑。有段时间，弗里达觉得她可以放松护理病人的警惕，她不能天天泡在洗洗涮涮中。其他人不可避免地注意到这位性爱天才的妻子的状况，她穿着简朴的内衣，既是一位举止非常高雅的修女，又是一位不开心的打杂女佣。

他病得太重了，除了写写无价值的作品，他写不了任何东西，他从收到的赫胥黎的《针锋相对》和一本法国新书《阿蒂拉》中，随手拈来一件事作为诗集《三色紫罗兰》的主题。

就是在维吉这个地方，劳伦斯收到了一个大信封，里面是英国关于《查泰莱夫人的情人》的剪报。为什么这本书被寄出写书评呢？或者为什么劳伦斯在英国的代理人会寄给他这些卑鄙刊物的垃圾呢？我一直都搞不明白。我从来没有读过这么让人恶心的辱骂，那么粗俗不堪，那么虚伪。下面是其中的一些话："最邪恶的倾泻——法国色情的污水沟——兽性——龌龊的变态——脑残——文学粪坑——猥亵的灵感——大胡子色狼——堕落书商和颓废派艺术家抢购的书——英国文学最污秽的书——有毒的天才"，等等。由于一系列诈骗，《约翰牛》的主编博顿利正在或是即将面临七年徒刑，他希望劳伦斯"除了最堕落的小圈外，应该被排除在所有团体之外"，真够可笑的，在这种情况下，他感到遗憾："目前没有一项法律可以更完全地、长时间地放逐劳伦斯。"很奇怪，这么野蛮、恶毒的话可以有地方发表而不受惩罚，竟然没有法律保护艺术家免

受这种流氓的侮辱。

令我吃惊的是，对以上的话当时我们都不屑一顾，但是劳伦斯却深受其扰。可能是他不喜欢他的姐妹们会读到这些评论。除了这些东西，赫胥黎的《针锋相对》那本书也寄来了。恰巧我们其他人都是此书热情的崇拜者，知道这本书被选为美国的"每月一书"，我们大声地表达着喜悦，也许有失考虑。我们丝毫没想过，劳伦斯对朋友应得的成功并不高兴。但是，很自然，他肯定是把赫胥黎的好评和自己遭受的残忍的侮辱做了比较。他给赫胥黎的信尽量公正、友好，但是每句话都隐藏着嫉妒。他让我记下他的话，一年之内，赫胥黎会进疯人院。当弗里达，最不明智地，让他知道她读了并且喜欢我在写的小说——那么，我是被迫陪着这位比较重要的生气的人，谁会奇怪呢？

把劳伦斯安全送回大陆不是件容易的事。我们设法成功地哄他安全到了港口，临行前在旅馆吃了午饭，给他增强体力。不幸的是，一股干燥寒冷的西北风刮起来了，我们在海上的一艘小型敞篷汽艇上待了几个小时，海水迅速地上涨，这种速度在地中海才会有。我们乘船走了好远，在马达坏之前，我们没有什么真正的危险，之后，我们开始在海上漂流，在巨浪里无助地颠簸。不过，马达十分钟内就修好了，最后，我们设法成功地把他安置到土伦的一家旅馆里。我们告别时，他紧握着我的手，说了句总是让我尴尬的格言警句之一："耐心地拥有你的灵魂吧。"他说道。他为什么这么说，我一点也不明白。

3.14

　　1928—1929年的那个冬天很冷,劳伦斯夫妇在邦多尔过冬,不幸的是那里的西北风异常干冷。邦多尔是个有两三千居民的小镇,离土伦很近,(除去位置外)这比偏远的克罗港岛的维吉更适合病人居住。劳伦斯就是在邦多尔写下了最后的散文《启示录》和《最后的诗》。起初,他继续随便写写《三色紫罗兰》,为欧里奥利翻译拉斯卡的《马南特医生的故事》,给报纸写文章。因为他再次成了"下水道"和"龌龊的变态者",所以他给报纸写的文章自然又有需求了。

　　他的恶名让他再次和多年没有联系的人有了书信来往。奥托琳·莫雷尔悲伤地给劳伦斯写信,说她在卡辛顿的房子被征税了,很是难过。她收到了一封劝诫的回信,但她继续"边咳嗽边看《查泰莱夫人的情人》"。莫里写信打听《虹》的第一版,其中不经意的一句话,大意是"我们已经失去了它,你和我",使他写出了这篇独特的《三色紫罗兰》:

有人写信给我:我们已经失去了它,你和我,

我们本该彼此情深意重,

但我们错过了。

我只能回答:

差之毫厘,谬之千里,

先生。

　　劳伦斯渐渐适应了范围狭窄且安静的病人的常规生活。由于他仍然拒绝甚至根本不考虑去养老院,地中海附近的法国小旅馆便成了能找到的冬季修养的好去处。弗里达不再做任何家务事了,所有的精力都用来做这种特殊的不引人注意的护理工作,这是劳伦斯唯一允许的事,除了弗里达,没人能做

的了。劳伦斯不抱任何幻想地写到，邦多尔是个"枯燥的小地方"，在这里，劳伦斯的主要乐趣是观赏冬日可爱的海上日出。他觉得这个地方足够宁静和舒适，直到后来寒冬让他感觉到一切都变得"黑暗、寒冷了"。

如果居住地单调乏味，那么兴奋便来自外边。他即将办画展的公告吸引了P.R.史蒂芬森的注意。他是澳大利亚的一个印刷商，建立了凡弗朗利科出版社。他来邦多尔看望劳伦斯，解释说自己打算创办"一个新的出版社——没有林赛之类的人物在里边"，出版社名叫曼德雷克，首先出版一卷劳伦斯画作的复制品。显然，劳伦斯曾怀疑此事是否能成功，但他最终听从了史蒂芬森的提议，并为画册写了非常有趣的序言。大约六个月后，这本画册的发行证明非常成功。劳伦斯写到："我听说他们预订了三百本书，每本定价十几尼，定价五十几尼的十本精装本全部被订出去了。疯狂的世界！但我能从这些书中挣到五百镑——不错。"但是对于这样的结果，从某种程度上讲，他应该感谢内政大臣和伦敦警察，他们为他做了广泛的宣传，使劳伦斯赢得了所有体面人对他的同情。

1929年1月，文学界发生了一件事，即使算不上史无前例，但也绝非寻常。英国官员查获了一个从国外寄来的密封的邮包，邮包是一名享有国际声誉的英国作家挂号寄来的包裹，英国官员把它拆开并扣押了。实际上是两个这样的包裹，都是劳伦斯从邦多尔寄来的。第一个包裹是1月7号寄出的，里面有《三色紫罗兰》的手稿，第二个是一周后寄出的，里面有他为自己的画册写的"序言"。官员这么做的理由是，他们在"检查色情内容"，当然他们自然会这么说。在"序言"中什么都没发现，《三色紫罗兰》只有几行——"废话"（劳伦斯轻蔑地注意到这一点），最后他们不得不退还这两部手稿。由埃伦·威尔金森领导的工党成员就此事向下议院提出质询，议会除了好奇地承认，内政大臣认为没有——或者更公平地说，当时没有——"就决定淫秽与否的问题，寻求文学方面的建议"外，没有任何结果。政府的论点是：如果内政大臣认为有这个必要，一本书在出版前就要接受审查，因此禁止劳伦斯出版《三色紫罗兰》中几句需要删除的"废话"。这种对知识分子自由的干涉，大学教授或知名作家对政府几乎没有提出抗议。

在此，劳伦斯似乎又一次证明了他的想法——"法律是一件无聊的事，法律的审判与生活无关"。但如果当局这样做的目的是为了阻止劳伦斯发行

书籍，那么他们适得其反了，因为事实是——他们是否觉得遗憾就看他们怎么想了——英语读者总是购买政府认为淫秽的书。读者会记得劳伦斯的《爱情诗集》，由于缺乏这样的推荐，诗集只卖了一百本。P. R. 史蒂芬森从劳伦斯那里收到从十四首短诗里删减下来的寥寥数语（第一部诗集里收录了二百多篇），出版了五百本普通版本，五十本精装本，欧洲版本用的是这种铅板。普通版本立刻就一售而空了，史蒂芬森又能给劳伦斯再支付五百镑的版税。

然而，官方采取另一举动来压制劳伦斯。耽搁了好长时间后，劳伦斯在伦敦的沃伦美术馆举办了个人画展，凑巧史蒂芬森也出版了作品的彩色复印版画册。对这些画的评论很苛刻，批评不仅来自那些认为不以静态形式画的裸体画都是淫秽作品的人，多如牛毛的"专家们"也发表了他们对艺术的看法。奥古斯都·约翰乐意支持这些画，因为这些画肯定能完全扭转局面，使之对劳伦斯有利。

无论如何，这次画展取得了巨大成功，可能是以前从未办过个人画展的画家少见的成功。从 6 月 14 号到 7 月 5 号，一万两千多人花钱来看画展。很自然，这种不可否认的成功令劳伦斯的敌人们特别恼火，他们发表了一些特别卑鄙的、虚假的攻击性言论。那位在断定淫秽作品时，"不寻求文学方面的建议的"内政大臣，很明显没有把禁令延伸到支持他们这方的更令人讨厌的期刊上。在他的命令下，警察们钉着钉子的铁靴的咣、咣、咣的声音回荡在沃伦美术馆；劳伦斯的十三副画被拿走了，一起被拿走的还有史蒂芬森的四本画册和威廉·布莱克的一本画册。听说威廉·布莱克已经去世一百多年了，官方才撤销了对他的起诉。

菲利普·特罗特夫妇负责此次画展，他们被正式传唤到地方法官米德跟前"去出示理由"，解释为什么这些画和书不应该被销毁。1929 年 8 月 9 日的法院诉讼程序似乎比以往的更荒唐。那个叫玛斯凯特的人，之前就在《虹》的案件中特别引人注目，这次又出现了，把劳伦斯的画形容为"下流、粗俗、丑陋、不可爱和淫秽"。这是他的观点，尽管没人知道马斯凯特在艺术方面有什么造诣。在反驳这种没人支持的观点时，被告方的辩护人提出要援引确实懂艺术的人的观点——即威廉·奥本、奥古斯都·约翰、阿格纽，以及其他几个人的观点，可是没让这些人出庭，他们不能在法庭说下面的话：

它们是不是艺术品一点也不重要，我没必要决定这样的次要问题。
世间最优秀的绘画也许就是淫秽的。

上帝啊！但是，在这起案件中，为什么米德允许诉讼中扯出与美学不相关的问题，说画"粗俗、丑陋、不可爱"呢？当然了，事实上这根本不是审判，而是早已定论的事。《查泰莱夫人的情人》被查禁是因为此书让裸体太诱人，这些画被查禁是因为画中的裸体"粗俗且不可爱"。

劳伦斯在"战斗、战斗、战斗"，自然是忙着回击敌人，他讽刺的气势让我们觉得好笑，比如辩论册子《色情文学与淫秽行为》《我与快乐罗杰的小论战》，以及《〈查泰莱夫人的情人〉刍议》。他的《荨麻》和《三色紫罗兰》续篇，虽然有些部分很有趣，但劳伦斯好像不那么开心了。劳伦斯从他朋友里斯·戴维斯那里得到提示，写下了这首四行诗：

最近，我看到了离奇的一幕：
伦敦百合般纯洁无瑕的警察晕倒
在处女情结的愤怒中，他们看到，
劳伦斯裸体画的裸体。

下面这首诗说到了点子上：
哦，真遗憾，哦！你难道不同意
认为自由的国度里找不到无花果树！

我的家乡不长无花果树；
想要时，身边从不会有无花果叶；

所以我的画无遮无掩；
这就是争吵的问题。

纯洁无瑕的警察来了
因为羞耻藏起了脸，

他们把伤风败俗的东西拿走
带到监狱去，藏到见不得光的地方。

米德先生，那朵老百合
说："下流、粗俗、丑陋！"——我像个傻瓜

觉得他说的是治安法庭上官员们的脸
他说得真对……

这一系列打压的插曲令人不快，提醒我们愚蠢的庸俗主义的存在，也是国家政府被用来支持内政大臣的宗教偏见的一个稀奇的例子。在此，自然要问到一个问题：劳伦斯把生命的最后几个月消耗在发起的这场战争中，实际的结果是什么？当我们发现《三色紫罗兰》和它的续篇，以及《荨麻》中包括五百多首诗时，我们多希望劳伦斯将所有的精力用在写更好的作品上啊。写到劳伦斯的这些战斗，霍勒斯·格里高利说："今天，在英国文学界没有一个活着的小说家（或诗人）认为有必要持续半个世纪为性自由而战。"尽管我有些怀疑，但这可能适用于美国，而在英国绝非如此。

对于医学和心理学专家，以及表现某种科学方法的作家来讲，他们已经获得了自由，但对于艺术家和诗人而言，几乎并非如此。自从《查泰莱夫人的情人》之战以来，蒙托克因试图印刷魏尔伦作品的译本，在伦敦被判监禁六个月。《查泰莱夫人的情人》还在创作中时，有一名澳大利亚小说家被判入狱，缓期执行，这次报界煽动反对这本英国小说的行动却失败了。现在真正令人沮丧的现象不是在官场，而是在大学，在那里询问一位新作家的问题，不是"他有天赋吗？"而是"他品行端正吗？"只要受到批评的、教会管理的学校依然存在，人们就禁不住想，劳伦斯赢了一场战斗，输了整个战争。

人们发现有人愿意利用劳伦斯无力保护自己的著作权的机会，发行《查泰莱夫人的情人》的盗版，劳伦斯想通过发行比盗版还便宜的正版书，试图解决这一问题。1929年3月，劳伦斯到巴黎旅行，在那里的协商不仅涉及《查泰莱夫人的情人》，还涉及他的短篇小说《太阳》的盗版问题，以及黑太阳出版社以书的形式发行的《逃跑的公鸡》，还有他在美国出版的作品的相关问题。

不幸的是，他没有知心朋友来托付这类让他既生气又沮丧的事。特别是

那年,危机重重,巴黎之行不可避免地导致他患上了不祥的"流感"。他病得太重了,甚至有谣传说他已经快不行了。然而,康复后,不知什么原因,他决定长途旅行去马略卡岛,而不返回邦多尔了。由于现在他身体很虚弱,不管路程长短,都要半路停下来休息,这次他就在土伦和巴塞罗那停了一段。他特别渴望回到陶斯,布雷特和梅贝尔·卢汉在那里等着他;即使发生奇迹,他能拿到签证,他现在病得这么重,也没法完成这么漫长而劳累的旅行。世界的吸引力对他来说逐渐消失,到达马略卡岛时,他筋疲力尽,发现"他不喜欢这个地方了"。休息、静养、佳肴让他再一次恢复了活力,再次享受世界的美景。下面这段文字让我们仿佛又读到了劳伦斯在精力充沛的岁月中写下的文章:

> 我们昨天开车去了瓦德摩萨,肖邦在那里很开心,乔治·桑德却讨厌那里。——从修道院向外望去,景色很可爱,下边的平原朦朦胧胧,修道院的花园里大朵大朵的玫瑰绚丽地绽放着——修道院里洁白、宁静。我们在北海岸野餐,那里群山环绕,我看到了最蓝、最蓝的海——不像孔雀和珠宝那样坚硬,而是像山雀羽毛那么柔软——真的非常可爱——不见人影——橄榄树和几只山羊,大片蓝色的粼粼波光伸向更远的北方,好可爱。后来我们去了索列尔,空气中橘子花的气味浓郁而香甜,人们感觉自己像一只蜜蜂。——从山上回来后,我们在一处古老的摩尔花园里停了下来,棕榈树下是圆形的树影斑驳的水塘,大朵的玫瑰花在太阳下闪耀,黄色茉莉花落了一地,满地金黄——夜莺高亢地唱着歌,在奇妙的寂静中回响。摩尔人所在之处会有一种奇怪的寂静,像幽灵一般——有些忧郁,当时却很可爱——就像生命暂停了。

生命就暂停了那么一会儿——再没有别的了,因为仅仅一两周后,劳伦斯就抱怨"支气管出毛病了,让我想骂人"。显然,他的代理人一定向他提及了巴黎的谣传,因为劳伦斯在创作中希望自己"现在还不要死"。几乎可以肯定,在马略卡岛静养对他来说是最好的,但和平常一样,他不喜欢他生病的地方,尤其是自从疟疾复发之后。6月份,我们发现他住在离赫胥黎很近的马尔米城堡(此地离比萨不远),弗里达那时去看她母亲了。劳伦斯在那里又病了,汽车把他从膳宿公寓拉到了欧里奥利在佛罗伦萨的公寓里。这次,他犯了胃功能紊乱,他在瓦哈卡也犯过这种病,意大利人小心委婉地称之为"失

调"；当然，肺病也接踵而至。听到自己的画被起诉后，他的病情加重了很多，欧里奥利见劳伦斯这么虚弱，非常惊慌。劳伦斯躺在床上，脑袋和胳膊无力地在床边垂着，像欧里奥利后来说的那样，看起来像一幅旧画——达芬奇的《基督落架图》。

欧里奥利害怕劳伦斯可能会死，就给弗里达发了电报，劳伦斯得知弗里达要来，立马恢复了元气。她来电报说自己即刻就起程了，欧里奥利随口说："弗里达到了，会说什么呢？"劳伦斯指着一碗送给他的鲜桃说："她会说'多么可爱的桃子！'然后吃好多桃子。"弗里达确实是这么做的。

当他又能旅行的时候，弗里达把他带到了德国，在德国的一件大事就是庆祝弗里达的五十岁生日。他们吃鳟鱼和鸭子，喝波利酒，但在场的九个人中有五个都年过七旬，所以宴会不是很热闹。"很好，"劳伦斯略带讽刺地说到，"但德国人自己情绪太低落，让我感觉空虚。桌上有可爱的玫瑰，我担心那四大盒巧克力弗里达是否受得了。"在这些高大健壮的德国人中间，劳伦斯不太高兴，因为一个专家在治疗他的耳聋，另一个肺病专家也在为他治疗，他照旧按自己的理解断章取义地公布医生的诊断和建议。但在巴登-巴登，他放弃了长期的挣扎，最后承认自己要死了。就在那时他写了最后一些有关死亡主题的诗：

不是每个人家里都有龙胆花
在柔和的九月，姗姗来迟的萧肃的圣米迦勒节。

巴伐利亚的龙胆花，又大颜色又深，只有深色，
像火炬般冥王忧郁的蓝色烟雾使白昼变暗，
有凸起的棱纹，似火炬，深色的烈焰延伸出蓝色
向下，变平，化成点点，白昼来袭后变平，
火炬般的花在黑暗中散发着蓝色的烟雾，
冥王深蓝色的迷乱，
冥府的大厅透出黑色的光，燃烧成深蓝色，
黑暗弥漫开来，蓝色的黑暗，就像得墨忒耳女神苍白的灯具
发出的微光，
这么指引我吧，给我指点出路。

给我一株龙胆花,给我一把火炬
让我在蓝色的、分叉的火炬花指引下,
下楼,到更黑暗更神秘的地方,在那里,蓝色沉淀成青黑,
甚至冥后也去了那里,刚从
冰霜的九月回来
到看不见的黑暗王国,那里醒时漆黑依旧
冥后自己只是个声音
或是在更深的黑暗中包裹的无形的黑暗
冥王的双臂,带着深沉的忧郁和激情划破黑暗,
在黑暗的火炬的光辉中,
把黑暗洒向迷路的新娘和她的忧伤。

3.15

毫无疑问,1929年9月,劳伦斯从北方南下到地中海时就病入膏肓了。他自己知道这一点,弗里达和他的朋友们也能感觉到。到现在为止,他病得实在太重了,没法考虑找新地方了,所以,只得回到了熟悉的邦多尔,在那里劳伦斯夫妇就租了波素莱尔别墅。劳伦斯是清教徒,这样的住所对他来说挺奇怪——这是一处"爱巢",为某种被遗忘的私情而建,配有家具,"浅紫色的墙,金框的镜子",集中采暖,有错综复杂的管道。不是所有的墨西哥织物和伊特鲁里亚刺绣都能比得上这里的巴黎家居装饰。

只要这里冬天能取暖,就是对不足的补偿。从别墅眺望地中海,景致很好,激发劳伦斯写下了一些"最后诗歌":

这片海永不枯竭，永不变老
一片碧蓝永无止境，不会在黎明前
停止掀起海浪
让酒神狄厄尼索斯狭长的黑船驶来
葡萄藤挂在桅杆上，海豚在跳跃。

现在，他是一个人睡觉，窗帘完全拉起，这样，他失眠的时候，就可以看到夜空和群星，守候仙客来色的黎明的到来。早晨，他从一阵剧烈的咳嗽中缓过劲来，才允许弗里达进去。"太阳升起来时再来。"他对她说。每天早晨她进去时，她都能觉察到劳伦斯心怀感恩，自己又熬过了一天，又可以欣赏地中海世界的美景了。弗里达很天真，像以前一样，又一次相信劳伦斯几乎具有魔力，她肯求劳伦斯好起来。"一切都朝气蓬勃，"她绝望地说，"植物、猫和金鱼，为什么你不能呢？"他把目光从这些东西移到她身上，伤感地回答道："我想啊，我也想，我多希望能好起来。"他神色更加凄楚，情绪沮丧，疑惑不解地痛苦地问道："为什么，唉，为什么我们以前老吵架呢？"她尽力安慰他，把责任都揽过来，说："我们就那样，脾气暴躁，我们又怎么能控制住呢？"

朋友们都来到他身边。厄尔·布鲁斯特每天都用橄榄油给他做按摩，弗里达看着他"曾经那么强壮、挺拔、敏捷"，现在却"那么瘦、那么瘦"，很是伤心绝望。以前，他只要知道弗里达要来时，会马上从病床上坐起来，穿好衣服，由病床上的病人变成正常人，和那时候相比，弗里达现在已没有这种影响力了。他无限哀伤地对她说："我一直都相信你的直觉，你知道对我来说怎样才是正确的，但现在你似乎再也不知道了。"

他有时把自己从床上拽起来，让他们开车带他到近处转转，但现在，一切总是因为他的疲倦而告终：

今晚，如果我的灵魂能找到她的安宁
在睡梦中，陷入美好的遗忘中
清晨醒来像一朵初绽的花
那时，我再次在上帝面前受了洗礼，获得了重生。

如果，一周一周逝去，在月亮的阴暗处

我的精神暗下来,消耗殆尽,柔和、奇怪的忧伤
弥漫在我的行动、思维和言语中
之后,我必将知道自己依然与上帝
同行,月影下我们在紧紧相依。

如果,秋意渐浓、渐深
我感到了落叶的痛,树干在风暴中折断
烦恼、分解、痛苦
随后,浓郁的影子交叠、交叠的温柔,
萦绕在我的灵魂和精神上,在我的唇际
如此甜美,像是酣睡,更像是半睡半醒中
一曲低沉忧伤的歌
比夜莺更忧郁,唱啊,唱到冬至
短暂的日子寂静无声,这一年也无声无息,
阴影
我知道,自己的生命与黑暗的地球静静流转
沉浸在
时光的流逝和更新的深深的遗忘中。

如果,在人的生命的改变过程中
我病倒了,痛苦不堪
似乎手腕折断,仿佛百念俱灰
力气耗尽
苟延残喘:

期间,美好遗忘中的闪念
复苏的点点滴滴,
零星的冬日之花开在枯萎的茎上,崭新
奇特的花朵
在我的生命中从未出现过,新的

花朵向我绽放。

之后，我必须知道
我依然在未知的上帝手中，
把我折断，投进他新的遗忘
送我到新的清晨，一个崭新人。

日夜在痛苦中煎熬，但他的勇气却未消减。"所有的疾病和痛苦，"弗里达说，"没有让他的日子陷入郁郁寡欢、沉闷无聊或肮脏污浊之中。最后的几个月里，劳伦斯焕发出玫瑰色的夕阳的魅力。"他继续写信，甚至设计了一小本杂志，继续刊登讽刺文章，同伦敦那帮笨蛋们战斗。他又读了莫法特译的《圣经》，自己写出了一篇文章：《启示录》。不要忘了，对他来说，宗教一直都是主观的，是人类精神的具体表现，我们可以把宗教同他的诗联系起来，比如《上帝之手》《接吻礼》《上帝的祈祷者》等。他对布鲁斯特说他的《放下上帝的象征》可能被误解了。

重要的是要与活生生的上帝合二为一，
成为生命之帝房中的一员。

但"生命之帝"指的什么？几乎不可能是正统基督上帝，因为他这会儿在读吉尔伯特·穆莱的《希腊宗教的五个阶段》，想洞穿《圣经》启示录模糊的虔诚，找出书中误传的古巴比伦和古埃及的象征主义。但很自然，他的思想集中在死亡的主题上，有时会表现出对迫害他的人的强烈抨击：

我被痛苦摧毁、拖垮
被当今世界上的邪恶的灵魂击败了。
但我依然知道生活是为了快乐
为了幸福
现在，当大海的涟漪
在晨曦中荡漾，洋溢着快乐
显示出它的辽阔无垠。

他再一次感到必须对工业主义提出抗议，反对"人身心的机械化"：

……人们坐在机器里
在旋转的轮子中间，在神化的机器上

坐在灰蒙蒙运动的雾气中，经久不散

运转着，但不前进

存在着，但却什么都没有：

即，他们坐着，他们是邪恶的，在邪恶之中，

灰色的罪恶，无路可逃，没有指明光明

或是黑暗

没有家，哪里都不是家。

他又一次被"世界邪恶的灵魂"的想法所困扰，这一想法可怕地占了上风。但现在所有其他主题在他面前逐渐消失：他想做古代的神的梦想；对克里特人的想象，对4000年前梯林斯人航行到地中海的想象；早、晚、日、月带给他的喜悦，龙胆花、天竺葵和木犀草带给他的快乐；他对世间邪恶的机械化灰暗生活的悲叹——所有这些都因渐进死亡而退却，他用古埃及的《灵船》的象征来安慰自己，并为死亡做好了准备：

是时候要离开了，向自己告别

从倒下的自己身上找一个出口。

1930年初，劳伦斯用诗的语言给布鲁斯特写了一封信："我躺在床上，病得较重，断绝了工作和一切，设法让支气管炎好转一些，这个冬天真糟糕。"有一次，有七个朋友住在比乌里瓦格酒店陪他，圣诞节刚过去不久，他妹妹阿达来了。这次见面让阿达很难过，她看得出来劳伦斯快要死了，她是不可能掩饰得住悲痛的，这也是人之常情，可劳伦斯想让她这么做。觉得言语无法表达，劳伦斯给她写了封信：

今天下午你走后，我极其不高兴——主要是因为你看起来很痛苦，我不知道该说什么或是该做什么，但是别难过了——如果你忍不住，起码你意识到这是因为咱俩的关系发生了变化，在感觉上有种变化，我们在什么是值得与什么是不值得的认识上完全改变了。组成一个人生活的东西似乎已经不重要了，整个情况是不幸的。过去的三年我都过来了——备受煎熬，我可以告诉你。

之后，他继续骗她，或许在骗他自己，或许是骗他们两人吧，他乐观地写到"新情况"，痛苦过后，情况正在好转，几年内就会赢得"一种新的幸福"，与过去的生活没关系了——"耐心点，我们将重新开始，在阳光灿烂的某个

地方"。他这样写信给她，装作实现不可能的事，但在笔记本中写着他最隐秘的想法：

  我的灵魂度过了漫长而艰难的一天

  她累了，

  她在寻求遗忘。

  英国的老朋友们求劳伦斯让莫兰德医生看看，并听取他的建议。莫兰德医生是英国一位在治疗肺结核方面享有声誉的年轻专家，他从英国赶来给劳伦斯做检查，建议劳伦斯应该立刻被转移到旺斯的艾德阿斯特拉疗养院，就在戛纳附近。对劳伦斯而言，这样的建议只是证实了他正濒临死亡。一个曾经从征兵的恐惧中痛苦退缩的人只会感到，即使是服从最温柔的医院的规定和惯例，都是他生命动力的消殒。那他为什么还要去呢？也许他太疲倦了，无力抵抗，也许他想让弗里达从以后的护理中解脱出来。

  坐汽车、火车，再坐汽车，这段路程让人精疲力竭，显然，没有人想过要雇一辆救护车。他跟疗养院的医生说，他认为自己两周大的时候得过支气管炎，迟迟才来住院似乎就是放弃希望了，但是朋友们依然伴他左右，送他水果、风信子和仙客来。H. G. 威尔斯来探望他，阿迦·汗也来过了，美国雕刻家乔·戴维森为劳伦斯雕刻了十分理想化的头部雕塑。

  劳伦斯很痛苦，敏感的精神反抗着周围的一切，病友们也跟着难受。"这个地方不好"是他最后一封信中最后一句话。然而，他忍受了一个月，就再也忍受不了了，他乞求别人把他带走。3月1日，弗里达把他转移到附近的别墅。

  乘坐出租车的路程很短，但他却精疲力竭，他让弗里达睡在旁边的沙发上，这样，他醒来就可以看到她。第二天是星期日，他吃了一点东西，弗里达给他读了读《哥伦布生平》，这本书他在疗养院时一直在看。他不断地说："不要离开我，别走。"五点的时候，他好像疼得厉害，说："我肯定发烧了，神志不清了，给我温度计。"弗里达的眼泪再也控制不住了，但他立刻以强制的语气让她别哭。他要吗啡，赫胥黎匆忙去叫医生。

  他精神恍惚："抓住我，抓住我，我不知道我在哪儿，不知道双手在哪儿，我在哪儿？"注射吗啡后，他放松了，说："我现在好了，如果能出汗，会更好些，我现在好多了。"为了安抚他，弗里达坐在床边，握着他的脚踝，无意中回答着他最后的祈祷：

把月光放在我脚边，
把我的脚放在新月上，像上帝那样！
让我的脚踝沐浴在月光下，我可能要走了
当然，穿着月亮鞋，凉爽，踏着明亮的月光
走向我的目标。

夜里十点钟，他离开了人世。

3.16

劳伦斯的十个朋友设法及时赶到旺斯，陪他最后一程，让他入土为安。他的棺木上覆盖着鸢尾花、紫罗兰、含羞草和报春花。没有仪式，也没有纪念演讲，下葬时，弗里达安静地说："再见了，洛伦佐。"

弗里达让人在劳伦斯坟墓前面的墙上镶嵌了一个象征劳伦斯的凤凰标志，凤凰是用邦多尔海滩上的鹅卵石拼成的。一两年后，劳伦斯的尸体被挖了出来，在陶斯重新安葬，祠堂设在落基山山坡上，后面是他的农场，几乎隐蔽在那棵高大的柏树下。这是个"宁静得被人遗忘的地方"，正如劳伦斯所愿。夏日里的数月，蜜蜂在花丛中嗡嗡地飞着，松鸦尖利地叫着，风嘶嘶地轻拂着松针，午后雷声轰隆隆地鸣响。冬天，雪花静静地覆盖着大地，偶尔传来几声鹰的尖叫。严冬时节，在近处闪烁的星光下，远远传来狼的嚎叫。

劳伦斯死后，他的书被他的第一

劳伦斯祠堂外景
摄影 维拉·萨基特，新墨西哥，陶斯
照片提供者 多萝西·布雷特阁下

个出版商威廉·海涅曼接管了,他出版了劳伦斯的《书信集》、一些书和《凤凰》。《凤凰》包括大量未出版、未集结成册的杂记。劳伦斯所有作品的统一版本一直在印刷,直到战争环境使出版变得不可能才停止。但是物资困难一解决,这些书很快又再次发行,国外的许多国家也是如此,劳伦斯在这些国家中已经成为一流的作家。在意大利,一种全套的新版本正在酝酿中。

人们写了大量关于劳伦斯的东西,一份最近的参考书目列出了六百多条:包括著作、论文和文章,都是关于劳伦斯的。他死后没几年,有关D. H. 劳伦斯的个人回忆录越来越多,超过了自拜伦勋爵以来的任何一位英国作家。说来真奇怪,和劳伦斯来自英国同一个地方的贵族和平民,同样遭受了同胞们报复性的迫害,并同样在自己的国家之外赢得了更大的文学声誉。我们当中那些了解、记住劳伦斯的人,依然能感觉到他活着时的影响。正如他临终那年写的:

> 一个人最热烈的需要,是他生命的完整性和统一性,并不是孤立地救赎自己的"灵魂"。一个人首先最需要的是肉体的满足,从现在开始,一次且只有一次,他是自己,展示情欲与阳刚之力。对一个人来说,最大的奇迹是活着。不管那些未出生的人和已经死去的人们可能知道什么,他们不可能知道美景和活着的血肉之躯展示的奇迹。死者可能会寻求来生。但是此时此地,生活的华美是我们的肉体,我们只是一时拥有它。我们应该高兴地跳舞,我们应该活着,血肉之躯,我们是活生生的宇宙具体化的一部分。我是太阳的一部分,就像眼睛是我身体的一部分一样,我是土地的一部分,我的双脚完全了解,我的血液是海洋的一部分。我的灵魂知道我是人类的一分子,我的灵魂是人类伟大灵魂的有机组成部分,就像我的精神是我的祖国一部分。

劳伦斯祠堂内景
摄影 维拉·萨基特,墨西哥,陶斯
照片提供者 多萝西·布雷特阁下

参 考 文 献

[1] 杨东英. Study on Sons and Lovers and Oedipus Complex[J]. 北方论丛, 2003（3）：100-103.

[2] 杨东英. 玛贝尔——一位受男权统治的女人[J]. 外语教学探索, 2004（6）：119-120.

[3] 杨东英. Study on D. H. Lawrence and Sons and Lovers[J]. 学术年报, 2007（3）：82-85.

[4] 杨东英, 秦学锋. 《儿子与情人》中的母亲形象[J]. 外语教学与探索, 2007（3）：71-73.

[5] 杨东英, 秦学锋. 劳伦斯作品中的女性主题[J]. 山东文学, 2008（7）：57-58.

[6] 秦学锋, 杨东英. 评劳伦斯生命中和小说中的女性形象[J]. 作家杂志, 2008（4）：81-82.

[7] 杨东英, 郭惠敏. 论《劳伦斯》中专有名词的翻译[J]. 华章, 2013（17）：104.

[8] 杨东英, 郭惠敏. 语义翻译和交际翻译视角下文化现象的处理——以《劳伦斯传》为例[J]. 河北联合大学学报, 2014(3).

图书在版编目（CIP）数据

天才的画像：劳伦斯传/（英）奥尔丁顿著；杨东英等译. ——北京：中国书籍出版社，2014. 8

ISBN 978-7-5068-4363-8

Ⅰ. ①天… Ⅱ. ①奥… ②杨… Ⅲ. ①劳伦斯，D. H.（1885～1930）—传记 Ⅳ. ① K835.615.6

中国版本图书馆 CIP 数据核字（2014）第 198639 号

天才的画像：劳伦斯传

（英）奥尔丁顿 著　杨东英 等译

策划编辑	李立云
责任编辑	李立云　高连甲
责任印制	孙马飞　马　芝
封面设计	魔弹文化
出版发行	中国书籍出版社
地　　址	北京市丰台区三路居路 97 号（邮编：100073）
电　　话	（010）52257143（总编室）（010）52257153（发行部）
电子邮箱	yywhbjb@126.com
经　　销	全国新华书店
印　　刷	河北省三河市顺兴印务有限公司
开　　本	710 毫米 ×1000 毫米　1/16
字　　数	320 千字
印　　张	20.5
版　　次	2015 年 1 月第 1 版　2015 年 1 月第 1 次印刷
书　　号	ISBN 978-7-5068-4363-8
定　　价	49.00 元

版权所有　翻印必究